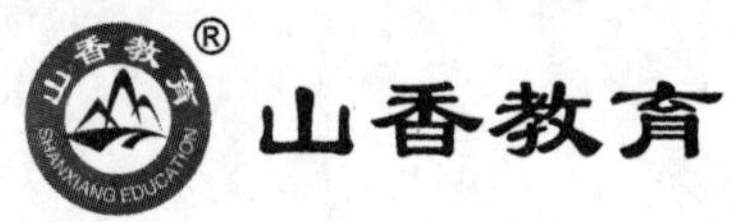

教师招聘考试
历年真题解析及预测试卷
中学音乐

山香教师招聘考试命题研究中心　主编

图书在版编目(CIP)数据

教师招聘考试历年真题解析及预测试卷. 中学音乐 / 山香教师招聘考试命题研究中心主编. --北京 : 首都师范大学出版社, 2022.12

ISBN 978-7-5656-7256-9

Ⅰ. ①教… Ⅱ. ①山… Ⅲ. ①音乐课-教学法-中学教师-聘用-资格考试-习题集 Ⅳ. ①G451.1-44

中国版本图书馆 CIP 数据核字(2022)第 204820 号

教师招聘考试历年真题解析及预测试卷

ZHONGXUE YINYUE

中学音乐

山香教师招聘考试命题研究中心 主编

策划编辑 张文强

责任编辑 车 慧 曹亮亮 封面设计 山香教育

首都师范大学出版社出版发行

地 址 北京市海淀区西三环北路 105 号

邮 编 100048

咨询电话 010-68418523(总编室) 010-68982468(发行部)

网 址 http://cnupn.cnu.edu.cn

印 刷 河南黎阳印务有限公司

经 销 全国新华书店

版 次 2022 年 12 月第 1 版

印 次 2023 年 1 月第 2 次印刷

开 本 787mm × 1092mm 1/16

印 张 14.5

字 数 330 千

定 价 42.00 元

前　言

近年来，国家扩大和补充教师队伍的政策力度不断加大，教育部指出："深化教师队伍补充机制改革，确保教师聘用质量。全面推行新任教师公开招聘制度，形成长效机制。"这意味着教师招聘考试各方面将日益规范和深入。对每一位立志成为人民教师的考生来说，这既是新的契机，也将是巨大的挑战。教师招聘考试（教师入编考试，简称招教）是我国公开招聘教师的选拔性考试，其目的是为教育行政部门录用优秀教师提供参考。各地依据考生笔试成绩，结合面试情况，按已确定的招聘计划择优录取。

考生如何在严峻的教师招聘考试中脱颖而出呢？除了要具备扎实的专业知识外，短时间内系统、针对性地复习和训练也是必备的。为了让更多的考生有针对性地备考，使复习有方向、有条理，作为国内研究开发教师招聘考试辅导教材的专业机构，山香教育专门为有志于教育事业、需要通过教师招聘考试实现人生理想的广大考生朋友推出了本试卷。

本试卷具有以下特点：

第一，真题新。本试卷历年真题部分精选了全国各地教师招聘考试最具有代表性的最新真题，知识点涵盖全面且题型丰富多样化，透视了课程标准和考试大纲的要点，预示了教师招聘考试的命题趋势。

第二，内容精。预测试卷部分是在充分研究各地考情和历年真题的基础上修订的。它注重对思想和方法的考查，注重对能力的考查，同时兼顾试题的基础性、综合性和现实性，重视试题间的层次性，合理调控综合程度，坚持多角度、多层次考查，努力实现综合素养的要求。

本试卷难免存在一些不足之处，衷心希望各位读者朋友批评指正，同时希望本试卷能为考生顺利通过招教考试提供帮助。

编　者

目　录

注：标星的试卷涵盖《义务教育艺术课程标准》（2022 年版）的预测考点。

参考答案及解析单独成册

真题试卷

2022年湖南省长沙市长沙县教师招聘考试真题试卷(一)

中小学音乐

(本套试卷只收录音乐学科专业知识部分,70分)

本套试卷共44个小题,包括单项选择题(40小题),创编题(1小题),调式分析(1小题),综合题(2小题)。

一、单项选择题(本大题共40小题,每小题1分,共40分)

1. 下列各项中两音之间构成变化全音的是(　　)

A. $^{\flat}$A ~ $^{\flat\flat}$C　　B. D ~ $^{\sharp}$D　　C. $^{\sharp}$F ~ A　　D. E ~ F

2. 音乐术语“Presto”表示(　　)

A. 急板　　B. 中板　　C. 快板　　D. 行板

3. 下面指挥图示的强弱规律是(　　)

A. 强、弱、弱　　B. 强、弱、次强、弱

C. 强、弱、弱、次强、弱、弱　　D. 强、弱、次强、弱、弱、弱

4. 增八度的转位音程是(　　)(常考)

A. 增一度　　B. 减八度　　C. 减一度　　D. 纯八度

第4题

5. G音在A角调式中为(　　)

A. 变宫　　B. 商　　C. 变徵　　D. 羽

6. b小调的调号为(　　)

A. 1个升号　　B. 3个升号　　C. 2个升号　　D. 4个升号

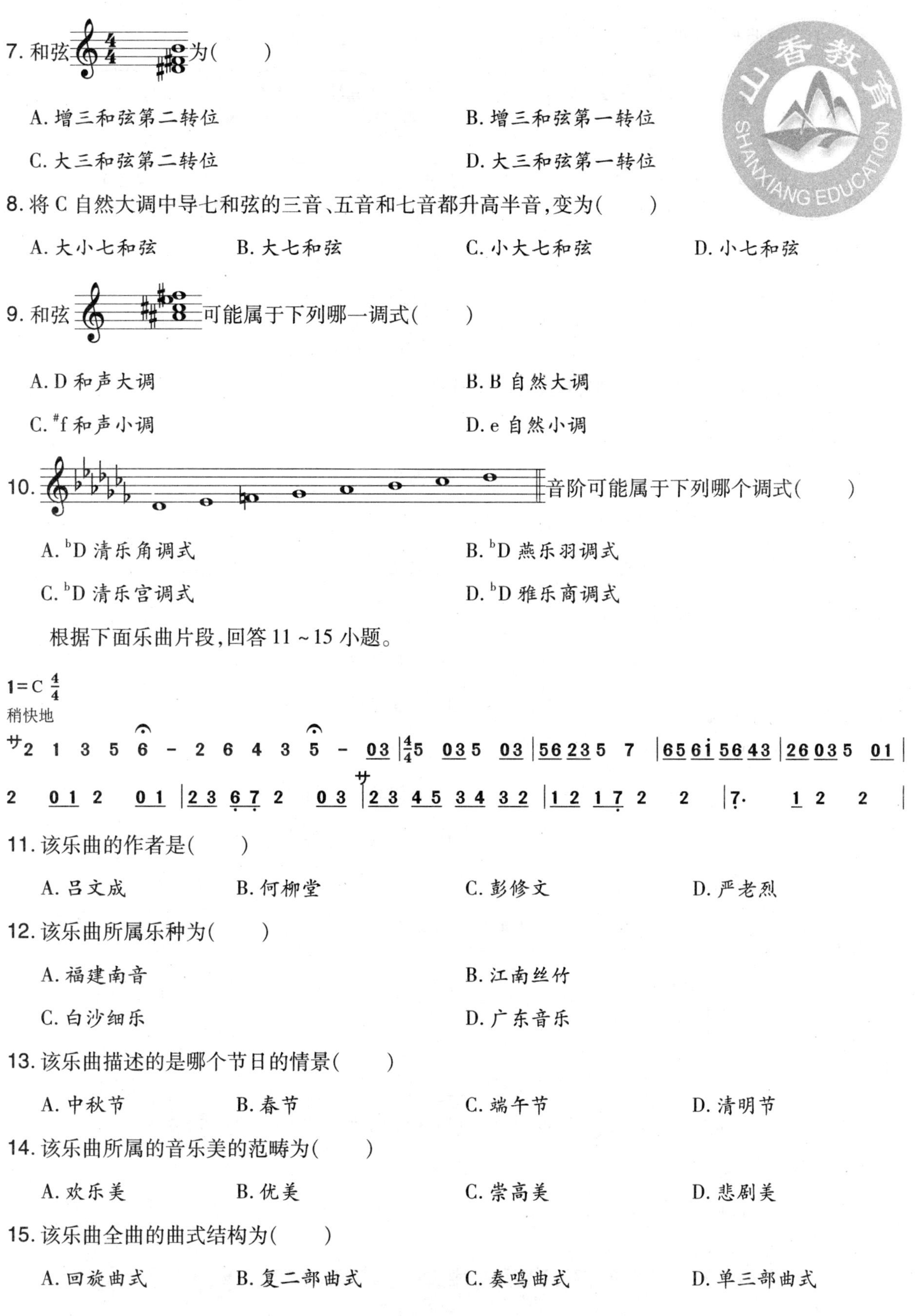

7. 和弦（五线谱）为(　　)

A. 增三和弦第二转位　　B. 增三和弦第一转位

C. 大三和弦第二转位　　D. 大三和弦第一转位

8. 将 C 自然大调中导七和弦的三音、五音和七音都升高半音，变为(　　)

A. 大小七和弦　　B. 大七和弦　　C. 小大七和弦　　D. 小七和弦

9. 和弦（五线谱）可能属于下列哪一调式(　　)

A. D 和声大调　　B. B 自然大调

C. #f 和声小调　　D. e 自然小调

10. （五线谱）音阶可能属于下列哪个调式(　　)

A. bD 清乐角调式　　B. bD 燕乐羽调式

C. bD 清乐宫调式　　D. bD 雅乐商调式

根据下面乐曲片段，回答 11 ~15 小题。

1=C 4/4

稍快地

#2 1 3 5 6 - 2 6 4 3 5 - 03 | 4/4 5 035 03 | 56 23 5 7 | 65 6i 56 43 | 26 03 5 01 |

2 01 2 01 | 23 67 2 03 | #23 45 34 32 | 12 17 2 2 | 7· 1 2 2 |

11. 该乐曲的作者是(　　)

A. 吕文成　　B. 何柳堂　　C. 彭修文　　D. 严老烈

12. 该乐曲所属乐种为(　　)

A. 福建南音　　B. 江南丝竹

C. 白沙细乐　　D. 广东音乐

13. 该乐曲描述的是哪个节日的情景(　　)

A. 中秋节　　B. 春节　　C. 端午节　　D. 清明节

14. 该乐曲所属的音乐美的范畴为(　　)

A. 欢乐美　　B. 优美　　C. 崇高美　　D. 悲剧美

15. 该乐曲全曲的曲式结构为(　　)

A. 回旋曲式　　B. 复二部曲式　　C. 奏鸣曲式　　D. 单三部曲式

根据下面戏曲唱段,回答 16 ~ 20 小题。

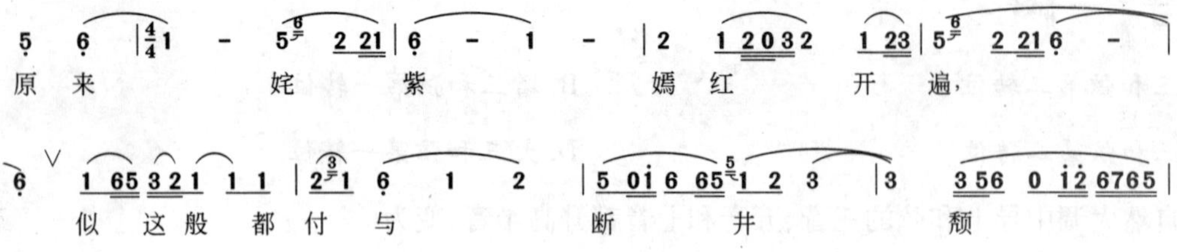

5 6 | $\frac{4}{4}$ 1 - 5 2 21 | 6 - 1 - | 2 1 2032 1 23 | 5 2 216 - |
原 来 姹 紫 嫣 红 开 遍,

6 ∨ 1 65 321 1 1 | 21 6 1 2 | 5 0i 6 65 1 2 3 | 3 356 0 i2 6765 |
似 这 般 都 付 与 断 井 颓

16. 该戏曲唱段出自( )

A.《贵妃醉酒》 B.《红楼梦》

C.《牡丹亭》 D.《女驸马》

17. 该戏曲唱段为主人公游园时所唱,其最可能采用的声腔是( )

A. 昆腔 B. 皮黄腔

C. 高腔 D. 梆子腔

18. 该戏曲唱段主人公属于下列行当中的( )

A. 青衣 B. 贴旦 C. 彩旦 D. 闺门旦

19. 该戏曲唱段中的"∨"记号表示( )

A. 省略记号 B. 延长记号

C. 换气记号 D. 颤音记号

20. 下列关于该戏曲所属剧种的说法正确的是( )

A. 变脸是其特色 B. 曲词典雅,行腔婉转,表演细腻

C. 主要伴奏乐器为"大鼓" D. 代表演员有梅兰芳、荀慧生等

根据下面谱例回答 21 ~ 25 小题。

牧神午后前奏曲

(片段)

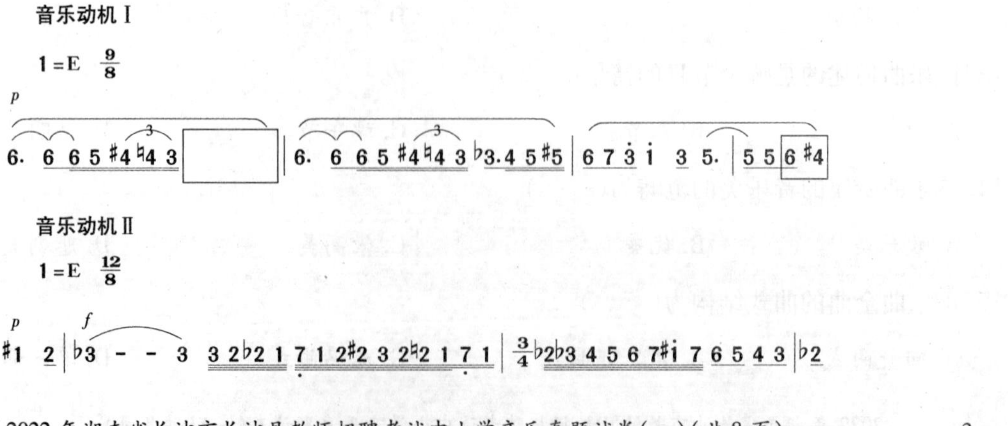

音乐动机 I

1 = E $\frac{9}{8}$

p

6. 6 6 5 #4♮4 3 [ ] | 6. 6 6 5 #4♮4 3 ♭3.4 5 #5 | 6 7 3 i 3 5. | 5 5 6 #4

音乐动机 II

1 = E $\frac{12}{8}$

p *f*

#1 2 | ♭3 - - 3 3 2♭2 1 7 1 2#2 3 2♭2 1 7 1 | $\frac{3}{4}$ ♭2♭3 4 5 6 7#i 7 6 5 4 3 | ♭2

21. 该作品的作者是(　　)

A. 

B. 

C. 

D. 

22. 该音乐属于(　　)

A. 巴洛克音乐　　B. 印象主义音乐

C. 古典主义音乐　　D. 浪漫主义音乐

23. 谱例中的音乐动机Ⅰ的方框中应填入(　　)

A. ♭3·4 5♯5　　B. ♭345♯5

C. ♭3·45♯5　　D. ♭3·45♯5

24. 音乐动机Ⅰ第二个方框中的音程的音数为(　　)

A. 1　　B. $1\frac{1}{2}$　　C. 2　　D. $2\frac{1}{2}$

25. 音乐动机Ⅱ的旋律进行方式主要为(　　)

A. 大跳　　B. 小跳

C. 级进　　D. 同音保持

26. (　　)是构成曲式的最小结构单位。

A. 乐句　　B. 乐节　　C. 乐汇　　D. 乐段

27. 下列我国民歌类别中,作品数量最多的是(　　)

A. 山歌　　B. 小调　　C. 长调　　D. 短调

28. 下列哪项属于藏族民间歌舞(　　)(常考)

A. 赛乃姆　　B. 大歌　　C. 阿细跳月　　D. 囊玛

第 28 题

29. 下列作品中,属于刘天华先生创作的是(　　)(常考)

A.《江河水》　　B.《二泉映月》

C.《赛马》　　D.《光明行》

第 29 题

30.《雪山魂塑》是刘文金先生以长征过雪山的历史事迹为素材而创作的(　　)

A. 唢呐曲　　B. 琵琶曲

C. 二胡曲　　D. 钢琴曲

31. 歌唱家德德玛演唱《美丽的草原我的家》时的音色特点为(　　)

A. 宽广、浑厚、柔和　　B. 高亢、嘹亮、清脆

C. 低沉、洪亮、有力　　D. 明亮、甜美、华丽

32. 何占豪、陈钢的小提琴协奏曲《梁山伯与祝英台》的引子部分中,模仿鸟的叫声时使用的乐器是(　　)

A. 琵琶　　B. 大提琴　　C. 长笛　　D. 小提琴

33. 下列各民族与其代表乐器对应有误的一项是(　　)

A. 冬不拉——朝鲜族　　B. 扎木聂——藏族

D. 马头琴——蒙古族　　C. 手鼓——维吾尔族

34. 下列作品中最可能采用了"呼麦"唱法的是(　　)

A.《田野静悄悄》　　B.《四岁的红鬃马》

D.《星星索》　　C.《什锦菜》

35. 排箫三重奏的演奏形式流行的地区是(　　)

A. 拉丁美洲　　B. 北欧

C. 南非　　D. 东亚

36. 下列选项中,人物与其成就对应错误的是(　　)

A. 李斯特——交响诗　　B. 舒伯特——即兴曲

C. 柏辽兹——标题音乐　　D. 德沃夏克——无词歌

第 36 题

37. 下列属于维也纳古典乐派的代表人物的是(　　)

A. 肖邦　　B. 勋伯格

C. 维瓦尔第　　D. 贝多芬

38. 巴赫的主要创作领域不包括(　　)

A. 康塔塔　　B. 歌剧　　C. 室内乐　　D. 管风琴

39. 下列作品中，由（小）约翰·施特劳斯创作的是（　　）（常考）

A.《弥赛亚》　　　　B.《菩提树》

C.《蓝色多瑙河》　　D.《天鹅湖》

40.《索尔维格之歌》是《培尔·金特》组曲中深受人们喜爱的曲子，其曲作者属于（　　）

第 40 题

A. 俄罗斯民族乐派　　B. 捷克民族乐派

C. 芬兰民族乐派　　D. 挪威民族乐派

二、创编题（本大题共 8 分）

41. 为下列旋律编配伴奏。

1=♭E 4/4

| 6 1 6 2316 6 | 3 35 675 3 - | 6. 6 6 7 6 53 235 | 3 - - - |

| 3 3 5 6.7 57 6 | 3 6 6 32 2 2. | 1. 2 3 5 2 1. | 2 23 2151 6 - :||

| 6. 66 5 6 1 1 231 | 2 2 1 6. 6 | 1 11 2 1 6 2 5 65 | 3 3. 3 - |

| 3 5 6 1 21 6. 6 | 5 67 6 53 2 - | 1 12 3 5 6 2 1651 | 6 - - - :||

三、调式分析（本大题共 8 分）

42. 判断下列调式。

(1)

名称：________

(2)

名称：________

四、综合题(本大题共 2 小题,共 14 分)

43. 根据谱例,回答下面问题。(6 分)

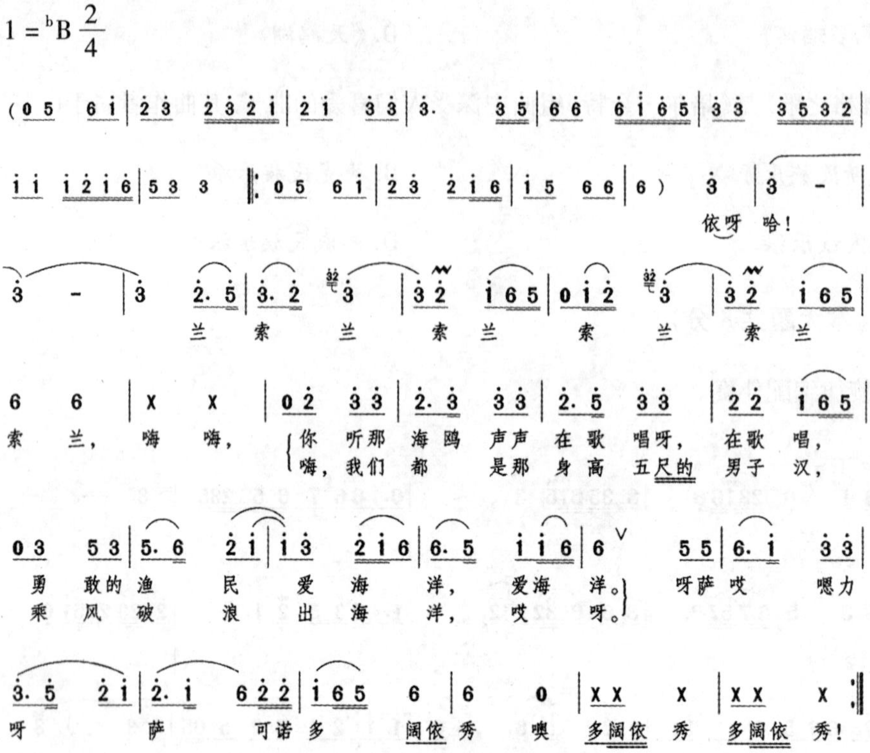

1 = $^\flat$B $\frac{2}{4}$

(0 5 6 1 | 2 3 2 3 2 1 | 2 1 3 3 | 3. 3 5 | 6 6 6 1 6 5 | 3 3 3 5 3 2 |

1 1 1 2 1 6 | 5 3 3 ‖: 0 5 6 1 | 2 3 2 1 6 | 1 5 6 6 | 6) 3 | 3 - |

依呀 哈!

3 - | 3 2. 5 | 3. 2 3 | 3 2 1 6 5 | 0 1 2 3 | 3 2 1 6 5 |

兰 索 兰 索 兰 索 兰 索 兰

6 6 | X X | 0 2 3 3 | 2. 3 3 3 | 2. 5 3 3 | 2 2 1 6 5 |

索 兰, 嗨 嗨,

你听那海鸥声声在歌唱呀, 在歌唱,

嗨,我们都是那身高五尺的男子汉,

0 3 5 3 | 5. 6 2 1 | 1 3 2 1 6 | 6. 5 1 1 6 | 6 ∨ 5 5 | 6. 1 3 3 |

勇敢的渔民爱海洋, 爱海洋。

乘风破浪出海洋, 哎呀。

呀萨哎 嗯力

3. 5 2 1 | 2. 1 6 2 2 | 1 6 5 6 | 6 0 | X X X | X X X :‖

呀 萨 可诺多 阔依秀 噢 多阔依秀 多阔依秀!

问题:

(1)该歌曲曲名是什么?请写出该歌曲所属国家的两件代表性乐器。(2 分)

(2)请简要赏析歌曲。(4 分)

44. 根据谱例，回答下面问题。(8 分)

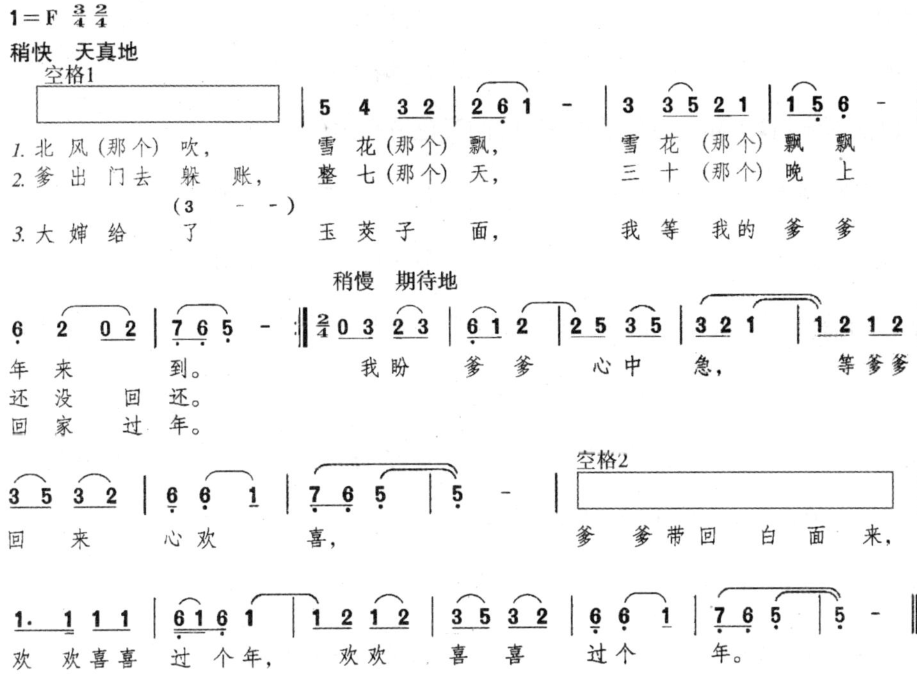

问题：

(1) 该歌曲选自哪部歌剧？主人公是谁？请列举歌剧当中的其他两首代表唱段。(2 分)

(2) 请默写空格 1 与空格 2 中的旋律。(2 分)

(3) 对歌曲《北风吹》进行赏析。(4 分)

2022年江西省教师招聘考试真题试卷(二)

高中音乐

(满分150分　时间150分钟)

本套试卷共55个小题,包括单项选择题(50小题),简答题(2小题),论述题(1小题),案例分析题(1小题),教学设计题(1小题)。

第一部分　客观题

一、单项选择题(本大题共50小题,每小题1.5分,共75分)

1. 下列选项中,属于探究性音乐教学方法的是(　　)

A. 练习法　　B. 创作教学法　　C. 听唱法　　D. 发现法

2. 高中音乐学科核心素养不包括(　　)(常考)

A. 审美感知　　B. 情感体验　　C. 艺术表现　　D. 文化理解

3.《普通高中音乐课程标准》(2017年版2020年修订)中指出,高中生在音乐课程中至少获得(　　)个学分。

A. 2　　B. 3　　C. 4　　D. 5

4. 下列选项中属于高中音乐必修模块课程的是(　　)

A. 合唱　　B. 合奏　　C. 歌唱　　D. 舞蹈表演

5. |1　‖: 2　:‖3　𝄌|4　𝄌‖5 (D.C.)　‖谱例中反复记号正确的演唱(奏)顺序是(　　)

A. 12234512234　　B. 1223412235　　C. 1223412345　　D. 123451235

6. 在弓弦乐器小提琴的乐谱中,"︵"表示的含义是(　　)

A. 下弓　　B. 上弓　　C. 连弓　　D. 断弓

7. 下面旋律片段出自电影(　　)

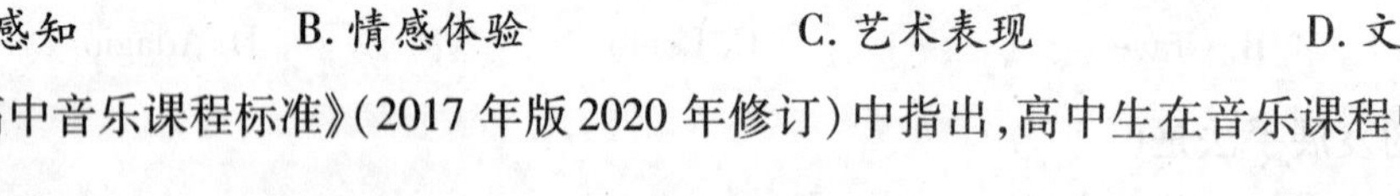

1=F $\frac{4}{4}$

辽阔、自由地

5 i | i - - 5 353 | 1 5. 5 5 | 6 - 65 321 | 3 - -

第7题

A.《海外赤子》　　B.《庐山恋》　　C.《上甘岭》　　D.《归心似箭》

8. 下面谱例呈现的表现形式是(　　)

1＝C $\frac{2}{4}$

女高 ff 3. 2 1 6 | 5 6535 5 | 1 11 1 1 | 1 0 1234 ‖: mf 5 0 3. 2 |
啦 啦 啦 啦 啦 啦啦啦 啦 啦 啦啦 啦 啦 啦 啦啦啦啦 啦 啦 啦

女低 ff 1. 5 6 3 | 2 0 3 0 | 5 55 5 5 | 5 0 1234 ‖: mf 3 0 1. 7 |
啦 啦 啦 啦 啦 啦 啦 啦啦 啦 啦 啦 啦啦啦啦 啦 啦 啦

男高 ff 1. 2 3 1 | 7 7 1 2 | 3 33 3 3 | 3 0 0 ‖: mp 1 - |
啦 啦 啦 啦 啦 啦 啦 啦 啦 啦啦 啦 啦 啦 啦

男低 ff 1 0 0 1 | 5 0 0 5 | 1 0 5 0 | 1 0 0 ‖: mf 1 0 5 0 |
嘣 嘣 嘣 嘣 嘣 嘣 嘣 嘣 嘣

A. 女声合唱　　B. 童声合唱　　C. 混声合唱　　D. 男声合唱

9. 下面旋律片段出自歌曲(　　)

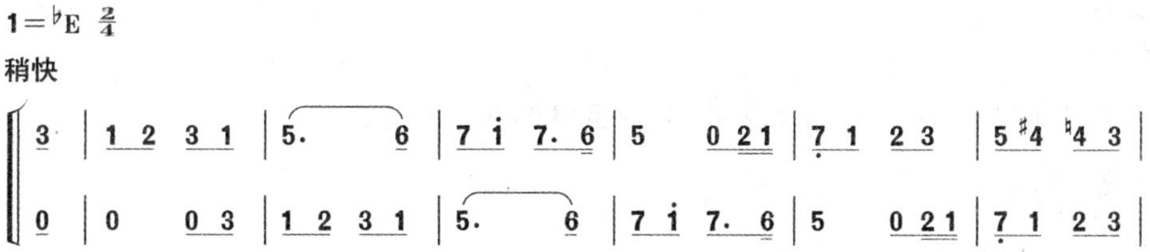

1＝♭E $\frac{2}{4}$

稍快

3 | 1 2 3 1 | 5. 6 | 7 1 7. 6 | 5 0 21 | 7 1 2 3 | 5 ♯4 ♮4 3 |

0 | 0 0 3 | 1 2 3 1 | 5. 6 | 7 1 7. 6 | 5 0 21 | 7 1 2 3 |

A.《务农歌》　　B.《划船歌》　　C.《卡农歌》　　D.《对口歌》

10. 下面旋律片段的作者是(　　)

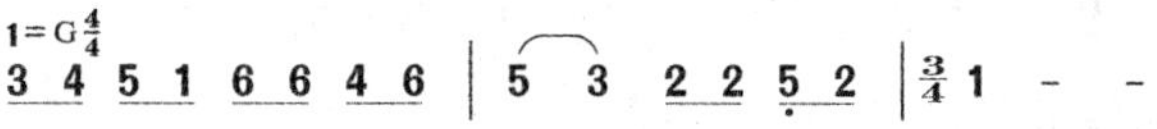

1＝G $\frac{4}{4}$ 3 4 5 1 6 6 4 6 | 5 3 2 2 5 2 | $\frac{3}{4}$ 1 - -

A. 李峰　　B. 印青　　C. 黄自　　D. 青主

11. 下面旋律出自(　　)

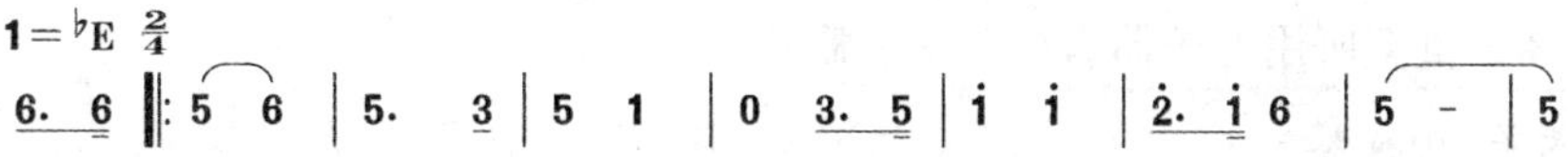

1＝♭E $\frac{2}{4}$

6. 6 ‖: 5 6 | 5. 3 | 5 1 | 0 3. 5 | 1 1 | 2. 1 6 | 5 - | 5

A.《不忘初心》　　B.《我们从古田再出发》

C.《清晰的记忆》　　D.《跟你走》

12. “演唱以‘依字行腔’为特点,吐字清晰,唱准字音不倒字”是(　　)演唱方法的基本要求。

A. 戏曲　　B. 美声　　C. 通俗　　D. 民族

13. 让不同班级中喜欢合唱的学生都能系统地学到合唱知识的教学组织形式是(　　)

A. 按班级开设歌唱课　　B. 按班级开设合唱课

C. 按年级开设合唱课　　D. 跨年级开设合唱课

14. 下列模块组合中，(　　)最适合对舞蹈有兴趣的同学。

A. 第一年选择音乐与舞蹈模块；第二年选择舞蹈表演模块

B. 第一年选择合奏模块；第二年选择舞蹈表演模块

C. 第一年选择音乐鉴赏模块；第二年选择音乐与舞蹈表演模块

D. 第一年选择音乐基础理论模块；第二年选择音乐与舞蹈模块

15. 音乐基础理论和视唱练耳两门课程属于(　　)

A. 必修课程　　B. 选择性必修课程　　C. 选修课程　　D. 校本课程

16. 下列表现抗战时期沦陷区人民苦难生活的乐句是(　　)

A. 1=G $\frac{4}{4}$
稍慢　自由、高亢、悲壮地

3 - 1 2 | 5. 4 3. 2 1 | 2 - - - | 3 - 3. 2 1 7 | 6 - - - |

B. 1=♭B $\frac{4}{4}$
稍慢

5 5 3 5 5. 3 2. 3 6 5 | 3. 5 2 3 2 1 1 - |

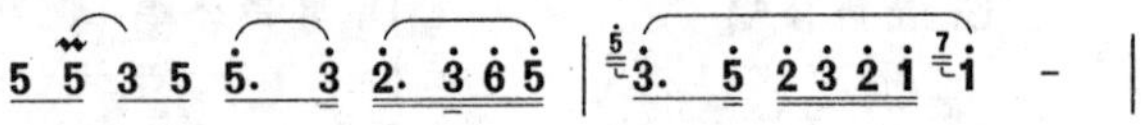

C. 1=D $\frac{6}{8}$ $\frac{9}{8}$
庄重、深情地

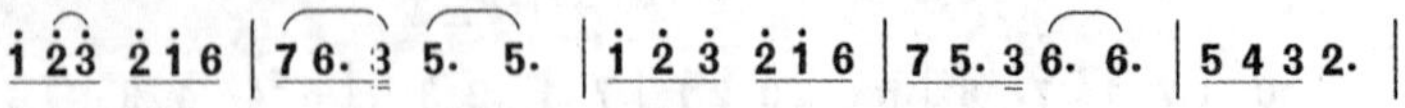

1 2 3 2 1 6 | 7 6. 3 5. 5. | 1 2 3 2 1 6 | 7 5. 3 6. 6. | 5 4 3 2. |

D. 1=G $\frac{2}{4}$
深情地

3 4 5 6 | 5. 3 | 1 2 4 3 | 2 - | 3 4 5 6 | 5 5 6 | 7 5 4 5 | 3 - |

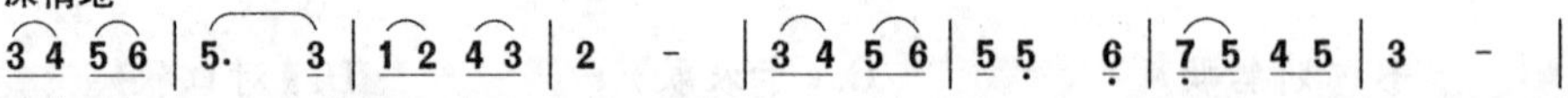

17.《刘海砍樵》属于下列哪种传统戏种(　　)

A. 京剧　　B. 花鼓戏　　C. 彩调剧　　D. 昆曲

18. 下列选段属于豫剧唱段的是(　　)

A.《晴川上远树稀白云一片》　　B.《谁说女子不如男》

C.《数说闺女劝女婿》　　D.《谁见你势利心肠富贵眼》

19. 常见的钢琴三重奏所用的乐器有(　　)(常考)

A. 钢琴、长笛、小提琴　　B. 钢琴、小提琴、大提琴

C. 钢琴、单簧管、长笛　　D. 钢琴、小提琴、低音提琴

20. 下列乐器中属于民族吹管乐器的是(　　)

A. 双簧管　　B. 单簧管　　C. 管子　　D. 竖笛

21. 下列乐器演奏技巧中有单音、双音、轮奏、琶音的是(　　)

A. 扬琴　　B. 唢呐　　C. 笙　　D. 竹笛

22. 革胡属于我国民族管弦乐队中的(　　)

A. 拉弦乐器　　B. 弹拨乐器　　C. 吹奏乐器　　D. 打击乐器

23. 宇航员王亚平在中国空间站中用我国传统乐器(　　)演奏了《茉莉花》。

A. 古琴　　B. 琵琶　　C. 古筝　　D. 二胡

24. 2022 年冬奥会主题曲童声合唱《雪花》的拍子是(　　)

A. $\frac{2}{4}$　　B. $\frac{4}{4}$　　C. $\frac{6}{8}$　　D. $\frac{3}{4}$

第 23 题

第 24 题

25. $\frac{6}{8}$ 拍的指挥图示是(　　)(常考)

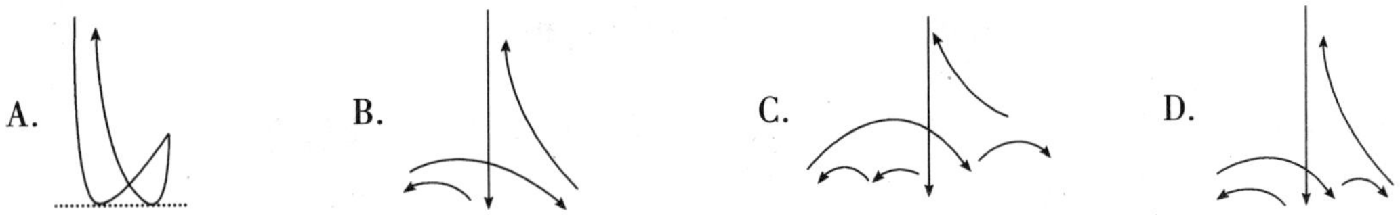

A.　　B.　　C.　　D.

26. 下面旋律片段最适合的乐队形式是(　　)

1＝C $\frac{2}{4}$

1̇. 1̇ 1̇ 1̇ | 1̇ 1̇. | 1 1 3 | 5 5 6 | 1̇. 6 | 5. 0 |

A. 弦乐队　　B. 民乐队　　C. 管乐队　　D. 打击乐队

27. 欧洲歌剧中塑造中年人形象的是(　　)

A. 高音声部　　B. 中音声部　　C. 低音声部　　D. 次中音声部

28. 下列不属于慢速类速度术语的是(　　)

A. Andante　　B. Grave　　C. Lento　　D. Adagio

29. 下面旋律使用的发展手法是(　　)

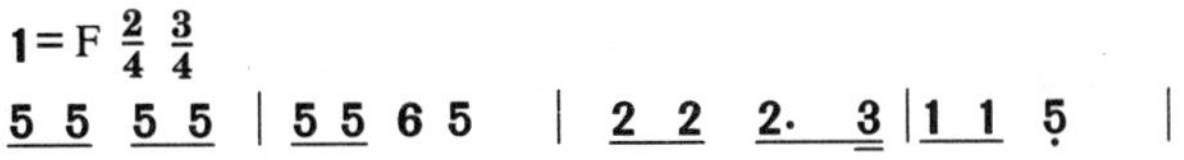

1＝F $\frac{2}{4}$ $\frac{3}{4}$

5 5 5 5 | 5 5 6 5 | 2 2 2. 3 | 1 1 5̣ |

A. 同音反复　　B. 级进　　C. 卡农　　D. 螺蛳结顶

30. 中国舞《扇舞丹青》的背景音乐是(　　)

A.《十面埋伏》　　B.《草原小姐妹》　　C.《将军令》　　D.《高山流水》

31. 下图所示的舞蹈动作称为(　　)

A. 沉气落手　　B. 提气双山膀　　C. 提气双展翅　　D. 提气起手

32. 威尔第的歌剧作品不包括(　　)

A.《游吟诗人》　B.《阿依达》　C.《自由射手》　D.《法尔斯塔夫》

33.《紫藤花》出自歌剧(　　)

A.《原野》　B.《伤逝》　C.《白毛女》　D.《红珊瑚》

34. 在薇奥列塔家的客厅里,众人欢聚一堂,阿尔弗莱德和薇奥列塔应大家的请求演唱的歌曲是(　　)

A.《饮酒歌》　B.《祝酒歌》　C.《祝愿歌》　D.《祝福歌》

35. 下列对力度性质的描述不正确的是(　　)

A. p－ff 为力度层次变化

B. p－mp－mf－f 为力度逐渐变化

C. sf 为力度特别强调

D. p－mf－mp－f 为力度逐渐变化

36. 打破了"主音"传统意义的作曲家是(　　)

A. 海顿　B. 贝多芬　C. 柏辽兹　D. 勋伯格

第 36 题

37. 多声部音乐作品中各声部的组合形态称为(　　)

A. 调式　B. 曲式　C. 织体　D. 旋律

38. 下面旋律片段出自交响组曲(　　)

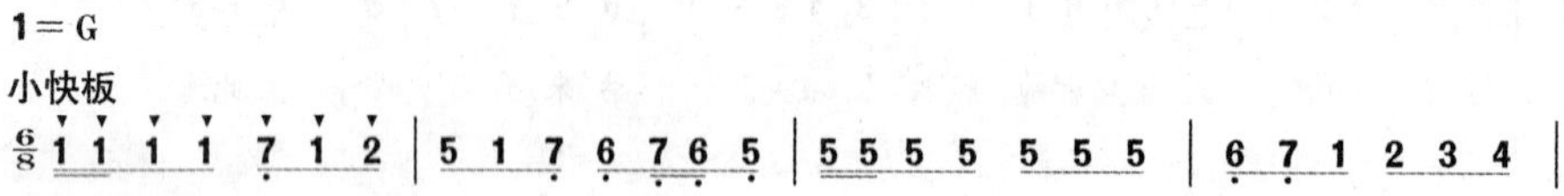

1＝G

小快板

6/8 1 1 1 1 7 1 2 | 5 1 7 6 7 6 5 | 5 5 5 5 5 5 5 | 6 7 1 2 3 4 |

A.《红旗颂》　B.《乔家大院》　C.《瑶族舞曲》　D.《炎黄风情》

39. 内容揭露了封建社会残酷的奴役制度,反映了老百姓痛苦生活的作品是(　　)

A.《脚夫调》　B.《上去高山望平川》　C.《走西口》　D.《孟姜女》

40. 歌唱训练时提高音准能力的训练不包括(　　)

A. 遵循视谱、倾听、演唱的步骤练习

B. 喉咙打开且放松

C. 使用调音器进行监听

D. 常态化进行视唱练耳训练

41. 维吾尔族弹拨乐器不包括(　　)

A. 冬不拉　B. 都塔尔　C. 热瓦普　D. 弹布尔

42. 使用假声为主或真假声结合的发声方法演唱的京剧行当是(　　)

A. 老生　B. 旦角　C. 净角　D. 武生

43. 在电子合成器中,"choir"表示(　　)

A. 人声　B. 弦乐器　C. 打击乐器　D. 管乐器

44. C 调吉他的演奏中，此指法（吉他指法图）表示的和弦是(　　)

A. C 和弦　　B. Cm 和弦　　C. G 和弦　　D. Gm 和弦

45. 下列以 a^1 为五音构成大小三四和弦的是(　　)

A.　　B.　　C.　　D.

46. 下列不属于曲艺的是(　　)

A. 四川清音　　B. 苏州评弹

C. 抚州采茶戏　　D. 江西道情

第 46 题

47. “培养学生集体歌唱的表现能力，积累音乐表现的感性经验，增强艺术表演活动中与他人沟通交流、合作协调的团队意识。”属于(　　)模块。

A. 歌唱　　B. 合唱　　C. 合奏　　D. 独奏

48. 下列对音乐教学设计导向表述不正确的是(　　)

A. 基于“立德树人”的导向　　B. 发展“核心素养”的导向

C. 遵循“以美育人”的导向　　D. 坚持“专业化”的导向

49. 下面谱例的伴奏和弦最合理的是(　　)

A.　　B.

C.　　D.

50. 下面音阶的调性是(　　)

A. B 和声大调　　B. b 和声小调　　C. d 和声小调　　D. D 和声大调

第二部分　主观题

二、简答题(本大题共 2 小题,共 15 分)

51. 简述《普通高中音乐课程标准》(2017 年版 2020 年修订)的课程基本理念。(9 分)

52. 列举《普通高中音乐课程标准》(2017 年版 2020 年修订)中必修模块和选择性必修模块的课程名称。(6 分)

三、论述题(本大题共 15 分)

53. 根据旋律回答以下问题。

$\frac{2}{4}$ 呆　呆 | 呆 配 当 :‖ 呆 配 呆 卜卜 | 当卜七卜 当 | 呆 配 呆 卜卜 | 七卜七卜 当 ‖

(1)写出“呆、七、卜、当”代表的乐器名称。(4 分)

(2)请为该锣鼓经编配打击乐伴奏音型。(11 分)

四、案例分析题(本大题共 22.5 分)

54. 根据案例回答下面问题。

案例:教授高一《音乐鉴赏》模块中的《教我如何不想她》的两个教学环节。

环节一

师:老师刚刚范唱的歌曲表达了怎样的情感?

甲生:作品的情感我没有体会到,老师能不能换首歌?

黎老师没有回应,继续讲解歌曲的结构、背景和歌曲写作知识。

环节二

乙生:老师,我想学唱歌曲的技巧,下学期能否选《歌唱》模块?

师：学校目前只开设了《音乐鉴赏》模块。

问题：

请结合《普通高中音乐课程标准》（2017 年版 2020 年修订）的课程基本理念，对案例中教师的行为进行判断，分析并给出建议。

五、教学设计题（本大题共 22.5 分）

55. 根据下面内容，完成教学设计。

【模块】高中鉴赏

【课题】第十单元 · 新音乐初放 · 第十九节 · 学堂乐歌《黄河》

【年级】高一

【课时】一课时

黄 河

杨 度词

沈心工曲

1＝D $\frac{4}{4}$

1 1 1 1 | 2. 2 2. 1 2 - | 5. 5 5 6 5 3. 3 | 3. 4 3 - 0 | 5 5 1̇. 7 | 6 - 6. 5 6. 7 |

黄河黄河，出自昆仑山， 远从蒙古地，流入长城关。 古来圣 贤，生此河

5 3. 4 5 5 | 4. 3 2 2 0 | 1 1 1 2 | 2 2 1 2 3 | 5 - 1̇ 7 | 1̇ - - 0 |

干，独立堤上，心思旷然。 长城外，河 套边，黄沙白 草 无人 烟。

2̇ 2̇ 2̇ 3̇ 1̇ | 6 6 2̇ 1̇ 5 | 5 5 5 5 5 | 6 6 6 6 6 | 5 6 1̇ 2̇ 3̇ - | 2̇ - 2̇ - |

思得十万兵，长驱西北边，饮酒乌梁海，策马乌拉山，誓不 战 胜

3̇ - 1̇. 6 | 5 - 0 3 | 5 - - 3 | 1̇ - - 6 | 5 - 3 2 1 | 1 - - 0 ‖

终 不 还。 君 作 铙 吹， 观 我 凯 旋。

请完成：

（一）作品分析

（二）教学目标

（三）教学重、难点

（四）教学过程

2022年山西省特岗教师招聘考试真题试卷(精编)(三)

音　乐

(满分100分　时间120分钟)

本套试卷已收录39个小题,包括单项选择题(25小题)、填空题(9小题)、写作题(2小题)、连线题(1小题)、论述题(2小题)。

一、单项选择题(本大题共25小题,1~5小题,每小题2分,6~25小题,每小题1分,共30分)

1. 习近平总书记指出:“广大教师要始终同党和人民站在一起,自觉做中国特色社会主义的坚定信仰者和忠实实践者,忠诚于党和人民的教育事业,自觉把党的教育方针贯彻到教学管理工作全过程,严肃认真对待自己的职责。”这指出做“好老师”要有(　　)

A. 仁爱之心　　B. 扎实学识

C. 道德情操　　D. 理想信念

2.《义务教育课程方案》(2022年版)指出:“义务教育要在坚定理想信念、厚植爱国主义情怀、加强品德修养、增长知识见识、培养奋斗精神、增强综合素质上下功夫”。使学生(　　)

A. 有信念、有本领、有责任　　B. 有理想、有本领、有担当

C. 有信念、有知识、有担当　　D. 有理想、有知识、有责任

3. 下列不属于我国古代蒙学教材的是(　　)

A.《千家诗》　　B.《孟子》　　C.《算学启蒙》　　D.《三字经》

4. 一般来说,小学生的思维水平处于(　　)(常考)

A. 感知运算阶段　　B. 前运算阶段

C. 具体运算阶段　　D. 形式运算阶段

5.《中华人民共和国家庭教育促进法》指出,国家和社会为家庭教育提供(　　)

A. 指导、支持和服务　　B. 指导、支持和协助

C. 指导、支持和帮助　　D. 指导、支持和配合

6. 在我国民间音乐中,持续使用到20世纪中叶的传统记谱法是(　　)

A. 减字谱　　B. 文字谱　　C. 工尺谱　　D. 俗字谱

7. 基本音级之间不能构成的和弦是(　　)

A. 减三和弦　　B. 增三和弦　　C. 大大七和弦　　D. 减小七和弦

8. ^{b}G 自然大调中不稳定音级构成的和弦是(　　)

A. 小三和弦　B. 减三和弦　C. 半减七和弦　D. 大小七和弦

9. 下列与燕乐羽调式音阶结构相同的是(　　)

A. 弗里几亚调式　B. 和声小调　C. 自然小调　D. 利底亚调式

10. 下列速度术语中速度最快的是(　　)(常考)

A. Largo　B. Allegro　C. Vivace　D. Moderato

11. 鲍罗丁的交响音画《在中亚细亚草原上》通过(　　)变化来象征商队由远及近,又渐渐消失在远方的情景。

A. 节奏　B. 速度　C. 力度　D. 音色

第 11 题

12. 下列不属于 E 宫系统调的是(　　)(常考)

A. $^{\#}$F 商调　B. G 角调　C. B 徵调　D. $^{\#}$C 羽调

13. 下列曲艺中属于道情类的是(　　)

A. 河南坠子　B. 四川清音　C. 天津时调　D. 北京琴书

14. 下列歌曲与《义勇军进行曲》有相同时代背景和时代风格的是(　　)

A.《长江之歌》　B.《北京喜讯到边寨》

C.《城墙上跑马》　D.《保卫黄河》

15. 下列属于多声部民歌的是(　　)

①蒙古族—潮尔　②纳西族—窝热　③瑶族—蝴蝶歌　④侗族—大歌

A. ①②④　B. ①③④　C. ②③④　D. ①②③④

16.《在那银色的月光下》是(　　)民歌。

A. 维吾尔族　B. 哈萨克族

C. 乌孜别克族　D. 塔塔尔族

17. 返始咏叹调的首创者是(　　)

A. 萨拉萨蒂　B. A. 斯卡拉蒂

C. 佩里　D. 弗朗克

18. 乐器"缶"的制作材料是(　　)

A. 革　B. 土　C. 石　D. 匏

第 18 题

19. 下列不属于"三大安魂曲"的是(　　)(易混)

A. 福雷《安魂曲》　B. 威尔第《安魂曲》

C. 亨德尔《安魂曲》　D. 莫扎特《d 小调安魂曲》

20. 下列由瓦格纳创作的歌剧是(　　)(常考)

A.《伊凡・苏萨宁》　B.《塞维利亚的理发师》

C.《纽伦堡的名歌手》　D.《费加罗的婚礼》

第 20 题

21. 下列调式音阶结构相同的一组是(　　)

A. 燕乐宫调式与自然大调　　B. 燕乐角调式与和声小调

C. 雅乐角调式与自然小调　　D. 雅乐羽调式与自然大调

22. c 和声小调中Ⅶ级音是(　　)中的闰音。

A. #C 燕乐商调式　　B. #G 燕乐徵调式

C. E 燕乐羽调式　　D. #D 燕乐角调式

23. (　　)运用三拍子创作,乐曲结构短小精悍,表达了作者愤世嫉俗、郁郁不得志的心境。

A.《酒狂》　　B.《离骚》

C.《梅花三弄》　　D.《胡笳十八拍》

第 23 题

24. 下列丝竹乐乐种与作品对应正确的是(　　)

①江南丝竹《四时景》　②广东音乐《旱天雷》　③福建南音《八骏马》　④福建南音《鸟投林》

A. ①③　　B. ②④　　C. ②③　　D. ①②

25. (　　)是格里格的作品,被誉为"挪威的第二国歌"。

A.《沃尔塔瓦河》　　B.《浮士德》

C.《大海》　　D.《索尔维格之歌》

第 25 题

二、填空题(本大题共 9 小题,每空 1 分,共 20 分)

26.《饮酒歌》的体裁是________,选自________,作曲家是________;《祝酒歌》的体裁是________,作曲家是________。

27. 作品________被誉为"现存宗教音乐的顶峰",作曲家是________。(常考)

28. 西方复调音乐最早产生于中世纪,被称为________。

29.《哈利路亚》选自________作曲的清唱剧________。

30. 管弦乐曲《红旗颂》吸收了________、________和________的旋律素材,体裁是________。

31. 世界上第一部真正意义上的歌剧是________,由________创作。

32. 用 F 调单簧管演奏 A 调旋律乐谱,旋律实际音高为________调。

33. 在^{b}E 燕乐徵调式中,闰音使用的变音记号是________;在 F 为Ⅲ音的雅乐徵调式中,变徵音使用的变音记号是________。

34. ________是印度尼西亚的一种以锣为核心、以金属打击乐器为主体的合奏音乐,也是在世界范围内产生重要影响的东方音乐之一。

三、写作题(本大题共 2 小题,共 10 分)

35. 写出以 b 为导音的自然小调与和声小调音阶。(写出调名)(4 分)

36. 写出 e 小调的上、下行半音音阶。(用临时变音记号)(6 分)

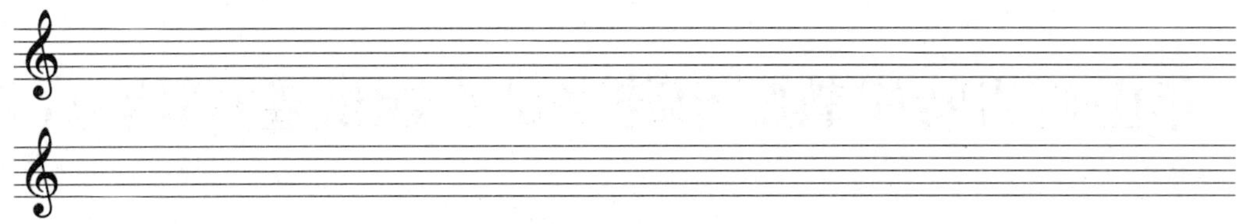

四、连线题(本大题共 1 小题,每线 1 分,共 10 分)

37. 将下列歌曲与作者对应连接。

《咱们工人有力量》	张曙
《大江东去》	刘雪庵
《长城谣》	聂耳
《松花江上》	任光
《渔光曲》	谭小麟
《大刀进行曲》	马可
《延安颂》	麦新
《正气歌》	青主
《日落西山》	郑律成
《梅娘曲》	张寒晖

五、论述题(本大题共 2 小题,共 25 分)

38. 中国的民间音乐丰富多彩,种类繁多,请简述小调音乐的风格特点,并写出代表性的六首小调音乐作品。(要求地方与歌名对应)(12 分)

39. 旋律是音乐的灵魂和基础,体现音乐的主要思想或全部思想。

(1)请简述常见的旋律发展方法。(9 分)

(2)选择其中一种方法编创八小节旋律。(4 分)

2021 年安徽省教师招聘考试真题试卷(四)

中学音乐

(满分 120 分　时间 150 分钟)

本套试卷共 57 个小题,包括单项选择题(30 小题),判断题(10 小题),匹配题(10 小题),创编题(3 小题),教学设计题(4 小题)。

一、单项选择题(本大题共 30 小题,每小题 1 分,共 30 分)

1. 中央 C 是(　　)(常考)

A. c　　B. c^1　　C. c^2　　D. c^3

2. 下列力度记号由强到弱排列正确的是(　　)(易错)

A. mf > f > mp > p　　B. mf > p > mp > pp

C. f > mf > mp > p　　D. f > mf > p > mp

3.《义勇军进行曲》的拍子属于(　　)

A. 单拍子　　B. 复拍子　　C. 变换拍子　　D. 混合拍子

4. F 和声大调的下属音是(　　)

A. $^\#$D　　B. A　　C. F　　D. ^{b}B

5. $^\#$C 大调的调号是(　　)

A. 七个降号　　B. 六个降号　　C. 七个升号　　D. 六个升号

6. 以 C 为闰的七声调式是(　　)

A. D 燕乐宫调式　　B. D 燕乐商调式　　C. D 燕乐角调式　　D. D 燕乐徵调式

7. 下面歌曲片段出自(　　)

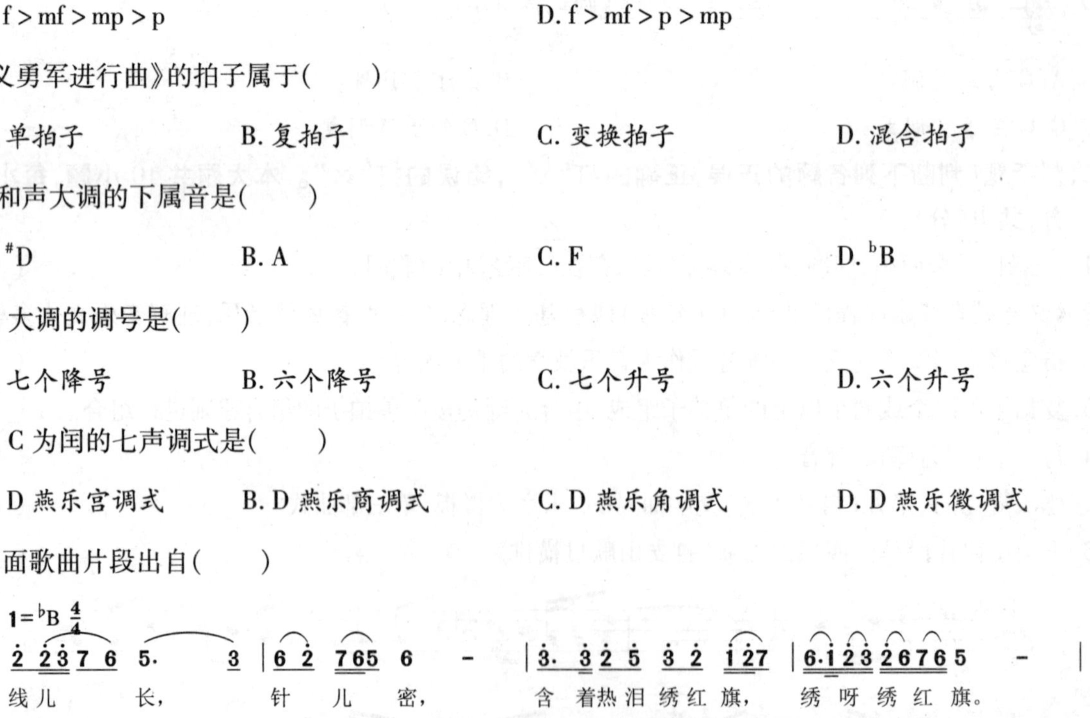

1=^{b}B $\frac{4}{4}$

2 23 7 6 5· 3 | 6 2 765 6 - | 3· 32 5 3 2 127 | 6·123 26765 5 - |

线儿 长, 针 儿 密, 含 着热泪 绣红 旗, 绣 呀 绣 红 旗。

A.《江姐》　　B.《兄妹开荒》

C.《洪湖赤卫队》　　D.《小二黑结婚》

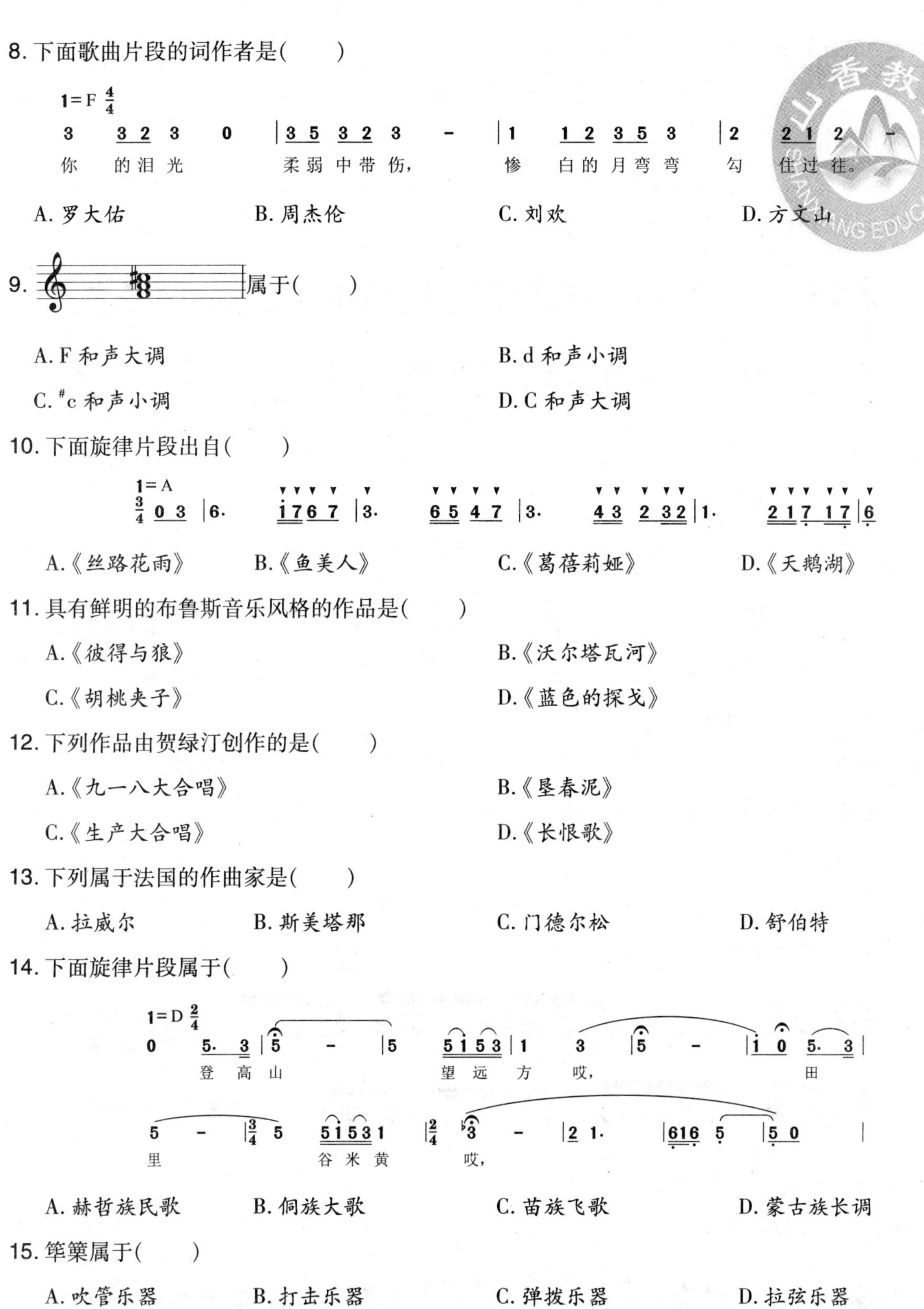

8. 下面歌曲片段的词作者是(　　)

1=F $\frac{4}{4}$

3 32 3 0 | 35 32 3 - | 1 12 35 3 | 2 21 2 - |

你 的泪光 柔弱中带伤， 惨 白的月弯弯 勾 住过往。

A. 罗大佑　　B. 周杰伦　　C. 刘欢　　D. 方文山

9. （谱例）属于(　　)

A. F和声大调　　B. d和声小调

C. #c和声小调　　D. C和声大调

10. 下面旋律片段出自(　　)

1=A $\frac{3}{4}$

0 3 | 6. i767 | 3. 6547 | 3. 43 232 | 1. 21717 | 6

A.《丝路花雨》　　B.《鱼美人》　　C.《葛蓓莉娅》　　D.《天鹅湖》

11. 具有鲜明的布鲁斯音乐风格的作品是(　　)

A.《彼得与狼》　　B.《沃尔塔瓦河》

C.《胡桃夹子》　　D.《蓝色的探戈》

12. 下列作品由贺绿汀创作的是(　　)

A.《九一八大合唱》　　B.《垦春泥》

C.《生产大合唱》　　D.《长恨歌》

13. 下列属于法国的作曲家是(　　)

A. 拉威尔　　B. 斯美塔那　　C. 门德尔松　　D. 舒伯特

14. 下面旋律片段属于(　　)

1=D $\frac{2}{4}$

0 5. 3 | 5 - | 5 5153 | 1 3 | 5 - | i 0 5. 3 |

登 高 山 望 远 方 哎， 田

5 - | $\frac{3}{4}$ 5 51531 | $\frac{2}{4}$ 3 - | 2 1. | 616 5 | 5 0 |

里 谷 米 黄 哎，

A. 赫哲族民歌　　B. 侗族大歌　　C. 苗族飞歌　　D. 蒙古族长调

15. 筚篥属于(　　)

A. 吹管乐器　　B. 打击乐器　　C. 弹拨乐器　　D. 拉弦乐器

16. 郭文景为庆祝香港回归祖国而创作的《御风万里》的体裁是(　　)

A. 管乐合奏　　B. 交响序曲　　C. 弦乐四重奏　　D. 交响诗

17. 按照八音分类法，笙属于(　　)(常考)

A. 匏　　B. 丝　　C. 竹　　D. 木

18. 圆舞曲也称华尔兹，起源于(　　)

A. 波洛奈兹　　B. 玛祖卡　　C. 法朗多勒　　D. 连德勒舞

19. 下面旋律片段的曲作者是(　　)

A. 肖邦　　B. 瓦格纳

C. (老)约翰·施特劳斯　　D. 约翰·威廉姆斯

20. 下列和弦中，以${}^{b}G$为低音构建的小小七和弦第一转位是(　　)

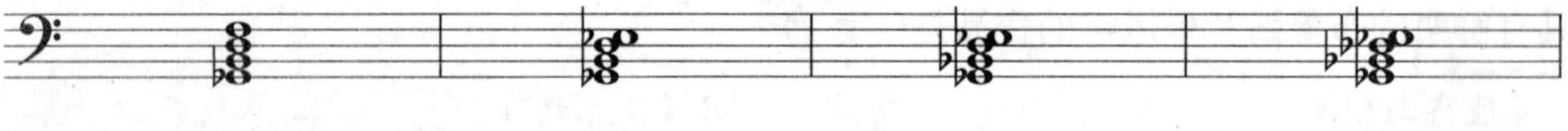

A　　B　　C　　D

21. 音乐术语 dim. 的意思是(　　)(常考)

A. 渐慢　　B. 渐弱　　C. 渐快　　D. 渐强

22. 下列作品中属于斯特拉文斯基创作的是(　　)

A.《纽伦堡的名歌手》　　B.《舍赫拉查德》

C.《假面舞会》　　D.《春之祭》

23. 下面片段所属地域是(　　)

A. 浙江　　B. 福建　　C. 广东　　D. 河北

24. 下面旋律片段出自(　　)

A.《在中亚细亚草原上》　　B.《沃尔塔瓦河》

C.《四季》　　D.《伊凡·苏萨宁》

25. 下面民歌片段的体裁是(　　)

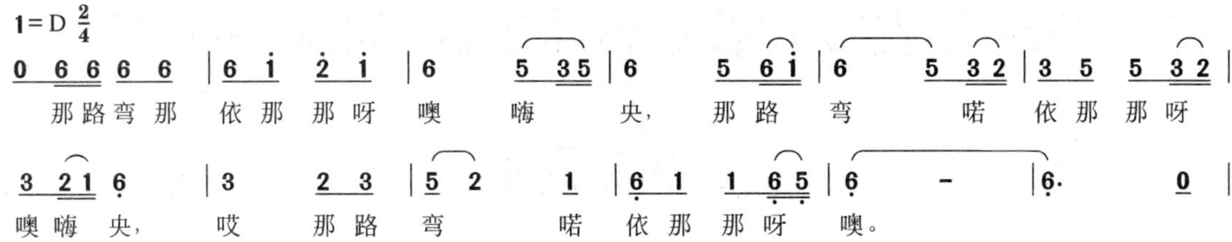

A. 长调　　B. 小调　　C. 山歌　　D. 号子

26. ♭b 自然小调的近关系调包括(　　)(常考)

A. f 自然小调　　B. e 自然小调　　C. d 自然小调　　D. c 自然小调

27. 西周对于乐队的编制有严格规定,“诸侯轩悬”用的是(　　)

A. 东西南北四面　　B. 排列三面

C. 排列两面　　D. 排列一面

28. 从“天人感应”的思想体系出发,针对礼乐问题提出“应天顺人”论的是(　　)

A. 孔子　　B. 嵇康　　C. 董仲舒　　D. 老子

29. 下属和弦的三音是调式中的(　　)

A. 中音　　B. 下中音　　C. 下属音　　D. 导音

30. 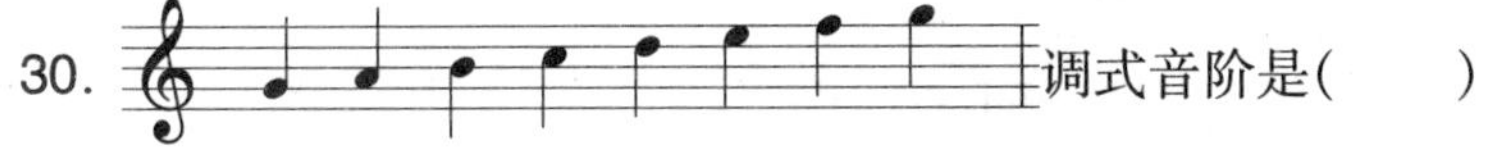调式音阶是(　　)

A. G 自然大调　　B. g 自然小调

C. G 燕乐宫调式　　D. G 雅乐徵调式

二、判断题(判断下列各题的正误,正确的打“√”,错误的打“×”。本大题共 10 小题,每小题 1 分,共 10 分)

31. “三颂”是指商颂、周颂、鲁颂,它们是保存在《诗经》中的歌词。(　　)

32.《义务教育音乐课程标准》(2011 年版)课程基本理念之一:弘扬民族音乐,理解音乐文化多样性,指应将我国汉族优秀的传统音乐作为音乐教学的重要内容。(　　)

33. 复拍子由两个或两个以上的单拍子组成,组合原则仍按照单拍子的组合原则进行组合。(　　)

34. 每一个音都有两个等音。(　　)

35. 德沃夏克的《第九(自新大陆)交响曲》第二乐章为慢板,单三部曲式。(　　)

36. 下面旋律片段是江西兴国山歌《打支山歌过横排》。(　　)

37. 协奏曲是一种乐队所有乐器协同演奏的大型乐曲。（　　）

38. 下面旋律片段是第16届世界杯足球赛主题歌《生命之杯》。（　　）

39. 秦汉时期得名并发展起来的鼓吹乐，是一种以吹管乐器和打击乐器为主，兼有歌唱的器乐合奏形式。（常考）（　　）

40. 法国作曲家柏辽兹首创单乐章标题交响音乐体裁——交响诗。（　　）

三、匹配题（本大题共10小题，每小题1分，共10分）

将下列主要流传地前的字母填入对应的空格中。

题号	体裁	答案	主要流传地
41	爬山调		A. 贵州
42	大歌		B. 新疆
43	堆谐		C. 山西
44	木卡姆		D. 内蒙古
45	山曲		E. 西藏

将下列作品前的字母填入对应的空格中。

题号	作曲家	答案	作品
46	赵元任		F.《旗正飘飘》
47	黄自		G.《嘉陵江上》
48	桑桐		H.《台湾舞曲》
49	贺绿汀		I.《夜景》
50	江文也		J.《海韵》

四、创编题（本大题共3小题，每小题10分，共30分）

51. 将下列第一乐句发展成四个乐句的单乐段作品。

1=F $\frac{2}{4}$

6 1 3 | 5 4 3 | 7 2 1 7 | 6 – |

52. 分析歌曲《多情的土地》的曲式结构及旋律特点。

多情的土地

1＝♭E $\frac{2}{4}$

慢速　深情地

任志萍词

施光南曲

1. 我深深地爱着你，这片多情的土地，我踏过的路径上，阵阵花香鸟语；我耕耘过的田野上，一层层金黄翠绿，我怎能离开这河叉山脊这河叉山脊。啊！啊！我拥抱村口的百岁洋槐仿佛拥抱妈妈的身躯。

2. 我深深地爱着你，这片多情的土地，我时时都吸吮着大地母亲的乳汁；我天天都接受着你的疼爱情意，我轻轻走过这山路小溪这山路小溪。啊！啊！我捧起黝黑的家乡泥土仿佛捧起理想和希冀。

我深深地爱着你，这片多情的土地，多情的土地，土地，土地。

稍快　渐慢　原速　渐慢

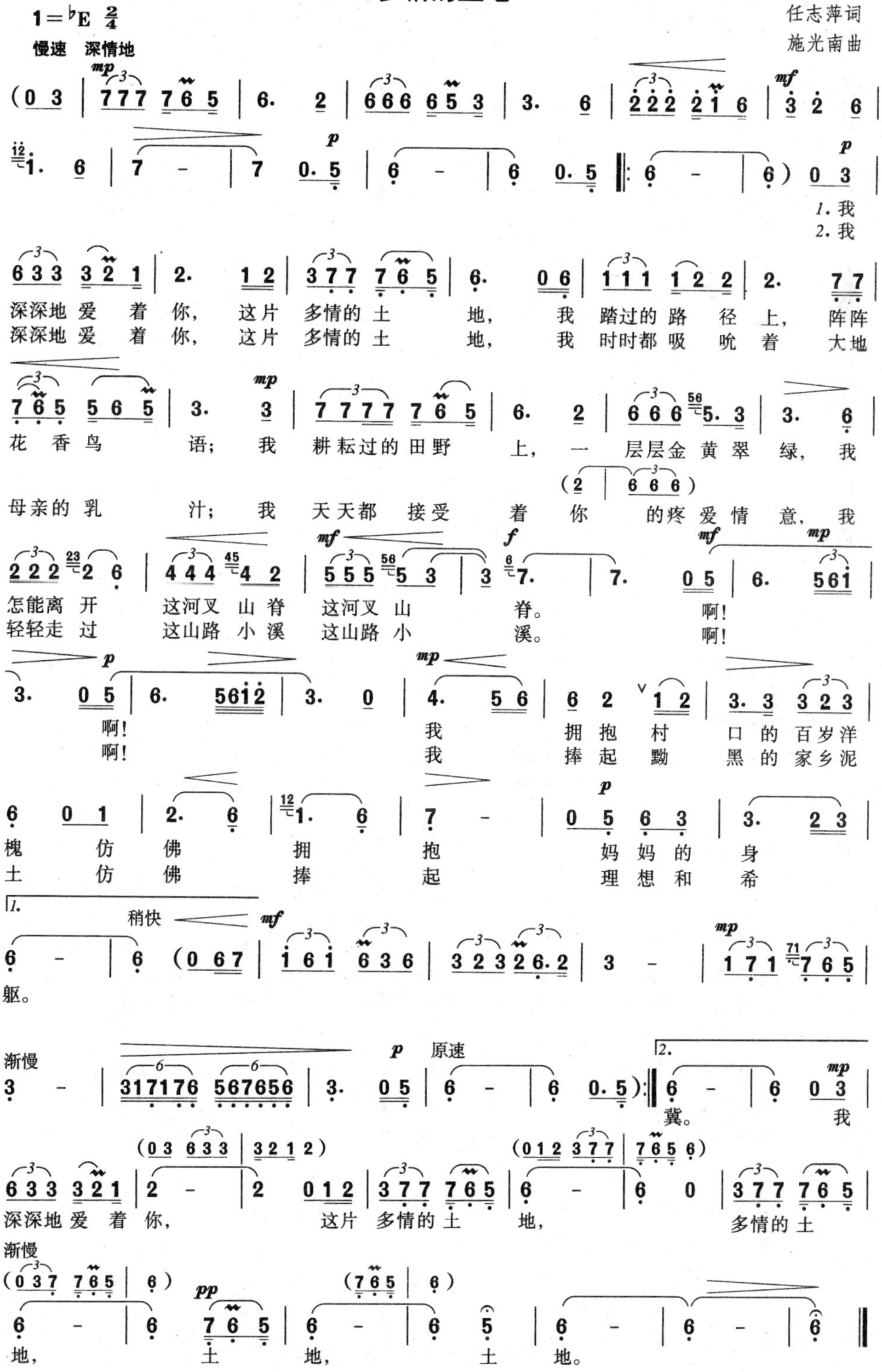

53. 完成下面旋律钢琴伴奏写作。

五、教学设计题（本大题共 4 小题，共 40 分）

授课年级：九年级

课时：一课时

课型：歌曲教学综合课

教学内容：歌曲《东北风》

东北风

齐唱

1 = ♭E $\frac{2}{4}$

稍快

东北民歌

贾知松改词

0 2 2 6 | 2 2· | 5· 3 2 | 5· 3 2 | 2 5 5 3 2 | 1 2 6 |

1.东北 风啊， 刮 呀， 刮 呀， 刮晴了天 晴了天，

2.太阳 出来， 照 呀， 照 呀， 照得大地 亮堂堂，

2 5 5 3 2 | 1 2 6 | 0 5 5 5 | 5 3· 7 | 6 - | 3 6 6 5 3 |

刮晴了天 晴了天。 翻身的 人 民 哎， 得到了丰收

照得大地 亮堂堂。 黑土地 欢 歌 唱， 感谢咱共产

2 3 2 1 6 | 5· 3 | 6 - | 2 2 2 2 5 | 2 1 6 | 2 2 2 2 |

年 哪 嗨 哎， 咱们的胜利 年 哪。 哎嗨哎嗨

党 哪 嗨 哎， 感谢咱引路 人 哪。 哎嗨哎嗨

5 6 6 | 5· 6 | 1 3 | 6 6 5 | 3 3 2 3 |1. 5 - :‖2. 5 - ‖

呀 哎嗨 呀 嗨 哎 嗨 哎嗨呀 哎嗨哎嗨 呀。

呀 哎嗨 呀 嗨 哎 嗨 哎嗨呀 哎嗨哎嗨 呀。

54. 写出本课时的教学目标。(6 分)

55. 写出本课时的歌曲分析。(调式调性、曲式结构、指挥手势图、音乐分析等)(15 分)

56. 写出本课时的教学重点、难点。(4 分)

57. 写出解决本课时教学难点的过程。(15 分)

2021年广东省广州市花都区教师招聘考试真题试卷(精编)(五)

中小学音乐

(满分100分　时间120分钟)

本套试卷共83个小题,公共知识部分包括单项选择题(35小题),多项选择题(5小题),案例分析题(1小题);学科专业知识部分包括单项选择题(30小题),判断题(10小题),简答题(1小题),论述题(1小题)。目前已收录82小题。

第一部分　公共知识

一、单项选择题(本大题共35小题,每小题0.92分,共32.2分)

1. 十九大报告指出,实现伟大梦想,必须建设伟大工程。这个伟大工程就是我们党正深入推进的(　　)新的伟大工程。

A. 党的建设　　B. 改革开放　　C. 脱贫攻坚　　D. 生态建设

2. 十九大报告指出,必须坚持国家利益至上,以______为宗旨,以______为根本。选(　　)(常考)

A. 国民安全;国土安全　　B. 人民安全;政治安全

C. 政治安全;人民安全　　D. 人民安全;经济安全

3. 实事求是是党的基本思想方法、工作方法、领导方法,坚持实事求是,关键在于"求是",即(　　)

A. 坚持一切从实际出发　　B. 了解实际,掌握实情

C. 深入探求和掌握事物发展的规律　　D. 勇于实践,善于实践

4. 在新发展理念中,坚持(　　)发展是中国特色社会主义的本质要求。

A. 创新　　B. 统筹　　C. 绿色　　D. 共享

5. 坚持社会主义市场经济改革方向,核心问题是处理好(　　)的关系。

A. 公民和市场　　B. 政府和企业

C. 政府和市场　　D. 公民和政府

6. 2021年《政府工作报告》指出,要推动(　　)优质均衡发展和城乡一体化,加快补齐农村办学条件短板,健全教师工资保障长效机制,改善乡村教师待遇。

A. 义务教育　　B. 职业教育　　C. 学前教育　　D. 普通高中教育

7. 周老师经常对迟到、旷课等影响班级评优的学生进行殴打、罚站、下蹲、扇嘴巴等行为。学校多次对其劝诫,但周老师拒不改正。根据《中华人民共和国教师法》的规定,学校可以对周老师给予相应的处分,其中不包括(　　)

A. 解聘　　B. 警告　　C. 记过　　D. 罚款

8. 预防未成年人犯罪,应当结合未成年人不同年龄的生理、心理特点,加强(　　)、心理关爱、心理矫治和预防犯罪对策的研究。

A. 法制教育　　B. 青春期教育　　C. 道德教育　　D. 政治教育

9. 初三学生陈某沉迷网络,无故夜不归宿、离家出走。学校可以根据情况采取相关管理教育措施,其中不包括(　　)

A. 予以训导

B. 要求参加校内服务活动

C. 要求参加特定的专题教育

D. 责令具结悔过

10. 张老师在教学中带头践行社会主义核心价值观,弘扬真善美,传递正能量。张老师遵循了(　　)的教师职业行为准则。(常考)

A. 坚定政治方向

B. 传播优秀文化

C. 自觉爱国守法

D. 坚持言行雅正

11. 疫情防控期间,学生不适宜到学校领取成绩单,某地一小学便通知家长去班主任家里领取,班主任邵老师于是在微信群里发了消息:"家长们,别人欠钱给的大米,需要的话帮销一点。"不少家长都顺便买了米。邵老师的做法(　　)

A. 正确,家长买米纯粹是自愿行为

B. 正确,班主任利用业余时间为家长提供了便利

C. 错误,违背了坚守廉洁自律的教师职业行为准则

D. 错误,违背了规范从教行为的教师职业行为准则

12. 某教师在备课时设置的"当讨论有关小煤窑瓦斯爆炸事件时,学生应能积极表达自己关注生命等观点"这一目标属于教学情感目标中的(　　)

A. 接受和反应

B. 价值体系个性化

C. 形成价值观念

D. 组织价值观念系统

13. 下列哪种类型的板书可根据需要,灵活地突出课文的某一部分或某种思想,增强针对性,以使学生把握学习重点。它也是教师在有丰富经验的基础上,充分发挥聪明才智的主要板书手段(　　)

A. 内容式板书

B. 强调式板书

C. 设问式板书

D. 序列式板书

14. 加涅将学习的过程分为八个阶段,在(　　)中,为了促进学习迁移,教师必须让学生在不同情境中学习,并给学生提供在不同情境中提取信息的机会。

A. 回忆阶段　　B. 习得阶段　　C. 反馈阶段　　D. 概括阶段

15. 小学科学教师在讲解完《地表变化带给我们的信息》一课后，问道："读了威格纳的故事，你从他身上学到了什么？"这种课堂提问类型属于(　　)

A. 开放式提问　　B. 封闭式提问

C. 爬梯式提问　　D. 举例式提问

16. 杜威认为，教育目的只存在于"教育过程以内"，不存在"教育过程以外"的目的。该观点体现的教育目的价值取向是(　　)

A. 社会本位论　　B. 个人本位论

C. 宗教本位论　　D. 教育无目的论

17. 赫尔巴特将教学过程分为四个阶段，学生在课堂上学会了测量、课后自己拿工具去进行路段测量属于其中的(　　)

A. 联想　　B. 明了　　C. 系统　　D. 方法

18.《礼记·学记》的"君子如欲化民成俗，其必由学乎""是故，古之王者，建国君民，教学为先"主要体现了教育的(　　)

A. 经济功能　　B. 文化功能　　C. 政治功能　　D. 个体发展功能

19. 教师在组织课程内容时，对于某些重要的、在教材各个部分重复涉及的内容，要不断增加其广度与深度，即后面出现的内容应该是在更高层次上进行探讨，而不仅仅停留在同一水平的重复。这体现了课程内容的组织原则是(　　)

A. 顺序性原则　　B. 连续性原则

C. 整合性原则　　D. 点拨性原则

20. 王老师觉得身边的共产党员都很优秀，又能为大家服务，所以很努力地要加入党组织。这属于态度与品德形成过程中的(　　)(常考)

A. 依从　　B. 内化　　C. 认同　　D. 逆反

21. 德育模式中的(　　)认为，与人友好相处是人类的基本需要，帮助学生满足这种需要是教育的职责。

A. 认知模式　　B. 体谅模式

C. 价值澄清模式　　D. 社会模仿模式

22. 数学教师向小明提出，如果这次月考考试成绩有进步，就免去他每天多做三道试题的任务。根据斯金纳的强化理论，这属于(　　)(常考)

A. 正强化　　B. 负强化　　C. 正惩罚　　D. 负惩罚

23. 有些学生学习了分数乘法后，再去进行分数加减法计算时，竟然将分子与分子，分母与分母分别相加减。这属于(　　)

A. 逆向负迁移　　B. 逆向正迁移

C. 顺向正迁移　　D. 顺向负迁移

24. 某学生在记忆“公元前525年波斯征服埃及，公元636年阿拉伯与拜占庭会战”这两个历史事件的时间时，进行了灵活地信息处理，即两个事件的年份都是前一个数字的平方等于后两位数。该学生运用的学习策略属于(　　)

A. 计划策略　　B. 组织策略

C. 精细加工策略　　D. 资源管理策略

25. 学生高某在解决问题的过程中，能在较短的时间内考虑可供选择的多个方案、假设，表现出思维不受阻滞的特点。这说明高某的思维具有(　　)

A. 探究性　　B. 变通性　　C. 流畅性　　D. 独创性

26. 有些学生被老师叫起来回答问题时，对平时已掌握的内容都想不起来，坐下后却又突然想起来了。这种现象体现的遗忘理论是(　　)

A. 动机说　　B. 同化说

C. 记忆痕迹衰退说　　D. 提取失败说

27. 某学生根据朱自清在《荷塘月色》对江南采莲旧俗的描述，想象出一幅采莲的欢乐场面。这类想象属于(　　)

A. 幻想　　B. 空想　　C. 创造想象　　D. 再造想象

28. 某学生偏科严重，不喜欢英语这门学科，但为了在高考中取得好成绩，即使不喜欢该门学科也会认真听老师讲课。这类注意属于(　　)(常考)

A. 无意注意　　B. 无意后注意

C. 有意注意　　D. 有意后注意

29. 以文字、概念、逻辑关系为主要对象的记忆属于(　　)(常考)

A. 形象记忆　　B. 抽象记忆　　C. 情绪记忆　　D. 动作记忆

30. 某班级群体的共同目标无法完成，班干部号召力不强，学生情绪易波动，正确舆论时强时弱，班级规范不能得到普遍遵守。这种班级群体属于(　　)

A. 松散型　　B. 集团型　　C. 浮动型　　D. 集体型

31. 班级管理是一种有目的、有计划、有步骤的社会活动。这一活动的根本目的是(　　)

A. 实现教育目标，使学生得到充分、全面的发展

B. 提升班主任素质和管理水平

C. 组织开展班会活动，放松学生心情

D. 提高学生成绩和学校升学率

32. 自我中心的学生会因受到伙伴的批评而改变行为，自我控制能力欠缺的学生能够在集体的监督约束下逐步形成自律意识。这体现了班级组织的(　　)

A. 矫正功能　　B. 诊断功能

C. 导向功能　　D. 促进发展功能

33. 学生个人专长的确定和兴趣的培养、重大转折时期的环境适应和自我心理调节均属于以(　　)为中心的学校心理咨询内容。

A. 教育发展　　B. 校园辅导　　C. 心理治疗　　D. 心理卫生

34. 学校心理素质教育的首要功能是(　　)

A. 开发智力,促进能力发展

B. 提高德性修养,培养良好品德

C. 促进和维护学生心理健康

D. 培养主体意识,形成完善人格

35. 心理辅导教师张某在辅导过程中,进入受辅导学生的内心世界,通过他的眼睛看事物,体察他的思想与感受,了解他观察自己与周围世界的方式。张某的行为符合辅导要求中的(　　)

A. 信任　　B. 同感　　C. 真诚　　D. 尊重

二、多项选择题(多选、错选或少选均不得分。本大题共5小题,每小题1.16分,共5.8分)

36. 下列属于孔子的教育思想的有(　　)

A. 有教无类　　B. 学而优则仕　　C. 温故而知新　　D. 因材施教

37. 十九大报告指出,坚持(　　)有机统一是社会主义政治发展的必然要求。

A. 依法治国　　B. 党的领导

C. 人民当家作主　　D. 四项基本原则

38. 根据教育部办公厅印发的《中小学教育惩戒规则(试行)》的规定,学生的下列哪些情形中,确有必要的,可以实施教育惩戒(　　)

A. 小李拒绝参加班级公益服务

B. 小张欺凌同学,打骂老师

C. 小周扰乱学校教育教学秩序

D. 小林实施有害他人身心健康的危险行为

39. 下列属于外部学习动机的有(　　)

A. 为了获得老师的表扬而学习英语

B. 为了与外国人沟通而学习英语

C. 为了满足自己的求知欲而学习英语

D. 为了将来找到理想的工作而学习英语

40. 下列关于班级授课制的表述,正确的有(　　)

A. 大规模地向全体学生进行教学,有助于提高教学效率

B. 以培养学生的实际操作能力为主,能充分发挥学生的主体性

C. 能保证学习活动循序渐进,并使学生获得系统的科学知识

D. 在实现教学任务上比较全面,有利于学生多方面的发展

三、案例分析题(本大题共12分)

案例1

在一节新课文的学习结束后,语文老师何某请两位学生在黑板上比赛听写学过的五个生字。学生A和学生B积极举手“应战”。结果学生A全对,获得了同学们的掌声,学生B因为只写对了两个,而羞愧地低下了头。见此情景,何老师说道:“B同学虽然只写对了两个,但他刚才第一个举手,而且他的字写得很漂亮,值得同学们学习。相信B同学下次也能全写对。”这时,学生B抬起了头,脸上洋溢着灿烂的笑容……

案例2

学生伍某属于班上的后进生,数学考试经常不及格,但他酷爱打篮球,经常利用课余时间练习投篮,有时甚至因为太投入而忽略了上课铃声,导致上课总是迟到,刘老师多次对其教育均无效。在一次考试中,伍某认真地做完了每一道题,而且自我感觉良好。当刘老师分析试卷时,伍某一看自己考了75分,分数远比预想中的要高,心里非常高兴,于是和同桌说了几句话。刘老师发现后,走到伍某身边说:“伍某,你不要太兴奋,别看这次考了75分,但却是第40名,全班倒数第四。”伍某的头立即低了下去,觉得自己考得再好也考不过其他同学,认为自己是个失败者……

41. 结合新课程改革中教育评价的相关理论,评析、比较案例1和案例2中两位教师的做法。

第二部分　学科专业知识

四、单项选择题(本大题共29小题,每小题0.95分,共27.55)

42. 音乐起源学说中的(　　)认为,人类是从自然界的音响如虫叫、鸟鸣、风声、水流声、雨声中得到灵感而创造出音乐的。

A. 劳动说　　B. 模仿说　　C. 巫术说　　D. 表现说

43. 音乐美分为优美、壮美、崇高美、喜剧美、欢乐美、悲剧美六个基本范畴,其中(　　)是音乐美中最具普遍性的基本范畴,具有温柔、平和、纯净与细腻的特点。

A. 优美　　B. 壮美　　C. 崇高美　　D. 喜剧美

44. 人声或乐器所能达到的最低音和最高音之间的范围称为(　　)

A. 音值　　B. 音阶　　C. 音域　　D. 音列

45. 在简谱中,音的长短是在基本音符后面或下面加短横线来表示的,其中表示全音符的是(　　)

A. $\underline{\underline{1}}$　　B. 1 –　　C. $\underline{1}$　　D. 1 – – –

46. F自然大调的平行小调是(　　)(常考)

A. c自然小调　　B. b自然小调

C. d自然小调　　D. e自然小调

47. 在$\frac{4}{4}$拍的强弱规律中,第一拍为(　　)拍。

A. 强　　B. 弱　　C. 次强　　D. 次弱

48. 下列选项中属于增三和弦的是(　　)(常考)

A　　B　　C　　D

49. 在和弦排列法中,(　　)是指上方三声部中相邻声部之间的距离在五度以上的(含五度)的排列方式,它能使音响效果比较开阔。

A. 密集排列法　　B. 开放排列法

C. 混合排列法　　D. 以上均不是

50. 在曲式的基本结构中,(　　)是歌曲中的最大单位,能表达出完整或相对完整的音乐内容。

A. 乐汇　　B. 乐节　　C. 乐句　　D. 乐段

51. “对比、发展、统一”是(　　)结构的特点,它适用于表现戏剧性题材内容,也可以表达田园性的、抒情的乐思。

A. 奏鸣曲式　　B. 变奏曲式

C. 回旋曲式　　D. 二部曲式

52. 劳动歌曲是伴随劳动生产时所唱的歌曲，其艺术表现特征不包括（　　）

A. 节奏上重音突出，音乐强弱对比鲜明

B. 音乐的情感表现形式以沉重、痛苦为主

C. 歌曲往往显现出质朴、粗犷、豪迈的风格

D. 演唱有独唱、对唱、一领众和等多种形式

53. 在创作歌词时，应注意的事项不包括（　　）

A. 形象集中　　B. 受众广泛

C. 词曲完全分离　　D. 传播媒体多样

54. 在歌曲主题的发展手法中，（　　）的作用在于巩固音乐主题、发展音乐思想、加深音乐形象、统一歌曲内容和构成音乐的曲式。

A. 模进　　B. 重复　　C. 展开　　D. 对比

55. （　　）的作用是导入歌曲，预示歌曲的情绪、音调、调性、速度等。

A. 前奏　　B. 间奏　　C. 尾声　　D. 伴奏

56. 声乐演员在舞台上演唱离不开手势的表演，常用的手势有“引、定、开、合、托、错”几种。其中“合”，双手手势收拢回缩，可表示（　　）

A. 意境开阔　　B. 沉思内省

C. 情绪昂扬热烈　　D. 坚决而不可侵犯

57. （　　）一般用于稍慢速度的轻吟低唱歌曲中，特别是感叹、缠绵、如泣如诉或是温存的窃窃私语的段落，该唱法能使感情表达极为真切，更富有感染力。

A. 美声唱法　　B. 通俗唱法　　C. 气声唱法　　D. 假声唱法

58. 在$\frac{2}{4}$拍指挥的基本图示和变化图示中，下列属于二拍子的基本图示的是（　　）

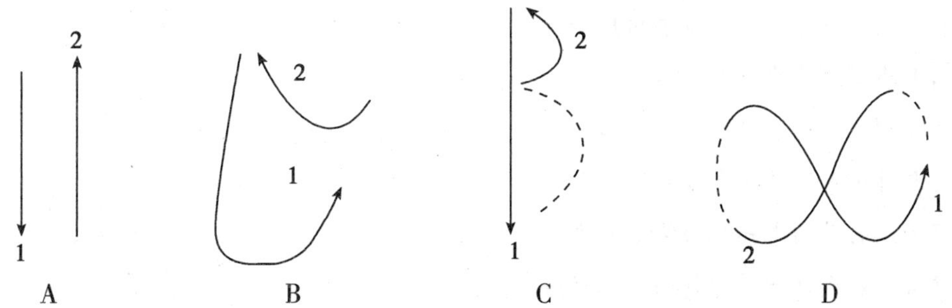

59. 萨拉萨蒂的《卡门主题幻想曲》旋律取自法国作曲家比才的歌剧《卡门》主要唱段，全曲采用了很多（　　）技巧，这些技巧的合理运用，令这首幻想曲显得绚丽多姿，光彩夺目，富有表现力。

A. 风笛　　B. 长号　　C. 小提琴　　D. 萨克斯

60. “啊！黄河！你是中华民族的摇篮！五千年的古国文化，从你这儿发源；多少英雄的故事，在你的身边扮演！啊！黄河！你是伟大坚强，像一个巨人出现在亚洲平原之上，用你那英雄的体魄，筑成

我们民族的屏障。"选自《黄河大合唱》的(　　)

A. 第一乐章《黄河船夫曲》　　B. 第二乐章《黄河颂》

C. 第四乐章《黄水谣》　　D. 第五乐章《河边对口曲》

61. (　　)的音乐创作具有鲜明的时代感、严肃的思想性、高昂的民族精神和卓越的艺术创造性,为中国无产阶级革命音乐的发展指出了方向,树立了中国音乐创作的榜样。

A. 贺绿汀　　B. 吕其明　　C. 阿炳　　D. 聂耳

62. "小花脸"是我国京剧行当中(　　)的俗称,是喜剧角色。

A. 生　　B. 丑　　C. 净　　D. 旦

63. 古琴是我国历史悠久、传统的民族(　　),它归于丝竹类乐器。(常考)

A. 铜管乐器　　B. 弹拨乐器

C. 木管乐器　　D. 打击乐器

64. 下列关于印象派音乐特点的说法错误的是(　　)

A. 旋律模糊新颖　　B. 节奏上用复拍子,复杂多变

C. 音色独特,丰富新奇　　D. 和声音响和谐,强调色彩不变

65. (　　)被誉为"西方近代音乐之父",其代表作品有《平均律钢琴曲集》《马太受难曲》。

A. 巴赫　　B. 肖邦

C. 穆索尔斯基　　D. 柴可夫斯基

66. 海顿的(　　)与亨德尔的《弥赛亚》、门德尔松的《伊利亚》并称为世界三大神剧。

A.《四季》　　B.《蓝色多瑙河》

C.《创世纪》　　D.《第88号交响曲》

67. 韦伯创作的(　　)被认为是德国第一部浪漫主义歌剧。(常考)

A.《图兰朵》　　B.《奥伯龙》

C.《自由射手》　　D.《森林少女》

68. 下列属于贝多芬的代表作品的是(　　)

A.《茶花女》　　B.《田园交响曲》

C.《仲夏夜之梦序曲》　　D.《跳蚤之歌》

69. 莫扎特的《唐璜》是一部(　　),剧中的主人公唐璜是中世纪西班牙的一个专爱寻花问柳的胆大妄为的典型人物,他既有反面人物的特点,也有正面人物的性格。

A. 悲剧　　B. 戏剧　　C. 喜歌剧　　D. 幕间剧

70. 将西方芭蕾技巧与中国民族舞蹈的表现手法结合,创造出民族芭蕾的世纪精品,并成就了中西文化在芭蕾艺术领域完美融合的世界奇迹的芭蕾舞剧是(　　)

A.《鱼美人》　　B.《大红灯笼高高挂》

C.《红色娘子军》　　D.《罗密欧与朱丽叶》

五、判断题(判断下列各题的正误,正确的打"√",错误的打"×"。本大题共10小题,每小题0.65分,共6.5分)

71. 抒情性是舞蹈和音乐的共同点。 (　　)

72. 减字谱被公认为目前最准确、最科学的记谱方法。 (　　)

73. 在乐谱中见到D.C.标记时,要从头开始演奏。 (　　)

74. 四部和声写作是和声学习中最不常用的形式。 (　　)

75. 在"起承转合"结构写作方式中,与最开始乐意相呼应,总结全曲的是"转"。 (　　)

76. 螺蛳结顶是音乐创作的一种技法,是指将原有乐句逐步紧缩直至最后形成简洁顶端的方法。 (　　)

77. 在合唱指挥动作中,预备拍是作为指挥开始音乐进行前的预示动作。 (　　)

78. 《空山鸟语》是我国近代音乐家刘天华创作的二胡独奏曲。 (　　)

79. 柏辽兹是法国古典乐派的主要人物。 (　　)

80. 歌剧产生于16世纪的英国伦敦。 (　　)

六、简答题(本大题共5分)

81. 简述掌握好钢琴即兴伴奏的编配需做好哪些方面的工作。

七、论述题(本大题共10分)

82. 正确的发声是歌唱的基础,试述歌唱发声训练过程中的注意事项。

2021年江苏省扬州市教师招聘考试真题试卷(六)

中学音乐

(满分100分　时间120分钟)

本套试卷共41个小题,包括填空题(12小题),单项选择题(20小题),连线题(2小题),名词解释(4小题),简答题(2小题),论述题(1小题)。

一、填空题(本大题共12小题,每空1分,共25分)

1. 音乐中的基本表现要素和手段主要有________、调式、________、节奏、音区、力度、音色、织体等。
2. 柴可夫斯基是________(国籍)作曲家,他的舞剧作品有________、________、________。
3. 民乐合奏曲《金蛇狂舞》是我国著名音乐家________的作品。
4. 民歌按体裁可分为________、________、________三大类。
5. 我国著名民间艺人阿炳原名叫________,他的二胡独奏曲《________》是一首闻名中外的不朽之作。
6. 中国新歌剧的标志性作品是《________》,其中的《北风吹》是根据河北民歌《________》改编而成的。
7. 歌剧《图兰朵》由________(国籍)作曲家________创作。在这部作品中,作曲家将中国民歌《________》的音乐元素融入进去。
8. 我国的民族音乐调式多以宫、________、角、________、羽五声为主。
9. 《蓝色多瑙河》由________(国籍)作曲家________创作,他被誉为"________"。
10. 比才最优秀的作品是1874年根据梅里美的小说改编而成的同名歌剧《________》。
11. 湖北随州出土的________编钟,显示了我国周代编钟艺术的惊人成就,被誉为"世界文明奇迹"。
12. 我国古代的"八音"是指制作乐器的材料性质,它们是金、石、土、丝、竹、木、革、________。(常考)

二、单项选择题(本大题共20小题,每小题1分,共20分)

13. (　　)创作了著名的管弦乐组曲《水上音乐》和《皇家焰火音乐》。

A. 巴赫　　B. 亨德尔　　C. A. 斯卡拉蒂　　D. 海顿

14. "Medieval"一词在西方音乐史中指的是(　　)时期创作的音乐。

A. 巴洛克　　B. 古典主义

C. 浪漫主义　　D. 中世纪

15. 舞剧《春之祭》是(　　)的作品。

A. 鲍罗丁　　B. 斯特拉文斯基

C. 普罗科菲耶夫　　D. 肖斯塔科维奇

16. 下列属于挪威乐派的作曲家是(　　)

A. 巴托克　　B. 格林卡

C. 格里格　　D. 德沃夏克

17. 贝多芬最重要的贡献是对(　　)的发展和创新。

A. 交响套曲　　B. 室内乐

C. 歌剧　　D. 协奏曲

18. 嵇康是魏末琴家和音乐理论家,他的音乐思想集中体现在(　　)一书中。

A.《通易论》　　B.《声无哀乐论》

C.《音乐通论》　　D.《乐论》

19. 明清时期流行于我国北方的说唱音乐品种是(　　)

A. 鼓词　　B. 弹词　　C. 百戏　　D. 参军戏

20. 下列我国宋代词作家中擅长自度曲的是(　　)

A. 沈桂　　B. 辛弃疾　　C. 李清照　　D. 姜白石

21. 木卡姆是流行于我国(　　)地区的音乐形式。

A. 新疆　　B. 西藏　　C. 内蒙古　　D. 云南

22. 下列属于莫扎特的歌剧作品的是(　　)

A.《塞维利亚的理发师》　　B.《费加罗的婚礼》

C.《蝴蝶夫人》　　D.《弄臣》

23. 曲式中最小规模的完整的曲式结构单位是(　　)(易混)

A. 乐句　　B. 乐段　　C. 乐节　　D. 动机

24. 扬琴属于(　　)

A. 吹管乐器　　B. 击打乐器　　C. 拉弦乐器　　D. 弹拨乐器

25.《鳟鱼五重奏》的作者是(　　)

A. 贝多芬　　B. 舒伯特　　C. 瓦格纳　　D. 肖邦

26.《芬兰颂》的体裁是(　　)

A. 交响诗　　B. 组曲　　C. 前奏曲　　D. 狂想曲

27. 无言歌这一体裁由作曲家(　　)首创。

A. 海顿　　B. 柏辽兹　　C. 门德尔松　　D. 比才

28.《草原小姐妹》是一首著名的(　　)协奏曲。

A. 二胡　　B. 琵琶　　C. 笛子　　D. 中阮

29.《勃兰登堡协奏曲》是(　　)管弦乐作品中的典范之作。

A. 巴赫　　B. 亨德尔　　C. A. 斯卡拉蒂　　D. 海顿

30. 下列作品属于刘天华创作的是(　　)(常考)

A.《二泉映月》　　B.《空山鸟语》

C.《思乡曲》　　D.《金蛇狂舞》

31. 室内乐重奏通常以(　　)、钢琴三重奏和钢琴五重奏最常见。

A. 铜管重奏　　B. 弦乐四重奏

C. 钢琴二重奏　　D. 木管重奏

32. 为获多项奥斯卡奖的电影《卧虎藏龙》配乐的作曲家是(　　)

A. 陈其钢　　B. 谭盾　　C. 瞿小松　　D. 徐沛东

三、连线题(本大题共 2 小题,每小题 5 分,共 10 分)

33. 请将下列作品与其对应的作曲家及国籍用直线连接起来。

《蓝色狂想曲》	贝多芬	奥地利
《菩提树》	格什温	法国
《天鹅》	格里格	德国
《欢乐颂》	圣-桑	美国
《培尔·金特》	舒伯特	挪威

34. 请将下列作品与其对应的地区用直线连接起来。

《小河淌水》	青海
《编花篮》	江西
《斑鸠调》	河南
《拔根芦柴花》	云南
《花儿与少年》	江苏

四、名词解释(本大题共 4 小题,每小题 5 分,共 20 分)

35. 古典主义音乐

36. 学堂乐歌

37. 江南丝竹

38. 冼星海

五、简答题(本大题共 2 小题,每小题 5 分,共 10 分)

39. 请写出《义务教育音乐课程标准》(2011 年版)中的课程三维目标并作简单表述。

40. 教师职业的最大特点在于职业角色的多样化。请简述教师的一般角色有哪些。

六、论述题(本大题共 15 分)

41. 假若你是一名音乐教师,请说说在音乐课堂教学中应注意哪些基本问题。

2020年山东省临沂市教师招聘考试真题试卷(七)

中学音乐

(满分100分　时间120分钟)

本套试卷共76个小题,教育基础知识部分包括单项选择题(40小题),案例分析题(4小题);学科专业知识部分包括单项选择题(19小题),多项选择题(8小题),简答题(2小题),写作分析题(3小题)。

第一部分　教育基础知识

一、单项选择题(本大题共40小题,每小题0.9分,共36分)

1. 东汉许慎在《说文解字》中对教育的解释是“教,上所施,下所效也”“育,养子使作善也”,就影响人身心发展的动因而言,这一说法更认可(　　)

A. 内发论　　B. 外铄论

C. 多因素相互作用论　　D. 遗传决定论

2. 在教育活动的基本构成要素中,对整个教育教学活动的开展发挥主导作用的是(　　)

A. 教育者　　B. 受教育者　　C. 教育场所　　D. 教育内容

3. “风声鹤唳,草木皆兵”“一朝被蛇咬,十年怕井绳”,这些都属于(　　)现象。

A. 分化　　B. 消退　　C. 泛化　　D. 维持

4. 孔子在《论语》中说到“不愤不启,不悱不发。举一隅不以三隅反,则不复也。”这一表述体现了孔子(　　)的教育教学思想。(常考)

A. 因材施教　　B. 启发诱导　　C. 教学相长　　D. 长善救失

5. 就儿童发展而言,口语学习的最佳时期是2~3岁,在这一时期,如果得到合适的教育,就能获得事半功倍的效果,这一现象体现了儿童身心发展的(　　)

A. 顺序性　　B. 个别差异性　　C. 互补性　　D. 不平衡性

6. “花儿开了,因为它想看见我”,这种思维方面的特点,主要存在于儿童认知发展的(　　)(易混)

A. 感知运动阶段　　B. 前运算阶段

C. 具体运算阶段　　D. 形式运算阶段

7. 科学家、会计师、工程师及电脑程序员这一群体在(　　)上更突出。

A. 逻辑—数学智力　　B. 空间智力

C. 语言智力　　D. 内省智力

8. 车胤囊萤、孙康映雪、孙敬头悬梁、苏秦锥刺股的历史故事充分体现了(　　)因素在人身心发展中的作用。

A. 遗传　　B. 环境

C. 学校教育　　D. 个体主观能动性

9. 卢梭强调人性本善,认为教育的任务就是使儿童“归于自然”,就教育目的的价值取向而言,卢梭的观点更倾向于(　　)(易混)

A. 个人本位论　　B. 社会本位论

C. 教育无目的论　　D. 生活本位论

10. 好的教师不仅要教授知识,而且要不断反思,认真分析学生的心理年龄特点,创造性地开展教育教学工作。这一表述主要体现了教师的(　　)角色。

A. 授业者　　B. 管理者　　C. 示范者　　D. 研究者

11. 刚开始洗澡的时候,感觉水有点凉,过了一会,就感觉不那么凉了,这种现象是(　　)

A. 感觉对比　　B. 联觉　　C. 感觉后像　　D. 感觉适应

12. 在课堂上,教师讲解重点内容时,声音提高,语速放缓,使之更为突出,这是利用了知觉的(　　)

A. 整体性　　B. 选择性　　C. 恒常性　　D. 理解性

13. 遇到复杂的、意外的或难以处理的教育教学问题时,优秀的、有经验的教师往往能够基于问题、因势利导、随机应变、恰当而有效地化解问题并带给学生知识的提升和思想的升华。这突出体现了教师职业劳动的(　　)

A. 创造性　　B. 间接性　　C. 主体性　　D. 示范性

14. 在韦纳的归因理论中,下列哪个因素不属于内部因素(　　)

A. 能力　　B. 运气　　C. 努力程度　　D. 自身状况

15. 根据耶克斯-多德森定律,当学生学习较困难的知识时,教师应使其动机水平保持在(　　)水平,学生的学习效率会提高得更明显。

A. 较高　　B. 中等　　C. 较低　　D. 非常低

16. 教师个体的专业发展过程是从一名新教师成长为专家型教师的过程,在这一过程中对其专业发展最直接最普遍、起决定作用的途径是(　　)

A. 入职培训　　B. 在职培训　　C. 自我教育　　D. 师范教育

17. 在本学期的听课活动中,张老师严格按照学校发放的听课记录表进行观察记录,这种观察是(　　)

A. 叙述观察　　B. 间接观察　　C. 结构观察　　D. 参与观察

18. 某省不同县市在艺术教育方面差距较大,如果要初步了解该省艺术教育的开展情况,在时间紧急、抽取样本数量比较小的情况下,比较合适的抽样方法是(　　)

A. 等距随机抽样　　B. 分阶段随机抽样

C. 整群随机抽样　　D. 分层随机抽样

19. 北京大学的校徽中"北大"二字上下排列,其中"北"像两个侧立的人像,"大"像正面站立的人像,这突出了北大"以人为本"的办学理念。也有人说"北大"二字上面是学生,下面是教师,教师就要甘为人梯,学生就要青出于蓝。就学校文化和课程类型而言,这分别属于(　　)

A. 学校观念文化,隐性课程　　B. 学校规范文化,显性课程

C. 学校制度文化,学科课程　　D. 学校物质文化,活动课程

20. 小红一边听音乐,一边打毛衣,这属于(　　)

A. 注意的选择　　B. 注意的保持

C. 注意的分配　　D. 注意的稳定

21. 学生背完单词再回忆时发现,最先背诵的单词比较容易回忆,较少遗忘,这种现象是(　　)(易混)

A. 前摄抑制　　B. 首因效应　　C. 近因效应　　D. 倒摄抑制

22. 人们一般认为公安局局长都是男性,这属于(　　)

A. 原型启发　　B. 正迁移　　C. 功能固着　　D. 定势

23. 在课程目标编写时,如果某一课程目标侧重于学生需要掌握的基础知识和基本技能,其课程目标取向是(　　)

A. 普遍性目标取向　　B. 行为性目标取向

C. 生成性目标取向　　D. 表现性目标取向

24. 在校本课程开发过程中,我们经常用的思路是:首先考虑开设这一课程的意义和达成的目标;然后根据目标去搜集和组织材料;最后评价学生学习后达成目标的程度。这一思路突出体现了课程开发的(　　)

A. 目标模式　　B. 过程模式　　C. 情境模式　　D. 体谅模式

25. 教师在讲授新知识时,一定要考虑学生已有的认知水平,关注大部分学生的"最近发展区"。这突出体现了下列哪一教学原则(　　)

A. 理论联系实际原则　　B. 直观性原则

C. 巩固性原则　　D. 量力性原则

26. 在进行分组教学时，为了形成既有合作又有竞争的良好学习氛围，我们应尽量做到(　　)

A. 组间同质，组内异质　　B. 组间同质，组内同质

C. 组间异质，组内异质　　D. 组间异质，组内同质

27. 学生在完成暑假作业时，对作业的浏览、进度的安排以及完成情况的监控主要采用的学习策略是(　　)(易混)

A. 复述策略　　B. 元认知策略

C. 组织策略　　D. 精加工策略

28. 学生在解决困难的任务时，倾向于多方面搜集信息、考虑周全且出错较少，这种认知风格是(　　)

A. 场独立型　　B. 沉思型　　C. 冲动型　　D. 场依存型

29. 老师在下课之前，会告知学生下一节课将学习的新内容，这运用的学习原理是(　　)

A. 练习律　　B. 效果律　　C. 反应律　　D. 准备律

30.《学记》中谈到“良冶之子，必学为裘；良弓之子，必学为箕。”这一表述体现了对(　　)教学原则的追求。

A. 理论联系实际　　B. 直观性　　C. 启发性　　D. 循序渐进

31. 在动作技能的教学(比如广播体操的教学、武术动作的教学)中，比较合适的教学模式是(　　)

A. 传递—接受式　　B. 问题—探究式

C. 示范—模仿式　　D. 情感—陶冶式

32. 在课堂教学评价时，如果我们关注的重点是学生对学习内容的掌握程度，学生是否达到了教学目标的要求，应尽量采用(　　)

A. 绝对性评价　　B. 相对性评价

C. 常模参照评价　　D. 个体内差异评价

33. 陈老师走进教室，面对学生的交头接耳、吵吵闹闹，他把食指竖起来放在嘴上，表示“不要讲话”，这种手势语属于(　　)

A. 象征性手势　　B. 指示性手势　　C. 会意性手势　　D. 隐蔽性手势

34. 物理老师在讲解牛顿力学定律后，提出这样一个问题：“我们踢出去的球在空中运动过程中是否还受到脚对它的作用力?”这是一种(　　)

A. 回忆性提问　　B. 理解性提问　　C. 评价性提问　　D. 批判性提问

35. 在德育的以下四条规律中，特别强调教师对学生的塑造以及学生主观能动性的是(　　)

A. 德育过程是培养和提高学生知、情、意、行的过程

B. 德育过程是一个长期、反复、逐步提高的过程

C. 德育过程是组织学生活动和交往,统一多方面教育影响的过程

D. 德育过程是促进学生思想内部矛盾斗争的过程,是教育与自我教育相结合的过程

36. 马卡连柯提出“平行影响”的教育思想,强调班级的平行管理,这一做法体现了(　　)的德育原则。

A. 集体教育与个别教育相结合　　B. 尊重信任与严格要求相结合

C. 正面教育与纪律约束相结合　　D. 依靠积极因素克服消极因素

37. 良好的教育环境会对学生产生潜移默化的熏陶,德高望重的教师会让学生在耳濡目染中受到感化,优秀的艺术作品会让学生自然而然地产生美的体验。这体现了(　　)(常考)

A. 榜样示范法　　B. 情感陶冶法　　C. 自我修养法　　D. 品德评价法

38.《国家中长期教育改革和发展规划纲要(2010—2020 年)》指出,把育人为本作为教育工作的根本要求,把(　　)作为国家基本教育政策。

A. 改革创新　　B. 德育为先　　C. 促进公平　　D. 提高质量

39. 根据《中华人民共和国未成年人保护法》规定,未成年人指的是未满(　　)的公民。

A. 12 周岁　　B. 14 周岁　　C. 16 周岁　　D. 18 周岁

40. 教师有下列哪些情形之一,且情节严重的,将依法追究刑事责任(　　)

①故意不完成教育教学任务给教育教学工作造成损失的

②体罚学生,经教育不改且构成犯罪的

③品行不良、侮辱学生,影响恶劣且构成犯罪的

④教育教学业务水平低,不积极上进的

A. ①②③④　　B. ①②③　　C. ②③　　D. ①②

二、案例分析题(本大题共 4 小题,每小题 1 分,共 4 分)

李老师是初二 3 班的历史老师,为了讲好“隋朝的灭亡”这一教学内容,李老师做了如下教学设计:首先,从电视剧《隋唐演义》中精选了一个与教学内容密切相关且学生熟悉的短视频引入课堂教学;然后带领学生简略地回顾了隋朝的历史,并提出思考问题:“隋朝快速灭亡的原因是什么?”在回答这个问题之前,李老师先给学生讲解了我国古代历史上朝代灭亡的一般规律,然后再引导学生分析隋朝快速灭亡的原因……

请根据李老师课堂教学的小片段,回答下列问题:

41. 李老师采用学生熟悉的短视频进行导课,主要体现了(　　)教学原则。

A. 直观性　　B. 循序渐进

C. 巩固性　　D. 科学性与思想性相统一

42. 李老师的这一教学片段运用的教学方法是(　　)

A. 讲授法、练习法　　B. 演示法、参观法

C. 演示法、讲授法　　D. 发现法、陶冶法

43. 这一教学片段主要体现了下列哪一学习理论(　　)

A. 班杜拉的社会学习理论　　B. 布鲁纳的发现学习理论

C. 托尔曼的符号学习理论　　D. 奥苏贝尔的接受学习理论

44. 李老师在引导学生分析隋朝的灭亡原因时,先介绍我国古代历史上朝代灭亡的一般规律,这一做法运用的学习策略是(　　)

A. 发现学习策略　　B. 先行组织者策略

C. 掌握学习策略　　D. 自我效能感策略

第二部分　学科专业知识

三、单项选择题(本大题共 19 小题,每小题 1 分,共 19 分)

45. 下列哪首乐曲不是刘天华的作品(　　)

A.《病中吟》　　B.《独弦操》

C.《良宵》　　D.《大浪淘沙》

46.《好汉歌》的作者(　　)

A. 赵季平　　B. 谭盾　　C. 印青　　D. 王立平

47. 第 29 届奥运会主题曲《我和你》的曲作者是(　　)

A. 谭盾　　B. 何占豪　　C. 陈其钢　　D. 郭文景

48. 下列选项中哪个是混合拍子(　　)(常考)

A. $\frac{3}{2}$　　B. $\frac{5}{4}$　　C. $\frac{3}{4}$　　D. $\frac{4}{4}$

49. 一板一眼是(　　)拍。

A. $\frac{1}{4}$　　B. $\frac{2}{4}$　　C. $\frac{3}{4}$　　D. $\frac{4}{4}$

50. 下列哪个选项不是 a 小调的近关系调(　　)

A. C 大调　　B. e 小调　　C. d 小调　　D. A 大调

51. 下列选项中属于江南丝竹的作品是(　　)

A.《中花六板》　　B.《娱乐升平》

C.《滚核桃》　　D.《雨打芭蕉》

52. 歌曲《唱支山歌给党听》的曲作者是(　　)

A. 朱践耳　　B. 张乃成　　C. 秦咏诚　　D. 吕其明

53. 力度术语"dim."代表(　　)(常考)

A. 渐强　　B. 渐弱　　C. 渐快　　D. 渐慢

54. 鼓属于八音中的哪一类(　　)

A. 匏　　B. 木　　C. 竹　　D. 革

55. 合唱曲《海韵》的作者(　　)

A. 赵元任　　B. 黎锦晖

C. 黄自　　D. 萧友梅

56.《二月里来》出自冼星海哪部作品(　　)

A.《黄河大合唱》　　B.《生产大合唱》

C.《九一八大合唱》　　D.《牺盟大合唱》

57.《星星索》是哪个国家的作品(　　)

A. 印度　　B. 伊朗

C. 日本　　D. 印度尼西亚

58. 下列哪部作品是根据《倒八板》改编的乐曲(　　)

A.《旱天雷》　　B.《雨打芭蕉》

C.《金蛇狂舞》　　D.《翠湖春晓》

59.《渔阳鼙鼓动地来》选自下列哪部作品(　　)

A.《春江花月夜》　　B.《梅花三弄》

C.《阳关三叠》　　D.《长恨歌》

60. 交响诗套曲《我的祖国》的作者是(　　)

A. 斯美塔那　　B. 德沃夏克

C. 西贝柳斯　　D. 格里格

61. 贝多芬共创作了多少部歌剧作品(　　)

A. 9　　B. 6　　C. 4　　D. 1

62.《培尔·金特》的作者是哪个国家的(　　)

A. 英国　　B. 奥地利　　C. 法国　　D. 挪威

63.《白石道人歌曲》的作者(　　)

A. 陈旸　　B. 姜夔　　C. 朱权　　D. 郭沔

四、多项选择题(多选、错选或少选均不得分。本大题共 8 小题,每小题 2 分,共 16 分)

64. 下列选项中哪些属于施光南的作品(　　)

A.《在希望的田野上》　　B.《打起手鼓唱起歌》

C.《吐鲁番的葡萄熟了》　　D.《清晰的记忆》

65. 下列选项中哪些属于威尔第的作品(　　)

A.《图兰朵》　　B.《茶花女》　　C.《阿依达》　　D.《蝴蝶夫人》

66.《草原放牧》的作者(　　)(易错)

A. 吴祖强　　B. 杜鸣心　　C. 王燕樵　　D. 刘德海

67. 下列选项中哪些属于蒙古族民歌(　　)

A.《嘎达梅林》　　B.《草原放牧》

C.《黑缎子坎肩》　　D.《牡丹汗》

68. 下列作曲家属于强力集团的是(　　)

A. 鲍罗丁　　B. 格林卡　　C. 穆索尔斯基　　D. 柴可夫斯基

69. 下列选项中哪些属于贝多芬的作品(　　)

A.《自新大陆交响曲》　　B.《田园交响曲》

C.《合唱交响曲》　　D.《幻想交响曲》

70. 世界三大古老戏剧文化(　　)

A. 古希腊的悲剧　　B. 意大利歌剧

C. 印度的梵剧　　D. 中国的戏曲

71. 汉族民歌的体裁(　　)

A. 号子　　B. 山歌　　C. 小调　　D. 长调

五、简答题(本大题共 2 小题,每小题 5 分,共 10 分)

72. 根据舒伯特的作品,分析艺术歌曲创作的特点。

73. 根据李叔同的作品，分析学堂乐歌的创作特点。

六、写作分析题（本大题3小题，共15分）

观察以下乐曲，回答以下问题。

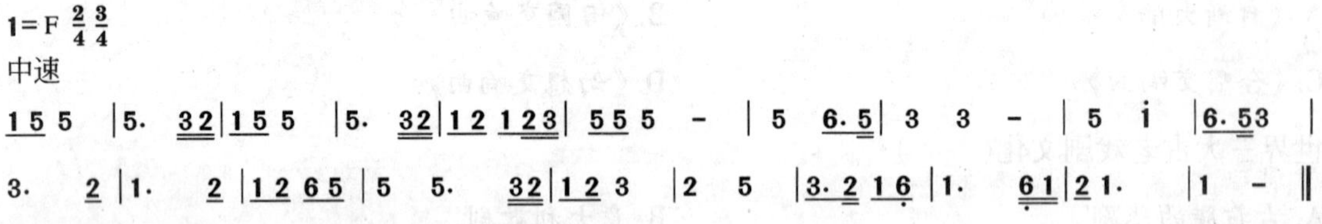

1＝F $\frac{2}{4}\frac{3}{4}$

中速

15 5 | 5· 32 | 15 5 | 5· 32 | 12 123 | 55 5 – | 5 6·5 | 3 3 – | 5 i | 6·53 |

3· 2 | 1· 2 | 12 65 | 5 5· 32 | 12 3 | 2 5 | 3·2 16 | 1· 61 | 21· | 1 – ‖

74. 写出该乐曲的调式调性及调式主音。（3分）

75. 写出该乐曲的曲名。(3 分)

76. 分析该作品的创作背景、艺术特点、表现内容、教学意义。(9 分)

2020 年浙江省杭州市教师招聘考试真题试卷(八)

中学音乐

(满分 100 分　时间 120 分钟)

本套试卷共 33 个小题,包括填空题(11 小题),选择题(10 小题),判断题(5 小题),简答题(2 小题),分析写作题(4 小题),教学设计题(1 小题)。

一、填空题(本大题共 11 小题,每空 1 分,共 20 分)

1. 我国最早一部具有比较完整体系的音乐理论著作是________。

2. 世界上有三种古老的戏剧艺术,分别是________、________、________。

3. 复调音乐大体分为________、________、________三种类型。

4. 请写出对应的音乐记号的中文名称或含义。

①∾________　　②Allegro ________

5. 德彪西创作的《大海》体裁是________。

6. 请写出下列拍子的类别。

①$\frac{2}{4}$________　　②$\frac{7}{4}$________

7.《阳关三叠》是根据________的诗歌创作的。

8. 请在心里默唱歌曲《我和你》,这首歌曲的音域共________度。(易错)

9. 黄自先生于 1932—1933 年写的清唱剧________是我国最早的大型合唱作品之一。

10. 清代初期,昆腔、京腔盛行北京。乾隆五十五年,四大徽班相继进京。道光年间,徽汉合流,名演员辈出,程长庚、张二奎、余三胜名重一时。光绪年间,京剧艺术初步形成,________、________做出重要贡献。

11. 管弦乐《波莱罗舞曲》的曲作者是________;交响乐《第九(自新大陆)交响曲》的作者是________;交响诗《嘎达梅林》的作者是我国作曲家________。

二、选择题(本大题共 10 小题,每小题 2 分,共 20 分)

1.《中国人民解放军进行曲》的曲作者是(　　)(常考)

A. 徐沛东　　B. 施光南　　C. 贺绿汀　　D. 郑律成

2.《上去高山望平川》这首民歌是我国(　　)地区的民歌。

A. 青海　　B. 陕西　　C. 湖南　　D. 湖北

3. 我国第一首三部合唱曲《春游》的作者是(　　)

A. 李叔同　　B. 黄自　　C. 施光南　　D. 冼星海

4. 运用"有机音乐"的观念创作了《纸乐》《水乐》《垚乐:大地之声》等作品的当代作曲家是(　　)(常考)

A. 谭盾　　B. 朱践耳　　C. 王西麟　　D. 鲍元恺

5. 下列哪一种乐器在探戈音乐中最常用(　　)

A. 排箫　　B. 小六角风琴　　C. 风笛　　D. 尤克里里

6. 下列选项中,歌曲名称与其音乐风格来源匹配错误的是(　　)

A.《给你一点颜色》—华阴老腔　　B.《好汉歌》—鲁豫民歌

C.《鸿雁》—蒙古呼麦　　D.《东方红》—陕北民歌

7.《蝶恋花·答李淑一》这个唱段其旋律所采用的曲艺种类是(　　)

A. 京韵大鼓　　B. 苏州评弹　　C. 梅花大鼓　　D. 评书

8. "木卡姆"是流行在我国哪个地区的音乐形式(　　)

A. 云南　　B. 内蒙古　　C. 西藏　　D. 新疆

9.《欢乐歌》这首乐曲的音乐风格属于(　　)

A. 福建南音　　B. 广东音乐　　C. 江南丝竹　　D. 绛州鼓乐

10. 调号相同的调称为(　　)

A. 关系大小调　　B. 等音调

C. 同主音调　　D. 同名调

三、判断题(判断下列各题的正误,正确的打"√",错误的打"×"。本大题共5小题,每小题2分,共10分)

1. 贝多芬曾经和他的学生说:"请你去读一读莎士比亚的《暴风雨》吧!",所指的是他的作品《命运交响曲》的思想内容。(　　)

2.《卡门》是法国作曲家比才创作的最后一部歌剧。(　　)

3. 在五声调式中,加入清角和闰两音的是清乐音阶。(　　)

4. 西方音乐史上被称为"近代音乐之父"的是亨德尔。(　　)

5. 减三和弦第二转位由低到高的音程结构是小三度加增四度。(　　)

四、简答题(本大题共2小题,每小题5分,共10分)

1. 简析古曲《流水》。

2. 简述音乐剧的艺术特点。

五、分析写作题(本大题共4小题,共20分)

1. 请根据下面谱例填写曲名、曲作者及国籍。(6分)

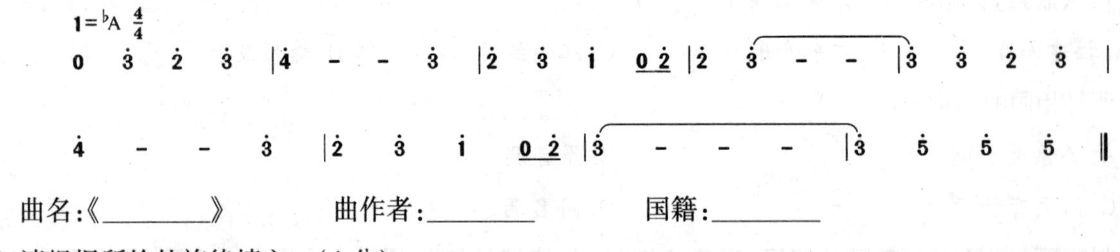

曲名:《________》 曲作者:________ 国籍:________

2. 请根据所给的旋律填空。(4分)

上面的旋律选自民歌《________》;旋律发展手法是________。

3. 以下列各音为低音,按照要求构成和弦。(8分)

4. 在五线谱上记写a旋律小调音阶(上行、下行)。(2分)

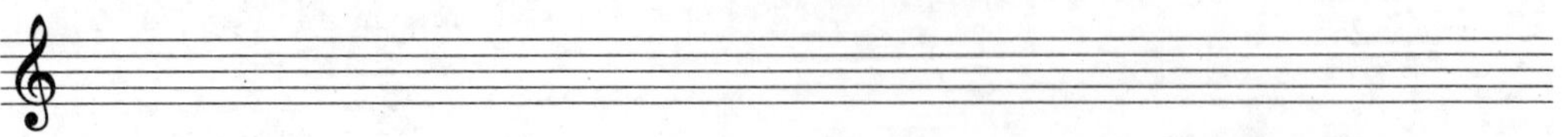

六、教学设计题（本大题共 20 分）

请以《沂蒙山小调》为主要教学内容，以初中或高中学生为教学对象，设计一课时的音乐教学教案。（**要求**：教学目标明确，教学重难点突出，教案编写规范详尽，体现音乐新课程理念。）

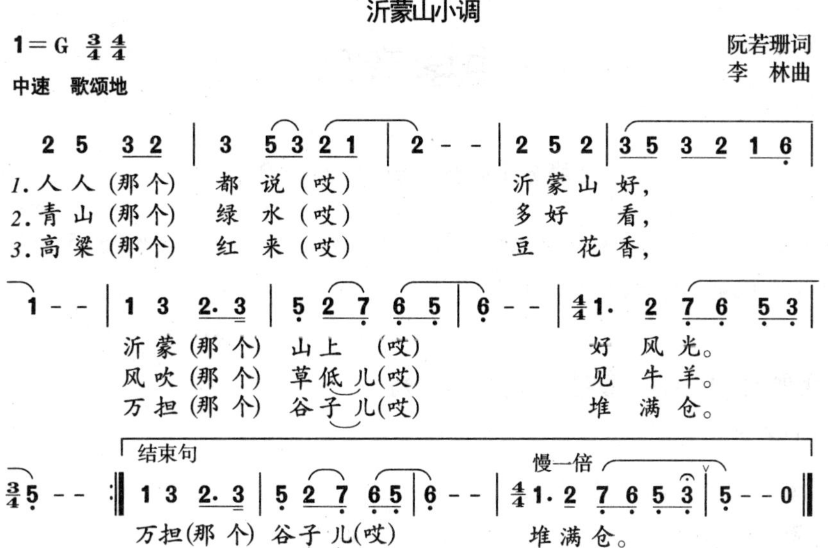

2020年陕西省特岗教师招聘考试真题试卷(九)

音　乐

(满分100分　时间120分钟)

本套试卷共48个小题,包括单项选择题(30小题),构建和弦(1小题),调式调性分析题(2小题),填空题(14小题),连线题(1小题)。

一、单项选择题(本大题共30小题,每小题2分,共60分)

1. 产生于春秋时期的著名琴曲是(　　)

A.《平湖秋月》　B.《广陵散》　C.《高山流水》　D.《十面埋伏》

2. 在自然大小调与和声大小调体系中,下列哪一音级可以构成大小七和弦(　　)

A. Ⅰ级　B. Ⅴ级　C. Ⅵ级　D. Ⅱ级

3. 下列比"Moderato"的速度慢的是(　　)

A. Allegro　B. Presto　C. Allegretto　D. Lento

4. 管弦乐曲《春节序曲》的作者是(　　)

A. 贺绿汀　B. 李焕之　C. 黄自　D. 冼星海

5. 下列哪一部不是舒伯特的声乐套曲(　　)

A.《冬之旅》　B.《天鹅之歌》

C.《七月的草原》　D.《美丽的磨坊姑娘》

6. 下列属于综合性艺术形式的是(　　)

A. 音乐　B. 舞蹈　C. 美术　D. 歌剧

7. 下列不属于等音程的是(　　)

A. 大六度—减七度　B. 小六度—倍减七度

C. 增四度—纯五度　D. 增四度—减五度

8. 国际标准音的高度是(　　)(常考)

A. a^1 = 110Hz　B. a^1 = 220Hz　C. a^1 = 440Hz　D. a^1 = 660Hz

9. 音乐记号"♯"的名称是(　　)

A. 升记号　B. 降记号　C. 还原记号　D. 重升记号

10. 维也纳古典乐派的代表人物是(　　)(常考)

A. 海顿、格鲁克、莫扎特　B. 巴赫、海顿、亨德尔

C. 海顿、莫扎特、贝多芬　D. 莫扎特、巴赫、贝多芬

11. 夏商时期乐器“缶”的制作材料是(　　)

A. 土　　B. 革　　C. 竹　　D. 石

12. 贝多芬的(　　)交响曲，表达了他的理想——亿万人民团结起来，大家相亲又相爱。

A. 第三　　B. 第九　　C. 第六　　D. 第五

13. 钢琴的音域是(　　)(常考)

A. $A_2 \sim c^5$　　B. $A_1 \sim c^5$　　C. $A_2 \sim c^4$　　D. $A_2 \sim c^3$

14. 下列属于自然半音的是(　　)(常考)

A. C ~ D　　B. $C \sim {}^{\#}C$　　C. B ~ C　　D. ${}^{b}B \sim C$

15. 音乐术语“rit.”表示(　　)

A. 渐强　　B. 渐弱　　C. 渐快　　D. 渐慢

16. 京剧形成于(　　)

A. 清朝　　B. 南北朝　　C. 唐朝　　D. 西汉

17. ${}^{bb}F$ 的等音是(　　)

A. A　　B. E　　C. ${}^{b}E$　　D. G

18. 被称为“钢琴诗人”的音乐家是(　　)(常考)

A. 李斯特　　B. 勃拉姆斯　　C. 莫扎特　　D. 肖邦

19. 正三和弦是在(　　)级音上构成的三和弦。(常考)

A. Ⅰ、Ⅲ、Ⅴ　　B. Ⅰ、Ⅳ、Ⅴ　　C. Ⅱ、Ⅲ、Ⅵ　　D. Ⅰ、Ⅵ、Ⅶ

20. 按照三度音程关系叠置的四个音所构成的和弦叫作(　　)

A. 三和弦　　B. 四和弦　　C. 七和弦　　D. 五和弦

21. 20 世纪匈牙利著名音乐教育家创立了(　　)

A. 柯达伊音乐教育体系　　B. 素质教育体系

C. 才能音乐教育体系　　D. 奥尔夫音乐教育体系

22. 钢琴曲《二部创意曲》属于(　　)音乐。

A. 主调　　B. 复调　　C. 单声部　　D. 单音

23. 歌曲《天路》是属于(　　)地区风格的音乐作品。

A. 内蒙古　　B. 广东　　C. 江南　　D. 西藏

24. 下列属于维吾尔族音乐形式的是(　　)

A. 木卡姆　　B. 花儿　　C. 锅庄　　D. 信天游

25. 歌曲《大海啊，故乡》的基本指挥图示是(　　)

A.

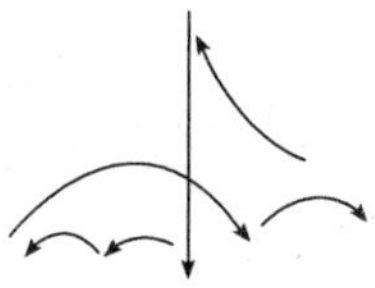

B.

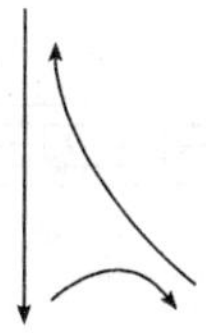

C. 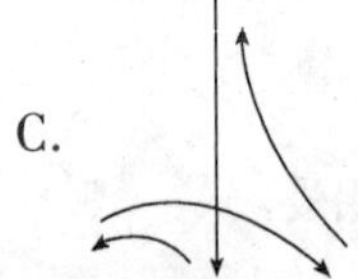

D. 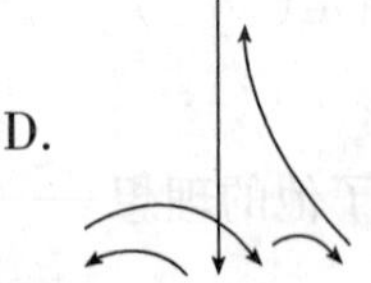

26. $^{\#}$g 小调的关系大调是(　　)(常考)

A. B 大调　　B. ^{b}B 大调　　C. $^{\#}$G 大调　　D. ^{b}E 大调

27. 在和声小调中,Ⅲ级音上构成的三和弦是(　　)

A. 大三和弦　　B. 小三和弦　　C. 增三和弦　　D. 减三和弦

28. 下列作品中,不属于柴可夫斯基创作的是(　　)(常考)

A.《天鹅湖》　　B.《睡美人》　　C.《胡桃夹子》　　D.《黑键练习曲》

29. 在五声调式的基础上,加入清角与变宫两个音,称为(　　)

A. 清乐七声调式　　B. 雅乐七声调式

C. 六声调式　　D. 五声调式

30. 表现楚汉相争的琵琶曲是(　　)

A.《平湖秋月》　　B.《十面埋伏》

C.《梅花三弄》　　D.《广陵散》

二、构建和弦(本大题共 10 分)

31. 以下列音为根音,构建指定和弦。

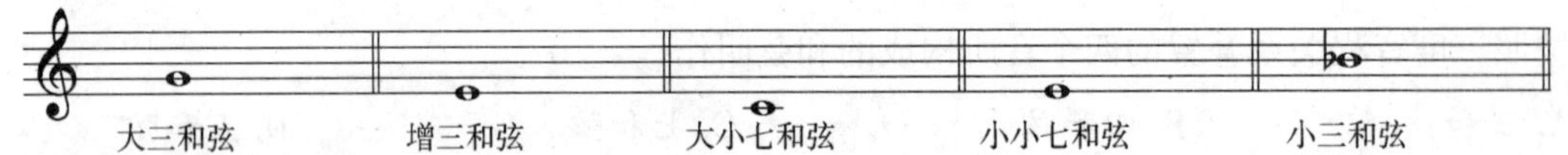

三、调式调性分析题(本大题共 2 小题,每小题 3 分,共 6 分)

32.

选曲:《可爱的家》
比肖普 曲

调式调性为________

33.　　　　　　　　　　　　　　　　　　　　　　　　　　　　云南民歌

调式调性为________

四、填空题(本大题共 14 小题,每小题 1 分,共 14 分)

34.《天鹅》是《动物狂欢节》中的一部分,作曲家是________。

35. 长笛属于________乐器。

36. 肖邦的国籍是________。

37. 最常用的三种律制有十二平均律、五度相生律、________。

38. 三全音是指增四度或________。

39. 古典奏鸣曲式由呈示部、________、再现部组成。

40.《六月——船歌》的作曲者是________。

41.《图兰朵》的作者是________。(常考)

42. 巴洛克时期代表作曲家有亨德尔、________等。

43.《钟》的作曲者是________。

44. 小提琴的琴弦数量有________根。

45. 印象派作曲家代表人物有________。

46. 七声调式的三种音阶包含清乐音阶、雅乐音阶和________音阶。

47.《二泉映月》是由________(乐器)演奏。(常考)

五、连线题(每线 0.5 分,共 10 分)

48. 将下列作品与作曲家对应连接。

《大海练习曲》　　　　　　　　　　　　　《热情奏鸣曲》
《四小天鹅舞曲》　　　贝多芬　　　　　　《爱格蒙特序曲》
《空山鸟语》　　　　　肖邦　　　　　　　《激流练习曲》
《命运交响曲》　　　　柴可夫斯基　　　　《十一月 · 在马车上》
《黎明奏鸣曲》　　　　刘天华　　　　　　《蝴蝶练习曲》
《仲夏夜之梦》　　　　黄自　　　　　　　《良宵》
《思乡》　　　　　　　门德尔松　　　　　《钢琴创意曲集》
《平均律钢琴曲集》　　巴赫　　　　　　　《花非花》
《无言歌》　　　　　　　　　　　　　　　《春思曲》
《勃兰登堡协奏曲》　　　　　　　　　　　《法国组曲》

2020 年天津市宁河区教师招聘考试真题试卷(十)

中学音乐

(满分 100 分　时间 120 分钟)

本套试卷共 65 个小题,包括单项选择题(60 小题),分析与论述(5 小题)。

一、单项选择题(本大题共 60 小题,每小题 1 分,共 60 分)

1. 我国古代六十律的发明者是(　　)

A. 何承天　　B. 阮籍　　C. 京房　　D. 郭沔

2. 下面不属于混合拍子的是(　　)(常考)

A. $\frac{7}{8}$　　B. $\frac{12}{8}$　　C. $\frac{5}{4}$　　D. $\frac{7}{4}$

3. 约翰 · 凯奇是(　　)作曲家。

A. 美国　　B. 俄国　　C. 捷克　　D. 挪威

4. 下面关于钢琴的音域说法正确的是(　　)

A. $A_1 \sim c^5$　　B. $a_1 \sim c^5$

C. $a_2 \sim c^5$　　D. $A_2 \sim c^5$

5. 义务教育阶段的音乐课应当面向(　　),音乐课的教学活动应将学生作为主体。

A. 有音乐天赋的学生　　B. 有音乐爱好的学生

C. 有音乐技能基础的学生　　D. 全体学生

6. (　　)开创了诸宫调。

A. 张五牛　　B. 孔三传　　C. 孟元老　　D. 耐得翁

7. 下列二胡曲非刘天华所作的是(　　)

A.《江河水》　　B.《病中吟》

C.《空山鸟语》　　D.《光明行》

8. 包拯角色在京剧《打龙袍》中属于戏曲行当中的(　　)行。

A. 生　　B. 旦　　C. 净　　D. 丑

9. “七部乐”开始设立于(　　)

A. 汉代　　B. 三国　　C. 隋代　　D. 唐代

10. 下列描述正确的是(　　)

A.《教坊记》的作者是崔令钦　　B.《教坊记》的作者是唐玄宗

C.《羯鼓录》的作者是万元顷　　D.《乐府杂录》的作者是南卓

11. 我国现存最古老的古琴谱《碣石调·幽兰》运用的记谱法是(　　)

A. 文字谱　　B. 工尺谱　　C. 声曲折　　D. 俗字谱

12. (　　)和缠达是唱赚中运用的两种曲式。

A. 耍令　　B. 慢曲　　C. 复赚　　D. 缠令

13. 下列流行于内蒙古地区的歌种是(　　)

A. 长调　　B. 信天游

C. 薅草锣鼓　　D. 格冬代

14. 下列不属于贝多芬的作品是(　　)(常考)

A.《费加罗的婚礼》　　B.《英雄交响曲》

C.《费德里奥》　　D.《爱格蒙特》

15. 我国古代最早创建音乐机构乐府的朝代是(　　)

A. 夏朝　　B. 周朝　　C. 西汉　　D. 秦朝

16. 关于下列乐曲调式判断正确的是(　　)(易错)

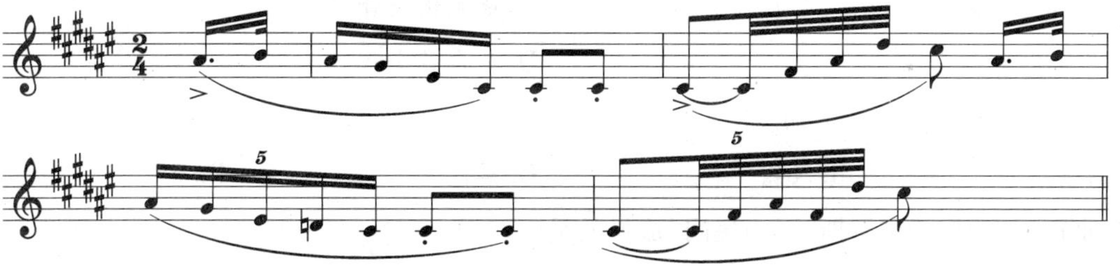

A. #C 和声大调　　B. #F 和声大调

C. #C 自然大调　　D. #c 旋律小调

17. 以下不属于德彪西作品的是(　　)

A.《佩利亚斯与梅丽桑德》　　B.《儿童园地》

C.《火鸟》　　D.《版画集》

18. 下列关于曾侯乙墓说法准确的是(　　)

A. 曾侯乙墓出土于 1978 年　　B. 曾侯乙墓出土于河南省

C. 曾侯乙墓编钟、编磬属于宫悬的规格　　D. 曾侯乙墓出土了 120 件乐器

19. 我国近代最早的一首小提琴曲是(　　)

A.《和平进行曲》　　B.《断章小品》

C.《花鼓》　　D.《行路难》

20. 下列选项是小字组 b 音的是(　　)

A. 　　　　B.

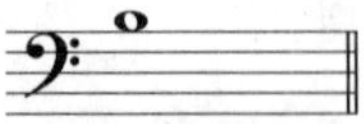

C. 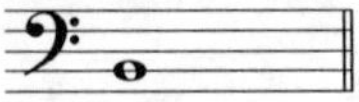　　　　D.

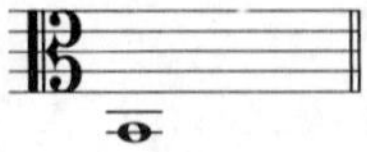

21. 第一个创造十二平均律的是(　　)(常考)

A. 朱载堉　　B. 巴赫

C. 伶州鸠　　D. 朱权

22. 下列属于我国明代南戏四大声腔之一的是(　　)

A. 海盐腔　　B. 皮黄腔

C. 梆子腔　　D. 高腔

23. 关于下面音阶调式判断正确的是(　　)

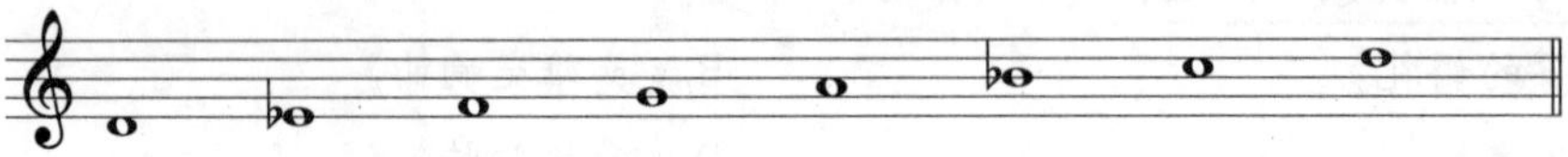

A. D 利底亚　　B. D 洛克利亚

C. D 弗里几亚　　D. 以上答案均不正确

24. 下面关于^{b}C ~ $^{\#}$C 说法正确的是(　　)

A. 是自然半音　　B. 是变化全音

C. 是变化半音　　D. 是自然全音

25. 论著《琴赋》的作者是(　　)

A. 嵇康　　B. 阮籍　　C. 蔡邕　　D. 郭沔

26. 下列作曲家中属于俄罗斯“强力集团”成员的是(　　)

A. 格林卡　　B. 柴可夫斯基

C. 斯美塔那　　D. 穆索尔斯基

27. 十二律名最早的典籍记载出自(　　)对周景王问律的回答。

A. 夔　　B. 师旷

C. 伶州鸠　　D. 师文

28. (　　)编写了清代古曲《弦索备考》。

A. 叶堂　　B. 允禄

C. 荣斋　　D. 徐琪

29.《诗经》中的“风”属于(　　)音乐。

A. 宗教祭祀　　B. 民间

C. 贵族创作　　D. 以上说法都不正确

30. 六代乐舞中的《咸池》产生的时期是(　　)

A. 夏　　B. 尧　　C. 舜　　D. 周

31. 下列说法错误的是(　　)

A. #F 徵调式的调号为五个升号

B. #F 徵调式的调号为 B 调调号

C. #F 徵调式的调号为两个降号

D. #F 徵调式与#C 商调式为同宫系统调式

32. 下列关于大调式的描述完全正确的是(　　)

A. 和声大调是在自然大调的基础上降低第Ⅶ级

B. 旋律大调是在自然大调的基础上降低第Ⅵ级和第Ⅶ级,一般用于上行

C. 和声大调是在自然大调的基础是升高第Ⅶ级

D. 旋律大调是在自然大调的基础上降低第Ⅵ级和第Ⅶ级,一般用于下行

33. 孔子有云:“尽美矣,又尽善矣。”指的是乐舞(　　)(易混)

A.《云门》　　B.《咸池》

C.《大武》　　D.《韶》

34. 下列属于旋律性打击乐器的是(　　)

A. 铛子　　B. 钹　　C. 云锣　　D. 木鱼

35. 歌剧《唐璜》的作曲家是(　　)

A. 佩尔戈莱西　　B. 格鲁克

C. 海顿　　D. 莫扎特

36. 在宋代,新出现了大型娱乐场所,这个集中地是指(　　)

A. 腰棚　　B. 瓦舍　　C. 勾栏　　D. 神楼

37. 乐律理论五旦七声是由(　　)传入我国。

A. 万宝常　　B. 苏祇婆

C. 荀勖　　D. 京房

38. 下列为西方复调音乐最早的形式是(　　)

A. 经文歌　　B. 迪斯康特

C. 奥尔加农　　D. 克劳苏拉

39. 下列音程中属于自然音程的是(　　)(常考)

A. 三全音　　B. 增五度

C. 减四度　　D. 增八度

40. 宋代曲子词中增加新的乐句是指(　　)

A. 摊破　　B. 乱　　C. 偷声　　D. 耍令

41. 下列谱例选自(　　)的作品。

A. 肖邦　　B. 莫扎特　　C. 舒伯特　　D. 韦伯

42. 关于七和弦,下列说法错误的是(　　)

A. 小七和弦的第一转位是大三和弦上方加一个大二度音程

B. 半减七和弦的第一转位是小三和弦上方加一个大二度

C. 减七和弦的第三转位是大二度音程上方加一个减三和弦

D. 大小七和弦的第三转位是大二度音程上方加一个大三和弦

43. 歌曲《长江之歌》的曲式结构是(　　)

A. 一部曲式　　B. 单二部曲式

C. 带再现的单三部曲式　　D. 不带再现的单三部曲式

44. 音程[音程谱例]的转位音程是(　　)(易错)

A. 减一度　　B. 增一度　　C. 减八度　　D. 增八度

45. G 商雅乐调式的偏音是(　　)

A. B、E　　B. ♯B、E

C. ♭B、♯E　　D. 以上都不正确

46. ♭A 大调的正音级是(　　)

A. ♭A　　B. ♭A、♭D、♭E

C. ♭A、C、♭E　　D. C、♭E

47. 下列舞蹈音乐体裁不属于文艺复兴时期的是(　　)

A. 波尔卡　　B. 库朗特

C. 加亚尔德　　D. 阿勒曼德

48. 下列不属于中小学音乐教材编写原则的是(　　)

A. 学生为本原则　　B. 教师为本原则

C. 教育性原则　　　　　　　　　　　　D. 科学性原则

49. 目前一般认为男生的变声期为(　　)

A. 13～14 岁　　　　　　　　　　　　B. 13～15 岁

C. 14～16 岁　　　　　　　　　　　　D. 14～18 岁

50. 曹柔将古琴文字谱发展为(　　)

A. 琵琶谱　　B. 减字谱　　C. 管色谱　　D. 工尺谱

51. 关于增一度移调说法正确的是(　　)

A. 移调时不改变调号

B. 旋律位置会移动

C. 原调与新调是变化半音关系

D. 原调与新调可以是变化半音关系，也可以是小二度关系

52. 下列关于《白石道人歌曲》陈述错误的是(　　)

A.《白石道人歌曲》中收录词调歌曲 17 首

B. 作者是北宋的音乐家姜夔

C.《白石道人歌曲》中收录古曲《霓裳中序第一》

D.《白石道人歌曲》中收录古曲《醉吟商小品》

53. 下面关于 $\overbrace{♩♩♩}^{3}\ \overbrace{♩♩♩}^{3}$ 的总时值表示正确的是(　　)

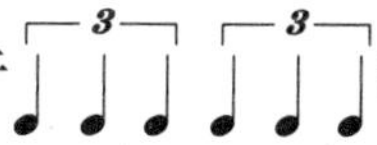

A. 𝅝　　B.  𝅗𝅥　　C. 𝅜　　D. 𝅝.

54. "大方无隅，大器晚成。大音希声，大象无形。"出自(　　)的哲学观。

A. 庄子　　B. 荀子　　C. 老子　　D. 孔子

55. 关于下列乐曲调式判断正确的是(　　)

A. C 徵调式　　　　　　　　　　　　B. C 商调式

C. F 宫调式　　　　　　　　　　　　D. 以上都不正确

56. 徐渭著述的我国第一部研究南戏的著作是(　　)

A.《都城纪胜》　　　　　　　　　　B.《东京梦华录》

C.《南词叙录》　　　　　　　　　　D.《园社市语》

57. 在河南舞阳县贾湖新石器遗迹出土的我国目前所知最古老的乐器是(　　)

A. 古琴　　B. 筑　　C. 埙　　D. 骨笛

58. “Dolce”正确的中文解释是(　　)

A. 优雅地　　B. 轻巧地、轻快地

C. 天真地　　D. 柔和、甜美地

59. 汉代《东海黄公》的戏剧形式是(　　)

A. 歌舞戏　　B. 大面戏

C. 角抵戏　　D. 参军戏

60. 关于改变谱号的移调法说法不正确的是(　　)

A. 改变谱号的移调法,旋律位置可变

B. 改变谱号的移调法,旋律位置不变

C. 改变谱号的移调法,需改变谱号

D. 改变谱号的移调法,需改变调号

二、分析与论述(本大题共5小题,每小题8分,共40分)

61. 请简述“奏鸣曲式”的定义,分析其运用场合以及基本框架图示。

62. 请对下列《茉莉花》的旋律特色进行分析。

茉莉花

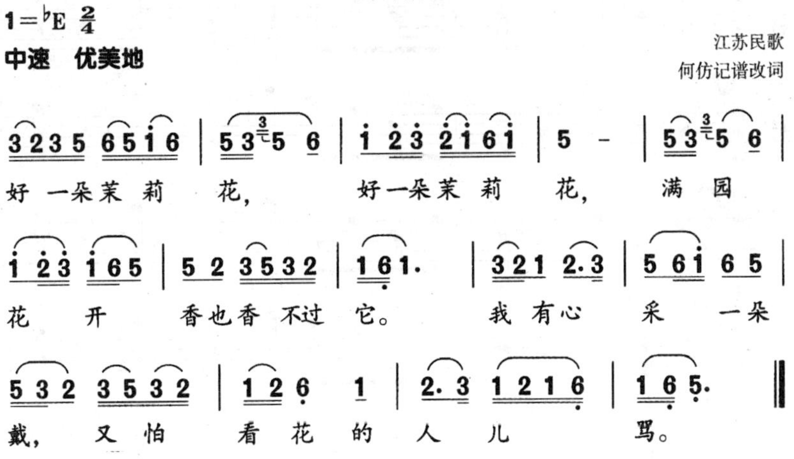

1=$^{\flat}$E $\frac{2}{4}$

中速　优美地

江苏民歌

何仿记谱改词

好一朵茉莉花，好一朵茉莉花，满园花开香也香不过它。我有心采一朵戴，又怕看花的人儿骂。

63. 将下列旋律译成简谱。

64. 请谈谈赵元任歌曲创作的艺术特色和历史贡献。

65. 请根据初中音乐课程标准的教学理念，为初中唱歌教学《沂蒙山小调》设计合适的教学目标、教学难点。

沂蒙山小调

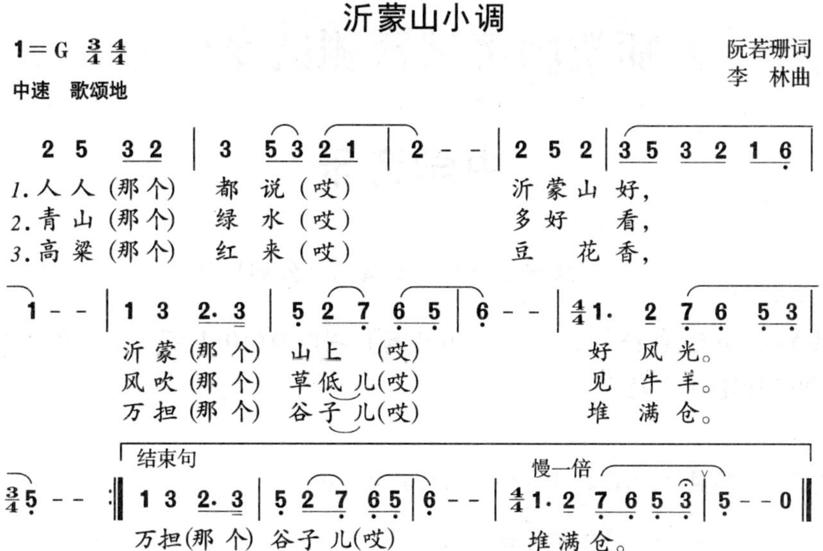

教师招聘考试预测试卷(一)

中学音乐

(满分 120 分　时间 150 分钟)

本套试卷共 58 个小题,包括单项选择题(40 小题),判断题(10 小题),分析写作题(4 小题),简答题(3 小题),教学设计题(1 小题)。

一、单项选择题(本大题共 40 小题,每小题 1 分,共 40 分)

1. (　　)是音乐的骨骼,是塑造音乐形象的重要手段。

A. 音节　　B. 音色　　C. 节奏　　D. 旋律

2. 小字组 a 至小字一组 d 之间共有几个半音(　　)

A. 5　　B. 4　　C. 3　　D. 2

3. 以大字组 C 为基音的泛音列中的第五泛音是(　　)

A. g^1　　B. b^1　　C. e^1　　D. c^1

4. 下列拍号中属于混合拍子的是(　　)

A. $\frac{12}{8}$　　B. $\frac{9}{8}$　　C. $\frac{12}{4}$　　D. $\frac{5}{2}$

5. 在$\frac{6}{8}$拍子中,全小节休止记写正确的是(　　)

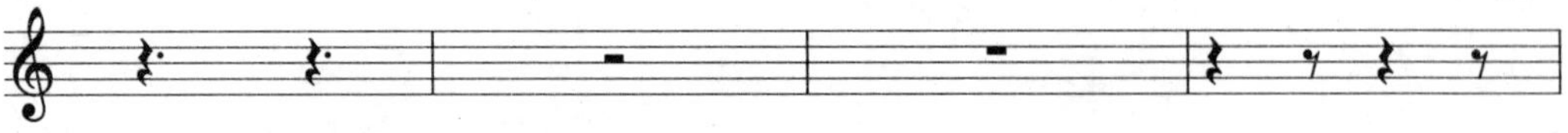

A　　B　　C　　D

6. 下列音程中,为变化音程的是(　　)

A　　B　　C　　D

7. 下列各调式中,调号为三个升号的是(　　)

A. #F 自然大调　　B. 以#E 为导音的和声小调

C. 以 E 为Ⅱ级音的和声大调　　　　D. 以$^{\#}$D 为变宫的雅乐羽调式

8. 下列属于减三和弦的选项是(　　)

A. 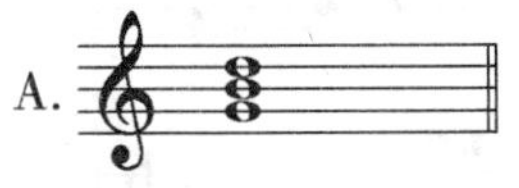

B. 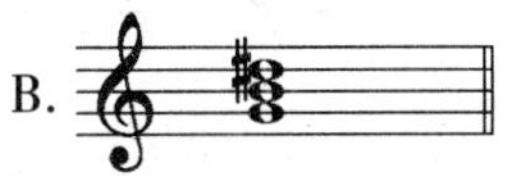

C. 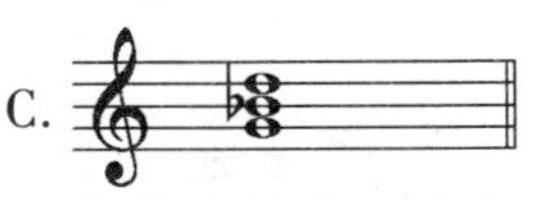

D. 

9. 下列说法正确的是(　　)

A. 调式音阶中的正音级是Ⅰ、Ⅲ、Ⅴ级

B. 调式音阶中的副音级是Ⅱ、Ⅳ、Ⅵ、Ⅶ级

C. 调式音阶中的稳定音级是Ⅰ、Ⅳ、Ⅴ级

D. 调式音阶中的不稳定音级是Ⅱ、Ⅳ、Ⅵ、Ⅶ级

10. 下列属于小五六和弦的是(　　)

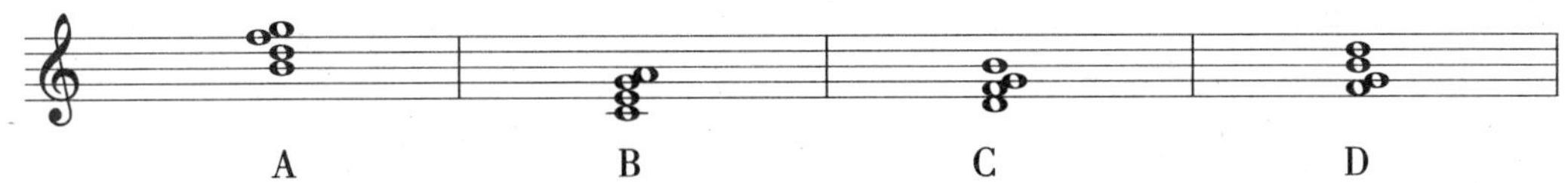

11. 一首歌曲原为 E 大调,后转入下列调式中的(　　),可称为近关系转调。

A. C 大调　　B. F 大调　　C. $^{\#}$c 小调　　D. a 小调

12. 下列哪种音程不在我国的五声调式中(　　)

A. 小二度　　B. 大二度　　C. 小三度　　D. 大三度

13. 五线谱中,在五条线下面所使用的线,叫作(　　)

A. 上加线　　B. 下加线　　C. 上加间　　D. 下加间

14. 下列速度术语中,每分钟的拍数大于 120 的是(　　)

A. Presto　　B. Andante　　C. Moderato　　D. Adagio

15. 下列关于音符和音乐记号的说法错误的是(　　)

A. 附点就是记在音符右边的小圆点,表示增加前面音符时值的一半

B. 反复记号,表示记号内的曲调反复唱(奏),如果从头反复,前面的反复记号不可省略

C. 反复跳跃记号记在曲调的结尾,表示这段曲谱的两次结束不相同

D. D. C. 记在乐曲的复纵线下,表示从头反复,然后到记有 Fine 的地方结束

16. 在混声四部的合唱曲中,标于谱首的“S.”“A.”“T.”“B.”四个字母依次代表的是(　　)

A. 男高、男低、女高、女低　　B. 男高、女高、男低、女低

C. 女高、女低、男高、男低　　D. 女高、男高、女低、男低

17. 下列对女高音独唱歌曲《我爱你，中国》引子部分的描述，判断正确的是(　　)

①节奏紧凑　②节奏舒缓　③旋律平稳流畅　④旋律跌宕起伏

A. ①③　　B. ②④　　C. ②③　　D. ①④

18. 下列不属于巴洛克时期重要的乐曲体裁的是(　　)

A. 奏鸣曲　　B. 组曲　　C. 赋格曲　　D. 夜曲

19. 起源于捷克民间的波尔卡是一种民间舞蹈，节拍一般为(　　)拍子。

A. 二　　B. 三　　C. 四　　D. 六

20. 它被称为“东方小提琴”，但其表现力与小提琴又有很大不同，尤其是它的滑音独具特色，模拟人声惟妙惟肖。它指的是下列哪种乐器(　　)

A. 二胡　　B. 琵琶　　C. 革胡　　D. 阮

21. (　　)是我国亦是世界最早、最系统的歌唱理论著作。

A.《唱论》　　B.《曲律》

C.《度曲须知》　　D.《乐府传声》

22. 下列哪部乐舞被孔子评价为“尽美矣，未尽善也”(　　)

A.《大武》　　B.《大夏》　　C.《韶》　　D.《大濩》

23. 元代南戏“四大传奇”不包括(　　)

A.《杀狗记》　　B.《拜月亭》

C.《琵琶记》　　D.《荆钗记》

24. 创作出协奏曲《愁空山》、交响合唱《蜀道难》等多部有影响力的音乐作品的当代著名作曲家是(　　)

A. 陈其钢　　B. 谭盾

C. 三宝　　D. 郭文景

25. 下列作品采用十二音作曲技法写作的是(　　)

A.《涉江采芙蓉》　　B.《大海啊故乡》

C.《赞歌》　　D.《在希望的田野上》

26. 下列旋律片段选自《黄河大合唱》中的(　　)

4/4 1 2 | 3. 5 3̇ 2. 1̇ | 6 - - - | 6 5 3 2 1 3 | 2 - - - |

A.《黄水谣》　　B.《黄河之水天上来》

C.《黄河怨》　　D.《黄河颂》

27. 在小提琴协奏曲《梁山伯与祝英台》中多次出现大提琴、小提琴“对答”的形式，不曾出现这种形式的桥段是(　　)

A. 草桥结拜　　B. 长亭惜别

C. 楼台会　　D. 抗婚

28. 地区、民族不同,对山歌的称谓也不同,如在陕北,山歌被称为“信天游”,而在山西河曲一带,山歌被称为“________”,在内蒙古被称为“________”,在甘肃、青海、宁夏一带被称为“________”,在苗族地区被称为“恰央”或“________”,在安徽大别山一带被称为“慢赶牛”或“挣颈红”。有些地方仍称山歌,如“客家山歌”“兴国山歌”。选(　　)

A. 山曲、飞歌、爬山调、花儿　　B. 山曲、爬山调、花儿、飞歌

C. 山曲、花儿、爬山调、飞歌　　D. 爬山调、花儿、山曲、飞歌

29. 京剧“三鼎甲”是指京剧形成初期,第一代的杰出演员:程长庚、余三胜和(　　)

A. 梅兰芳　　B. 张二奎　　C. 谭鑫培　　D. 王瑶卿

30. 广东音乐中的粤胡又称为(　　)

A. 中胡　　B. 板胡　　C. 椰胡　　D. 高胡

31. 巴洛克时期主要的管乐器不包括(　　)

A. 法国号　　B. 管风琴　　C. 小号　　D. 双簧管

32. $\frac{2}{4}\ \underline{\dot{1}\ \dot{3}}\ \ \underline{\dot{3}\ \dot{1}}\ |\ \dot{4}\ \ \dot{3}\ |\frac{3}{4}\ \dot{2}\ \ \underline{6\ 5}\ \ \underline{\dot{2}\ \dot{1}}\ |\ 5\ \ -\ |$该旋律选自柴可夫斯基的(　　)

A.《D 大调弦乐四重奏》　　B.《1812 序曲》

C.《悲怆交响曲》　　D.《天鹅湖》

33. 管弦乐《图画展览会》中的《两个犹太人》分别使用了(　　)和弦乐表现穷人和富人的形象。

A. 长号　　B. 小号　　C. 大号　　D. 圆号

34. (　　)是一首流传于我国的民间小调,后被普契尼用于歌剧《图兰朵》中。

A.《紫竹调》　　B.《茉莉花》　　C.《浏阳河》　　D.《小河淌水》

35. 交响诗《骷髅之舞》是(　　)的作品。

A. 比才　　B. 圣-桑　　C. 罗西尼　　D. 贝里尼

36. 歌舞伎是(　　)的传统音乐形式。

A. 朝鲜　　B. 韩国　　C. 印度　　D. 日本

37.《孤独的牧羊人》采用了(　　)唱法。

A. 花腔　　B. 真声　　C. 约德尔　　D. 欧亚

38. 下列属于艺术审美教育作用的特点的是(　　)

①寓教于乐　②有教无类　③潜移默化　④教无定法

A. ①②　　B. ②③　　C. ①③　　D. ①②③④

39. “对歌曲有自己的见解和创意表达的想法,在演唱时能进行个性化的处理与表达”属于《义务教育艺术课程标准》(2022 年版)中(　　)的学业要求。

A. 1 ~ 2 年级　　B. 3 ~ 5 年级　　C. 6 ~ 7 年级　　D. 8 ~ 9 年级

40. 以下哪项不属于《义务教育艺术课程标准》(2022 年版)中核心素养内涵的内容(　　)

A. 审美感知　　B. 艺术表现　　C. 艺术体验　　D. 文化理解

二、判断题(判断下列各题的正误,正确的打"√",错误的打"×"。本大题共 10 小题,每小题 1 分,共 10 分)

41. 唱名体系中的固定唱名是指不管调性如何变化,大调式的主音都唱"do",小调式的主音都唱"la"。 ( )

42. 四拍子、六拍子、九拍子和十二拍子都是复拍子。 ( )

43. 隋唐时期,统治阶级在宴会中所用的音乐叫作清商乐。 ( )

44. 歌剧《洪湖赤卫队》的诞生,是奠定中国新歌剧发展的基础。 ( )

45. 刘宝全是单弦牌子曲的著名演员。 ( )

46. 评剧又称唐山落子,是中国五大戏曲剧种之一。 ( )

47. 在卡农中,最先出现的声部为答句,模仿的声部为主句,卡农通常由二至四个声部组成。 ( )

48.《红河谷》是一首加拿大民歌。 ( )

49.《义务教育艺术课程标准》(2022 年版)中依据课程分段设计思路,将学段划分为三个学段。 ( )

50. 达尔克罗兹的体态律动表现的仅仅是音乐节奏。 ( )

三、分析写作题(本大题共 4 小题,共 35 分)

51. 以下列各音为根音,按要求构成音程。(5 分)

52. 将下面旋律划分小节,并按音乐的旋律进行音值组合。(7 分)

53. 分析歌曲《爱我中华》的曲式结构及旋律特点。(15 分)

爱我中华

领唱、合唱

乔 羽词

徐沛东曲

1=♭B $\frac{4}{4}$

中速稍快 自豪地

| 1·3 1 3 5 3 0 | 5 1 2 5 3 - | 1·3 1 3 5 1 1 5 | 5 3 5 3 1 2· 0 |
五十六个星座，五十六枝花，五十六族兄弟姐妹 是 一 家。

| 1·3 1 3 5 3 0 | 5 1 1 5 6 - | 1 5 5 3 5 3 3 1 | 2 1 0 7 1 0 5 5 |
五十六种语言，汇成一句 话，爱我中华 爱我中华 爱我 中华。嗨啰

1.
| 2 5 1 5 2 0 5 5 | 2 5 1 5 1 0 5 5 | 2 5 1 5 2 5 1 5 |
呢啰嗨啰嗨，嗨啰 呢啰嗨啰嗨，嗨啰 呢啰嗨啰呢啰嗨啰

| 1 2 3 2 1 0 :‖
爱 我 中 华。

2.
| 3. 1 2 1 0 | 2 2 1 7 6 7 5. |
爱 我 中 华，健儿奋起 步伐，

| 3. 1 2 1 0 | 2 2 1 7 6 7 7. | 3. 1 2 1 0 |
爱 我 中 华，建设我们的国家，爱 我 中 华

| 2 2 1 7 6 7 5. | 3. 1 2 1 0 | 2 2 1 7 2 2 1 7 |
中华雄姿 英发，爱 我 中 华，五十六族兄弟姐妹，

| 2 2 1 7 2 2 1 7 | 2 5 0 2 1 0 | 4 3 2 1 0 ‖
五十六种语言汇成 一 句话，爱 我 中 华。

54. 为下列旋律配置和声。(8 分)

四、简答题(本大题共 3 小题,每小题 5 分,共 15 分)

55. 简述在初中音乐教学中应注意的问题。

56. 简述宋元时期有哪些记谱法和乐律学成就。

57. 简述汉族民歌及其体裁分类。

五、教学设计题(本大题共 20 分)

58. 请根据以下给出的教学对象、教学目标与教学重难点,为二声部歌曲《剪羊毛》设计教学过程。

【教学对象】七年级

【教学目标】

(1)在二声部训练中体验和谐与均衡的美感,在自然、和谐、统一的演唱中感受歌曲动感、弹性的韵律。

(2)通过参与体验音乐活动,循序渐进地增进对二声部音响效果的感知能力,掌握循环呼吸,互相倾听各声部音高与音色,完善演唱技巧,更好地表现歌曲意境。

(3)学会运用柯尔文手势,唱准附点八分音符与大小三度音程。

【教学重点】完整演唱二声部歌曲《剪羊毛》。

【教学难点】在稳定拍的伴随下完成二声部卡农,唱准附点八分音符与大小三度音程。

教师招聘考试预测试卷(二)

中学音乐

(满分 100 分　时间 120 分钟)

本套试卷共 49 个小题,包括单项选择题(30 小题),填空题(10 小题),连线题(2 小题),名词解释题(3 小题),写作题(2 小题),简答题(2 小题)。

一、单项选择题(本大题共 30 小题,每小题 1 分,共 30 分)

1. 同时弹奏的两个音形成的是下列哪种音程(　　)

A. 旋律音程　　B. 平行音程　　C. 上行音程　　D. 和声音程

2. 附点是记在音符和休止符右边的小圆点,一个附点表示增长原音符或休止符时值的(　　)

A. 一倍　　B. 二分之一　　C. 三分之一　　D. 四分之一

3.  所示装饰音为(　　)

A. 单前倚音　　B. 单后倚音

C. 复前倚音　　D. 复后倚音

4. $^{\#}$F ~ $^{\#}$G 属于(　　)

A. 自然全音　　B. 自然半音　　C. 变化全音　　D. 变化半音

5. 下列属于纯五度音程的是(　　)

A. 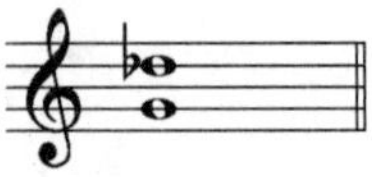　　B.

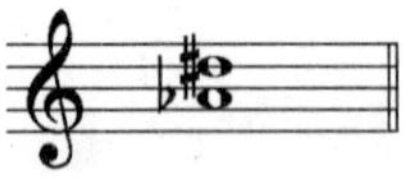

C. 　　D.

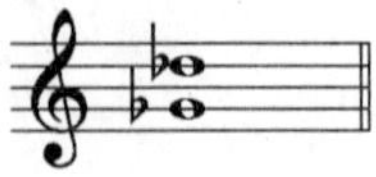

6. E 自然大调音阶中,(　　)是属音。

A. B　　B. $^{\#}$C　　C. $^{\#}$G　　D. A

7. 与 F 大调相同的调式音阶是(　　)

A. F 清乐宫调　　B. F 雅乐羽调

C. d 小调　　D. C 徵调

8. 弦乐四重奏的乐器组合是(　　)

A. 小提琴、中提琴、大提琴、低音提琴

B. 第一小提琴、第二小提琴、中提琴、大提琴

C. 小提琴、大提琴、低音提琴、倍低音提琴

D. 小提琴、第一中提琴、第二中提琴、大提琴

9. 发源于欧洲中世纪的爱情歌曲,通常在黄昏或夜晚演唱,流行于西班牙、意大利等国,是下列哪种体裁(　　)

A. 夜曲　　B. 小夜曲　　C. 前奏曲　　D. 无词歌

10. 音乐作品中,除各种拍子的自然强弱节拍外,在乐曲的进行中还有各种强弱变化,其中 rf 表示(　　)

A. 强后变弱　　B. 中强　　C. 突然较弱　　D. 强烈地渐强

11. “八音”乐器分类法的分类依据是(　　)

A. 制作材料　　B. 发声原理　　C. 演奏方式　　D. 乐器数量

12. 先秦儒家音乐美学思想的集大成论著为(　　)

A.《论语》　　B.《乐记》　　C.《乐论》　　D.《吕氏春秋》

13. 我国近代学堂乐歌中最早依词谱曲的齐唱歌曲《黄河》的曲作者是(　　)

A. 赵元任　　B. 李叔同　　C. 黄自　　D. 沈心工

14. 以下哪一位不是新音乐运动的代表作曲家(　　)

A. 聂耳　　B. 华彦钧　　C. 张寒晖　　D. 吕骥

15. (　　)既是文艺复兴晚期最后一位伟大的牧歌作曲家,又是巴洛克早期意大利歌剧的奠基者之一。

A. 卢卡·马伦齐奥　　B. 卡洛·杰苏阿尔多

C. 蒙特威尔第　　D. 约翰·奥克冈

16. 以下哪位艺术家不属于“弹词四大家”(　　)

A. 骆玉笙　　B. 俞秀山　　C. 陆瑞廷　　D. 陈遇乾

17. 赵元任创作的大型合唱作品是(　　)

A.《海韵》　　B.《八路军大合唱》

C.《黄河大合唱》　　D.《教我如何不想她》

18. 堆谐是(　　)的歌舞音乐。

A. 维吾尔族　　B. 藏族　　C. 朝鲜族　　D. 蒙古族

19. 梁辰鱼用改革后的昆腔创作的戏曲史上第一部昆曲剧本是(　　)

A.《浣纱记》　　B.《长生殿》　　C.《牡丹亭》　　D.《桃花扇》

20. 下列剧种中主要使用梆子腔的是(　　)

A. 京剧　　B. 川剧　　C. 秦腔　　D. 越剧

21.《江河水》是由哪种民族乐器演奏的(　　)

A. 唢呐　　B. 管子　　C. 笙　　D. 笛子

22.《旱天雷》属于(　　)

A. 江南丝竹　　B. 广东音乐　　C. 福建南音　　D. 内蒙古二人转

23. 在西方音乐史上,通常把17 世纪初至18 世纪中叶这段时期称为(　　)

A. 巴洛克时期　　B. 古典主义时期

C. 浪漫主义时期　　D. 现实主义时期

24. 下列旋律片段是莫扎特的(　　)主题。

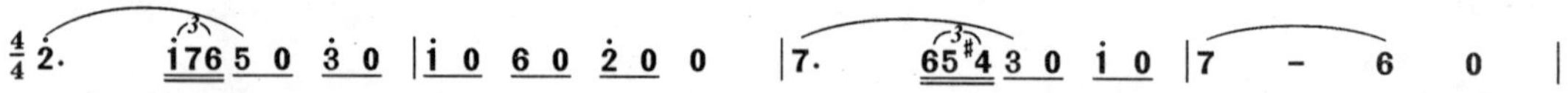

4/4 2· 176 5 0 3 0 | 1 0 6 0 2 0 0 | 7· 65♯4 3 0 1 0 | 7 - 6 0 |

A.《G 大调弦乐小夜曲》主部　　B.《第四十交响曲》主部

C.《G 大调弦乐小夜曲》副部　　D.《第四十交响曲》副部

25. 根据法国作家小仲马的同名小说改编的三幕歌剧《茶花女》是19 世纪意大利著名作曲家(　　)的作品。

A. 罗西尼　　B. 威尔第　　C. 普契尼　　D. 莫扎特

26. (　　)源自民间的集市剧。

A. 意大利喜歌剧　　B. 法国喜歌剧　　C. 德奥歌唱剧　　D. 意大利正歌剧

27. 长鼓舞是下列哪个民族的舞蹈(　　)

A. 蒙古族　　B. 朝鲜族　　C. 鄂伦春族　　D. 维吾尔族

28. 以下不属于《义务教育艺术课程标准》(2022 年版)中课程总目标的是(　　)

A. 感知、发现、体验和欣赏艺术美、自然美、生活美、社会美,提升审美感知能力

B. 发展创新思维,积极参与创作、表演、展示、制作等艺术实践活动,学会发现并解决问题,提升创意实践能力

C. 感受和理解我国深厚的文化底蕴和党的百年奋斗重大成就,传承和弘扬中华优秀传统文化、革命文化、社会主义先进文化,坚定文化自信,铸牢中华民族共同体意识

D. 以中华优秀传统文化为主体,讲好中国故事,吸收、借鉴人类文明优秀文化成果,追求精神高度、文化内涵、艺术价值相统一

29. "能编创与展示比较完整的短小音乐作品,表达自己的想法和情感,具有较丰富的想象力和创造力。"是《义务教育艺术课程标准》(2022 年版)中哪一学段的学段目标(　　)

A. 第一学段　　B. 第二学段　　C. 第三学段　　D. 第四学段

30. 图中柯尔文手势示意的音高是(　　)

A. do　　　　B. mi　　　　C. fa　　　　D. si

二、填空题(本大题共 10 小题,每空 0.5 分,共 10 分)

31. 将八度分成十二个均等的部分的律制叫作________,世界上第一位发明这种律制的是中国明朝的________。

32. 时值为 1 的音符后有两个附点,则这个复附点音符的时值是________。一个附点全音符等于________个八分音符。

33. [和弦谱例]是________和弦。

34. 正三和弦的进行方式有________、________、________三种。

35.《诗经》中的歌多用琴瑟伴奏,被称作________;乐府中的歌多用丝竹乐队伴奏,被称作________。

36. ________用录音机将鸟鸣、风声、机器声、人声的各种原始声音采录下来进行加工、剪接、处理的音乐创作形式。

37. 中国近现代音乐史上,被称为中国歌剧探索里程碑的作品是________。

38. 京剧"四大徽班"是________、________、________、________。

39. 巴洛克时期法国歌剧的代表人物是________和________。

40. 古诗有"我有嘉宾,鼓瑟吹笙"的描写,按"吹拉弹打"分类,"瑟"是________乐器,"笙"是________乐器。

三、连线题(本大题共 2 小题,每小题 5 分,共 10 分)

41. 将下列作品与词曲作者对应连接。

《毕业歌》	赵启海、冼星海
《到敌人后方去》	莫耶、郑律成
《长城谣》	龙榆生、黄自
《延安颂》	田汉、聂耳
《玫瑰三愿》	潘孑农、刘雪庵

42. 将下列音乐作品的名称与其作者以及所属音乐流派对应连接。

《菩提树》	贝多芬	印象主义音乐
《大海》	舒伯特	古典主义音乐
《马太受难曲》	德彪西	巴洛克时期音乐
《热情奏鸣曲》	巴赫	浪漫主义音乐
《净化之夜》	勋伯格	表现主义音乐

四、名词解释(本大题共3小题,每小题3分,共9分)

43.《霓裳羽衣曲》

44. 体验性教学法

45. 鼓吹乐

五、写作题(本大题共2小题,共21分)

46. 按要求将下列旋律译谱与移调。

1=$^\flat$E $\frac{2}{4}$

6 $^\sharp$56 7 1̇ | 65 $^\sharp$45 3 $^\sharp$23 | 0 1̇ $^\flat$76 5 3 | 6 - ‖

(1)译成五线谱。(5分)

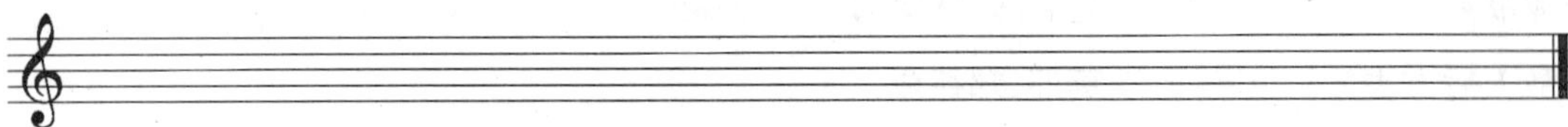

(2)移高至上方大三度的调(用五线谱记谱)。(6分)

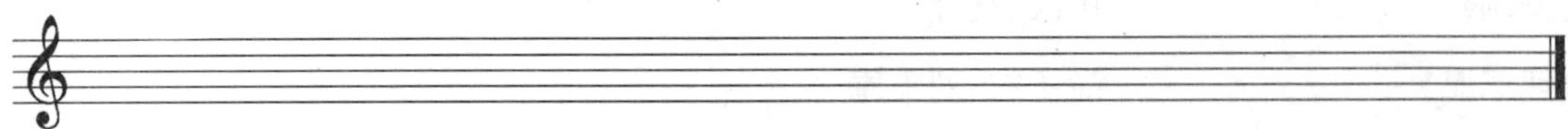

47. 为下面歌曲片段编配二声部合唱。(10 分)

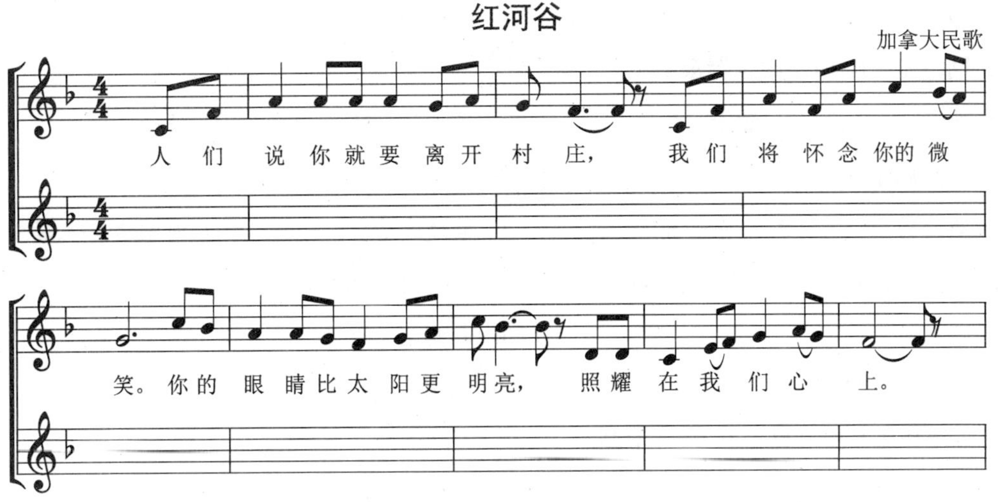

六、简答题(本大题共 2 小题，每小题 10 分，共 20 分)

48. 试述格鲁克的歌剧改革原则。

49. 请简要介绍李斯特在交响诗体裁方面做出的杰出贡献。

教师招聘考试预测试卷(三)

中学音乐

(满分 120 分　时间 150 分钟)

本套试卷共 47 个小题,包括单项选择题(20 小题),多项选择题(10 小题),填空题(10 小题),连线题(2 小题),写作题(2 小题),案例分析题(1 小题),论述题(2 小题)。

一、单项选择题(本大题共 20 小题,每小题 1 分,共 20 分)

1. 乐音体系中的音 e^1、b^2、A 在五线谱上的准确位置是(　　)

A. 

B. 

C. 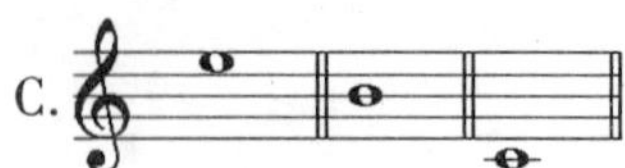

D. 

2. "三全音"是指(　　)

A. 调式的主音、下属音同时发声　　B. 三和弦的三个音同时发声

C. 间隔为三度的三个音　　D. 增四度或减五度音程

3. 下列哪个选项为关系大小调(　　)

A. A 大调与 f 小调　　B. ♭A 大调与 f 小调

C. ♯F 大调与 d 小调　　D. G 大调与 d 小调

4. 和声小调的增二度音程由哪两个音级构成(　　)

A. Ⅵ—Ⅱ　　B. Ⅲ—Ⅵ

C. Ⅵ—Ⅶ　　D. Ⅳ—Ⅴ

5. 下列记谱法完全准确的是(　　)

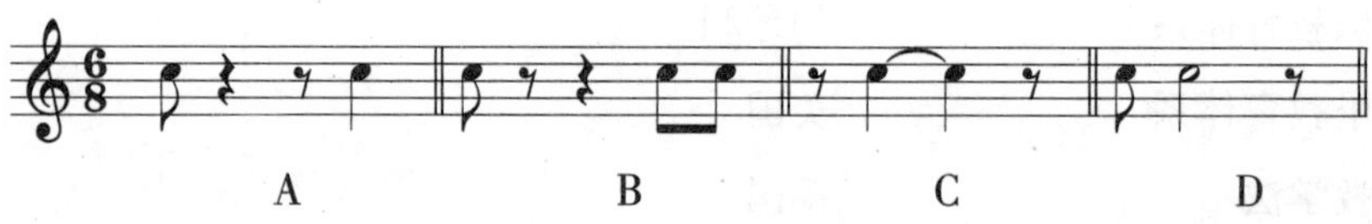

6. 视唱下面的旋律，判断其选自下列哪部音乐剧(　　)

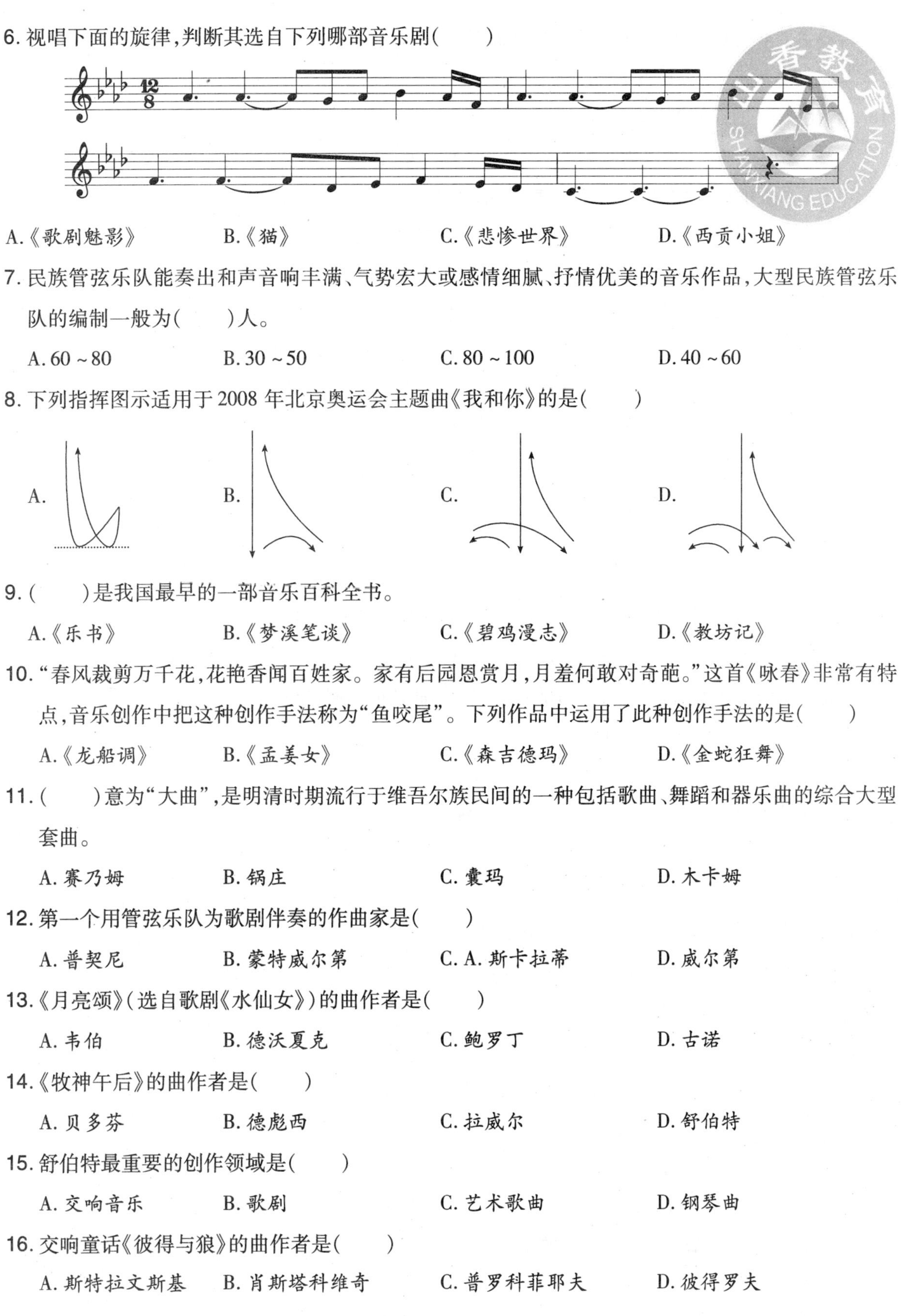

A.《歌剧魅影》　　B.《猫》　　C.《悲惨世界》　　D.《西贡小姐》

7. 民族管弦乐队能奏出和声音响丰满、气势宏大或感情细腻、抒情优美的音乐作品，大型民族管弦乐队的编制一般为(　　)人。

A. 60 ~ 80　　B. 30 ~ 50　　C. 80 ~ 100　　D. 40 ~ 60

8. 下列指挥图示适用于2008年北京奥运会主题曲《我和你》的是(　　)

A.　　B.　　C.　　D.

9. (　　)是我国最早的一部音乐百科全书。

A.《乐书》　　B.《梦溪笔谈》　　C.《碧鸡漫志》　　D.《教坊记》

10. “春风裁剪万千花，花艳香闻百姓家。家有后园恩赏月，月羞何敢对奇葩。”这首《咏春》非常有特点，音乐创作中把这种创作手法称为“鱼咬尾”。下列作品中运用了此种创作手法的是(　　)

A.《龙船调》　　B.《孟姜女》　　C.《森吉德玛》　　D.《金蛇狂舞》

11. (　　)意为“大曲”，是明清时期流行于维吾尔族民间的一种包括歌曲、舞蹈和器乐曲的综合大型套曲。

A. 赛乃姆　　B. 锅庄　　C. 囊玛　　D. 木卡姆

12. 第一个用管弦乐队为歌剧伴奏的作曲家是(　　)

A. 普契尼　　B. 蒙特威尔第　　C. A. 斯卡拉蒂　　D. 威尔第

13.《月亮颂》(选自歌剧《水仙女》)的曲作者是(　　)

A. 韦伯　　B. 德沃夏克　　C. 鲍罗丁　　D. 古诺

14.《牧神午后》的曲作者是(　　)

A. 贝多芬　　B. 德彪西　　C. 拉威尔　　D. 舒伯特

15. 舒伯特最重要的创作领域是(　　)

A. 交响音乐　　B. 歌剧　　C. 艺术歌曲　　D. 钢琴曲

16. 交响童话《彼得与狼》的曲作者是(　　)

A. 斯特拉文斯基　　B. 肖斯塔科维奇　　C. 普罗科菲耶夫　　D. 彼得罗夫

17. 古典主义早期意大利最重要的交响曲作曲家是(　　)

A. 萨马尔蒂尼　　B. 安托尼·布律梅尔　　C. 德彪西　　D. 贝尔格

18. "六代之乐"的首部作品是(　　)

A.《韶》　　B.《大咸》　　C.《大武》　　D.《云门大卷》

19. 印度尼西亚的《星星索》是一首克隆钟歌曲,其音乐特点是(　　)

A. 曲调欢快活泼　　B. 有很多滑音和装饰音

C. 波浪形和曲线式的旋律　　D. 每句前紧后松,唱法柔和松弛

20. 在音乐课《送别》的教学过程中,张老师在课堂上带领同学们对《送别》的乐谱进行识读。张老师的教学内容属于《义务教育艺术课程标准》(2022 年版)音乐学科课程内容中 4 类艺术实践的哪一种(　　)

A. 表现　　B. 欣赏　　C. 联系　　D. 创造

二、多项选择题(多选、错选或少选均不得分。本大题共 10 小题,每小题 2 分,共 20 分)

21. 关于大七度音程,下列表述正确的有(　　)

A. 自然音程　　B. 不协和音程　　C. 变化音程　　D. 音数为 $5\frac{1}{2}$

22. 抗战时期,哪几首歌曲显示出中华民族坚强不屈的精神,鼓舞了民族士气(　　)

A.《松花江上》　　B.《游击队歌》　　C.《毕业歌》　　D.《到敌人后方去》

23. 12 世纪初南宋时期,南方浙江一带随着地方民间曲艺的兴起,出现了我国最初的戏剧体裁——南戏,关于该时期南戏的特点,说法正确的有(　　)

A. 唱腔以六声音阶为主

B. 音调上具有南曲特殊的、极尽柔和的南方特色

C. 节奏规整,节拍形式多样

D. 音乐的结构灵活、自由

24. 以下说唱音乐中流行于我国宋元时期的有(　　)

A. 弹词　　B. 诸宫调　　C. 鼓子词　　D. 唱赚

25. 下列哪些属于贺绿汀的作品(　　)

A.《四季歌》　　B.《嘉陵江上》　　C.《游击队歌》　　D.《我住长江头》

26. 传统京剧中伴奏乐器称"三大件",它们是指(　　)

A. 京胡　　B. 京二胡　　C. 三弦　　D. 月琴

27. 巴洛克时期重要的宗教音乐体裁是(　　)

A. 歌剧　　B. 交响曲　　C. 受难曲　　D. 康塔塔

28. 下列音乐作品中,属于舒曼的作品的是(　　)

A.《童年情景》　　B.《蝴蝶》

C.《克莱斯勒偶记》　　D.《仲夏夜之梦》

29. 居伊是“强力集团”中的一位杰出人物，其代表作有(　　)

A.《高加索的囚犯》　　B.《伊戈尔王子》

C.《叶甫盖尼·奥涅金》　　D.《上尉的女儿》

30. 下列哪几位是表现主义音乐的代表作曲家(　　)

A. 勋伯格　　B. 贝尔格　　C. 德彪西　　D. 韦伯恩

三、填空题(本大题共 10 小题，每空 0.5 分，共 10 分)

31. 由蔡元定发明的律制是________。因三分损益法所生的十二律中仲吕不能回到黄钟律，因而继续推算出“六十律”的是西汉律学家________。

32. 变化速度术语“riten.”表示________，“A tempo”表示________。

33. ________是指不同的单拍子按照次序组合起来形成的拍子。$\frac{6}{8}$拍属于________。

34. 在主音相同的情况下，确定大调式还是小调式的关键音是音阶的第________级音。

35. 同主音大小调的主要特点是________、________、________，B 大调与$^{\#}$g 小调为________。

36. 电影《上甘岭》中有一首旋律优美，表达了志愿军战士热爱祖国的赤子之心的歌曲是________，由________作词、________作曲。

37. ________被称为巴西的“国舞”。

38. 马丁·路德的宗教改革运动创造的用德语演唱的新教圣咏是________。

39. 西方歌剧独唱的最大特点是它分为朗诵化的________和歌唱化的________。

40. 燕乐调式中加入的偏音分别是________、________。

四、连线题(本大题共 2 小题，每线 1 分，共 10 分)

41. 将下列民歌与流行地域对应连接。

《上去高山望平川》　　陕北民歌

《杨柳青》　　江苏民歌

《脚夫调》　　青海民歌

《森吉德玛》　　新疆民歌

《牡丹汗》　　内蒙古民歌

42. 将下列著名音乐教育体系与国家对应连线。

综合音乐感教学法　　瑞士

达尔克罗兹音乐教育体系　　日本

奥尔夫音乐教育体系　　匈牙利

柯达伊音乐教育体系　　美国

铃木音乐教学法　　德国

五、写作题(本大题共 2 小题,共 20 分)

43. 为下面旋律片段配置钢琴伴奏,选择合适的伴奏织体。(12 分)

44. 用临时变音记号写出以 D 为角音的燕乐商调式音阶,并写出调式调性名称。(8 分)

六、案例分析题(本大题共 10 分)

45. 根据案例回答下面问题。

案例:在唱歌课《无锡景》的教学过程中,为了帮助学生们了解这一音乐类型,教师用了很长时间讲解江南小调的音乐特征,并举了众多例子来进行论证,学生觉得浑然无味,开始交头接耳,各行其是。

问题:

请根据以上案例,结合《义务教育艺术课程标准》(2022 年版)中的课程理念进行判断、分析并提出建议。

七、论述题(本大题共 2 小题,每小题 15 分,共 30 分)

46. 试论述学堂乐歌的思想内容、曲调来源和历史意义。

47. 谈谈现代多媒体教学系统在中小学音乐课堂教学中的合理运用。

教师招聘考试预测试卷(四)

中学音乐

(满分 120 分　时间 150 分钟)

本套试卷共 57 个小题,包括单项选择题(40 小题),判断题(10 小题),写作题(4 小题),简答题(2 小题),教学设计题(1 小题)。

一、单项选择题(本大题共 40 小题,每小题 1 分,共 40 分)

1. 下列不属于音乐基本要素的是(　　)

A. 歌词　　B. 速度　　C. 旋律　　D. 力度

2. 大字一组的 B 到大字组的^{b}E 有(　　)个半音。

A. 2　　B. 3　　C. 4　　D. 5

3. 曲式中最小的结构单位是(　　),其作为独立曲式时,能表达一个完整的乐思,揭示一个完整的音乐形象。

A. 乐汇　　B. 乐节　　C. 乐句　　D. 乐段

4. 在我国传统音乐中,用“板、眼”来标记节拍,“板”相当于强拍位置,“眼”相当于弱拍位置。“一板一眼”相当于(　　)

A. 一拍子　　B. 三拍子

C. 二拍子　　D. 四拍子

5.  中,音符的时值总和等于(　　)

A.　　B.　　C.　　D.

6. 下列为等音程的是(　　)

A. 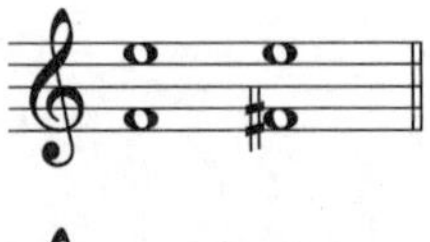　　B.

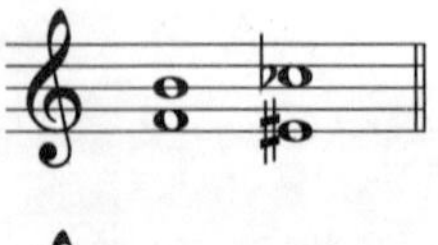

C. 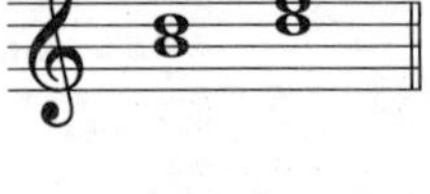　　D.

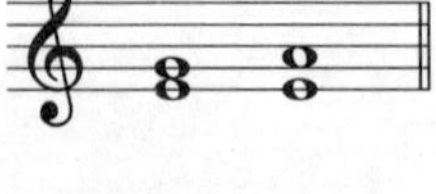

7. 属于（音程谱例）的转位音程的是(　　)

①（谱例）②（谱例）③（谱例）④（谱例）

A. ①②③　　B. ②③④　　C. ①③④　　D. ①④

8. 以 a^1 为三音构建的大四六和弦是(　　)

（谱例）

A　　B　　C　　D

9. 在自然大调音阶中,可以构成大三和弦的数目是(　　)

A. 4　　B. 1　　C. 2　　D. 3

10. 下图所示为 C 大调正三和弦,这三个三和弦从左到右可分别用字母(　　)来标记。

A. D、T、S　　B. D、S、T　　C. T、S、D　　D. T、D、S

11. 下列与清乐徵调式音阶结构完全相同的是(　　)

A. 清乐羽调式　　B. 雅乐羽调式

C. 清乐宫调式　　D. 燕乐宫调式

12. 和自然小调相比,多利亚调式的第(　　)级音是升高的。

A. Ⅳ　　B. Ⅴ　　C. Ⅵ　　D. Ⅶ

13. 下列选项中,属于 D 商调式的调号的是(　　)

A.（谱例）　　B.（谱例）　　C.（谱例）　　D.（谱例）

14. 下列速度术语中,哪一个是最快的(　　)

A. Largo　　B. Allegro　　C. Moderato　　D. Vivace

15. 震音记号表示一个音或一个和弦,两个音或两个和弦迅速均匀地交替,震音记号一般用(　　)标记。

A. 横线　　B. 斜线　　C. 冒号　　D. 着重号

16. 合唱是一种多声部演唱形式,下列说法正确的是(　　)

A. 以人声的分类为依据,合唱可以分为童声合唱和混声合唱

B. 指挥动作的基本原则是“快、准、美”

C. 合唱有音域宽、气息长、力度大、音色多四大特点

D. 混声合唱包括女声与男声(或童声)混合组织的合唱

17. 与亨德尔《弥赛亚》体裁相同的作品是(　　)

A. 海顿《创世纪》　　B. 莫扎特《魔笛》

C. 巴赫《音乐的奉献》　　D. 贝多芬《费德里奥》

18. 小提琴协奏曲《梁山伯与祝英台》是陈钢与何占豪就读于上海音乐学院时的作品,其主要的情绪表现为(　　)

A. 渴望、哀愁　　B. 深情、缠绵　　C. 激昂、热情　　D. 气势非凡

19. 最能体现肖邦民族意识和情愫的钢琴作品体裁是(　　)

A. 前奏曲　　B. 波洛奈兹舞曲

C. 夜曲　　D. 幻想曲

20. 西汉时期有位音乐家,他"性知音,善歌舞",《汉书》中以"每为新声变曲,闻者莫不感动"来夸赞他,他也是汉代乐府机构的领导者,这位音乐家是(　　)

A. 李延年　　B. 王安石　　C. 钱乐之　　D. 阮籍

21. 看中国乐器图四幅,根据中国古代八音分类法,从左向右正确的是(　　)

A. 丝　巾　竹　石　　B. 丝　巾　木　石

C. 丝　铜　革　土　　D. 丝　金　革　土

22. (　　)的出现是元末明初南戏振兴的标志之一。

A.《琵琶记》　　B.《绣荷包》　　C.《霓裳续谱》　　D.《周仁回府》

23. (　　)是明代以来以演唱南戏为主的一种戏曲体裁,盛行于明和清代前期。

A. 杂剧　　B. 传奇　　C. 鼓词　　D. 相和歌

24. 作曲家陈钢创编的《苗岭的早晨》的表演形式是(　　)

A. 管弦乐合奏　　B. 笙独奏　　C. 小提琴独奏　　D. 巴乌独奏

25. 关于群众歌曲,下列说法错误的是(　　)

A. 歌词通俗易懂,其内容大多与政治、社会活动有关

B. 体现人民群众的理想愿望,表达人民群众集体的思想感情

C. 曲调以雄壮豪迈者居多

D. 音域宽广、结构多变、节奏自由

26.《黄河大合唱》从(　　)开始,情绪上发生了转折。

A. 第二乐章《黄河颂》　　B. 第四乐章《黄水谣》

C. 第六乐章《黄河怨》　　D. 第五乐章《河边对口曲》

27. 下列旋律片段所属的地域是(　　)

A. 浙江　　B. 福建　　C. 江西　　D. 安徽

28. 昆曲代表性传统剧目《牡丹亭》的作者是(　　)

A. 高廉　　B. 沈璟　　C. 汤显祖　　D. 吴世美

29. 下面谱例是(　　)的唱段。

$\frac{2}{4}$(5.1 65 5561 | $\frac{1}{4}$ 5) 5 | 3 532 | 1 2 | 0 1 | 6 3 | 2(161 | 2) 1 | 3 535 | 2 326 | 1(272 | 1) 3 | 21 6 | 1 0 |

今　日　痛饮　庆　功　酒，　壮　志　未　酬　誓　不　休。

A. 座山雕　　B. 洪常青　　C. 刁德一　　D. 杨子荣

30. 1929 年,黄自在美国耶鲁大学的毕业作品交响序曲(　　)是我国第一部大型交响音乐作品,也是在国外演奏的第一部中国人的管弦乐作品。

A.《都市风光幻想曲》　　B.《怀旧》

C.《中国狂想曲》　　D.《台湾舞曲》

31. 贝多芬《第九(合唱)交响曲》的第四乐章“欢乐颂”主题采用(　　)写成。

A. do re mi fa sol　　B. do re mi sol la

C. do mi fa sol la　　D. do re mi la si

32. 瞿希贤根据内蒙古民歌改编的著名无伴奏合唱作品是(　　)

A.《草原上升起不落的太阳》　　B.《牧歌》

C.《草原之夜》　　D.《美丽的草原我的家》

33. 下面旋律片段的作者是(　　)

A. 舒曼　　B. 格里格　　C. 门德尔松　　D. 柴可夫斯基

34. 下列关于作曲家、国籍及代表作品表述正确的一组是(　　)

A. 韦伯—意大利—歌剧《自由射手》

B. 威尔第—德国—歌剧《茶花女》

C. 罗西尼—意大利—歌剧《塞维利亚的理发师》

D. 比才—法国—歌剧《弄臣》

35. 李斯特钢琴曲《第二匈牙利狂想曲》用了匈牙利民间舞曲(　　)的曲调。

A. 波洛奈兹　　B. 玛祖卡　　C. 加兰达　　D. 查尔达什

36. 以下音阶符合日本都节调式的是(　　)

A.

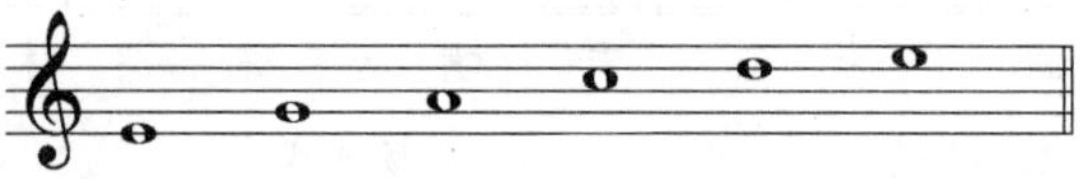

B.

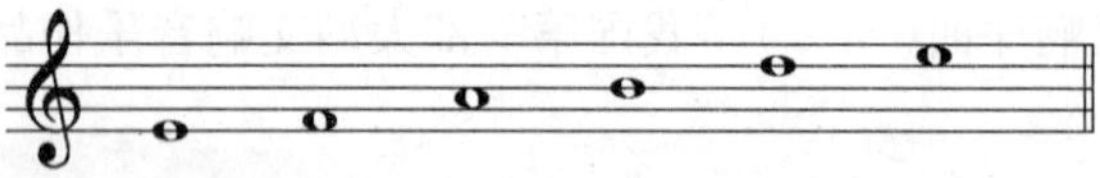

C.

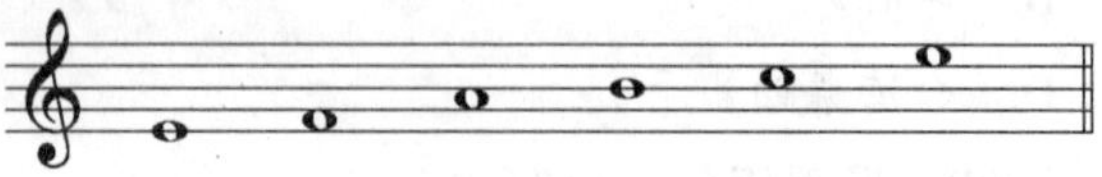

D.

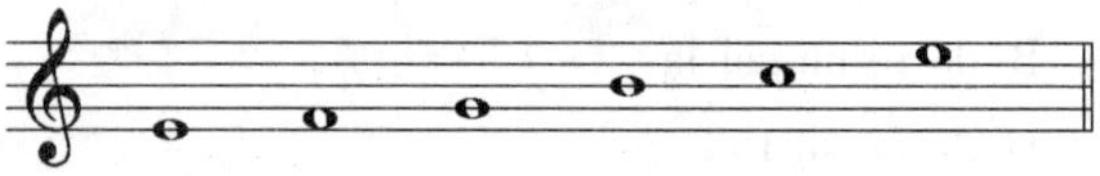

37. 欧洲较具特色的乐器有苏格兰的________、意大利的________和罗马尼亚的________。选(　　)

A. 风笛、卡曼贾、排箫　　B. 排箫、曼陀林、风笛

C. 排箫、卡曼贾、风笛　　D. 风笛、曼陀林、排箫

38. 以艺术形态的存在方式为标准,将艺术分为空间艺术、时间艺术和(　　)

A. 绘画艺术　　B. 时空艺术　　C. 表演艺术　　D. 电影艺术

39. "感知、了解有代表性的世界民族民间音乐,以及优秀创作作品的体裁、形式、审美特征和风格类型,能作出判断和简单描述。"属于《义务教育艺术课程标准》(2022 年版)中(　　)的学业要求。

A. 3 ~5 年级　　B. 7 年级　　C. 6 年级　　D. 8 ~9 年级

40. 下列不属于《义务教育艺术课程标准》(2022 年版)中课程理念的是(　　)

A. 坚持以美育人　　B. 弘扬民族音乐

C. 重视艺术体验　　D. 突出课程综合

二、判断题(判断下列各题的正误,正确的打"√",错误的打"×"。本大题共 10 小题,每小题 1 分,共 10 分)

41. 音的高低是由发音体振动的时间所决定的。(　　)

42. 在记谱法中,简谱的休止符号可以带有减时线但不能带有增时线。(　　)

43. 陶笛是中国迄今为止发现的最古老的实物乐器。(　　)

44. 歌曲《紫藤花》选自中国歌剧作品《伤逝》。 ( )

45. 弹词是明清时期中国北方发展起来的一种说唱音乐形式。 ( )

46. 秦腔是流行于西北地区的地方戏曲剧种,其主要伴奏乐器是板胡与梆子。 ( )

47. 奏鸣曲式一般包含呈示部、展开部、再现部三个部分,其中展开部可以省略。 ( )

48. 非洲音乐中最突出、最主要的因素是节奏,鼓是表现非洲音乐的重要乐器。 ( )

49. 一般来说,高音区的音乐比较低沉、浑厚;低音区的音乐高亢、明亮、悠扬。 ( )

50. 卡尔·奥尔夫是德国一位著名的文学家。 ( )

三、写作题(本大题共 4 小题,共 35 分)

51. 以下列各音为低音,分别构成指定和弦。(5 分)

大三和弦　小三六和弦　减三四六和弦　大小七和弦　小小七三四和弦

52. 请用调号写出下列调式的音阶。(10 分)

(1) E 多利亚调式(上行)

(2) ^{b}E 利底亚调式(上行)

(3) $^{\#}$C 自然大调(上行)

(4) ^{b}c 旋律小调(上行)

(5) F 雅乐商调式(上行)

53. 将下面第一乐句发展成四个乐句的单乐段作品。(8 分)

1=F $\frac{2}{4}$

1. 2 3 4 | 5 5 5 4 | 3. 2 3 2 | 1 - |

54. 根据下列要求进行写作。(12 分)

开放排列 C 大调: Ⅰ—Ⅳ; Ⅰ—Ⅴ; Ⅳ—Ⅰ; Ⅴ—Ⅰ; Ⅳ—Ⅴ; Ⅰ—Ⅳ—Ⅴ—Ⅰ

四、简答题(本大题共 2 小题,每小题 5 分,共 10 分)

55. 新维也纳乐派的代表作曲家都有谁?代表作品有哪些?(列举作品数不得少于两个)

56. 简述中国近代新音乐发展经历的四个阶段。

五、教学设计题(本大题共25分)

57. 请以《唱山歌》为课题,并以九年级学生为教学对象,设计一堂唱歌课教案。

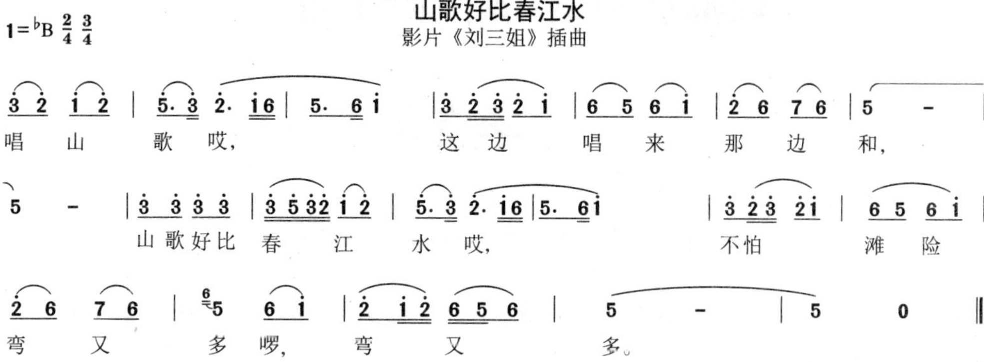

材料:

刘三姐是壮族民间传说中的人物。其传说最早见于南宋王象之的《舆地纪胜》卷九十八《三妹山》。明清以来,有关她的传说与歌谣文献记载很多,壮族民间口耳相传的故事与歌谣更为丰富。

电影《刘三姐》讲述了刘三姐用山歌反抗财主莫怀仁的故事,是我国第一部风光音乐故事片。

壮族主要分布在广西壮族自治区和云南文山壮族苗族自治州等地。壮族地区有"歌海"之称,男女老幼都用唱山歌来表达情意。"歌圩"是壮族历史悠久的风俗歌会。

要求:

(1)请讲几个刘三姐的故事给学生们听。

(2)欣赏电影《刘三姐》中的对歌片段,并请学生说一说自己的感受。

教师招聘考试预测试卷(五)

中学音乐

(满分100分　时间120分钟)

本套试卷共51个小题,包括单项选择题(30小题),填空题(10小题),连线题(2小题),名词解释题(2小题),写作题(3小题),简答题(4小题)。

一、单项选择题(本大题共30小题,每小题1分,共30分)

1. 王莘作品《歌唱祖国》的拍子属于(　　)

A. 单拍子　　B. 复拍子　　C. 变换拍子　　D. 混合拍子

2. 在钢琴上,两音之间高音关系的最小计量单位是(　　)

A. 全音　　B. 音符　　C. 半音　　D. 节拍

3. "D. S."的意思为(　　)

A. 从头反复　　B. 终止　　C. 休止　　D. 从标记处反复

4. 在音乐发展中,某一声部需要长时间休止时,可将长休止记号标记在五线谱的第(　　)线上。

A. 二　　B. 三　　C. 四　　D. 五

5. 下面谱例中出现的装饰音为(　　)

A. 倚音　　B. 波音　　C. 回音　　D. 颤音

6. 下列属于大小七和弦的是(　　)

A. 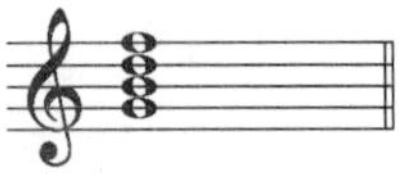　　B. 　　C. 　　D.

7. $^{\#}$C音是A宫雅乐调式音阶的(　　)

A. 闰　　B. 变徵　　C. 角　　D. 变宫

8. 在管弦乐队中,"身材最高的乐器""发音最高的乐器""最善于唱歌的乐器"分别是(　　)

A. 低音提琴、短笛、小提琴　　B. 大提琴、长笛、钢琴

C. 低音提琴、短笛、钢琴　　D. 大提琴、双簧管、小提琴

9.《黄河大合唱》的第七乐章《保卫黄河》使用的主要演唱形式是(　　)

A. 混声合唱　　B. 轮唱　　C. 对唱　　D. 重唱

10. 关于单二部曲式,下列说法错误的是(　　)

A. 它是一种大型曲式

B. 它大于乐段,内部已经包括了乐段的结构

C. 它由两个同等重要的部分组成

D. 它可以用于篇幅不大的独立作品,如声乐作品中的分节歌

11. (　　)是明末清初的虞山派代表人物徐上瀛所著古琴演奏理论专著,对后来的琴学理论发展影响深远。

A.《魏氏乐谱》　　B.《乐律全书》　　C.《神奇秘谱》　　D.《溪山琴况》

12. 儒家关于音乐起源的观点是(　　)

A. "乐与政通"　　B. "声无哀乐"　　C. "物动心感"　　D. "大音希声"

13. 下列与《行街》属于同一乐种的是(　　)

A.《赛龙夺锦》　　B.《八骏马》　　C.《雨打芭蕉》　　D.《欢乐歌》

14. 中国近现代音乐史上第一部清唱剧《长恨歌》的曲作者是(　　)

A. 冼星海　　B. 马思聪　　C. 韦瀚章　　D. 黄自

15. 下列属于作曲家刘炽的作品是(　　)

①《我爱你,中国》　②《我的祖国》　③《英雄赞歌》　④《祖国颂》

A. ①②③④　　B. ①②③　　C. ①③④　　D. ②③④

16. 瞿小松的《第一交响曲》以表现一个热血青年为主题,该交响曲属于无标题音乐,其副标题是(　　)

A. "献给 1986 年我的朋友们"　　B. "献给我的爱人"

C. "献给一位伟大的人"　　D. "献给我可爱的祖国"

17. 将二胡从伴奏乐器提升为独奏乐器,创建二胡演奏学派,成为二胡演奏学派奠基人的是(　　)

A. 华彦钧　　B. 刘天华　　C. 彭修文　　D. 马思聪

18. 民乐合奏《金蛇狂舞》中采用的"螺蛳结顶"是一种(　　)的发展手法。

A. 句幅递增　　B. 句幅递减　　C. 句幅平行　　D. 旋律加花

19. 下图中的行当依次为(　　)

A. 生、旦、净、丑　　B. 净、丑、生、旦

C. 生、丑、净、旦　　D. 净、旦、生、丑

20. 下列选项中与《女驸马》属于同类戏曲剧种的是(   )

A.《花为媒》 B.《长生殿》 C.《花木兰》 D.《天仙配》

21.《十面埋伏》是明代的(   )曲，运用该种乐器特有的煞弦、绞弦等技法和丰富多变的节奏，层次分明地表现了这场垓下决战的激烈场面，呈现出一幅生动感人的古战场画面。

A. 古琴 B. 扬琴 C. 古筝 D. 琵琶

22. 汉族民间舞蹈主要有秧歌、花灯、花鼓和(   )

A. 道情 B. 大鼓 C. 说唱 D. 采茶

23. 与巴赫同一年出生的另一位德国音乐家，并著有作品《弥赛亚》的是(   )

A. 亨德尔 B. A. 斯卡拉蒂 C. 蒙特威尔第 D. 海顿

24. 他是巴洛克音乐的代表人物之一，他的《平均律钢琴曲集》是第一次在采用平均律调音的古钢琴键盘上演奏 24 个大小调的作品，贝多芬在看过他的作品后，感慨地说："他不是小溪，而是大海。"这位音乐家是(   )

A. 维瓦尔第 B. 拉索 C. 亨德尔 D. 巴赫

25. 下面歌曲作者属于(   )时期的作曲家。

$\frac{6}{8}$ 5 | 3 3 3 4 5 | 5· 7 5 | 2 2 2 3 4 | 3· 0 0 |

A. 印象主义 B. 巴洛克 C. 古典主义 D. 浪漫主义

26. 20 世纪近现代音乐中，从调性音乐转向无调性音乐的标志性作品是(   )

A. 德彪西的《亚麻色头发的少女》 B. 勋伯格的《五首管弦乐曲》

C. 斯特拉文斯基的《春之祭》 D. 奥涅格的《太平洋 231 号》

27.《拉网小调》和《桔梗谣》分别是哪个国家的民歌(   )

A. 日本、朝鲜 B. 印度、日本

C. 印度尼西亚、朝鲜 D. 日本、中国

28.《邀舞》是浪漫主义钢琴音乐中的一首杰作，乐曲描绘了舞会上人们相互结识、交往、邀舞的生动过程，其作者是(   )

A. 拉威尔 B. 韦伯 C. 舒曼 D. 勃拉姆斯

29.《义务教育艺术课程标准》(2022 年版)中"聚焦核心素养，组织课程内容"属于(   )

A. 课程性质 B. 设计思路 C. 课程理念 D. 课程目标

30. "ti ri ti ri"是(   )音乐教育体系中的节奏读法。

A. 达尔克罗兹 B. 柯达伊 C. 奥尔夫 D. 铃木

二、填空题(本大题共 10 小题，每空 0.5 分，共 10 分)

31. "新律"是中国南朝宋时期律学家________的律学成就。

32. 15 世纪末，一些意大利作曲家发展了一种世俗的音乐体裁——________，同时糅进经文歌式的对位手法，其结果形成了一种通过复调得以生动化的主调音乐，这便是________的萌芽。

33. 在和声小调中有________个大三和弦。

34. 在大小调和声体系中，Ⅰ、Ⅳ、Ⅴ三个音级是构成各类和声序进的基础，在这三个音级上构成的三个和弦被称为________。

35. 我国历史上著名的音乐机构乐府始创于________（朝代），汉武帝时乐府的协律都尉是________。

36. 宋元时期，________是全国性剧种，________是地方性剧种。

37. 在党的革命文化路线指引下，第一部中国新歌剧在革命圣地延安诞生，该歌剧是________。

38. 明代戏曲四大声腔是________、________、________和________。

39. 巴赫是________国人，他在________音乐与和声的发展及________的提倡和运用方面都做出了卓越的贡献，他的________代表着其宗教音乐的最高成就，被人们称为“现存宗教音乐的顶峰”。

40. “情发于声，声成文谓之音”出自________代的________。

三、连线题（本大题共 2 小题，每线 1 分，共 10 分）

41. 将下列作品与作者对应连接。

《山在虚无缥缈间》	刘炽
《祖国颂》	薛瑞光
《懂你》	三宝
《祝酒歌》	黄自
《你是这样的人》	施光南

42. 将下列作品与作者对应连接。

《春之祭》	布里顿
《蓝色狂想曲》	拉威尔
《青少年管弦乐队指南》	格林卡
《西班牙狂想曲》	格什温
《伊凡·苏萨宁》	斯特拉文斯基

四、名词解释（本大题共 2 小题，每小题 5 分，共 10 分）

43. 模进

44. 格里高利圣咏

五、写作题(本大题共 3 小题,共 20 分)

45. 将下面五线谱译成简谱。(5 分)

46. 将下面旋律移高小二度,并写出新调的调号。(5 分)

47. 合唱编配。(10 分)

要求:

(1)为下面歌曲片段创作二声部。

(2)运用模仿的手法,使之成为轮唱。

六、简答题(本大题共 4 小题,每小题 5 分,共 20 分)

48. 简述德彪西的音乐特征及作品。

49. 简述在音乐教学中,教师应该怎样培养学生的合作意识与团队精神。

50. 简述早期复调音乐的形成与发展。

51. 简述古希腊音乐的特点。

教师招聘考试预测试卷(六)

中学音乐

(满分 120 分　时间 150 分钟)

本套试卷共 47 个小题,包括单项选择题(20 小题),多项选择题(10 小题),填空题(10 小题),连线题(2 小题),写作题(1 小题),作品分析题(1 小题),案例分析题(1 小题),论述题(2 小题)。

一、单项选择题(本大题共 20 小题,每小题 1 分,共 20 分)

1. 88 键标准钢琴上的白键和黑键各有多少个(　　)

A. 54 和 34　　B. 55 和 33　　C. 56 和 32　　D. 52 和 36

2.  [五线谱:高音谱表,E 与升 G]音程的名称是(　　)

A. 大三度　　B. 小十度　　C. 大十度　　D. 增三度

3. 七个十六分音符的时值总和等于(　　)

A. 一个复附点二分音符　　B. 一个附点二分音符

C. 一个复附点四分音符　　D. 一个附点四分音符

4. 在和声小调音阶中,第Ⅵ级与第Ⅶ级构成的音程是(　　)

A. 大二度　　B. 小二度　　C. 减二度　　D. 增二度

5. 音乐速度术语中,Andante 的含义是(　　)

A. 行板　　B. 快板　　C. 慢板　　D. 急板

6. 下图是舒伯特《鳟鱼五重奏》的演出照,图中的哪一件乐器不属于钢琴五重奏的常规编制(　　)

A. 小提琴　　B. 中提琴　　C. 大提琴　　D. 低音提琴

7. 按照首调唱名法,E 角调中的“do”为(　　)音。

A. 宫　　B. 商　　C. 徵　　D. 羽

8. 用^{b}B 调单簧管吹奏 C 大调旋律，在乐谱上应记为(　　)

A. ^{b}B 大调　　B. C 大调　　C. D 大调　　D. ^{b}D 大调

9. 下面两段旋律分别是哪两部歌剧中的片段(　　)

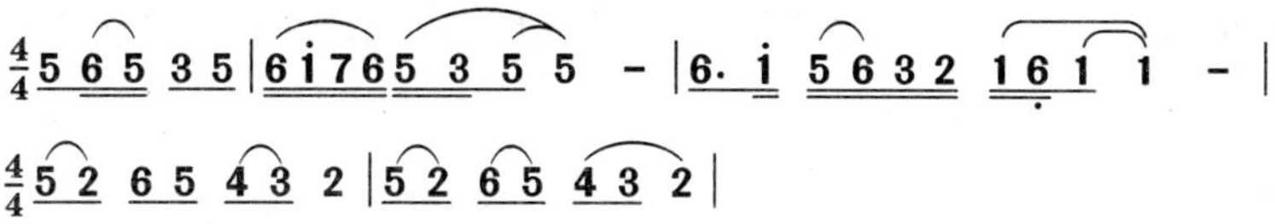

$\frac{4}{4}$ 5 6 5 3 5 | 6 1̇ 7 6 5 3 5 5 - | 6· 1̇ 5 6 3 2 1 6 1 1 - |

$\frac{4}{4}$ 5 2 6 5 4 3 2 | 5 2 6 5 4 3 2 |

A.《小二黑结婚》《白毛女》　　B.《洪湖赤卫队》《白毛女》

C.《刘胡兰》《江姐》　　D.《小二黑结婚》《江姐》

10. (　　)是我国的一首古琴曲，描写的是战国时期工匠之子聂政为父报仇刺杀韩王的故事。

A.《广陵散》　　B.《梅花三弄》

C.《阳关三叠》　　D.《神奇秘谱》

11. 有关《诗经》的说法错误的是(　　)

A. 我国最早的一部诗歌总集，又被称为“诗三百”

B. 我国古代南方音乐文化的代表

C. “雅”分为“大雅”“小雅”，“大雅”多为朝会宴飨之作，“小雅”多为个人抒情之作

D. “颂”多半为古老的祭歌和舞曲

12. (　　)是我国唯一用文字谱保存下来的古曲，是我国迄今所见最古老的琴谱。

A.《碣石调·幽兰》　　B.《广陵散》

C.《平沙落雁》　　D.《阳关三叠》

13. 混声合唱一般由 S.、A.、T.、B. 四个声部组成，其中 T. 是 Tenor 的缩写，是指(　　)

A. 女低音声部　　B. 男高音声部

C. 男低音声部　　D. 女高音声部

14. 河北民歌《小白菜》属于小调体裁中的(　　)

A. 吟唱调　　B. 时调　　C. 谣曲　　D. 四季调

15. 下列打击乐器中发出的音响为噪音的是(　　)

A. 木琴　　B. 定音鼓　　C. 镲　　D. 马林巴

16. 普契尼的《艺术家的生涯》又叫《波西米亚人》，其体裁是(　　)

A. 奏鸣曲　　B. 舞剧　　C. 歌剧　　D. 协奏曲

17. 下面旋律不属于美国影片《音乐之声》中的插曲的是(　　)

A. 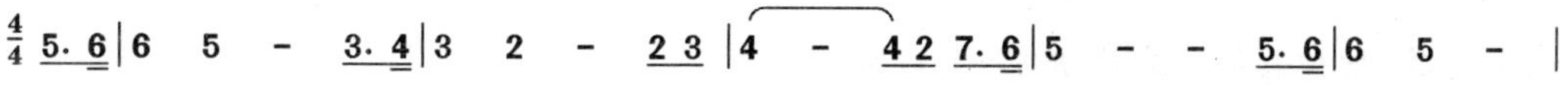 $\frac{4}{4}$ 5. 6 | 6 5 - 3. 4 | 3 2 - 2 3 | 4 - 4 2 7. 6 | 5 - - 5. 6 | 6 5 - |

B. 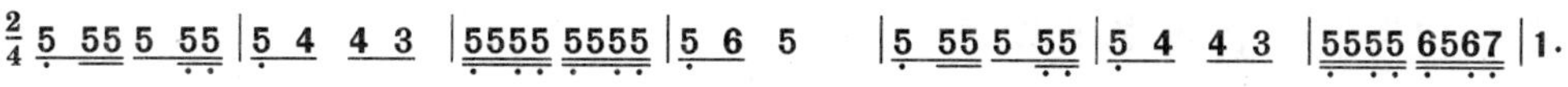 $\frac{2}{4}$ 5 55 5 55 | 5 4 4 3 | 5555 5555 | 5 6 5 | 5 55 5 55 | 5 4 4 3 | 5555 6567 | 1.

C. 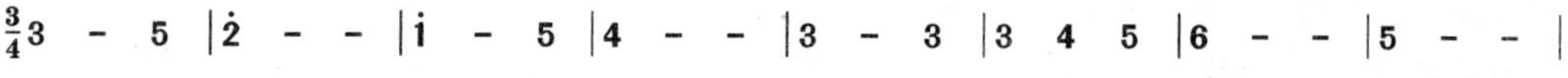 $\frac{3}{4}$ 3 - 5 | 2̇ - - | 1̇ - 5 | 4 - - | 3 - 3 | 3 4 5 | 6 - - | 5 - - |

D. 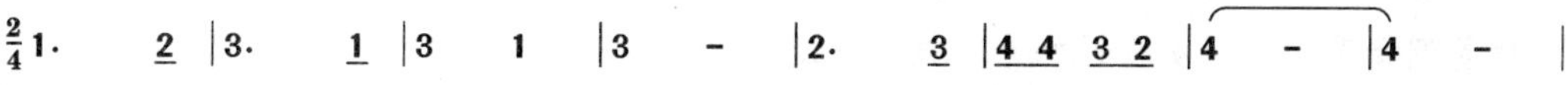 $\frac{2}{4}$ 1. 2 | 3. 1 | 3 1 | 3 - | 2. 3 | 4 4 3 2 | 4 - | 4 - |

18. 源于印度尼西亚，流行于东南亚地区的摇奏和击奏乐器是（　　）

A. 安格隆　　B. 三味线　　C. 西塔尔　　D. 萨朗吉

19. "认识乐谱中的常见符号，在实践中能正确表现和运用；在视唱稍复杂的短小乐谱时，做到音高、唱名、节奏基本正确；听记稍复杂的短小节奏或旋律时，记谱规范，准确度高"属于《义务教育艺术课程标准》（2022 年版）中的（　　）

A. 课程内容　　B. 课程目标　　C. 音乐学业质量描述　　D. 教学建议

20. 独唱歌曲《在那银色的月光下》的指挥图示是（　　）

A. 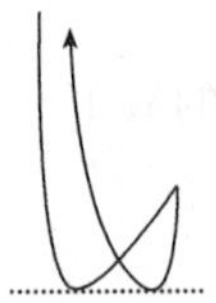　　B. 　　C. 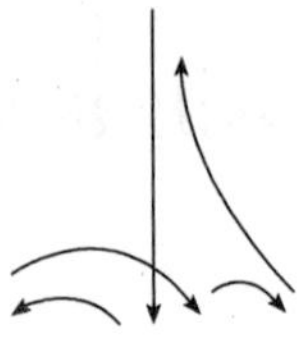　　D.

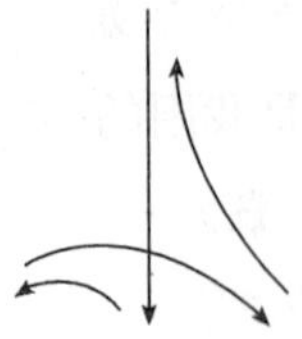

二、多项选择题（多选、错选或少选均不得分。本大题共 10 小题，每小题 2 分，共 20 分）

21. ^{b}E 大调的近关系调有（　　）

A. ^{b}B 大调　　B. ^{b}A 大调　　C. f 小调　　D. B 大调

22. 下列哪几首音乐作品在创作过程中使用了"螺蛳结顶"的创作手法（　　）

A.《锦鸡出山》　　B.《春江花月夜》　　C.《金蛇狂舞》　　D.《彩云追月》

23. 嵇康在《声无哀乐论》中的音乐思想包括（　　）

A. 音乐是客观的存在，人的哀乐是主观的存在，两者之间并无因果关系

B. 音乐的本质是"和"，它是形式、内容与表现手段的内在统一

C. 音乐具有审美作用，但其美与不美，与人的感情毫无关系

D. 音乐具有移风易俗的作用

24. 由四个音按照三度的关系叠置在一起，这样构成的和弦叫作七和弦。下列七和弦中，五音与根音构成纯五度关系的有（　　）

A. 大小七和弦　　B. 大大七和弦　　C. 小小七和弦　　D. 减七和弦

25. 下列作品中属于歌剧体裁的是（　　）

A.《洪湖赤卫队》　　B.《天鹅湖》　　C.《伤逝》　　D.《丝路花雨》

26. 关于我国传统音乐中说唱和戏曲的异同点，下列说法正确的有（　　）

A. 说唱和戏曲都是表演艺术，都会考虑观众的需求

B. 说唱突出"跳进跳出"，戏曲强调深沉地"入戏"

C. 说唱追求"形神兼备"，戏曲讲究"点到为止"

D. 说唱艺术以"说"为主，戏曲艺术以"舞"为主

27. 关于巴赫，下列说法正确的有（　　）

A. 他的声乐作品以宗教音乐为主

B. 他把复调音乐的技巧发展到登峰造极的程度

C. 他是钢琴协奏曲的奠基者

D. 他是法国著名作曲家、管风琴家

28. 19 世纪 50 年代以后，威尔第进入一生中最旺盛的创作时期，最能代表他创作或成熟风格的三大浪漫主义歌剧是(　　)

A.《弄臣》　　B.《游吟诗人》　　C.《爱之甘醇》　　D.《茶花女》

29. 下列有关 R&B 说法正确的是(　　)

A. 节奏布鲁斯　　B. 可视为“黑人的流行音乐”

C. 源于黑人的 Blues 音乐　　D. 是现今西方流行乐和摇滚乐的基础

30. 下列管弦乐作品中，属于安德森的作品是(　　)

A.《跳圆舞曲的小猫》　　B.《口哨与小狗》

C.《顽皮的小闹钟》　　D.《打字机》

三、填空题(本大题共 10 小题，每空 0.5 分，共 10 分)

31. 以________为低音的和弦一定是原位和弦。

32. 音乐记号“Allegro Molto”在乐曲进行中表示________。

33. 一板三眼相当于________拍子。

34. 小三度加小三度等于________和弦，增三和弦的三音到五音的音程是________度；$^{\#}$c 小调的Ⅴ级音是________，c 自然小调的主音是________。

35. 民族管弦乐曲《春江花月夜》原是一首________，名为________，它采用了我国民族民间音乐________的变奏手法发展而成，是一首独特的具有展衍性的变奏体结构的乐曲。

36. 1976 年，粉碎“四人帮”的喜讯传到祖国各地，举国上下齐欢腾，作者郑路以切身的体会和满腔的热情创作了管弦乐合奏曲________。

37. 大约在 9 世纪，尝试以格里高利圣咏为“固定调”，在它的上方或下方加上平行五度或者平行四度的声部，称为________。

38. ________和竖琴是文艺复兴时期重要的拨弦乐器。

39. 我国有许多地方剧种，如广东的________，山东的________等。

40. 音乐美可以分为六大范畴，包括优美、壮美、________、________、________、________。而刘炽的《祖国颂》属于________。

四、连线题(本大题共 2 小题，每线 1 分，共 10 分)

41. 将下列音乐、舞蹈形式与所属民族对应连接。

木卡姆	蒙古族
长鼓舞	藏族
大歌	维吾尔族
囊玛	侗族
呼麦	朝鲜族

42. 将下列代表作品与所属国家对应连接。

《红蜻蜓》　　　　　朝鲜

《星星索》　　　　　泰国

《桔梗谣》　　　　　日本

《化装舞会》　　　　印度尼西亚

《蜡烛舞》　　　　　阿根廷

五、写作题(本大题共 10 分)

43. 完成下列旋律的钢琴伴奏写作。

六、作品分析题(本大题共 10 分)

44. 请对《东方之珠》这首歌曲进行作品分析。

东方之珠

1=F $\frac{4}{4}$　　　　　　　　　　　　　　罗大佑词曲

5 6 | 1 1 - 3 2 1 | 5 - - 1 2 | 3 3. 5 3 2 1 2 | 2 - 2 5 5. 5 |

小河 弯 弯 向 南 流, 流到 香 江 去看一 看, 东方之

5 - 5 5 1 7 | 6 - - 0 5 1 | 3 1 5 3 6 6 5 1 2 3 2 | 2 - - 5 6 |

珠 我的爱 人 你的 风采 是否浪 漫依 然? 月儿

1 1 - 3 2 1 | 5 - - 1 2 | 3 3. 5 3 2 1 | 2 - 2 5 5. 5 |

弯 弯 的 海 港, 夜色 深 深 灯火 闪 亮。 东方之

5 - 5 5 1 7 | 6 - - 0 5 1 | 3 1 5 3 6 6 5 5 2 | 2 3 1. 1 0 1 |

珠 整夜未 眠, 守着 沧海桑田变 幻 的 诺 言。 让

4. 6 i 7 6 5 | 5. i 3 1 3 6 | 5 5 7 2 6 5 5 4 2 6 | 5 - - 0 1 |

海 风吹 拂了 五 千年, 每一滴 泪珠 仿佛 都说出 你的尊 严; 让

4. 6 i 7 6 5 | 5. i 3 1 3 6 | 5 5 7 2 6 5 0 2 3 2 | 1 - - ‖

海 潮伴 我来 保 佑你, 请别忘 记我 永远不变 黄色的 脸。

七、案例分析题(本大题共 10 分)

45. 根据案例回答下面问题。

案例:陈老师今天讲授的内容是最不受学生欢迎的"丝竹相和",他绞尽脑汁,极尽所能,但进教室的那一刻心中还是忐忑,唯恐出现对牛弹琴的尴尬场面。为了暖场,陈老师在"蹦次哒次"的伴奏下表演了一段艺诀:"胡琴一条线,笛子打点点,洞箫进又出,琵琶筛筛边,双清当板压,扬琴一蓬烟。"学生们的学习热情一下子就被点燃了,并纷纷参与了互动,在老师形象生动地指引下,同学们很快就对各种乐器的作用和功能有了初步的了解,于是陈老师又趁热打铁,让学生声情并茂地朗读《琵琶行》中"大弦嘈嘈如急雨,小弦切切如私语,嘈嘈切切错杂弹,大珠小珠落玉盘……银瓶乍破水浆迸,铁骑突出刀枪鸣。曲终收拨当心画,四弦一声如裂帛。"学生犹如亲临现场,真切地感受到琵琶演奏的精湛技巧,且为之惊叹!

问题:请你根据《义务教育艺术课程标准》(2022 年版)或教学设计原则相关内容进行案例分析,并给出改进意见。

八、论述题(本大题共 2 小题,每小题 15 分,共 30 分)

46. 在音乐欣赏教学中应该注意哪些问题?

47. 简述《义务教育艺术课程标准》(2022 年版)中第四学段 8 ~9 年级的学段目标。

教师招聘考试预测试卷(七)

中学音乐

(满分 120 分　时间 150 分钟)

本套试卷共 58 个小题,包括单项选择题(40 小题),判断题(10 小题),写作题(4 小题),简答题(3 小题),教学设计题(1 小题)。

一、单项选择题(本大题共 40 小题,每小题 1 分,共 40 分)

1. 音的性质包括音的高低、音的长短、音的强弱以及音色,其中,音的强弱是由发音体的(　　)决定的。

A. 材质　　　　B. 振动频率

C. 振动持续时间　　　　D. 振动幅度

2. 下面歌曲《Do Re Mi》的主题发展手法采用的是(　　)

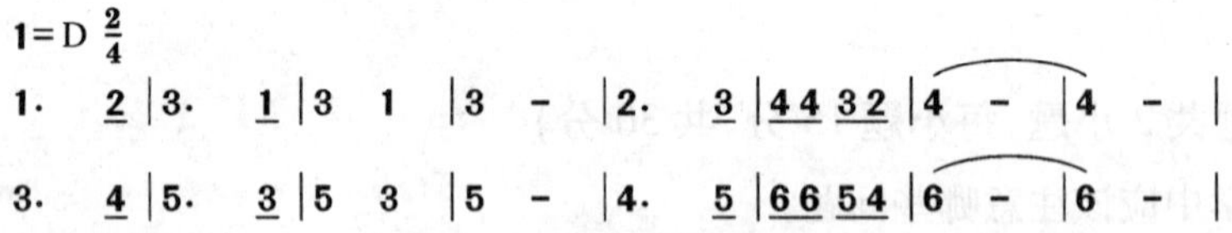

1=D $\frac{2}{4}$

1. 2 | 3. 1 | 3 1 | 3 - | 2. 3 | 44 32 | 4 - | 4 - |

3. 4 | 5. 3 | 5 3 | 5 - | 4. 5 | 66 54 | 6 - | 6 - |

A. 重复　　B. 模进　　C. 展开　　D. 对比

3.  的时值总和为(　　)

A. 附点二分音符　　　　B. 复附点二分音符

C. 二分音符　　　　D. 全音符

4. 以 c 为小调的属音,该小调的平行调是(　　)

A. c 小调　　B. F 大调　　C. G 大调　　D. ^{b}A 大调

5. 合唱模块是(　　)的延伸。

A. 歌唱模块　　　　B. 音乐创编模块

C. 音乐鉴赏模块　　　　D. 视唱练耳模块

6. 高中音乐课程采用(　　)的结构形式。

A. 必修与必修相结合　　　　B. 必修与选修相结合

C. 选修与选修相结合　　　　D. 必修、选择性必修、选修相结合

7. 音数为 2 的三度音程为大三度,音数为 6 的音程为(　　)

A. 纯八度　　B. 大七度　　C. 小七度　　D. 大六度

8. 增八度音程转位后是(　　)

A. 增一度　　B. 减八度　　C. 纯八度　　D. 减一度

9. 以 D 为根音的大三六和弦是(　　)

A.　　B. 　　C.　　D.

10. e 和声小调的第Ⅵ级音是(　　)

A. d　　B. c　　C. #d　　D. #c

11. 下列能构成大小七和弦的是(　　)

A. 大三度 + 小三度 + 大三度　　B. 大三度 + 小三度 + 小三度

C. 大三度 + 大三度 + 小三度　　D. 增三度 + 小三度 + 小三度

12. 下面这条音阶的调式是(　　)

A. g 自然小调　　B. bB 自然大调　　C. g 和声小调　　D. g 旋律小调

13. #F 大调和#f 小调属于(　　)

A. 近关系调　　B. 等音调　　C. 平行大小调　　D. 同主音大小调

14. 中的音符用首调唱名法唱作(　　)

A. la　　B. si　　C. fa　　D. re

15. 下列哪个速度术语适用于《葬礼进行曲》(　　)

A. Andante　　B. Allegretto　　C. Allegro　　D. Presto

16. 的实际奏法是(　　)

A. 　　B. 

C. 　　D.

17. 下图中混声合唱的队形排列正确的是(　　)

A. 

B. 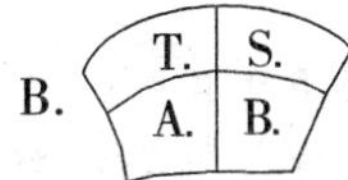

C. 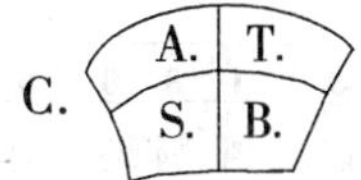

D. 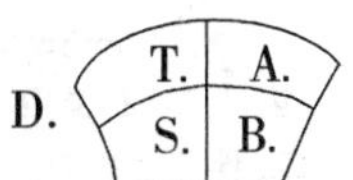

18. 李斯特的音乐创作集中在(　　)两方面。

A. 艺术歌曲和钢琴音乐　　B. 清唱剧和钢琴音乐

C. 钢琴和小提琴音乐　　D. 交响乐和钢琴音乐

19. “上、尺、工、凡、六、五、乙”是(　　)的符号。

A. 减字谱　　B. 点子谱

C. 五线谱　　D. 工尺谱

20. 将中国五声调式与西方复调有机融合的作品是(　　)

A.《锦鸡出山》　B.《采茶扑蝶》　C.《牧童短笛》　D.《牧歌》

21. 下列属于蒙古族特有的乐器是(　　)

A. 手鼓　B. 马头琴　C. 弹布尔　D. 扎木聂

22. 民乐合奏《彩云追月》在创作上吸纳了(　　)的元素。

A. 爵士　B. 探戈　C. 弗拉门戈　D. 桑巴

23. 我国现存最早的一部记述古代琴曲内容的著作是(　　)

A.《琴操》　B.《琴论》　C.《神奇秘谱》　D.《琴书大全》

24.《西厢记》是元代著名剧作家(　　)的作品。

A. 王实甫　B. 马致远　C. 关汉卿　D. 郑光祖

25. ________于 1927 年参与创办了国立音乐院,________是他的代表作品。选(　　)

A. 赵元任、《教我如何不想她》　　B. 萧友梅、《问》

C. 萧友梅、《长恨歌》　　D. 赵元任、《花非花》

26. 我国出土数量最多、分布最广的乐器是(　　)

A. 骨笛　B. 排箫　C. 陶埙　D. 编钟

27. 下面歌曲片段的曲作者是(　　)

A. 任光　B. 张曙　C. 麦新　D. 黄自

28. 歌曲《让我们荡起双桨》选自电影(　　)

A.《祖国的花朵》　　B.《小花》

C.《闪闪的红星》　　D.《上甘岭》

29. $\frac{2}{4}$ 3 6 3532 | 3217 6 | 6 67 6535 | 6 - | 该作品属于(　　)

A. 陕北信天游　B. 青海花儿　C. 山西山曲　D. 内蒙古爬山调

30. 1959 年首演小提琴协奏曲《梁山伯与祝英台》获得极大成功的小提琴演奏家是(　　)

A. 盛中国　　B. 闵惠芬　　C. 陈钢　　D. 俞丽拿

31. 流行于我国广西、贵州一带的少数民族民间音乐形式是(　　)

A. 侗族大歌　　B. 安代　　C. 赛乃姆　　D. 弦子

32. 海顿晚年创作的两部著名的清唱剧是《创世纪》和(　　)

A.《皇帝》　　B.《惊愕》　　C.《伦敦》　　D.《四季》

33. 舒曼的钢琴音乐作品主要有《大卫同盟舞曲》、《蝴蝶》和(　　)

A.《狂欢节》　　B.《热情奏鸣曲》　　C.《鳟鱼》　　D.《塔索》

34. 下面歌曲片段的曲作者是(　　)

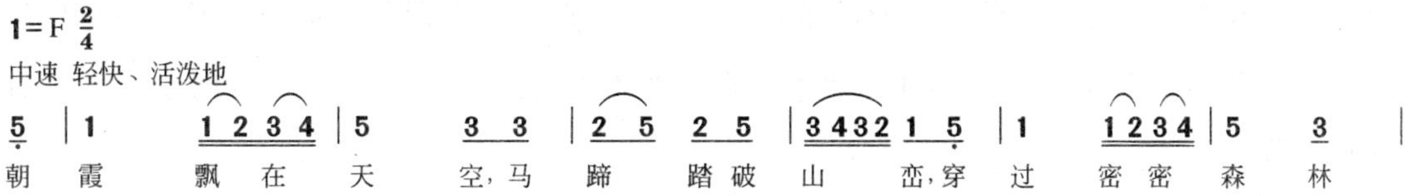

1=F $\frac{2}{4}$

中速 轻快、活泼地

5 | 1 1234 | 5 3 3 | 2 5 2 5 | 3432 1 5 | 1 1234 | 5 3 |

朝 霞 飘 在 天 空,马 蹄 踏 破 山 峦,穿 过 密 密 森 林

A. 韦伯　　B. 舒曼　　C. 门德尔松　　D. 西贝柳斯

35. 属于普契尼创作的歌剧作品有《托斯卡》、《图兰朵》和(　　)

A.《费加罗的婚礼》　　B.《蝴蝶夫人》

C.《璐璐》　　D.《渔光曲》

36. 柴可夫斯基的作品《如歌的行板》的体裁是(　　)

A. 交响曲　　B. 管弦乐曲　　C. 弦乐四重奏　　D. 钢琴协奏曲

37. 下列属于日本四大古典民间艺术之一的是(　　)

A. 变脸　　B. 歌舞伎　　C. 木偶剧　　D. 卡塔克舞

38. 音乐艺术最重要的特点是直接影响人的(　　)

A. 审美能力　　B. 创造能力　　C. 情感世界　　D. 知识结构

39. “一切从儿童出发,通过亲身实践活动学习音乐”的教学理念出自(　　)

A. 奥尔夫音乐教育体系　　B. 达尔克罗兹音乐教育体系

C. 柯达伊音乐教育体系　　D. 铃木教学法音乐教育体系

40. 以下哪项不是普通高中音乐课程的必修课(　　)

A. 合唱　　B. 音乐鉴赏　　C. 音乐编创　　D. 音乐与舞蹈

二、判断题(判断下列各题的正误,正确的打“√”,错误的打“×”。本大题共 10 小题,每小题 1 分,共 10 分)

41. “♯”是降记号,表示将本位音降低半音。　　(　　)

42. C 商调与 D 徵调属于同宫系统调，^{b}G 大调的平行小调与$^{\#}$d 小调为等音调式。（　　）

43.《白石道人歌曲》中的歌曲均采用宋代俗字谱记写。（　　）

44.《红旗颂》的作曲家吕其明以国歌号角音调开始，以颂歌及进行曲风格塑造了乐曲的主要音乐形象，表达了对红旗、对祖国的热烈颂扬之情。（　　）

45. 电视剧《四世同堂》的主题曲《重整河山待后生》属于曲艺音乐中的北京琴书。（　　）

46. 京剧武场一般都是以打击乐器为主。（　　）

47. 歌曲《弹起我心爱的土琵琶》是影片《铁道游击队》中的插曲，其中"土琵琶"是柳琴。（　　）

48."相和大曲"是相和歌发展的最高形式，是一种歌唱、器乐、舞蹈三种艺术有机结合的综合性歌舞大曲形式。（　　）

49. 必修课程与选择性必修课程的学业质量水平由《普通高中音乐课程标准》(2017 年版 2020 年修订)制定，分为 3 个等级，其中水平 1 是学生在学业水平考试中的提高要求，同时也是高考命题的主要依据。（　　）

50."柯尔文手势"由英国人约翰·柯尔文首创，被柯达伊借鉴并发扬，指用七种不同的手势代表某一固定唱名。（　　）

三、写作题(本大题共 4 小题，共 35 分)

51. 用正确的记谱方法，重新组合下面不正确的音值组合。(10 分)

52. 以所给音为根音，向上构成指定音程。(5 分)

53. 译谱。(10 分)

54. 为下面低音旋律配置和声。(10 分)

四、简答题(本大题共 3 小题,每小题 5 分,共 15 分)

55. 简述号子的艺术特征。

56. 简述《普通高中音乐课程标准》(2017 年版 2020 年修订)中必修课程的歌唱模块的内容。

57. 请根据谱例回答下面问题。

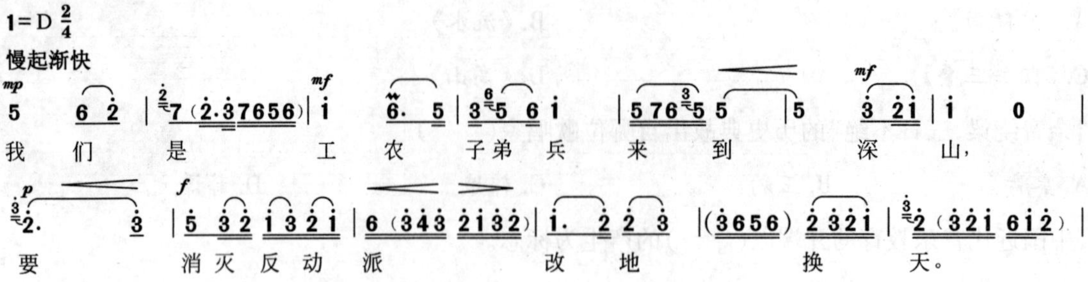

1=D $\frac{2}{4}$

慢起渐快

我 们 是 工 农 子弟 兵 来 到 深 山，

要 消灭 反动 派 改 地 换 天。

问题：

(1)该唱段选自哪部京剧？(1 分)

(2)该作品属于传统京剧还是现代京剧？(1 分)

(3)京剧的伴奏叫什么？分为哪几种？请分别写出一样代表乐器。(3 分)

五、教学设计题（本大题共 20 分）

58. 请依据《普通高中音乐课程标准》（2017 年版 2020 年修订）的课程基本理念，按照下列要求进行教学设计。

教学对象：选修“演唱”模块的学生

教学内容：《送别》

要求：

（1）请教会学生欣赏、演唱该曲目，并向他们介绍“学堂乐歌”这一概念。

（2）教学设计需要写明教材分析、教学目标、教学重点、教学过程等。

送别

影片《城南旧事》选曲

[美] J.P.奥德威曲

李叔同 填词

1=C $\frac{4}{4}$

5 3 5 i - | 6 i 5 - | 5 1 2 3 2 1 | 2 - 0 0 |

1.长 亭 外， 古 道 边， 芳 草 碧 连 天，

2.长 亭 外， 古 道 边， 芳 草 碧 连 天，

5 3 5 i· 7 | 6 i 5 - | 5 2 3 4· 7 | 1 - 0 0 ‖ Fine

晚 风 拂 柳 笛 声 残， 夕 阳 山 外 山。

问 君 此 去 几 时 还， 来 时 莫 徘 徊。

6 i i - | 7 6 7 i - | 6 7 i 6 6 5 3 1 | 2 - 0 0 |

天 之 涯， 地 之 角， 知 交 半 零 落，

天 之 涯， 地 之 角， 知 交 半 零 落，

5 3 5 i· 7 | 6 i 5 - | 5 2 3 4· 7 | 1 - - 0 ‖ D.C.

一 觚 浊 酒 尽 余 欢， 今 宵 别 梦 寒。

人 生 难 得 是 欢 聚， 惟 有 别 离 多。

教师招聘考试预测试卷(八)

中学音乐

(满分 120 分　时间 150 分钟)

本套试卷共 47 个小题,包括单项选择题(20 小题),多项选择题(10 小题),填空题(10 小题),连线题(2 小题),分析写作题(2 小题),案例分析题(1 小题),论述题(2 小题)。

一、单项选择题(本大题共 20 小题,每小题 1 分,共 20 分)

1. 以下选项中最低的音区是(　　)

A. 大字一组　　B. 大字组　　C. 小字组　　D. 小字一组

2. 下面乐谱是以________为一拍,每小节________拍。选(　　)

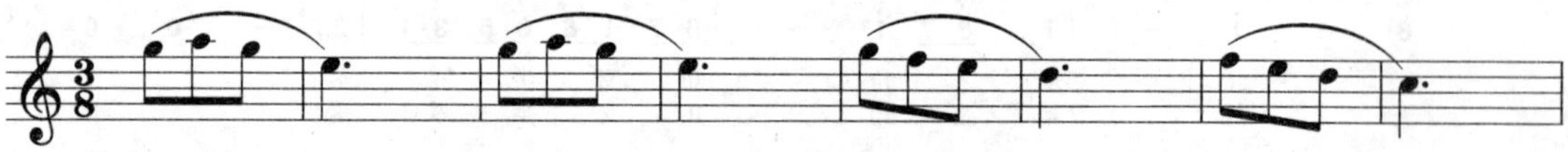

A. 八分音符;三　　B. 四分音符;三

C. 八分音符;八　　D. 二分音符;两

3. 升号调中,最后一个升号所在音级为大调的(　　)

A. 属音　　B. 下属音　　C. 中音　　D. 导音

4. E 和声大调的第Ⅵ级音是(　　)

A. B 音　　B. C 音　　C. $^{\#}$C 音　　D. ^{b}D 音

5.《百鸟朝凤》《喜相逢》《十面埋伏》《空山鸟语》的演奏乐器分别是(　　)

A. 唢呐、笛子、琵琶、二胡　　B. 唢呐、扬琴、琵琶、管子

C. 笛子、管子、琵琶、二胡　　D. 笛子、三弦、琵琶、二胡

6. (　　)是在分音列的第二分音和第三分音之间插入第五分音构成和弦形式,以此作为生律要素。

A. 十二平均律　　B. 五度相生律　　C. 纯律　　D. 自由律

7. 交响乐队中最富表现力的一组乐器是(　　),它们能让整场演出富有感染力。

A. 弦乐器　　B. 管乐器

C. 打击乐器　　D. 键盘乐器

8. 1977 年 8 月 20 日,“航行者”号太空船带了一张特制唱片,其中收录的中国古琴曲是(　　)

A.《广陵散》　　B.《流水》

C.《阳关三叠》　　D.《高山》

9. “余音绕梁,三日不绝”的历史典故出自哪位歌唱家(　　)

A. 秦青　　B. 王豹　　C. 韩娥　　D. 薛谭

10. 中国近代音乐教育的开端以(　　)的产生为标志。

A. 军乐队　　B. 学堂乐歌

C. 教会学校中的音乐教育　　D. 国立音专

11. 流行于汉代宫廷和达官贵戚家中的杂技、歌舞及各种民间武术的总称叫作(　　)

A. 相和歌　　B. 鼓吹乐　　C. 西曲　　D. 百戏

12. 巴赫的(　　)被誉为“现存宗教音乐的顶峰”,是最受欢迎的古典音乐作品之一。

A.《b 小调弥撒》　　B.《马太受难曲》

C.《古钢琴组曲》　　D.《平均律钢琴曲集》

13.《菩提树》是奥地利作曲家(　　)创作的声乐套曲《冬之旅》中的第五首。

A. 门德尔松　　B. 舒曼　　C. 舒伯特　　D. 莫扎特

14. 下列哪部音乐作品在创作的过程中没有用到爵士乐的音乐语言(　　)

A.《蓝色狂想曲》　　B.《沃采克》

C.《南部之子》　　D.《大峡谷组曲》

15. 小提琴曲《流浪者之歌》是根据(　　)民族民歌创作而成的。

A. 日耳曼　　B. 阿拉伯

C. 吉普赛　　D. 波西米亚

16. 对下面旋律片段描述错误的选项是(　　)

3 4 4 3 | 3 2 4 4 3 | 3 2 4 4 3 | 3· 3 0 0 |

A. “船歌”既是它的曲名,又是一种体裁

B. 它选自奥芬巴赫的歌剧《霍夫曼的故事》

C. 它的节拍是$\frac{3}{4}$拍

D. 船歌起源于贡多拉船工所唱的歌,广泛流行于意大利

17. 爵士乐源自(　　)和拉格泰姆。

A. 非洲黑人音乐　　B. 中美洲黑人音乐

C. 美国黑人音乐　　D. 欧洲黑人音乐

18. 理查德·罗杰斯创作的音乐剧是(　　)

A.《猫》　　B.《音乐之声》

C.《西区故事》　　D.《歌舞青春》

19. 下列选项中对应不正确的是(　　)

A. 呼麦——蒙古　　B. 克隆钟——印度尼西亚

C. 萨朗吉——印度　　D. 卡曼贾——日本

20. 音乐教学目标可以明确音乐教学方向,主导音乐教学过程,提示音乐教学方法,决定音乐教学效果,这体现了音乐教学目标的(　　)作用。

A. 导向　　B. 规划　　C. 调控　　D. 评价

二、多项选择题(多选、错选或少选均不得分。本大题共 10 小题,每小题 2 分,共 20 分)

21. 下列选项中属于三句式乐段的组合方式的有(　　)

A. aaa　　B. aab　　C. abb　　D. abc

22. 以下与 G 自然大调音阶相同的调式是(　　)

A. G 清乐宫调式　　B. G 雅乐宫调式

C. G 燕乐徵调式　　D. G 雅乐徵调式

23. 下列和声功能连接属于正格终止式(含半终止和结束终止)的是(　　)

A. S—D　　B. D—T　　C. K_4^6—D—T　　D. S—T

24. 关于奏鸣曲,下列说法正确的是(　　)

A. 古典主义时期的奏鸣曲大多由两个乐章组成

B. 在钢琴奏鸣曲的发展中,贝多芬是有突出贡献的

C. 奏鸣曲是一种器乐写作方式

D. 奏鸣曲可以分为大奏鸣曲和小奏鸣曲

25. 属于汉代鼓吹乐的有(　　)

A. 骑吹　　B. 短箫铙歌　　C. 横吹　　D. 黄门鼓吹

26. 下列关于广东音乐的表述正确的是(　　)

A. 内容大部分为明快的情绪和花鸟景物为标题的抒情乐曲

B. 节奏清晰,旋律流畅活跃,常以装饰音群构成装饰性音型

C. 广东音乐三大件为高胡、秦琴、扬琴,以高胡为主奏乐器

D.《中花六板》是广东音乐代表曲目之一,采用了复调的创作手法

27. 下列属于德沃夏克的作品是(　　)

A.《水仙女》　　B.《自新大陆交响曲》

C.《被出卖的新嫁娘》　　D.《母亲教我的歌》

28. 以下民族器乐曲中,属于二胡曲的是(　　)

A.《二泉映月》　　B.《赛马》　　C.《听松》　　D.《百鸟朝凤》

29. 以下属于印象主义音乐特点的是(　　)

A. 旋律模糊、新颖,很少使用重复、扩充方法,缺乏调性感

B. 节奏上常用复拍子,复杂多变

C. 和声、音响方面不太和谐,强调色彩多变,富于造型性

D. 音色独特、丰富、新奇;结构松散,不规整

30. 以下作曲家属于巴洛克时期的是(　　)

A. 巴赫　　B. A. 斯卡拉蒂

C. 亨德尔　　D. 奥格尔·蒙恩

三、填空题(本大题共 10 小题,每空 1 分,共 20 分)

31. "新法密率"是中国________代律学家________的乐律学成就。

32. 音乐术语 Fortissimo 的中文译意为________,Adagio 的中文译意为________,Allegretto 的中文译意为________。

33. 钢琴协奏曲《黄河》是根据冼星海的《黄河大合唱》改编的,共四个乐章,分别是《黄河船夫曲》、________、________、《保卫黄河》。

34. 圆舞曲《蓝色多瑙河》是________(国籍)作曲家________创作的,为典型的________结构,由序曲、五首圆舞曲和尾声构成。

35. 减字谱是唐代的________在文字谱的基础上革新创造的古琴记谱法。

36.《中国人民解放军进行曲》是________合奏,曲作者是________。

37. 三和弦的第一转位用数字________标记,七和弦的第三转位用数字________标记。

38. 西方最早的复调音乐被称为________。

39. ________是流行于非洲的木琴的总称。

40.《天鹅》出自________中的第 13 首,作曲家是________(国籍)的________。

四、连线题(本大题共 2 小题,每线 1 分,共 10 分)

41. 将下列作品、类别对应连接。

《战台风》	琵琶曲
《大浪淘沙》	二胡曲
《寒春风曲》	笛子曲
《阳关三叠》	古筝曲
《喜相逢》	古琴曲

42. 将下列民歌与对应民族连接起来。

《年轻的朋友》　　　　　　　　哈萨克族

《都达尔和玛利亚》　　　　　　蒙古族

《阿瓦尔古丽》　　　　　　　　侗族

《银杯》　　　　　　　　　　　藏族

《布谷催春》　　　　　　　　　维吾尔族族

五、分析写作题(本大题共 2 小题,共 18 分)

43. 为下面旋律片段编配钢琴伴奏。(12 分)

保卫黄河

44. 调式判断与写作。(6 分)

1=♭E $\frac{2}{4}$

2 1 1 2 | 3. 5 3 6 | 2 1 1 2 | 3 1 2 3 6 | 3 5 6 i | 6 5 3 | 6 3 2 3 | 1 1 2 3 5 | 3 2 1 | 6 1 6 1 | 6 - ‖

(1)写出该旋律的调式名称。(2 分)

(2)写出该旋律的主音音名。(1 分)

(3)用五线谱写出该旋律的调式音阶。(3 分)

六、案例分析题(本大题共 15 分)

45. 根据案例回答下面问题。

案例: 在一次音乐教师培训活动中,某授课教授一再强调音乐教学不能以教材为中心。一部分教师表示赞同,一部分教师坚决反对,其中一位教师反问教授:“不教教材,教什么?我从来不上教材以外的内容。”另一位教师接话道:“我上课就从来不用教材,以学生为中心,学生对什么有兴趣,我就教什么。”……

问题:

(1)分析上面案例中的两种观点存在的问题。(7 分)

(2)如果你是音乐老师,针对存在的问题,你会怎么做,并说明理由。(8 分)

七、论述题(本大题共 2 小题,共 17 分)

46. 试举例论述欧洲歌剧的发展概况。(9 分)

47. 论述曾侯乙墓出土的编钟的科学价值及其历史意义。(8 分)

教师招聘考试预测试卷(九)

中学音乐

(满分 120 分　时间 150 分钟)

本套试卷共 49 个小题,包括单项选择题(30 小题),填空题(10 小题),写作题(4 小题),分析题(2 小题),简答题(2 小题),教学设计题(1 小题)。

一、单项选择题(本大题共 30 小题,每小题 1 分,共 30 分)

1. 抗疫歌曲在课堂中的教唱,体现了音乐课程具有(　　)

A. 社会性、实践性、效应性　　B. 社会性、人文性、流行性

C. 鼓励性、实践性、共情性　　D. 人文性、审美性、实践性

2. 下列选项对《义务教育音乐课程标准》(2011 年版)中的课程内容描述不正确的是(　　)

A. 表现领域包括演唱、演奏、识读乐谱三项内容

B. 音乐课程内容包括感受与欣赏、表现、创造、音乐与相关文化四个领域

C. 创造是发挥学生想象力和思维潜能的音乐学习领域

D. 音乐创造包括即兴音乐编创活动和运用音乐材料进行音乐创作尝试与练习

3. 下面图片中小人的运用有助于训练学生的(　　)

$\frac{2}{4}$ X X　X X | X　X | X　- | XXXX XXXX |

A. 运动能力　　B. 恒拍感　　C. 节奏辨认　　D. 走路姿势

4. "在教学中,要根据学生身心发展规律,以丰富多彩的教学内容和生动活泼的教学形式,激发学生对音乐的兴趣,不断提高音乐素养,丰富精神生活"体现了《义务教育音乐课程标准》(2011 年版)中哪一课程基本理念(　　)

A. 强调音乐实践,鼓励音乐创造

B. 突出音乐特点,关注学科综合

C. 面向全体学生,注重个性发展

D. 以音乐审美为核心,以兴趣爱好为动力

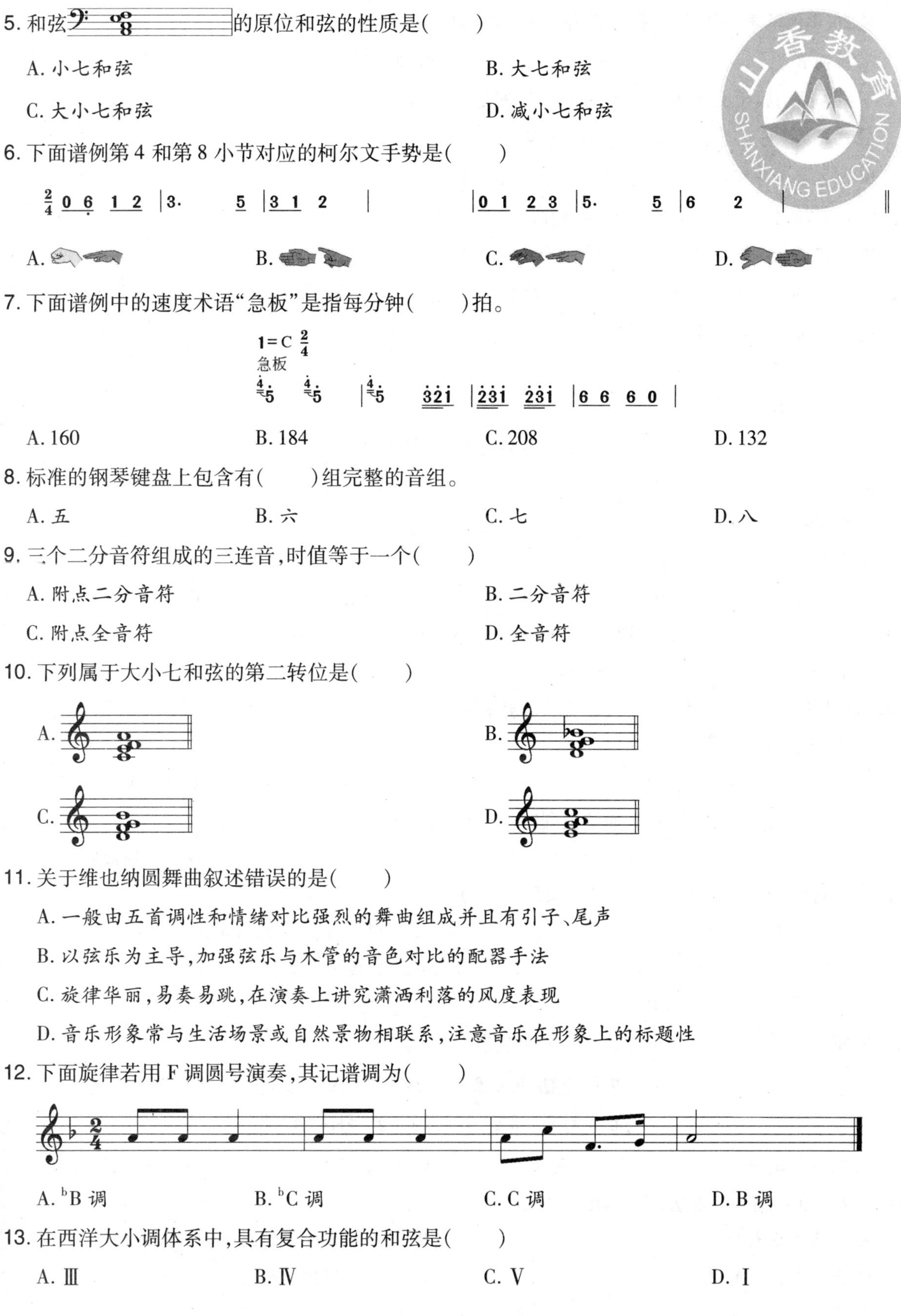

5. 和弦（低音谱表和弦）的原位和弦的性质是(　　)

A. 小七和弦　　B. 大七和弦

C. 大小七和弦　　D. 减小七和弦

6. 下面谱例第 4 和第 8 小节对应的柯尔文手势是(　　)

A.　　B.　　C.　　D.

7. 下面谱例中的速度术语“急板”是指每分钟(　　)拍。

A. 160　　B. 184　　C. 208　　D. 132

8. 标准的钢琴键盘上包含有(　　)组完整的音组。

A. 五　　B. 六　　C. 七　　D. 八

9. 三个二分音符组成的三连音,时值等于一个(　　)

A. 附点二分音符　　B. 二分音符

C. 附点全音符　　D. 全音符

10. 下列属于大小七和弦的第二转位是(　　)

A.　　B.

C.　　D.

11. 关于维也纳圆舞曲叙述错误的是(　　)

A. 一般由五首调性和情绪对比强烈的舞曲组成并且有引子、尾声

B. 以弦乐为主导,加强弦乐与木管的音色对比的配器手法

C. 旋律华丽,易奏易跳,在演奏上讲究潇洒利落的风度表现

D. 音乐形象常与生活场景或自然景物相联系,注意音乐在形象上的标题性

12. 下面旋律若用 F 调圆号演奏,其记谱调为(　　)

A. ^{b}B 调　　B. ^{b}C 调　　C. C 调　　D. B 调

13. 在西洋大小调体系中,具有复合功能的和弦是(　　)

A. Ⅲ　　B. Ⅳ　　C. Ⅴ　　D. Ⅰ

14. 歌曲《美丽的草原我的家》属于哪种人声演唱的作品(　　)

A. 男高音　　B. 女高音　　C. 男中音　　D. 女中音

15. 下列作品均属于文学性题材,表述不正确的是(　　)

A. 巴赫的《马太受难曲》取材于圣经故事

B. 何占豪和陈钢的《梁山伯与祝英台》取材于民间故事

C. 德彪西的《牧神午后》取材于希腊神话

D. 柏辽兹的《罗密欧与朱丽叶》取材于神话故事

16. (　　)的艺术成就在于其交响曲作品摆脱了传统交响曲四乐章的结构,乐曲的数目根据具体内容的需要而定,《幻想交响曲》的五个乐章即是这种结构的实例。

A. 柏辽兹　　B. 勃拉姆斯

C. 柴可夫斯基　　D. 马勒

17. 歌剧《白毛女》用河北民歌(　　)来表现喜儿在黄家受黄母压迫时的压抑情绪。

A.《小白菜》　　B.《放风筝》　　C.《卖饺子》　　D.《青阳传》

18. 下列属于周代宫廷音乐的是(　　)

①房中乐　②颂乐　③雅乐　④四夷之乐

A. ①③④　　B. ②③　　C. ①②③④　　D. ①④

19. 混合利底亚调式音阶与下列哪个调式音阶结构相同(　　)

A. 和声大调　　B. 和声小调　　C. 燕乐宫调式　　D. 雅乐羽调式

20. 白居易诗中“飘然转旋回雪轻,嫣然纵送游龙惊。小垂手后柳无力,斜曳裾时云欲生。”描绘的是古代著名舞蹈(　　)

A.《霓裳羽衣舞》　　B.《水秀舞》　　C.《惊鸿舞》　　D.《仿唐乐舞》

21. 学堂乐歌《祖国歌》是以哪首曲调填词的(　　)

A.《孟姜女》　　B.《茉莉花》　　C.《老六板》　　D.《无锡景》

22. 下列剧种与流行地域对应正确的选项是(　　)

①赣剧—江西　　②越剧—浙江、上海等地区

③京剧—北京及全国　　④黄梅戏—河南

A. ②③④　　B. ①③④　　C. ①②④　　D. ①②③

23. 下面两条旋律分别属于我国哪个民族的音调(　　)

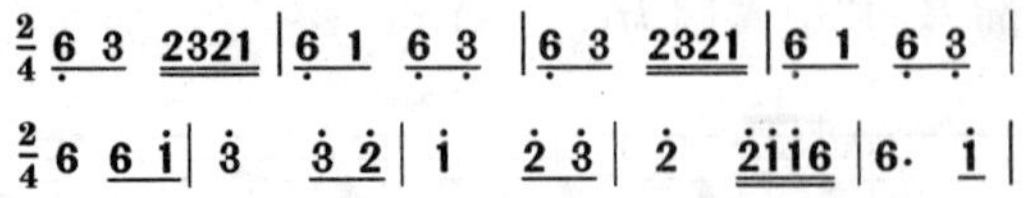

2/4 6 3 2321 | 6 1 6 3 | 6 3 2321 | 6 1 6 3 |

2/4 6 6 i | 3̇ 3̇ 2̇ | i 2̇ 3̇ | 2̇ 2̇ii6 | 6· i |

A. 瑶族　藏族　　B. 苗族　藏族　　C. 瑶族　壮族　　D. 瑶族　彝族

24. 下列关于康塔塔的说法,不正确的是(　　)

A. 诞生于意大利　　B. 是一种多乐章的大型声乐套曲

C. 大多用管弦乐伴奏　　D. 全部采用宗教题材

25. 法－佛兰德乐派第一代作曲家中，最重要的是(　　)

A. 约翰·奥克冈　　B. 杜费　　C. 若斯坎　　D. 奥布雷赫特

26. 我国的交响曲《长征》的曲作者是(　　)

A. 阎肃　　B. 丁善德　　C. 卞祖善　　D. 傅庚辰

27. 下列舒伯特的歌曲中，歌词来自缪勒诗歌的是(　　)

A.《魔王》　　B.《鳟鱼》　　C.《菩提树》　　D.《圣母颂》

28. 萨朗吉是一种印度民间乐器，音乐柔美、抒情，属于(　　)

A. 弓弦乐器　　B. 木管乐器　　C. 铜管乐器　　D. 弹拨乐器

29. “甘美兰”是(　　)的传统器乐合奏形式。

A. 南非　　B. 印度尼西亚　　C. 泰国　　D. 印度

30. 京剧脸谱中，黄色脸谱象征(　　)的性格。

A. 飞扬、肃然　　B. 刚正、稳练　　C. 骁勇、凶暴　　D. 阴险、疑诈

二、填空题(本大题共 10 小题，每空 0.5 分，共 10 分)

31. 胡笳是一种流行于塞北和西域的________乐器。

32. 用均分的四部分来代替附点音符基本划分的三部分，叫________。

33. 将大十三度音程的根音降低增一度，则变为________。将纯十二度音程的根音降低半音，冠音升高半音，则变为________。

34. 音乐艺术表现的形式中，三个基本要素是________、节奏、和声。

35. 以聂政刺秦王为表现内容的琴曲是________，________以善弹此曲著称。

36. 中国现存最早的文字谱琴谱是唐代的________。

37.《碧鸡漫志》是宋代________的音乐专著，它是以论述古代________为主的音乐著作。

38. 海顿是________(国家)作曲家，维也纳________乐派奠基人。创作有《惊愕》《军队》《告别》等________部交响曲，因而被称为“________”。他还创作了________、________两部清唱剧。

39.《葬礼进行曲》是________独奏曲，曲作者是________，他是________人。

40.《我爱你，中国》选自影片《海外赤子》，由瞿琮作词、________作曲。

三、写作题(本大题共 4 小题，共 30 分)

41. 将下列音程转位，并写出转位前、后的音程名称。(5 分)

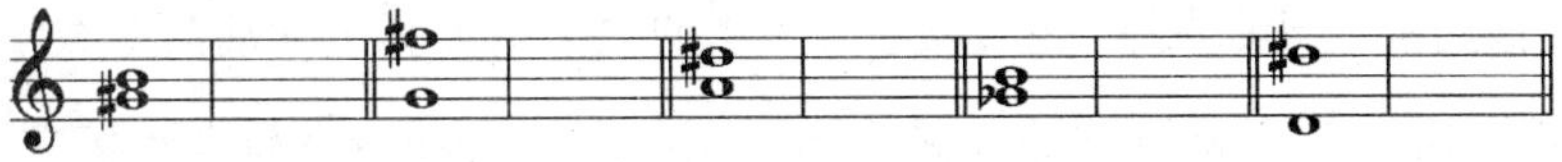

42. 按照音程的移调方法，将下列旋律移为^{b}B 调乐器记谱。(5 分)

43. 用变奏的手法将下列旋律改编成$\frac{3}{8}$拍子的乐曲，可改变风格，但音乐形象需完整。(10 分)

1=F $\frac{4}{4}$

$\underline{6\ \dot{2}}\ \underline{5\ 3}\ 2\ -\ |\ 6\ \dot{2}\ 6\ \dot{2}\ |\ \underline{6\ \dot{2}}\ \underline{6\ 5}\ 3\ \underline{2\ 3}\ |\ 5\ -\ 6\cdot\ \underline{0}\ |$

$6\cdot\ \underline{6}\ \dot{2}\ \underline{\dot{1}\ \dot{1}}\ |\ \underline{6\ \dot{1}}\ \underline{6\ 5}\ \underline{5\ 6}\ \underline{\dot{1}\ 6}\ |\ 5\ -\ -\ 0\ \|$

44. 将下列简谱译成五谱线。(10 分)

1=D $\frac{4}{4}$

$\underline{0\ 1}\ \underline{2\ 3}\ {}^{\flat}7\ 6\ |\ \underline{6\ 1}\ \underline{7\ 6}\ {}^{\sharp}\underline{5\cdot\ \underline{6}}\ 4\ \|$

四、分析题(本大题共 2 小题，共 15 分)

45. 分析下列旋律的调式调性，将答案写在横线上。(6 分)

46. 分析下面谱例并回答问题。

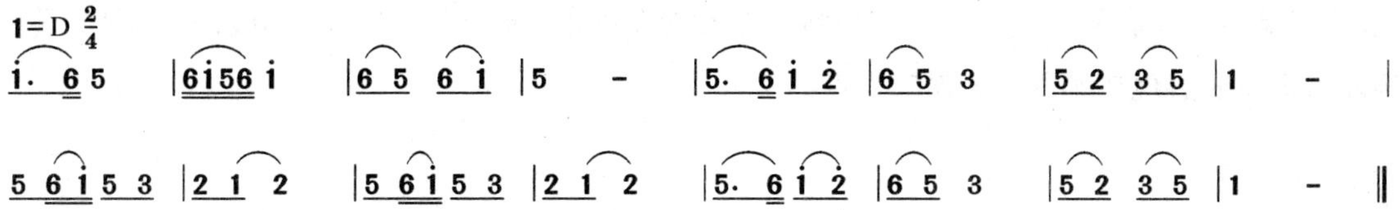

1=D $\frac{2}{4}$

i. 6 5 | 6i56 i | 6 5 6 i | 5 - | 5. 6 i 2 | 6 5 3 | 5 2 3 5 | 1 - |

5 6i 5 3 | 2 1 2 | 5 6i 5 3 | 2 1 2 | 5. 6 i 2 | 6 5 3 | 5 2 3 5 | 1 - ‖

(1)写出该乐曲的名称及曲式名称。(2 分)

(2)画出曲式结构图示,并标出小节数。(3 分)

(3)分析该乐曲的创作手法及各乐句之间的关系。(4 分)

五、简答题(本大题共 2 小题,每小题 5 分,共 10 分)

47.《义务教育音乐课程标准》(2011 年版)将义务教育阶段的 9 学年分为三个学段,三个学段目标的逐段递进主要表现在哪六个方面?

48. 简述《义务教育音乐课程标准》(2011 年版)中音乐课程内容的创造领域包括哪两类学习内容。

六、教学设计题（本大题共 25 分）

49. 授课年级：七年级

课时：1 课时

课型：歌曲教学综合课

教学内容：歌曲《牧歌》

牧歌

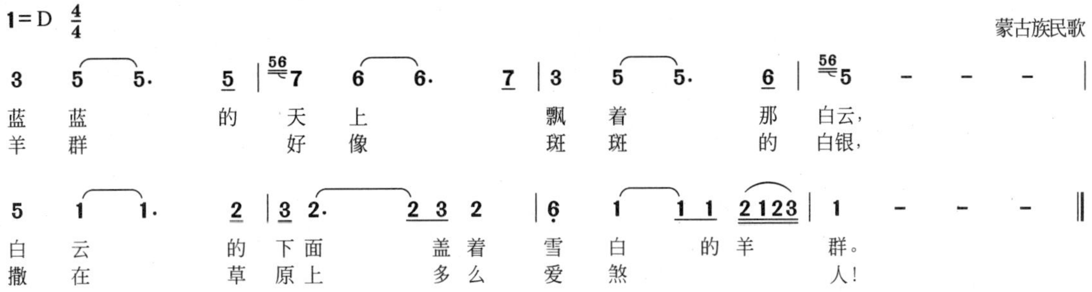

1＝D $\frac{4}{4}$

蒙古族民歌

3 5 5. 5 | 56 7 6 6. 7 | 3 5 5. 6 | 56 5 - - - |

蓝 蓝 的 天 上 飘 着 那 白云，

羊 群 好 像 斑 斑 的 白银，

5 1 1. 2 | 3 2. 2 3 2 | 6 1 1 1 2123 | 1 - - - ‖

白 云 的 下 面 盖 着 雪 白 的 羊 群。

撒 在 草 原 上 多 么 爱 煞 人！

要求：

（1）写出本课时的教学目标。

（2）写出本课时的教学重点、难点。

（3）写出本课时的教学过程。

教师招聘考试预测试卷(十)

中学音乐

(满分 120 分　时间 150 分钟)

本套试卷共 48 个小题,包括单项选择题(30 小题),填空题(10 小题),写作题(2 小题),分析题(2 小题),简答题(3 小题),教学设计题(1 小题)。

一、单项选择题(本大题共 30 小题,每小题 1 分,共 30 分)

1. 弗拉门戈是用吉他伴奏的载歌载舞的民间艺术形式,它源于哪个国家(　　)

A. 阿根廷　　B. 墨西哥　　C. 西班牙　　D. 葡萄牙

2. 在培养学生的音乐兴趣方面,《义务教育音乐课程标准》(2011 年版)对各学段的目标做出了不同的要求。下列属于 7 ~9 年级学段目标的是(　　)

A. 激发音乐的情感　　B. 培养对音乐的审美

C. 保持对音乐的兴趣　　D. 增进对音乐的兴趣

3. 以八分音符为一拍,附点八分音符的时值是(　　)

A. 四分之三拍　　B. 两拍　　C. 一拍半　　D. 一拍

4. 下列音程为大三度的是(　　)

A. 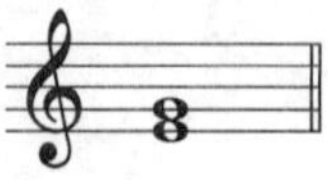　　B. 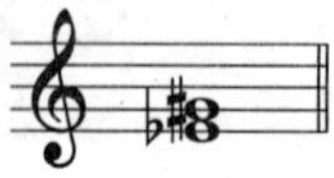　　C. 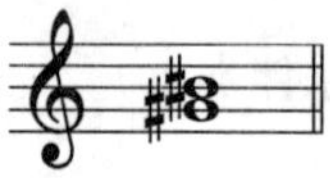　　D.

5. 20 世纪匈牙利有一位音乐教育家创立了(　　)

A. 奥尔夫音乐教育体系　　B. 综合音乐感教育体系

C. 柯达伊音乐教育体系　　D. 达尔克罗兹音乐教育体系

6. 音乐结构"起承转合"四个乐句用字母标记为(　　)

A. a + b + c + d　　B. a + b + a + b^1　　C. a + b + c + a　　D. a + b + a + c

7. 在下列谱表中,记写"中央 C"的是(　　)

A. 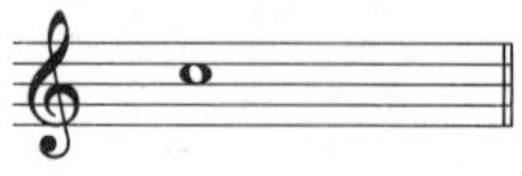　　B.

C. 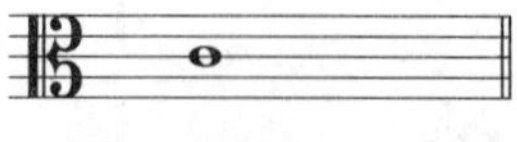　　D.

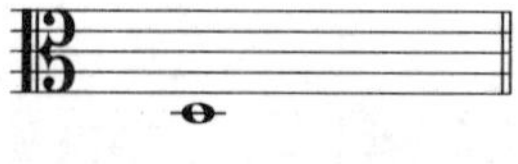

8. 按照首调唱名法,D 大调把(　　)音唱作"do"。

A. C　　B. D　　C. F　　D. G

9. 在音符均分的特殊形式中，将一个基本音符分为均等的七部分，用来代替基本划分的(　　)，叫“七连音”。

A. 四部分　　B. 三部分　　C. 六部分　　D. 两部分

10. 下列哪些和弦是不协和和弦(　　)

A. 大三和弦　　B. 减七和弦　　C. 小三和弦　　D. 大三四六和弦

11. “闰”是构成民族七声调式的偏音之一，它是(　　)下方大二度的音。

A. 羽音　　B. 角音　　C. 宫音　　D. 商音

12. 下列不是中国五声调式的选项是(　　)

A. 6· 3 2 3 1 7 | 6 - - 0 | 3 6 5 3 2 1 2 | 3 - - 3 5 |

6· 7 6 5 3 2 | 1 1 2 3 - | 2· 3 7 6 5 | 6 - - 0 |

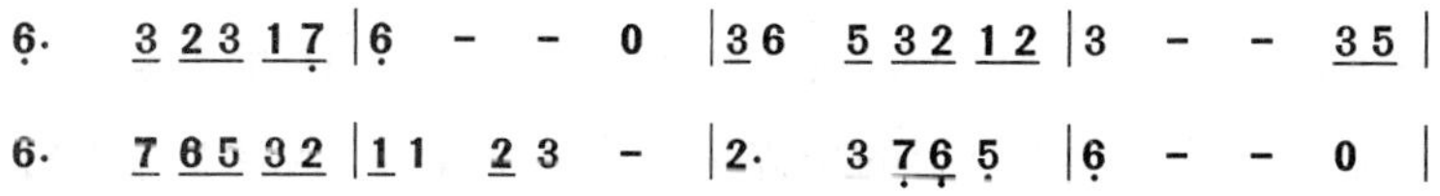

B. 5 3 5 3 5· | 6 5 3 6 5 - | 1 1 2 3 5 3 | 2 0 3 5 - |

5 5 6 5 3 5 5 | 6 5 i 6 5 - | 1 5 3 2 1 2 | 3 5· 5 2 3 | 1 - - - |

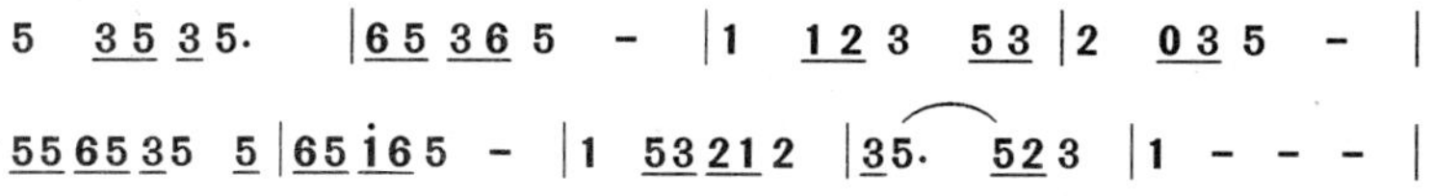

C. 6 6 6 i 2 6 | 5 5· 6 | 5 5 6 i 2 | 3 - |

3 2 3 5 3 5 | 6· i 2· 3 | i 2 3 2 i 6 | 5 - |

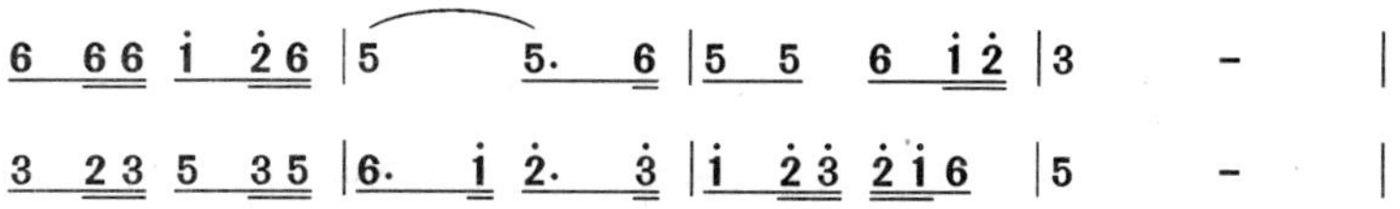

D. 2 2 5 5 3 | 2· 3 1 2 1 6 | 5 6 1 6 1 | 2· 1 3 2 | 1 2 3 1 2 1 6 |

5 3 5 6 5 6 | 0 2 1 2 1 6 | 5 6 1 6 5 3 | 2 - |

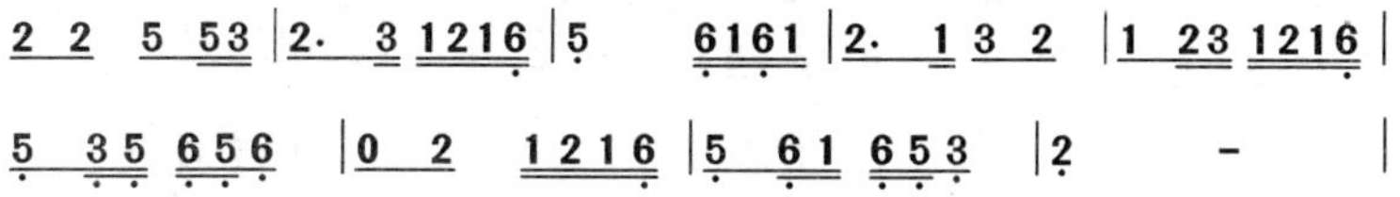

13. 和弦连接中需要避免(　　)

①平行八度　②隐伏五度　③使用七和弦　④四部同向

A. ②③④　　B. ①②③　　C. ①③④　　D. ①②④

14. 在解决属七和弦时，第Ⅶ级和第Ⅱ级需要进行到第(　　)级。

A. Ⅰ　　B. Ⅲ　　C. Ⅳ　　D. Ⅴ

15. 下面谱例使用的旋律发展手法是(　　)

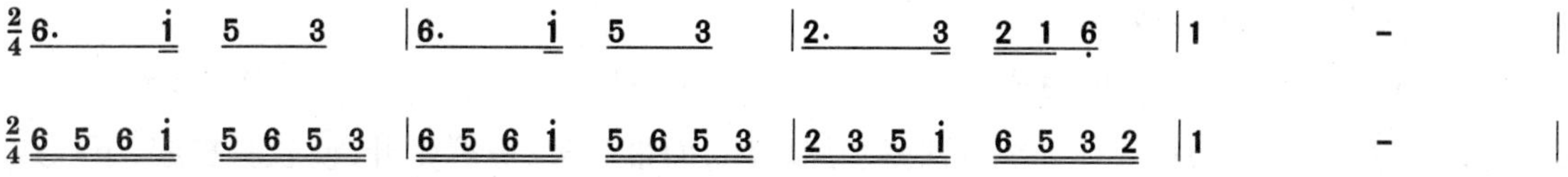

2/4 6· i 5 3 | 6· i 5 3 | 2· 3 2 1 6 | 1 - |

2/4 6 5 6 i 5 6 5 3 | 6 5 6 i 5 6 5 3 | 2 3 5 i 6 5 3 2 | 1 - |

A. 同头换尾　　B. 加花重复　　C. 螺蛳结顶　　D. 鱼咬尾

16. 交响曲是由管弦乐队演奏的大型套曲，通常由(　　)个乐章组成。

A. 三　　B. 四　　C. 五　　D. 六

17. 在音乐没有到达主调之前，先在别的调上再现前面陈述的主题片段，然后再回到主调完整再现前面陈述的主题，则在别的调上再现的部分叫作(　　)

A. 提前再现部　　B. 预再现部　　C. 移调再现部　　D. 假再现部

18. 唐代歌舞大曲结构不包括(　　)

A. 散序　　B. 中序　　C. 尾　　D. 破

19. 下列哪部作品集中体现了魏末文人嵇康的音乐思想(　　)

A.《琴赋》　B.《声无哀乐论》　C.《诗经》　D.《离骚》

20. 唱段“今日痛饮庆功酒,壮志未酬誓不休”选自下列哪部现代京剧(　　)

A.《智取威虎山》　B.《红灯记》　C.《杜鹃山》　D.《沙家浜》

21. 我国近代最早的一首三声部合唱曲是(　　)

A.《黄河》　B.《送别》　C.《春游》　D.《中国男儿》

22. “女子动作多以抖肩、翻腕来表现,男子的舞姿造型挺拔豪迈,步伐轻盈洒脱,有刚劲之美”这是(　　)舞蹈的特点。

A. 藏族　B. 维吾尔族　C. 朝鲜族　D. 蒙古族

23. (　　)的演唱形式为演员站唱,手中持两片半月形的犁铧片作为伴奏乐器,有时加入大竹板用以渲染气氛。

A. 山东琴书　B. 天津时调　C. 山东快书　D. 河南坠子

24. 下列对应不正确的是(　　)

A. 江南丝竹——江浙沪　B. 广东音乐——珠江三角洲

C. 南音——海南　D. 潮州弦诗——潮汕地区

25. 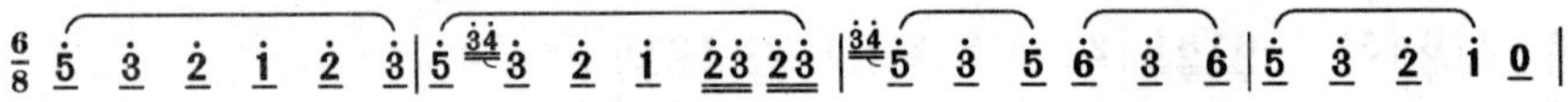 $\frac{6}{8}$ 5 3 2 1 2 3 | 5 34 3 2 1 23 23 | 34 5 3 5 6 3 6 | 5 3 2 1 0 |表现的是(　　)情景。

A. 日出　B. 日落　C. 午后　D. 子夜

26. “演奏家在舞台的钢琴前安静地坐了4分33秒,台下观众在这段时间内发出的杂音和环境音就是这部作品的演奏内容。”这是20世纪的一首音乐作品,其创作者是(　　)

A. 约翰·凯奇　B. 克拉姆　C. 科普兰　D. 格什温

27. 下列属于交响诗套曲《我的祖国》中的乐章是(　　)

①《沃尔塔瓦河》　②《欢乐的农民集会》　③《捷克的原野和森林》　④《舞会》

A. ①②③④　B. ①③　C. ②③④　D. ①②④

28. 西塔尔是(　　)的弹拨乐器。

A. 泰国　B. 越南　C. 印度　D. 朝鲜

29. 练声方法中,(　　)的具体训练方法是嘴唇轻闭,面带微笑,鼻翼张开,使软腭提起,下颚放松,将声音唱出来。唱时感觉喉部发声器官几乎没有用力,而仅仅是肺部发出的气息在鼻腔上部鸣响。

A. “半声”练习　B. “打得得”练习

C. “打嘟嘟”练习　D. 哼鸣练习

30. 民间集体舞塔兰泰拉源自(　　)

A. 德国　B. 西班牙　C. 意大利　D. 英国

二、填空题(本大题共10小题,每空1分,共20分)

31. 我国最有代表性的民间丝竹乐形式有________和广东音乐。

32. 在一拍内三个音的时值均等,这种特殊的节奏叫作________。

33. 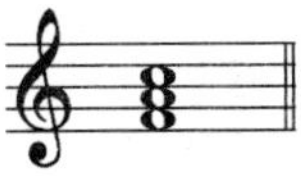 是________和弦，将该和弦的五音升高半音，变成________和弦。

34. 在构成音乐的各种元素中，音的高低、长短、强弱和音色是指音乐的________。

35. 中国著名乐曲《万马奔腾》是________乐曲，由________主奏，________作曲。

36.《良宵》是________创作的一首________曲。阿炳创作和演奏的二胡曲有________、________、________。

37.《诗经》中属于民间音乐部分的是________。

38. 莫扎特的歌剧________具有较强的反封建、歌颂第三等级市民的色彩。歌剧取材于博马舍的同名话剧。

39.《春之歌》是________独奏曲，是________国作曲家________所写。

40.《阿里郎》是________（国家）民歌。《伦敦德里小调》是________（国家）民歌。

三、写作题（本大题共 2 小题，每小题 10 分，共 20 分）

41. 按要求构成指定音阶。

(1) E 旋律大调上下行音阶（用调号记写）

(2) D 雅乐角调式下行音阶（用临时变音记号记写）

(1)

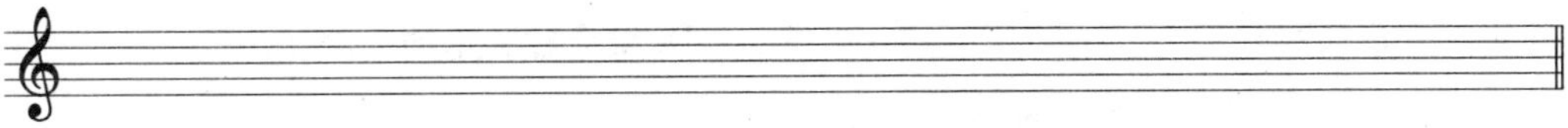

(2)

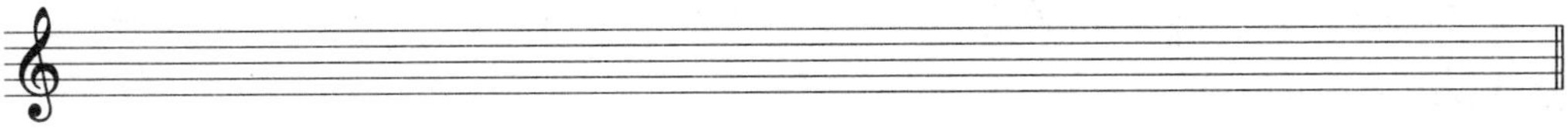

42. 为下列旋律片段编配打击乐伴奏。

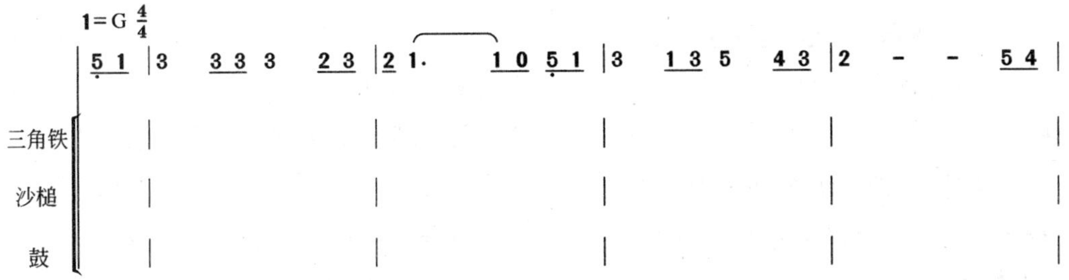

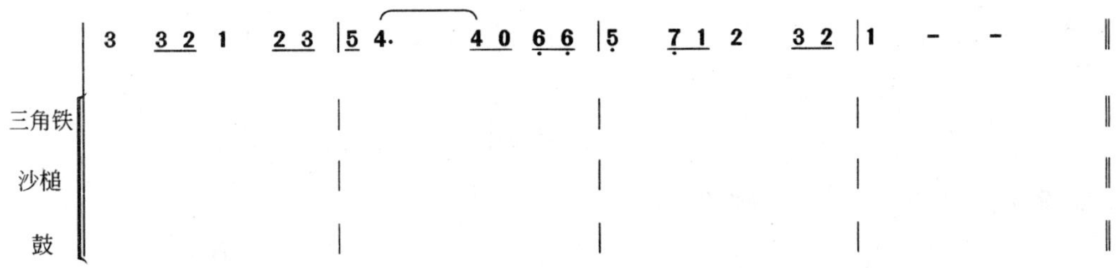

1=G $\frac{4}{4}$

5 1 | 3 3 3 3 2 3 | 2 1. 1 0 5 1 | 3 1 3 5 4 3 | 2 - - 5 4 |

三角铁

沙槌

鼓

3 3 2 1 2 3 | 5 4. 4 0 6 6 | 5 7 1 2 3 2 | 1 - - ‖

三角铁

沙槌

鼓

四、分析题(本大题共 2 小题,共 15 分)

43. 分析下列旋律的调式调性。(6 分)

(1)

名称:________________

(2)

名称:________________

44. 分析谱例,回答问题。

谱例一:

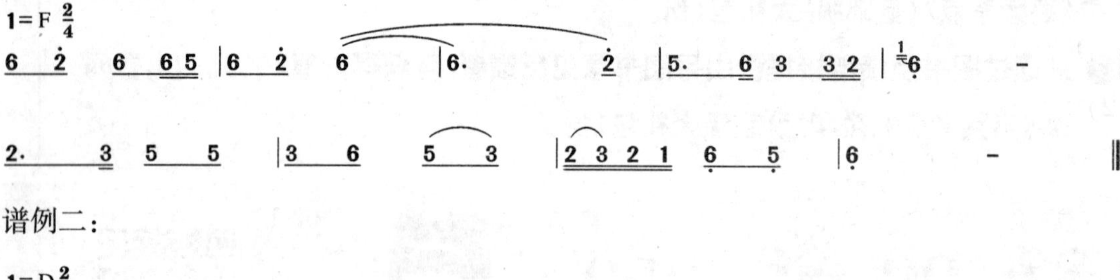

谱例二:

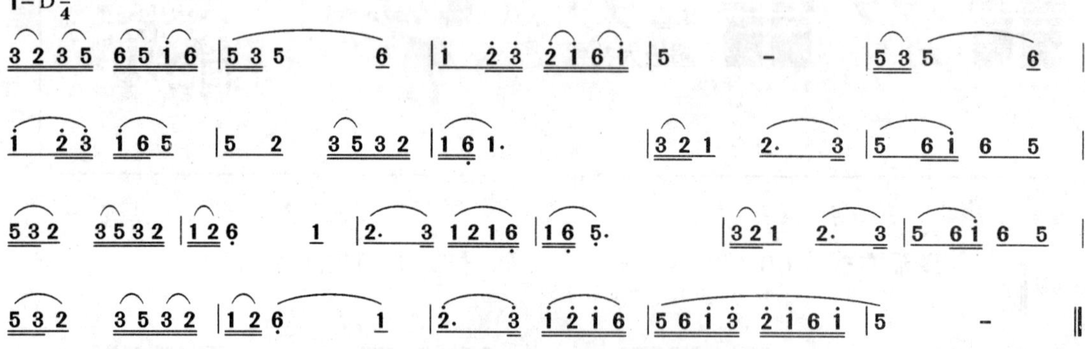

(1)两首歌曲的曲名分别是什么?分别属于什么调式?(2 分)

(2)两首歌曲分别流传在哪两个地区?(2 分)

(3)请简要概述这两个地区的民歌特点和形成原因。(5 分)

五、简答题(本大题共 3 小题,每小题 5 分,共 15 分)

45. 简述课外音乐活动的意义。

46. 简述合唱伴奏的特点,并从声部、声部组合、音色特征方面阐述合唱的形式。

47. 简述歌剧及歌剧音乐的一般特点。

六、教学设计题（本大题共20分）

48. 请以《踏雪寻梅》为课题，并以八年级学生为教学对象，设计一堂唱歌课教案。

踏雪寻梅

1 = $^{\flat}$E $\frac{2}{4}$

稍快

刘雪庵词

黄　自曲

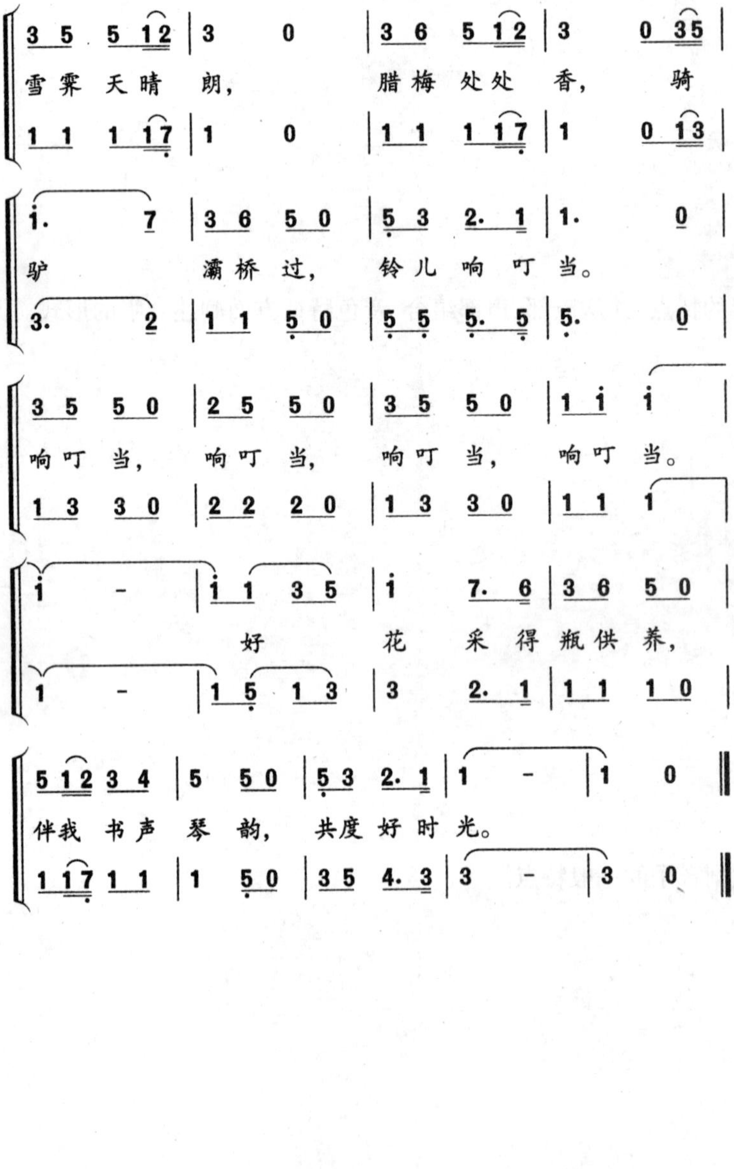

雪霁天晴朗，腊梅处处香，骑驴灞桥过，铃儿响叮当。

响叮当，响叮当，响叮当，响叮当。

好花采得瓶供养，伴我书声琴韵，共度好时光。

图书反馈

重磅！真题重奖征集！

「**凡提供当年度考试真题者，根据真题完整度，可获得0~500元现金奖励。**」

具体请联系QQ:1831595423

(温馨提示：所提供真题须是当年度考试真题，且真实有效。最终解释权归山香教育所有)

亲爱的考生：

感谢您对山香教育的信任和支持，您的建议是我们前进的动力！为进一步提高图书质量，我们特向全国各地的考生开展有奖反馈活动。

❶ **凡通过研发部QQ提供山香图书错题反馈者，均能获得价值99元的山香网课《高频考点》(基础版)大礼包1份。**

❷ **凡通过图书反馈链接提供山香图书意见反馈者，可获得价值299元的山香网课《高频考点》(豪华版)超级大礼包1份。**

¥99
大礼包

¥299
超级大礼包

图书反馈链接

联系方式：400-600-3363　研发部QQ：1831595423

招教网
招考资讯抢先知晓

山香官网
一站式考编服务平台

山香网校
线上学习方便快捷

图书订正链接
全面勘误及时更新

教师招聘考试
历年真题解析及预测试卷

参考答案及解析

中学音乐

山香教师招聘考试命题研究中心　主编

目 录

真题试卷

预测试卷

真题试卷

2022年湖南省长沙市长沙县教师招聘考试中小学音乐真题试卷(一)

一、单项选择题

1. A 【解析】本题考查全半音关系辨析。由相邻的两个基本音级及其变化音级所构成的全音(半音)叫作自然全音(半音)。由同一音级的不同形式或隔开一个音级所构成的全音(半音)叫作变化全音(半音)。^{b}A ~ ^{bb}C 为隔开一个音级所构成的变化全音;D ~ $^{\#}$D 为同一音级的不同形式所构成的变化半音;$^{\#}$F ~ A 为小三度;E ~ F 为相邻的两个基本音级所构成的自然半音。
2. A 【解析】本题考查基本速度术语的含义。"Presto"为急板;"Moderato"为中板;"Allegro"为快板;"Andante"为行板。
3. C 【解析】本题考查六拍子的指挥图示及强弱规律。题干中的图示为六拍子的指挥图示,六拍子的强弱规律为:强、弱、弱、次强、弱、弱。
4. B 【解析】本题考查音程的转位。增八度的转位为减八度。因为减一度不存在,所以将增八度的两个音颠倒位置后,相隔八度构成减八度。
5. B 【解析】本题考查民族调式中的音级。A 角调式是以角音为主音的民族调式。A 为角,且 G ~ A 构成大二度,则角音下方大二度的音为商音。
6. C 【解析】本题考查 b 小调的调号。小调调号为其主音上方小三度的平行大调的调号,b 小调的平行大调为 D 大调,调号为 2 个升号。
7. D 【解析】本题考查三和弦的性质及其转位。题干和弦是三度 + 四度的结构,是以三音为低音的转位三和弦,即三和弦的第一转位和弦。其原位和弦为 B - $^{\#}$D - $^{\#}$F,B ~ $^{\#}$D 构成大三度,$^{\#}$D ~ $^{\#}$F 构成小三度,即构成大三和弦。因此题干和弦为大三和弦的第一转位。
8. B 【解析】本题考查调式中七和弦的性质。导七和弦是指在调式中的导音上构成的七和弦。C 自然大调中的导七和弦为 B - D - F - A,为减小七和弦,根据题干要求将其三音、五音、七音都升高半音之后,变化为 B - $^{\#}$D - $^{\#}$F - $^{\#}$A,B - $^{\#}$D - $^{\#}$F 构成大三和弦,B ~ $^{\#}$A 构成大七度,即变为大七和弦。
9. B 【解析】本题考查和弦所属调式。题干中的和弦为$^{\#}$A - $^{\#}$C - E - $^{\#}$F,其原位和弦为$^{\#}$F - $^{\#}$A - $^{\#}$C - E,为大小七和弦,题干和弦为其第一转位。自然大调中的大小七和弦只在调式Ⅴ级音上构成,自然小调中的大小七和弦只在调式Ⅶ级音上构成,和声大调中的大小七和弦只在调式Ⅴ级音上构成,和声小调中的大小七和弦只在调式Ⅴ级音上构成。分别将题干和弦的根音$^{\#}$F 代入自然大小调与和声大小调各对应音级。将和弦根音$^{\#}$F 作为自然大调的Ⅴ级音,得出主音为 B,即 B 自然大调;将和弦根音$^{\#}$f 作为自然小调的Ⅶ级音,得出主音为$^{\#}$g,即$^{\#}$g 自然小调;将和弦根音$^{\#}$F 作为和声大调的Ⅴ级音,得出主音为 B,即 B 和声大调;将和弦根音$^{\#}$f 作为和声小调的Ⅴ级音,得出主音为 b,即 b 和声小调。综上,B 选项正确。
10. D 【解析】本题考查调式判断。根据题干谱例的调号可知,该调为^{b}C 调,即宫音为^{b}C,题干音阶为^{b}D、^{b}E、$^{♮}$F、^{b}G、^{b}A、^{b}B、^{b}C、^{b}D,即以^{b}D 为主音,$^{♮}$F 是将原来的^{b}F 升高,符合七声雅乐商调式音阶的规律,即题干音阶属于^{b}D 雅乐商调式。
11. B 【解析】本题考查《赛龙夺锦》与其作者何柳堂。视唱题干谱例可知,该旋律为何柳堂创作的器乐曲《赛龙夺锦》。吕文成的代表作有《步步高》《平湖秋月》,彭修文改编民族管弦乐 400 余首,代表作有《瑶族舞曲》《彩云追月》,严老烈的代表作有《旱天雷》《倒垂帘》。
12. D 【解析】本题考查《赛龙夺锦》所属乐种。《赛龙夺锦》是广东音乐发展初期的一首佳作。
13. C 【解析】本题考查《赛龙夺锦》的具体内容。《赛龙夺锦》描绘了端午节时,民间举行盛大的龙舟竞赛上热闹欢腾的场面。音乐风格高亢,气势恢弘,活泼欢快的音调与铿锵有力的锣鼓节奏相结合,生动表现了龙舟竞发的壮观场面。
14. A 【解析】本题考查《赛龙夺锦》所属的音乐美的范畴。根据一般美学的分类及音乐艺术的特点,可以把音乐美分为优美、壮美、崇高美、喜剧美、欢乐美、悲剧美六个基本类型。《赛龙夺锦》以昂扬的音调、明快的节奏,生动地表现了我国南方地区在端午佳节赛龙舟时的欢乐情景,体现了欢乐美。
15. D 【解析】本题考查《赛龙夺锦》的曲式结构。《赛龙夺锦》是一首带引子和尾声的单三部曲式结构的作品。全曲以唢呐吹出号召性的引子,描写了赛龙舟前的紧张准备;中间部分加入了打击乐,描绘了赛龙舟时的你追我赶、团结进取;最后再现前段的曲调,表现了赛龙舟胜利后的喜悦。该乐曲形象地描绘了端午节时广东民间龙舟竞渡的热闹场面,表现了劳动人民勇敢、豪放、奋发向上的精神面貌。
16. C 【解析】本题考查昆曲《牡丹亭》中《皂罗袍·原来姹紫嫣红开遍》的旋律。通过谱例中的旋律和唱词可知,该片段出自昆曲《牡丹亭》中的唱段《皂罗袍·原来姹紫嫣红开遍》。

17. A 【解析】本题考查昆曲《牡丹亭》的声腔。《皂罗袍·原来姹紫嫣红开遍》是经典昆曲《牡丹亭》的唱段，昆曲的主要声腔就是昆腔。皮黄腔的代表剧种有京剧、徽剧等；高腔的代表剧种有川剧、湘剧、赣剧等；梆子腔的代表剧种有秦腔、河南梆子、河北梆子等。

18. D 【解析】本题考查《牡丹亭》中杜丽娘所属戏曲行当。青衣多扮演贤妻良母角色；贴旦为旦中副角，意为旦之外再贴一旦，不表现确定的性格特征；彩旦为扮演丑角的女性，是以滑稽和诙谐的表演为主的喜剧角色；闺门旦通常扮演年已及笄的妙龄女子，以窈窕淑女、大家闺秀为多。该唱段由《牡丹亭》中的女主人公杜丽娘所唱，杜丽娘属于闺门旦。

19. C 【解析】本题考查音乐记号的含义。题干中的记号为换气记号，记写在谱例的上方，在演唱中表示要在此处换气。省略记号有长休止记号、震音记号、反复记号等。延长记号为"𝄐"。颤音记号为"tr"。

20. B 【解析】本题考查昆曲的相关知识。昆曲起源于元朝末年的昆山地区，是现存戏曲中最古老、影响最大的剧种之一，被称为"百戏之祖"。昆曲以曲词典雅、行腔婉转、表演细腻等特点著称。伴奏乐器以曲笛为主，辅以笙、箫、唢呐、三弦、琵琶等。变脸是川剧的特色。梅兰芳、荀慧生是京剧代表人物。综上，只有 B 选项说法正确。

21. D 【解析】本题考查《牧神午后前奏曲》的作者以及音乐家肖像。题干谱例为管弦乐曲《牧神午后前奏曲》的片段，由法国印象主义音乐代表人物德彪西创作。A 项为浪漫主义音乐的代表人物肖邦；B 项为巴洛克时期的音乐代表人物巴赫；C 项为浪漫主义音乐的代表人物勃拉姆斯；D 选项为印象主义音乐的代表人物德彪西。

22. B 【解析】本题考查管弦乐《牧神午后前奏曲》所属音乐流派。管弦乐《牧神午后前奏曲》取材于法国象征派诗人马拉美的同名诗篇，这是德彪西受印象主义和象征主义美学思想和艺术原则影响而创作的第一部管弦乐作品，其基本上确立了印象主义音乐的风格。

23. C 【解析】本题考查《牧神午后前奏曲》的赏析。根据乐曲内容可知，音乐动机Ⅰ处的方框中应填入的旋律为 C 选项。如对乐曲旋律不熟悉，也可采用音值组合法进行判断。根据题干可知，音乐动机Ⅰ为$\frac{9}{8}$拍。$\frac{9}{8}$拍是以八分音符为单位拍，每小节有 9 拍。音乐动机Ⅰ中的第 1 小节已有 6 拍，还差 3 拍。A 项为 2 拍，B 项为 2 拍，C 项为 3 拍，D 项为 $3\frac{1}{2}$拍。故选 C。

24. B 【解析】本题考查音程之间音数的计算。音乐动机Ⅰ中被框住的音为$^{\#}4\sim6$，由一个全音加一个半音构成，即$^{\#}4\sim6$ 的音数为 $1\frac{1}{2}$。

25. C 【解析】本题考查旋律的进行方式。旋律的跳进分为小跳和大跳两种。三度进行为"小跳"，三度以上的进行为"大跳"。级进是随着音阶顺序上行或下行。同音保持是指旋律平行进行，无起伏。观察音乐动机Ⅱ的谱例可知，其旋律进行基本是以二度音阶顺序上下级进为主，旋律线条较平稳，起伏较小。

26. D 【解析】本题考查曲式的基本结构。乐句为乐段的基本组成部分，其长度一般约为 4～8 小节。乐节指长度约为 2～4 小节的、规模较小的音乐片段，多数乐节相当于半个乐句的长度。乐汇是乐曲结构中最小的组成部分，是由两个以上的乐音结合成的音组，它往往环绕一个主要重音运动。乐段是指音乐中具有一定完整性、能够独立存在的最小曲式结构单位，乐段常作为较大音乐作品中的组成部分，也可作为独立音乐作品呈示。

27. B 【解析】本题考查作品数量最多的民歌类别。中国民歌分汉族民歌和少数民族民歌两大类，其中汉族民歌数量最多。汉族民歌主要分为号子、山歌、小调三大类，其中小调的作品数量最多。选项中的短调和长调是蒙古族的民歌歌种，因此排除。

28. D 【解析】本题考查藏族民间歌舞。赛乃姆广泛流行于新疆各维吾尔族地区。"大歌"是侗族民歌，侗语称"嘎老"或"嘎玛"，是一种结构较长大的二声部或三声部民歌。阿细跳月是彝族阿细人最具代表性的民族民间舞蹈。囊玛是流行在拉萨地区的藏族歌舞音乐。

29. D 【解析】本题考查刘天华的代表作品。《江河水》是双管独奏曲，由王石路、朱广庆、朱长庆和谷新善等人根据"辽南鼓乐"同名笙管曲牌整理加工改编而成，后经黄海怀改编为二胡曲。《二泉映月》是民间艺人华彦钧创作的二胡曲。《赛马》是由黄海怀创作的一首二胡独奏曲。《光明行》是刘天华创作的一首二胡独奏曲。

30. C 【解析】本题考查作曲家刘文金的二胡代表作《雪山魂塑》。《雪山魂塑》是刘文金先生为纪念红军长征胜利七十周年而作的一部带有音画性质的单乐章二胡协奏曲。这首乐曲刻画了红军长征的将士们翻越雪山时艰苦卓绝的场面和他们顶风雪、战严寒、不怕牺牲、突破敌人"围剿"的大无畏精神。

31. A 【解析】本题考查音乐赏析。《美丽的草原我的家》是一首广为流传的蒙古族歌曲，曲调抒情优美，委婉悠长。我国女中音歌唱家德德玛用其宽广、圆润、柔和、浑厚的嗓音将这首歌曲演绎得更加富有韵律,使人陶醉其中。高亢、嘹亮、清脆是男高音的音色特点。低沉、洪亮、有力是男低音的音色特点。明亮、甜美、华丽是女高音的音色特点。

32. C 【解析】本题考查小提琴协奏曲《梁山伯与祝英台》引子部分的赏析。小提琴协奏曲《梁山伯与祝英台》是一部单乐章标题性作品,分为“相爱”“抗婚”“化蝶”三大部分,分别对应结构中的呈示部、展开部和再现部。乐曲的引子部分一开始由长笛奏出华彩的旋律,呈现出一派春光明媚、鸟语花香的景象。随后经过双簧管的连接,引出了“爱情主题”(即主部)。

33. A 【解析】本题考查乐器及其所属民族。冬不拉是哈萨克族的代表性乐器,朝鲜族的代表性乐器有伽倻琴、长鼓等。

34. B 【解析】本题考查歌曲的演唱形式。呼麦,蒙古语原意是“喉”,是蒙古族特有的一种民间唱法,也称喉音唱法,是一种由一个人同时唱两个声部的歌唱艺术。人的声带发出低沉的基音,而口腔发出高亮的泛音,加上气息的调控和口腔共鸣点的变化就可在高音部形成旋律。四个选项中,只有B选项蒙古族民歌《四岁的红鬃马》使用了“呼麦”演唱技法。《田野静悄悄》是俄罗斯民歌,《什锦菜》是美国乡村音乐,《星星索》是印度尼西亚的克隆钟。

35. A 【解析】本题考查排箫三重奏的流行地区。排箫三重奏的演奏形式主要流行于拉丁美洲地区。(参见湖南文艺出版社高中音乐鉴赏教材)

36. D 【解析】本题考查音乐家与其成就匹配。无词歌是按照歌曲体裁和形式特点写作的小型乐曲,常有一个占主要地位的歌唱性的旋律,配以抒情歌曲常用的伴奏音型,这一小型钢琴体裁由浪漫主义时期作曲家门德尔松首创。

37. D 【解析】本题考查维也纳古典乐派的代表人物。维也纳古典乐派是指18世纪下半叶形成于维也纳,以海顿、莫扎特、贝多芬为代表的音乐家群体。肖邦是浪漫主义时期音乐的代表人物;勋伯格是表现主义音乐的代表人物;维瓦尔第是巴洛克时期音乐的代表人物。

38. B 【解析】本题考查巴洛克时期音乐代表人物巴赫的创作领域。巴赫,德国作曲家、管风琴演奏家,被称为“西方近代音乐之父”。巴赫的作品浩如烟海,除了歌剧以外,各种声乐和器乐体裁无不涉猎,他的作品代表了巴洛克时期复调音乐与宗教音乐的顶峰。代表作有宗教康塔塔《上帝是我们坚固的堡垒》、室内乐《勃兰登堡协奏曲》、管风琴《g小调幻想曲与赋格》等。

39. C 【解析】本题考查(小)约翰·施特劳斯的代表作品。(小)约翰·施特劳斯是浪漫主义时期的作曲家,创作有400多首圆舞曲,被称为“圆舞曲之王”,代表作品有《蓝色多瑙河》《艺术家的生涯》等。《弥赛亚》是亨德尔创作的清唱剧作品;《菩提树》是舒伯特的声乐套曲《冬之旅》中的歌曲;《天鹅湖》是柴可夫斯基的芭蕾舞剧作品。

40. D 【解析】本题考查《培尔·金特》组曲的作者及所属乐派。《索尔维格之歌》是挪威民族乐派的奠基人格里格创作的管弦乐《培尔·金特》组曲中的第四曲,被誉为“挪威的第二国歌”。

二、创编题

41.【参考答案】

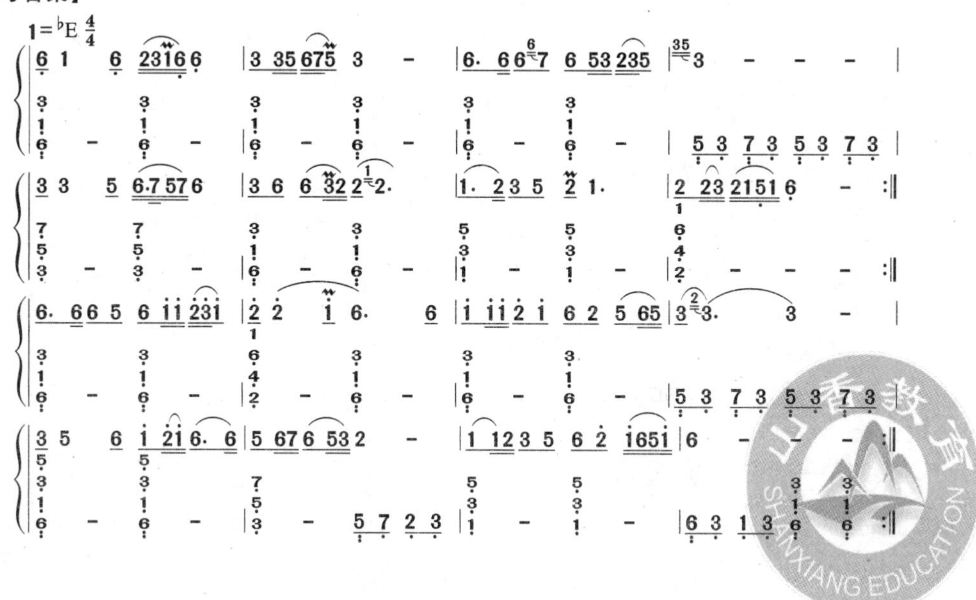

评分标准:①符合调式特征;②伴奏音型选用合理;③记谱规范;④和声连接合理。(伴奏编配题都可参考这一评分标准)

三、调式分析

42.【参考答案】(1)c 和声小调转 G 和声大调

【解析】观察谱例,调号为三个降号,可初步判断旋律为$^{\flat}$E 大调或 c 小调,第 3 小节出现了$^{\natural}$B,第 6、7 小节出现了$^{\natural}$B、$^{\natural}$A 以及$^{\#}$F,可判断旋律在第五小节开始出现了转调。第 3 小节的还原号$^{\natural}$B 将原来调号的$^{\flat}$B 升高,即符合 c 和声小调升高Ⅶ级音的调式特色,可判断前四小节为 c 和声小调。第 6、7 小节的$^{\natural}$B 和$^{\natural}$A 将原来调号中的$^{\flat}$B、$^{\flat}$A 还原,调号只剩下$^{\flat}$E,另外又出现了$^{\#}$F,结束音为 G,这里将$^{\#}$F 作为新的调号,$^{\flat}$E 音符合 G 和声大调降Ⅵ级音的调式特色,可判断后 4 小节为 G 和声大调。综上,题干旋律为 c 和声小调转 G 和声大调。

(2)C 五声商调式转 C 五声羽调式

【解析】观察谱例,调号为无升无降,视唱旋律,有明显的民族调式特征,并且第 5 小节开始出现了前面 4 小节没有的$^{\flat}$E 音,可判断旋律出现了转调。将旋律前 4 小节的音列出来,为$^{\flat}$B、C、D、F、G,$^{\flat}$B ~ D 构成唯一的大三度,$^{\flat}$B 为宫,结束音为商音 C,即前 4 小节为 C 五声商调式。从第 5 小节开始出现了$^{\flat}$E 音,将旋律后 4 小节的音列出来,为$^{\flat}$E、F、G、$^{\flat}$B、C,$^{\flat}$E ~ G 为构成唯一的大三度,$^{\flat}$E为宫,结束音为羽音 C,可判断后 4 小节为 C 五声羽调式。综上,题干旋律为 C 五声商调式转 C 五声羽调式。

四、综合题

43.【参考答案】

(1)题干谱例为日本民谣《拉网小调》(又称《索兰调》),日本的代表性乐器有尺八、三味线。

(2)《拉网小调》又称《索兰调》,是日本北海道渔民在捕鱼时演唱的一种劳动号子。该歌曲为$\frac{2}{4}$拍,分节歌形式。

该歌曲为非方整式一段体结构,首尾的两句均为衬词,歌曲第一句“依呀哈!兰索兰索兰”旋律铿锵鲜明,具有劳动号子的韵律,是渔民把捕捞上来的鲱鱼转移到其他搬运船上的吆喝声;第二、三句是一种呼应式的对答句,旋律明快、活泼;第四句“呀萨哎嗯力……”是渔民拉网时的劳动号子。歌曲生动地描绘了渔民捕鱼时愉悦的劳动场景。

该歌曲的曲调是在无半音的五声调式的基础上构筑而成,民族风格颇为浓郁,属于典型的日本“八木节”音乐样式。

本题共 6 分。(1)答出“《拉网小调》”得 1 分;答出 2 种“日本乐器”得 1 分,1 种得 0.5 分。(2)答出“节拍”“号子”得 1 分;答出“歌曲特点和表达内容”且叙述语言流畅得 2 分;答出“曲式结构”得 1 分;未答出“八木节”样式酌情扣 1 ~ 1.5 分。

44.【参考答案】

(1)歌曲选自新歌剧《白毛女》;主人公为喜儿;歌剧中的代表唱段有《扎红头绳》《哭爹》等。

(2)空格 1:6 5 5 2 | 3 2 3 - |

空格 2:1· 3 2 2 | 3535 6 |

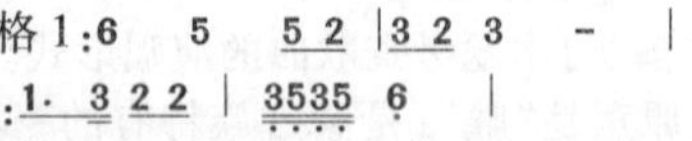

(3)《北风吹》是歌剧《白毛女》第一幕开场喜儿的唱段,是歌剧中刻画喜儿基本性格的主题音调。歌曲为七声徵调式,$\frac{3}{4}+\frac{2}{4}$拍。

歌曲前段以河北民歌《小白菜》的曲调为基础加工提炼而成,采用$\frac{3}{4}$拍,旋律下行使得音乐带有忧伤的情绪,唱段速度稍快,节奏轻柔舒缓,曲调亲切动人。它塑造了喜儿活泼、淳朴、天真地向往着幸福的形象。歌曲后段是在河北民歌《青阳传》的曲调基础上,将旋律和节奏稍加变化,采用$\frac{2}{4}$拍,使曲调亲切、优美、流畅,表现了喜儿盼爹爹回家过年的急切心情。这一主题音调贯穿全剧,并随剧情的进展和喜儿性格的变化而加以变奏展开,给人以深刻印象,感人至深。

本题共 8 分。(1)答出“《白毛女》”得 0.5 分;答出“喜儿”得 0.5 分;答出歌剧《白毛女》中 2 个其他唱段得 1 分,每个 0.5 分。

(2)写出 2 个空格的旋律且记写正确得 2 分,每个 1 分,每小节 0.5 分。

(3)答出“取材河北民歌《小白菜》”得 1 分;答出“徵调式”“节拍”得 1 分;答出“旋律特点”“表达内容”得 1 分;阐述合理且语言流畅得 1 分。

2022 年江西省教师招聘考试高中音乐真题试卷(二)

第一部分 客观题

一、单项选择题

1. D 【解析】本题考查音乐教学方法的归类与辨析。探究性音乐教学方法是指在教师引导下,学生通过观察、实验、思考、讨论、查阅资料等途径去独立探究,自行发现并掌握相应的知识技能的一种教学方法。四个选项中只有 D 选项发现法属于探究性音乐教学方法。练习法、创作教学法、听唱法均属于实践性音乐教学方法。

2. B 【解析】本题考查《普通高中音乐课程标准》(2017 年版 2020 年修订)中学科核心素养的内容。《普通高中音乐课程标准》(2017 年版 2020 年修订)中指出,音乐学科核心素养包括审美感知、艺术表现、文化理解三个方面。

3. B 【解析】本题考查《普通高中音乐课程标准》(2017 年版 2020 年修订)中学分与选课的内容。普通高中课程方案规定,每个高中学生在音乐课程中须获得 3 个必修学分。在修毕 3 个必修学分基础上,通过从必修、选择性必修及选修课程中,继续选修或循环选修的方式,拓展学习的深度和广度,获得更多的学分。

4. C 【解析】本题考查《普通高中音乐课程标准》(2017 年版 2020 年修订)课程结构中必修模块的课程。《普通高中音乐课程标准》(2017 年版 2020 年修订)中指出,普通高中音乐课程由必修、选择性必修和选修三类课程构成。必修课程包括音乐鉴赏、歌唱、演奏、音乐编创、音乐与舞蹈、音乐与戏剧六个模块。合唱、合奏、舞蹈表演均属于选择性必修课程。

5. B 【解析】本题考查反复记号的运用。题干中的 2 小节处有‖: :‖记号,表示在记号范围之内重复演唱(奏),因此 2 小节每次出现均需要演唱(奏)两遍,排除 C、D 选项。D. C. 表示演唱(奏)到此处后从头反复,因此在第一遍演唱(奏)到 4 小节时,从头反复,排除 A 选项。另外,4 小节的两边有 ⊕ 记号,表示在反复时跨越标记有该记号的小节,因此在反复时,应跨越 4,直接演唱(奏)5。综上,B 选项的演唱(奏)顺序是正确的。

6. C 【解析】本题考查小提琴的弓法演奏标记辨析。小提琴的弓法可分为分弓、连弓、断弓三类。分弓,即一弓一音,可分为上弓和下弓。上弓标记为"∨",下弓标记为"⊓"。连弓,即一弓多音,演奏标记为⌒。断弓有跳弓、抛弓、顿弓等多种形式。跳弓的演奏标记是在音符上写上"·";抛弓的演奏标记是在连线内每个音符上加一个圆点"⌒";顿弓的演奏标记是在音符上写上">"或"▾"。

7. A 【解析】本题考查《我爱你,中国》旋律片段的出处。通过视唱谱例可知,该旋律片段为《我爱你,中国》的 A 段第一句,对应歌词为"百灵鸟从蓝天飞过",是电影《海外赤子》的插曲。该曲创作于 1979 年,由瞿琮作词,郑秋枫作曲。A 段是一个带有引子性质的乐段,旋律舒展宽广、跌宕起伏,把人们引入百灵俯瞰祖国大地而引吭高歌的艺术境界。

8. C 【解析】本题考查合唱类型的辨析。以人声为分类依据,合唱可分为同声合唱和混声合唱。同声合唱包括女声合唱、男声合唱、童声合唱;混声合唱一般是指男声与女声(童声)的合唱形式。女声合唱是只有女声的合唱形式,一般分为女高音声部和女低音声部;童声合唱是只有童声的合唱形式,一般分为童高音声部和童低音声部;男声合唱是只有男声的合唱形式,一般分为男高音声部和男低音声部;混声合唱一般分为女高音声部、女低音声部、男高音声部、男低音声部。通过观察题干谱例可知,该谱例符合混声四部合唱的形式。另外,通过视唱谱例可知,该旋律片段出自《运动员进行曲》。

9. C 【解析】本题考查《卡农歌》的旋律辨析。通过视唱谱例可知,该旋律片段出自《卡农歌》,对应歌词为"来唱个卡农歌,我唱你来和,虽则我先你后,各唱各的"。《卡农歌》是我国作曲家、音乐教育家黄自创作的二声部复调声乐作品,采用了轮唱的形式。轮唱是"卡农"的一种,是一个声部不停模仿、追逐另一个声部旋律的演唱形式。如不能辨别谱例,可以通过旋律所采用的卡农式模仿手法来推出正确答案。

10. B 【解析】本题考查印青的《把一切献给党》的旋律辨析。通过视唱谱例可知,该旋律片段出自印青作曲、李峰作词的歌曲《把一切献给党》。

11. B 【解析】本题考查《我们从古田再出发》的旋律辨析。通过视唱谱例可知,该旋律片段出自歌曲《我们从古田再出发》的 A 段,对应歌词为"看那先辈的足迹,星星之火燃亮朝霞"。《我们从古田再出发》是以 1929 年"古田会议"和 2014 年"新古田会议"为背景,创作的一首宣誓军队信念信仰、展示强军力量的进行曲风格的歌曲。

12. A 【解析】本题考查戏曲演唱方法的基本要求。戏曲演员的演唱注重吐字、行腔,即戏曲演唱以"依字行腔"为特点。吐字清晰,唱准字音不"倒字",使听众能听清演员演唱的唱词,是戏曲演唱的基本要求。音准、音色、音量都是衡量戏曲演唱的标准,而有无韵味则常常是评价戏曲演唱的重要标准。(参见人民音乐出版社 · 2019 版 · 普通高中教科书 · 音乐必修 · 音乐与戏剧 P25)

13. D 【解析】本题考查《普通高中音乐课程标准》(2017 年版 2020 年修订)中的教学组织形式。题干中的"不同年级"体现了跨年级的教学组织形式。《普通高中音乐课程标准》(2017 年版 2020 年修订)中的课程结构指出,在普通高中课程改革进程中,跨班级、跨年级的选课走班教学形式,逐渐成为高中教学的新常态。

14. A 【解析】本题考查《普通高中音乐课程标准》(2017 年版 2020 年修订)的学分与选课、课程内容的相关知识。在四个选项中,B 选项与 D 选项的第一年课程与舞蹈关系不大,因此排除。A 选项与 C 选项可从课程内容来判断,音乐鉴赏教学是培育学生音乐审美感知和文化理解素养的重要途径。音乐与舞蹈模块的教学让学生初步了解中外代表性舞种及其艺术特征,理解音乐与舞蹈的关系;学习舞蹈的基本动作及动作组合,开展舞蹈表演与编创活动。舞蹈表演模块旨在进一步提高学生对舞蹈的兴趣,使学生巩固舞蹈表演与编创技能,积累舞蹈表演的感性经验。先学习舞蹈的基本动作与编创,再巩固舞蹈表演与编创更适合对舞蹈有兴趣的同学。结合课标中的学分与选课要求,音乐与舞蹈是必修课程,舞蹈表演是选择性必修课程,符合2(必修)+1(选择性必修)的3学分选课方式。综上,A选项的模块组合最合适。

15. B 【解析】本题考查《普通高中音乐课程标准》(2017年版2020年修订)的课程结构。普通高中音乐课程以音乐鉴赏、歌唱、演奏、音乐编创、音乐与舞蹈、音乐与戏剧六个模块为必修(选学)课程,以合唱、合奏、舞蹈表演、戏剧表演、音乐基础理论、视唱练耳六个模块为选择性必修课程,以学校安排开设、学生自主选择修习的课程为选修课程。

16. A 【解析】本题考查旋律辨析以及作品赏析。A选项为《重整河山待后生》的旋律片段,歌曲曲调激越高亢,铿锵悲壮,表现了抗日战争时期,沦陷区人民的苦难生活,歌颂了中国人民为雪国耻,坚强不屈的民族精神。B选项为《红梅赞》的旋律片段,旋律明朗刚健、起伏跳荡,以一字多腔的演唱勾画出江姐沉着刚毅的音乐形象,表现了共产党人坚定的革命理想信念。C选项为《我和我的祖国》的旋律片段,主要是歌颂祖国的秀美河山。D选项为《生死相依我苦恋着你》的旋律片段,歌曲表现了赤子对祖国如恋人般忠贞的感情。

17. B 【解析】本题考查《刘海砍樵》的所属戏种。《刘海砍樵》是花鼓戏《刘海戏金蟾》中的一折。戏中以砍柴的舞蹈身段与锣鼓点结合,创造了优美、和谐的劳动情境,表现了樵夫刘海与胡秀英之间的爱情。

18. B 【解析】本题考查戏剧唱段与剧种的对应。《晴川上远树稀白云一片》是河北梆子《蝴蝶杯》的选段。《谁说女子不如男》是豫剧《花木兰》的选段。《数说闺女劝女婿》是晋剧《打金枝》的选段。《谁见你势利心肠富贵眼》是川剧《迎贤店》的选段。

19. B 【解析】本题考查钢琴三重奏的常见编制。钢琴三重奏所用乐器有钢琴和其他两件乐器,常见的编制是一架钢琴和一把小提琴、一把大提琴。

20. C 【解析】本题考查乐器的分类。双簧管、单簧管、竖笛为西洋木管乐器,管子为中国民族吹管乐器。

21. A 【解析】本题考查乐器的分类及其演奏技巧的辨析。题干演奏技巧主要属于弹拨类乐器。四个选项中,A选项扬琴属于弹拨乐器,BCD都属于吹管乐器。吹管乐器一般包含吐奏、花舌、滑音等演奏技巧。在扬琴演奏中,单音为两支竹槌交替击奏同一根琴弦。双音为两支竹槌同时击奏不同的琴弦,奏出各种音程的双音。轮奏为两支竹槌快速交替击奏一根弦或两根弦,可获得延长的单音或双音。琶音为两支竹槌快速地由低至高(或相反)奏出和弦各音。

22. A 【解析】本题考查革胡所属的乐器类型。革胡是以二胡为基础,吸取其他拉弦乐器特点创制而成的低音拉弦乐器,是民族管弦乐队中的低音乐器,用以演奏低音声部。

23. C 【解析】本题考查时事中的音乐应用。2022年中央广播电视总台元宵晚会中,宇航员王亚平在我国空间站中使用我国民族乐器古筝演奏了出悠扬的《茉莉花》旋律。

24. D 【解析】本题考查北京2022年冬奥会开幕式主题歌《雪花》的相关内容。北京2022年冬奥会开幕式的主题歌《雪花》由张帅作词作曲,由来自北京爱乐合唱团的一百余位孩子演唱。童声合唱的《雪花》悠扬清澈,天真动人、浪漫空灵。该歌曲的节拍为$\frac{3}{4}$拍。

25. C 【解析】本题考查指挥图示的辨析。A选项是二拍子指挥图示,B选项为四拍子指挥图示,C选项为六拍子指挥图示,D选项为五拍子指挥图示。$\frac{6}{8}$拍一般采用六拍子指挥图示,但在实际运用中,快速的六拍子歌曲常常也会使用合拍的指挥方法,把六拍子根据强弱规律分成前后两部分,即前三拍合成一拍,后三拍合成一拍,按照二拍子指挥图示进行指挥。根据本题立意可知,最符合$\frac{6}{8}$拍的指挥图示是C选项的六拍子指挥图示。

26. C 【解析】本题考查不同乐队形式在具体作品中的应用。题干旋律为《中国人民解放军进行曲》,该曲为进行曲风格,结构工整,节奏鲜明,旋律铿锵有力,并富有号召性。管乐队常担任礼仪性演出,经常出现在国家或行业的一些仪式性活动中,如重要典礼、群众性集会和游行等活动。管乐队主要由木管乐器、铜管乐器和打击乐器组成,演奏风格气势恢宏、斗志昂扬、刚健豪迈。《中国人民解放军进行曲》最适合用管乐队来演奏。

27. B 【解析】本题考查歌剧中的音色特点。歌剧演员的演唱分为不同的声部:女声分为女高音、女中音、女低音三类；男声分为男高音、男中音、男低音三类。一般来说，在歌剧中，高音声部常扮演年轻人，中音声部常扮演中年人，低音声部常扮演老年人。

28. A 【解析】本题考查音乐速度记号的相关知识。Grave 为庄板，每分钟拍数为 40；Lento 为慢板，每分钟拍数为 52；Adagio 为柔板，每分钟拍数为 56。这三个速度记号均为慢速类速度术语。Andante 为行板，每分钟拍数为 66，属于中速类速度术语。

29. A 【解析】本题考查旋律发展手法的辨析。同音反复是指旋律作相同音高的连续进行。题干中第 1、2 小节的 sol 音，第 3 小节的 re 音均采用了同音反复的手法，因此本题选 A。级进是指旋律中相邻的两个音之间，按音阶顺序，作上行或下行运动。卡农为复调的一种手法，一般是指开始声部的旋律，在另一个声部连续不断地跟踪出现。螺蛳结顶是指将原有的乐句逐步紧缩，直至最后形成简洁的顶端的旋律发展手法。

30. D 【解析】本题考查舞蹈《扇舞丹青》的相关知识。《扇舞丹青》所选用的音乐是经典古曲《高山流水》，音乐始于散起，玲珑剔透的琴声将人带入了一个清新高雅、如诗如画的境界。舞者若仙子落入凡尘，一袭清新飘逸的白衣随风轻扬，不经意的惊魂一瞥，如痴如醉、耐人寻味。

31. B 【解析】本题考查古典舞舞蹈动作图示的辨析。四个选项均为古典舞的舞蹈动作，题干图示的舞蹈动作为提气双山膀。沉气落手为

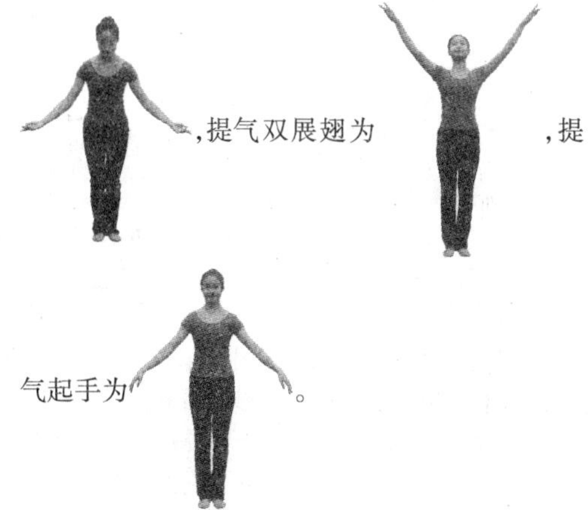

32. C 【解析】本题考查威尔第的歌剧代表作品。C 选项《自由射手》又称《魔弹射手》，是德国作曲家韦伯的歌剧作品。其余三个选项均为威尔第的歌剧作品。

33. B 【解析】本题考查歌剧《伤逝》的选曲《紫藤花》。《紫藤花》为歌剧《伤逝》的选曲，该主题旋律不断出现在主人公的咏叹调、宣叙调和重唱中，旋律深情而真挚，富有时代气息。

34. A 【解析】本题考查歌剧《茶花女》的选曲《饮酒歌》的相关知识。题干所述为歌剧《茶花女》中的场景。歌剧《茶花女》取材于法国作曲家小仲马的同名小说，《饮酒歌》是《茶花女》第一幕中男女主人公的一段二重唱。女主角薇奥列塔正在设宴款待宾朋，大厅里觥筹交错，大家都沉浸在欢乐的气氛中，爱慕薇奥列塔的阿尔弗莱德在朋友的起哄下即兴创作了这首饮酒诗，随后引出了这段男女主角的著名二重唱。《祝酒歌》是施光南的歌曲作品；《祝愿歌》是付林作词、舒小模作曲的歌曲。

35. D 【解析】本题考查力度记号的相关知识。在基本力度术语中，p 表示弱，mp 表示中弱，f 表示强，mf 表示中强，它们之间的强弱关系为 p < mp < mf < f，即 p－mp－mf－f 为力度逐渐变强。因此 A 选项描述正确，D 选项描述错误。BC 选项描述正确。

36. D 【解析】本题考查勋伯格的音乐贡献。打破了"主音"的传统意义，实际上说的是调性音乐被打破，无调性音乐的发展。在调性音乐中总是存在着一个作为中心的音，和弦的构成和曲调的进行都围绕着这个中心进行。无调性音乐出现于 20 世纪初，它取消了各音之间的音级功能差别，打破了传统大小调体系的束缚，八度中的十二个半音处于平等地位，既不与某个调性中心有关系，也不依附于某个主音，从而避免和否定了调中心的存在。海顿、贝多芬、柏辽兹主要创作调性音乐。勋伯格确立了十二音音乐体系，打破了主音的传统意义，代表作品有弦乐曲《净化之夜》、独唱套曲《月迷彼埃罗》、十二音音乐《一个华沙的幸存者》等。

37. C 【解析】本题考查织体的概念。题干叙述为织体的基本概念。若干个不同音高但有组织的音，按照一定的关系（音高关系、稳定与不稳定关系）组成一个体系，并以一个音为中心，这个体系叫作调式。音乐作品的结构形式叫作曲式。旋律是一连串音高不同的乐音有组织的连续进行，是塑造音乐艺术形象所必需的基本要素。

38. B 【解析】本题考查交响组曲《乔家大院》第二乐章《立志》的旋律辨析。通过视唱题干谱例可知，该旋律片段为交响组曲《乔家大院》的第二乐章《立志》。该音乐速度较快、节奏干练，催人奋进，具有很强的推动力，表现了主人公积极向上的心理活动状态。

39. D 【解析】本题考查音乐作品所表达的内容。《脚夫调》是流传在陕西北部的一首信天游，歌曲表达了脚夫赶脚时的那种寂寞惆怅、凄恻无助的心情。《上去高山望平川》是一首青海"花儿"，含蓄曲折地表达了对意中人的爱慕之情。《走西口》表达了离别的苦闷和悲情。《孟姜女》揭露了封建社会残酷的奴役制度，反映了老百姓的痛

苦生活。

40. B 【解析】本题考查提高音准能力的训练方法。ACD 三个选项所述均为提高音准能力的训练方法。B 选项的“喉咙打开”是歌唱者在歌唱时喉部肌肉向四周扩张,并使喉头下降、咽部向上伸展扩张的力量和状态。打开喉咙是获得良好的呼吸状态的前提,能最大限度地发挥共鸣腔体的功能,是声带机能调节的重要保证。“喉咙打开且放松”不是直接体现训练音准能力的方法。

41. A 【解析】本题考查维吾尔族的弹拨乐器。BCD 选项都是维吾尔族的弹拨乐器,冬不拉是哈萨克族民间流行的一种弹拨乐器。

42. B 【解析】本题考查京剧各行当的发声方法。题干叙述的是旦角的发声方法。老生的唱和念都是本嗓,即主要用真声。净角在演唱上要求用真声演唱,音色宽阔洪亮。武生不重演唱,主要用真声演唱。

43. A 【解析】本题考查电子合成器中的中文译名。电子合成器是一种能产生多种音响的电子乐器系统,合成的音色丰富多样。choir 表示“人声”,弦乐器用“strings”表示,管乐器分为木管乐器(woods)和铜管乐器(brass),打击乐器用“percussion”表示。

44. C 【解析】本题考查吉他指法代表的和弦。题干指法表示的是 C 调的 G 和弦。

45. C 【解析】本题考查七和弦的构成及转位。以 a^1 为五音构成的大小七和弦的原位为 $D-{}^{\#}F-A-C$,三四和弦为七和弦的第二转位,转位后为 $A-C-D-{}^{\#}F$。故 C 选项正确。

46. C 【解析】本题考查曲艺的范畴。曲艺是中华民族各种“说唱艺术”的统称,是一门以口语说唱故事为主的表演艺术。四川清音、苏州评弹、江西道情均属于曲艺。抚州采茶戏是江西省地方戏曲剧种之一,唱腔以纯正的抚州话为语言标准,大都来自民歌小调;念白大量运用民间俗语和歇后语,通俗易懂,具有鲜明的地方色彩和浓厚的生活气息。

47. B 【解析】本题考查《普通高中音乐课程标准》(2017 年版 2020 年修订)课程内容中各模块的具体内容。题干所述为选择性必修课程模块 1 合唱的内容。

48. D 【解析】本题考查《普通高中音乐课程标准》(2017 年版 2020 年修订)中的内容。高中音乐教学设计应贴合《普通高中音乐课程标准》(2017 年版 2020 年修订)的内容。“立德树人”“核心素养”“以美育人”均在《普通高中音乐课程标准》(2017 年版 2020 年修订)的课程性质及课程基本理念中有所体现,因此音乐教学设计应体现这三点导向。基于音乐艺术与人类精神、情感及审美和人文素养的密切联系,普通高中音乐课程具有素质教育鲜明的大众性和普及性特点,是面向全体学生的一门必修课。D 选项表述有失偏颇。

49. A 【解析】本题考查和弦编配。运用排除法,选择最合适的和弦进行。题干旋律以 C 调记谱,第 1 小节的主要音为 C、E、G,较为适合配置 C 大调的Ⅰ级和弦,选项中 AD 选项的第 1 小节为 C 大调的Ⅰ级和弦,BC 选项的第 1 小节为 C 大调的Ⅳ级和弦,首先排除 BC 选项。题干旋律第 2 小节出现的主要音为 D、E、G,较为适合配置Ⅲ、Ⅴ级和弦,不适合配置Ⅳ级和弦,因此排除 D 选项。A 选项是 $\mathrm{I}-\mathrm{V}_6$ 的进行。综上,题干旋律最适合的伴奏和弦为 A 选项。

50. B 【解析】本题考查调式判断。题干谱例的调号为两个升号,可初步判断该音阶为 D 大调或 b 小调。该音阶从 B 音开始,即该音阶为 b 小调。观察音阶中的变化音,${}^{\#}$A 音符合 b 和声小调升Ⅶ级音的原则。故本题选 B。

第二部分 主观题

二、简答题

51. 简述《普通高中音乐课程标准》(2017 年版 2020 年修订)的课程基本理念。

【参考答案】(1)彰显美育功能,提升审美情趣;
(2)强调音乐实践,开发创造潜能;
(3)深化情感体验,突出音乐特点;
(4)弘扬民族音乐,理解多元文化;
(5)丰富课程选择,满足发展需求;
(6)立足核心素养,完善评价机制。

本题共 9 分。答出 6 条课程基本理念得 9 分,每条课程基本理念 1.5 分。

52. 列举《普通高中音乐课程标准》(2017 年版 2020 年修订)中必修模块和选择性必修模块的课程名称。

【参考答案】(1)《普通高中音乐课程标准》(2017 年版 2020 年修订)中必修课程包括音乐鉴赏、歌唱、演奏、音乐编创、音乐与舞蹈、音乐与戏剧六个模块。
(2)《普通高中音乐课程标准》(2017 年版 2020 年修订)中选择性必修课程包括合唱、合奏、舞蹈表演、戏剧表演、音乐基础理论、视唱练耳六个模块。

本题共 6 分。答出必修课程的六个模块得 3 分,每个模块 0.5 分;答出选择性必修课程的六个模块得 3 分,每个模块 0.5 分。

三、论述题

53.【参考答案】(1)呆:马锣;七:头钹;卜:二钹;当:溜子锣。

	拍号	1	2 :‖	3	4	5	6 ‖
	2/4	呆 呆	呆配 当	呆 配呆卜卜	当卜七卜 当	呆配 呆卜卜	七卜七卜 当

(2)

声部	拍号	1	2 :‖	3	4	5	6 ‖
呆	2/4	呆 呆 呆 呆	0 呆 呆	呆 呆	呆 呆 呆 呆	呆 0 呆	呆 0
七	2/4	0 七 0 七	七 七	七 七 七 七	七 七 七	0 七 0 七	0 七 七
卜	2/4	卜卜0 卜 0	0 卜 0 卜	0 卜 0 卜卜	0 卜 0 卜卜	卜卜 卜卜	卜卜 卜 卜卜
当	2/4	当 当	当当 当	当 当 当 当	当 0 0 当	当 当	0 当

本题共15分。(1)答出“呆、七、卜、当”分别代表的乐器名称得4分,每个1分。
(2)编配出完整的打击乐伴奏音型得11分。其中①四声部记谱规范,得3分;②打击乐节奏型编配合理,得5分;③各声部音响协和,得3分。

四、案例分析题

54.【参考答案】该案例中教师的教学行为是不合理的。

(1)案例中教师的行为违背了《普通高中音乐课程标准》(2017年版2020年修订)中“彰显美育功能,提升审美情趣”的课程基本理念。音乐课程中的审美情趣,主要是指音乐学习者对音乐艺术美感和人文内涵的体验、感悟、鉴赏和评价,以及对音乐的兴趣爱好、创意表达、价值取向和文化追求。学生通过音乐课程学习,认知、理解音乐艺术的本体构成特征,领悟音乐形式美与艺术表现的关系,拓展文化视野,培养美好情操。案例的环节一中,学生对歌曲的情感不理解,要求换一首歌曲,教师却视而不见,这样的教学行为会打消学生对音乐学习的兴趣,不能很好地获得音乐审美体验和提升审美情趣。

(2)案例中教师的行为违背了《普通高中音乐课程标准》(2017年版2020年修订)中“深化情感体验,突出音乐特点”的课程基本理念。情感体验是实施音乐教育,实现以情感人、以美育人目标的重要通道。学生在音乐课程学习中,与优秀作品展现的艺术情境产生共鸣,获得丰富的情感体验,激励精神,温润心灵,进而培养对人类、自然以及一切美好事物的关爱之情,树立积极乐观的人生态度。案例的环节一中,学生对歌曲的情感不理解,要求换一首歌,教师没有理睬,并继续讲解歌曲的结构、背景和歌曲写作知识,没有使学生真正参与进课堂,也没有积极与学生互动,不能很好地深化情感体验,也没有突出歌曲《教我如何不想她》的音乐特点。

(3)案例中教师的行为违背了《普通高中音乐课程标准》(2017年版2020年修订)中“丰富课程选择,满足发展需求”的课程基本理念。普通高中音乐课程,既有音乐鉴赏、歌唱、演奏、音乐编创以及音乐与舞蹈、音乐与戏剧等必修课程,也有将合唱、合奏等艺术实践活动纳入课程化管理的选择性必修课程,以及由学校自主开设的选修课程,拓展学生音乐课程的选择空间,增强学校课程设置的灵活性,形成课堂教学、课外活动、校园文化协同育人的美育格局。案例的环节二中,学生想选《歌唱》模块的课程,教师回答学校目前只开设《音乐鉴赏》模块。该做法没有切实满足学生对音乐艺术不同形式的兴趣爱好和个性化发展需求。

建议:

(1)在环节一中,针对学生不理解歌曲的情感这一问题,教师可以先从介绍作者以及歌曲的创作背景开始讲解,让学生在学习歌曲之前有充分的了解,为后面学好歌曲做铺垫。教师也可积极与学生互动,使学生充分参与进课堂,提高学习积极性。

(2)在环节一中,教师在音乐课堂教学中应体现循序渐进的教学原则,尊重高中学生的学习发展规律,起到良好的引导作用,使学生在音乐情境中,能从整体上认知音乐艺术的音响特征和文化背景,能从作品所具有的音乐表现特征出发,提升审美感知能力。

(3)环节二中,教师应尊重学生发展的多样性,拓展学生音乐课程的选择空间,增强学校课程设置的灵活性,满足学生对音乐艺术不同形式的兴趣爱好和个性化发展需求,最大限度调动学生音乐学习的积极性和主动性,充分展现音乐教学的活力,凸显以学习者为中心、以学定教的教育理念。

本题共22.5分。(1)判断出“教师的行为不合理”得1.5分;(2)能结合《普通高中音乐课程标准》(2017年版2020年修订)对教师教学行为进行分析得15分。①答出“彰显美育功能,提升审美情趣”的课程基本理念并结合案例作出合理分析,得5分,内容不完整或不贴合此条课程理念可酌情扣1~2分;②答出“深化情感体验,突出音乐特点”的课程基本理念并结合案例作出合理分析,得5分,内容不完整或不贴合此条课程理念可酌情扣1~2分;③答出“丰富课程选择,满足发展需求”的课程基本理念并结合案例作出合理分析,得5分,内容不完整或不贴合此条课程理念可酌情扣1~2分,(3)答出至少3点建议得6分,每点2分。每点建议不贴合案例可酌情扣1~1.5分;每点建议不符合实际可酌情扣1~1.5分。

五、教学设计题

55.【参考设计】

《黄河》

一、作品分析

《黄河》是我国近代学堂乐歌中由音乐家自主完成谱曲的最早的优秀作品之一,约作于1905年,首载于1937年出版的《心工唱歌集》。该曲为抗议沙俄侵略扩张行径而创作,是沈心工创作歌曲中最有影响的一首。

歌曲为二段体结构。第一乐段着重描绘了长城外河套边壮伟旷然的景色,紧凑的节奏与附点音符的多次运用,使中低音区的旋律带有一种悲壮萧瑟的意境。第二乐段音调高亢激越,节奏先紧后宽,最后结束在昂扬豪放的主音上,全曲主要采用一字一音、铿锵有力,表达了炎黄子孙“誓不战胜终不还”的爱国激情。

二、教学目标

1. 聆听《黄河》,感受、体验歌曲表达的情感,认识、了解该歌曲的内容及所反映的时代背景和思想;

2. 认识、了解20世纪初“学堂乐歌”对我国近代音乐所产生的影响和作用,了解其重要意义;

3. 了解沈心工的生平、代表作及其在我国音乐发展史上的贡献。

三、教学重、难点

教学重点:聆听、学唱作品,体验歌曲表达的情感,认识、了解该歌曲所反映的时代思想及“学堂乐歌”的概念。

教学难点:能够区分歌曲不同段落所描绘的音乐内容。

四、教学过程

1. 导入

教师播放李叔同的《送别》,并提问:这首歌曲的名字是什么?由谁作曲?这类歌曲属于什么类型?

学生自由回答。

师总结:该歌曲为《送别》,由李叔同创作,该歌曲属于学堂乐歌。学堂乐歌是指19世纪末直至“五四”时期新式学堂里“乐歌课”所教唱的歌曲,其产生与当时的社会、文化大有关系。清末民初,向西方学习,要求废科举、办学堂,变法维新已成为中国大众的一致呼声。一些人从日本或欧洲学习音乐归来,在国内新学堂开设乐歌课,教唱一些新歌,当时称之为“乐歌”,后来音乐界将这一时期的学校歌曲统称为“学堂乐歌”。代表人物有沈心工、李叔同、曾志忞等。

师:今天我们就来学习“学堂乐歌”中一位重要的作曲家沈心工。同学们了解沈心工吗?

学生回答。

师总结:沈心工,曾赴日本留学考察,创办了“音乐讲习会”。他的乐歌,词曲结合较好,他也是最早使用白话文写作歌词的作者,所作歌词浅显易懂,琅琅上口,适合学唱。他的乐歌题材广泛,有表现爱国主义精神的,有直接描写国民革命的,有提倡男女平权的,有重视科学的,等等。他选编所作乐歌82首,汇编出版了《心工唱歌集》,其代表作品有《黄河》(自作曲)、《革命必先革人心》(自作曲)、《体操—兵操》(又名《男儿第一志气高》)等。

2. 初次聆听

教师介绍歌曲创作背景。日俄战争后,沙俄将其在东三省南部的特权转让给日本,激起了我国人民的极大愤慨。《黄河》即为抗议沙俄侵略扩张行径而创作,是沈心工创作歌曲中最有影响力的一首。

教师播放歌曲《黄河》,并引导学生感受歌曲的旋律特点。

学生回答。

师总结:该歌曲的节奏紧凑,多用附点音符。整首歌曲的音区逐渐升高,多采用一字一音。

教师再次播放歌曲,引导学生依据歌词特点尝试划分音乐段落。

学生回答,并说明划分的理由。

师总结:歌曲的前12小节为第一段,后12小节为第二段,划分的理由是前后所表达的情绪不同,后段较前段情绪明显高涨。

3. 欣赏歌曲

教师分段播放歌曲,引导学生结合创作背景感受歌曲两个段落所描绘的不同的景象。

学生回答两个段落所描绘的景象。

师总结:(见作品分析)

教师播放《体操—兵操》《祖国歌》,引导学生思考自己对"学堂乐歌"的理解以及"学堂乐歌"的历史意义。

学生回答。

师总结并补充:学堂乐歌作为中国近现代历史上出现的新型音乐文化形式,是中国处于社会转型时期在音乐文化上的最直观的体现。无疑,它作为具有启蒙意义的音乐运动,对于中国近现代音乐文化的发展有着积极而深远的意义。

(1)学堂乐歌继承了中国古代"依乐填词"的传统,将风琴、钢琴、乐理、简谱、五线谱等西方乐器、乐理、歌唱表演形式等全面介绍到了中国;(2)学堂乐歌的集体歌唱形式为中国后来蓬勃发展的群众歌咏运动打下了基础;(3)学堂乐歌以"学堂"为中心发展与推广起来,为中国音乐教育的发展奠定了初步基础;(4)学堂乐歌是中国古代传统音乐和近代音乐之间的一个"分界线",为中国近现代音乐的发展开辟了一条新的道路。

4. 学唱歌曲

学生跟随范唱自主学唱,找出难唱的内容,教师指导演唱。

教师提示学生注意节奏、时值和音准问题。

5. 拓展环节

学习学堂乐歌的旧调填新词的创作方法,指导学生用固定曲调,填上自己创作的新词,并分享给大家。

6. 课堂小结及作业

我们在本节课的学习中了解了"学堂乐歌",并学唱了沈心工的《黄河》,感受到其中所蕴含的爱国情感。请同学们在课下找一些其他描述黄河的音乐作品,分析作品所描绘的景象以及体现的情感,我们在下节课进行分享。

本题共22.5分。(1)答出作品分析得2.5分,其中答出"歌曲创作背景""曲式结构""旋律分析""描绘的景象""表达的情感"5点,每点得0.5分;(2)答出教学目标得2分,其中"体现课程标准要求"得0.5分,"紧扣鉴赏课课型"得0.5分,"符合高中学生的认知规律"得0.5分,"设置明确且合理确定程度"得0.5分,若设置"大"而"空",要酌情扣0.5~1分。(3)答出教学重难点得2分,其中"教学重点""教学难点"各1分。教学重点需紧扣教学目标,可与教学目标相同,也可根据教学目标更加具体;教学难点要贴合作品实际,每个作品、课型、年级学段等所应解决的重难点都有所不同。(4)答出教学过程得16分,其中①"导入环节"新颖且自然得3分,若没有体现新颖可酌情扣1~1.5分;②"新授环节"共13分,"教学环节完整且连贯"得6分,不完整或逻辑不清晰酌情扣1.5~2分,没有体现拓展内容可酌情扣2~3分;紧扣"教学目标和教学重难点"得2~3分;"符合高中学生的认知规律"得1~2分;行文流畅得1分。③课堂小结及作业部分完整且设计合理得1分,没有体现可酌情扣0.5~1分。

2022年山西省特岗教师招聘考试音乐真题试卷(精编)(三)

一、单项选择题

1. D 【解析】本题考查习近平总书记关于教育的重要论述。习近平总书记同北京师范大学师生代表座谈时的讲话指出,我们的教育是为人民服务、为中国特色社会主义服务、为改革开放和社会主义现代化建设服务的,党和人民需要培养的是社会主义事业建设者和接班人。好老师的理想信念应该以这一要求为基准。广大教师要始终同党和人民站在一起,自觉做中国特色社会主义的坚定信仰者和忠实实践者,忠诚于党和人民的教育事业,自觉把党的教育方针贯彻到教学管理工作全过程,严肃认真对待自己的职责。

2. B 【解析】本题考查《义务教育课程方案》(2022年版)。《义务教育课程方案》(2022年版)在"培养目标"中表明,义务教育要在坚定理想信念、厚植爱国主义情怀、加强品德修养、增长知识见识、培养奋斗精神、增强综合素质上下功夫,使学生有理想、有本领、有担当,培养德智体美劳全面发展的社会主义建设者和接班人。

3. B 【解析】B本题考查我国古代蒙学教材。蒙学教材按内容可分为六类:(1)综合类。综合各种常识的识字课本以《三字经》《百家姓》《千字文》等最有影响。(2)伦理道德类。这类蒙学教材主要有《太公家教》《名贤集》《二十四孝》等。(3)历史类。这类蒙学教材主要有李瀚的《蒙求》、王令的《十七史蒙求》、黄继善的《史学提要》等。(4)诗歌、文学类。诗文教学的课本以《千家诗》《唐诗三百首》《神童诗》《古文观止》《唐宋八大家文钞》《笠翁对韵》《声律启蒙》等最为著名。(5)博物自然类。以宋代方逢辰的《名物蒙求》为代表。(6)数学类。以宋代数学家杨辉的《日用算法》及元代数学家朱世杰的《算学启蒙》为代表。故答案选B项。

4. C 【解析】本题考查皮亚杰的认知发展阶段理论。皮亚杰提出了认知发展的阶段理论,将个体的认知发展分为四个阶段:感知运动阶段(0~2岁)、前运算阶段(2~7岁)、具体运算阶段(7~11岁)和形式运算阶段(11岁~成人)。一般来说,小学生的年龄为6～12岁，故其思维水平处于具体运算阶段。

5. A 【解析】本题考查《中华人民共和国家庭教育促进法》。《中华人民共和国家庭教育促进法》第四条规定，未成年人的父母或者其他监护人负责实施家庭教育。国家和社会为家庭教育提供指导、支持和服务。

6. C 【解析】本题考查我国传统记谱法。四个选项都是我国传统记谱法。A选项减字谱与B选项文字谱是古琴音乐的专用记谱法。南朝梁时人丘明传谱的《碣石调·幽兰》是中国现存最早的琴谱，是目前仅见的一首文字谱。文字谱是用文字记述弹琴的指法和弦位的一种记谱法。唐代曹柔在文字谱的基础上创立了减字谱。随着减字谱的发展，文字谱就不再使用，而减字谱沿用至今。C选项工尺谱由宋代俗字谱发展而来，最早见于明代朱载堉的《灵星小舞谱曲谱》，至明末清初逐渐定型，并持续使用至20世纪中叶，广泛应用于我国民间音乐。20世纪30年代，随着抗日救亡歌咏运动的开展，简谱在我国广泛流传开来，并在学校音乐教育中得到普遍运用，逐渐替代了工尺谱的地位。D选项俗字谱是工尺谱的一种早期形式，元代开始渐渐失传，并没有持续到20世纪中叶。

7. B 【解析】本题考查调式中的和弦性质。以C、D、E、F、G、A、B七个字母命名的音，叫作基本音级，由基本音级构成的调式为自然大、小调式。以自然大调为例，在其Ⅰ、Ⅳ、Ⅴ级音上构成的三和弦为大三和弦，在其Ⅱ、Ⅲ、Ⅵ级音上构成的三和弦为小三和弦，在其Ⅶ级音上构成的三和弦为减三和弦，在其Ⅰ、Ⅳ级音上构成的七和弦为大大七和弦，在其Ⅱ、Ⅲ、Ⅵ级音上构成的七和弦为小七和弦，在其Ⅴ级音上构成的七和弦为大小七和弦，在其Ⅶ级音上构成的七和弦为减小七和弦。因此，基本音级之间不能构成增三和弦。

8. C 【解析】本题考查调式中不稳定音级所构成和弦的性质。在调式中，Ⅰ、Ⅲ、Ⅴ级是稳定音级，Ⅱ、Ⅳ、Ⅵ、Ⅶ级是不稳定音级。^{b}G自然大调的音阶为^{b}G、^{b}A、^{b}B、^{b}C、^{b}D、^{b}E、F、^{b}G，其中的不稳定音级是^{b}A、^{b}C、^{b}E、F，这四个音构成的原位和弦为F－^{b}A－^{b}C－^{b}E，F－^{b}A－^{b}C构成减三和弦，F～^{b}E构成小七度，因此该和弦为减小七和弦（半减七和弦）。

9. A 【解析】本题考查具体的调式音阶结构。以C宫系统调中的A燕乐羽调式为例，该调式的音阶为A、^{b}B、C、D、E、F、G、A，相邻音级之间的全半音关系为半全全全半全全。B选项和声小调，以a和声小调为例，该调式音阶为a、b、c、d、e、f、$^{\#}$g、a，音阶结构为全半全全半增半。C选项自然小调，以a自然小调为例，该调式音阶为a、b、c、d、e、f、g、a，音阶结构为全半全全半全全。A选项弗里几亚调式与以E为主音的C自然大调的调式音阶相同，即该调式的音阶为E、F、G、A、B、C、D、E，音阶结构为半全全全半全全。D选项利底亚调式与以F为主音的C自然大调的调式音阶相同，即该调式的音阶为F、G、A、B、C、D、E、F，音阶结构为全全全半全全半。综上，与燕乐羽调式音阶结构相同的是弗里几亚调式。

10. C 【解析】本题考查速度术语的含义与速度对比。A选项Largo是“广板”，表示每分钟46拍；B选项Allegro是“快板”，表示每分钟132拍；C选项Vivace是“快速有生气的”，表示每分钟160拍；D选项Moderato是“中板”，表示每分钟88拍。以上速度最快的是C选项。

11. C 【解析】本题考查鲍罗丁《在中亚细亚草原上》的作品赏析。鲍罗丁的《在中亚细亚草原上》作于1880年，乐谱上有如下标题说明：“在一望无际的中亚细亚草原上，传来了宁静的俄罗斯歌曲的声音。接着，听到渐渐走近的马匹与骆驼的脚步声，以及古老而忧郁的东方歌曲。一支行商队伍在俄罗斯士兵的护送下安然前进。商队慢慢地走远了，俄罗斯宁静的歌曲与东方歌曲相互融合，在草原上形成和谐的回声，最后，终于消失在远方。”该乐曲在力度上运用渐强、渐弱的手法，表现商队在茫茫的草原上由远及近、又由近及远的情景。

12. B 【解析】本题考查同宫系统调的内容。E宫系统调包含E宫调、$^{\#}$F商调、$^{\#}$G角调、B徵调、$^{\#}$C羽调。B选项不包含在内。

13. A 【解析】本题考查曲艺的类别。河南坠子是道情类曲艺中流传较广的曲种之一，主要流行于河南以及安徽、山东等地，因用坠胡为主要伴奏乐器而得名。四川清音是牌子曲类的主要曲种之一，流行在四川、重庆各地。天津时调属于时调小曲类曲种，唱腔以流行于天津地区的时调小曲为主。北京琴书是产生于20世纪40年代北京地区的琴书类曲种。

14. D 【解析】本题考查与《义勇军进行曲》相同时代背景和时代风格的歌曲。《义勇军进行曲》原是1935年聂耳为电影《风云儿女》创作的主题曲，属于抗日救亡歌曲，现为中华人民共和国国歌。《长江之歌》是20世纪80年代的电视纪录片《话说长江》的主题歌，由王世光作曲、胡宏伟作词。这首歌赞颂了长江的宏伟、壮丽，表达了对长江的热爱、依恋之情。《北京喜讯到边寨》原为郑路写的管乐合奏曲，后与马洪业合作，于1976年12月将其改为管弦乐曲。作者以西南地区彝族和苗族的民间歌舞音调为素材，生动表现了打倒“四人帮”的喜讯传到祖国边疆时，山寨群众欣喜若狂、载歌载舞、热烈欢庆的情景。《城墙上跑马》是内蒙古民歌，马思聪创作的小提琴曲

《内蒙组曲》的第二乐章《思乡曲》中采用了该民歌的音调,深刻地表达了游子的思乡之情。《保卫黄河》出自1939年由冼星海创作的《黄河大合唱》中的第七乐章,与聂耳创作的《义勇军进行曲》属于同一个时代且都是抗日救亡歌曲。

15. D 【解析】本题考查我国少数民族的多声部民歌类型。题干中的四个民族对应的民歌都属于多声部民歌。

16. D 【解析】本题考查歌曲《在那银色的月光下》的所属民族。《在那银色的月光下》是塔塔尔族反映爱情生活的一首民歌,后由王洛宾译词、黎英海改编而成。歌曲表达了青年在爱情上的伤感、思恋和向往,歌词中通过对景色的描绘,表达了年轻人对爱情的执着。

17. B 【解析】本题考查A.斯卡拉蒂的音乐贡献。A.斯卡拉蒂,那不勒斯歌剧的创始人,歌剧发展史上的重要人物,他是正歌剧的缔造者,首创了返始咏叹调、干念式宣叙调和带伴奏的宣叙调,并确立了那不勒斯歌剧序曲快—慢—快的三段形式,使之成为交响曲的先声。

18. B 【解析】本题考查八音分类法的内容。“缶”是用陶土制作的打击乐器。

19. C 【解析】本题考查世界“三大安魂曲”。福雷的《安魂曲》、威尔第的《安魂曲》与莫扎特的《d小调安魂曲》被称为世界“三大安魂曲”。

20. C 【解析】本题考查瓦格纳的歌剧作品。《伊凡·苏萨宁》是格林卡的歌剧代表作;《塞维利亚的理发师》是罗西尼的歌剧代表作;《纽伦堡的名歌手》是瓦格纳的歌剧代表作;《费加罗的婚礼》是莫扎特的歌剧代表作。

21. C 【解析】本题考查调式音阶结构。以C宫系统调为例,C燕乐宫调式的音阶为C、D、E、F、G、A、♭B、C,音阶结构为全全半全全半全;E燕乐角调式的音阶为E、F、G、A、♭B、C、D、E,音阶结构为半全全半全全全;E雅乐角调式的音阶为E、♯F、G、A、B、C、D、E,音阶结构为全半全全半全全;A雅乐羽调式的音阶为A、B、C、D、E、♯F、G、A,音阶结构为全半全全全半全。以C自然大调为例,自然大调的音阶结构为全全半全全全半。以a自然小调为例,自然小调的音阶结构为全半全全半全全;以a和声小调为例,和声小调的音阶结构为全半全全半增半。综上可知,C选项的雅乐角调式与自然小调的音阶结构都为全半全全半全全。

22. B 【解析】本题考查调式中的音级。c和声小调的第Ⅶ级音与主音构成小二度,即b~c构成小二度,因此c和声小调的第Ⅶ级音为b。在七声燕乐调式中,以b为闰,则宫为♯C,选项中属于♯C宫系统调的只有B选项♯G燕乐徵调式。

23. A 【解析】本题考查古琴曲《酒狂》的赏析。《酒狂》是魏晋时期阮籍创作的古琴曲。该曲结构短小严谨,着力表现阮籍醉酒之后迷离恍惚、行履颠痴的情态。这首乐曲节奏上是采用了古琴曲中少见的三拍子,以沉重的持续低音连续上下大跳进行,在音乐上营造出醉酒后头重脚轻、站立不稳的迷蒙情态。该曲表达了作者愤世嫉俗、郁郁不得志的心境。《离骚》是晚唐琴师陈康士根据屈原的同名抒情长诗《离骚》的内容而创作的琴曲,乐曲共十八段,最早记载于《神奇秘谱》。《胡笳十八拍》是蔡琰所作的一首琴歌,共分为十八段,逐段倾诉蔡文姬(即蔡琰)被掳、思乡、别子、归汉等一系列坎坷遭遇。《梅花三弄》也是我国古琴音乐的代表作,曲谱最早见于《神奇秘谱》。该曲中的梅花曲调在不同徽位上重复三次,故谓之“三弄”。全曲由十段音乐组成,核心曲调每一次在音区与技法上都有变化,以表现梅花的形象。

24. C 【解析】本题考查丝竹乐代表乐种与代表作品的匹配。《四时景》《八骏马》都属于福建南音的代表作品;《旱天雷》《鸟投林》是广东音乐的代表作品。

25. D 【解析】本题考查格里格的代表作品。《索尔维格之歌》是挪威民族乐派代表人物格里格创作的《培尔·金特》组曲中的一首,被誉为“挪威的第二国歌”。《沃尔塔瓦河》出自斯美塔那的交响诗套曲《我的祖国》中的第二乐章。《浮士德》一般指古诺的歌剧作品。《大海》一般指德彪西的交响素描作品。

二、填空题

26. 咏叹调;《茶花女》;威尔第;抒情歌曲(颂歌等也可以);施光南

27. 《马太受难曲》;巴赫

28. 奥尔加农

29. 亨德尔;《弥赛亚》

30. 《义勇军进行曲》;《东方红》;《国际歌》;交响诗

31. 《奥菲欧》;蒙特威尔第

32. D

33. ♭;♮

34. 甘美兰

三、写作题

35.【参考答案】

♯c 自然小调

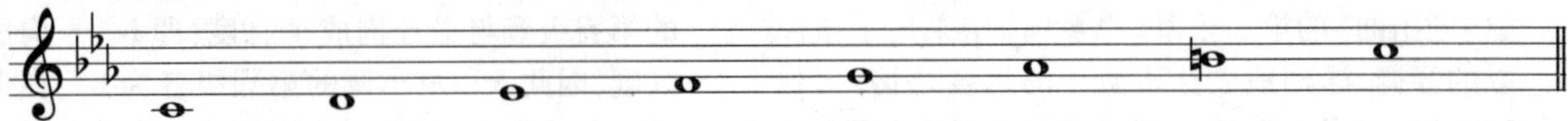

c 和声小调

【解析】以 b 为导音的自然小调：自然小调的导音与主音相距大二度，即 b 的上方大二度的♯c 音为主音，因此调名为♯c 自然小调。♯c 小调的调号为 E 调的四个升号，写上调号后，从主音到主音依次写出调式音阶。

以 b 为导音的和声小调：和声小调的导音与主音相距小二度，即 b 的上方小二度的音为主音，主音为 c。因此调名为 c 和声小调。c 小调的调号为♭E 调的三个降号，写上调号后，从主音到主音依次写出调式音阶，和声小调升高Ⅶ级音，因此 b 音前面要写上还原号，符合题干要求。

本题共 4 分。(1)判断出"♯c 自然小调"和"c 和声小调"调名可得 1 分，每个 0.5 分；(2)分别正确写出"♯c 自然小调"和"c 和声小调"的上行音阶，采用调号或临时变音记号均可，得 3 分，每条得 1.5 分，多音、少音、错音整条都不得分。

36.【参考答案】

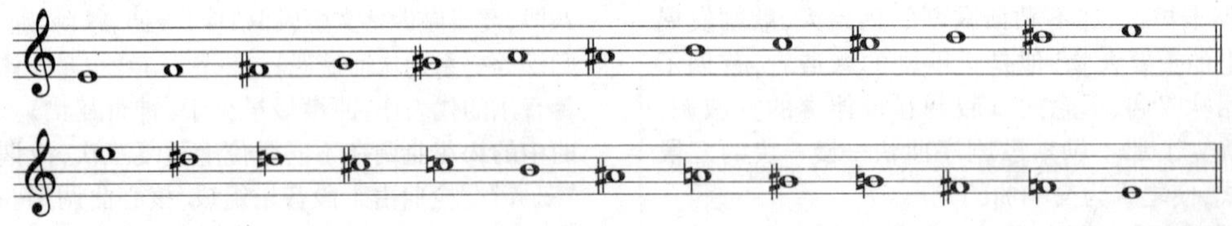

【解析】小调半音音阶的写法：第Ⅰ级到第Ⅱ级用降Ⅱ级填补，其他大二度间不管上行、下行都用升高下方音来填补。

本题共 6 分。写出符合"e 小调的调式特征""上下行音阶""半音音阶""用临时变音记号"这 4 点要求的音阶，得 6 分，其中正确记写上行音阶得 3 分，多音、少音、错音不得分，正确记写下行音阶得 3 分，多音、少音、错音不得分。

四、连线题

37. 将下列歌曲与作者对应连接。

【答案】

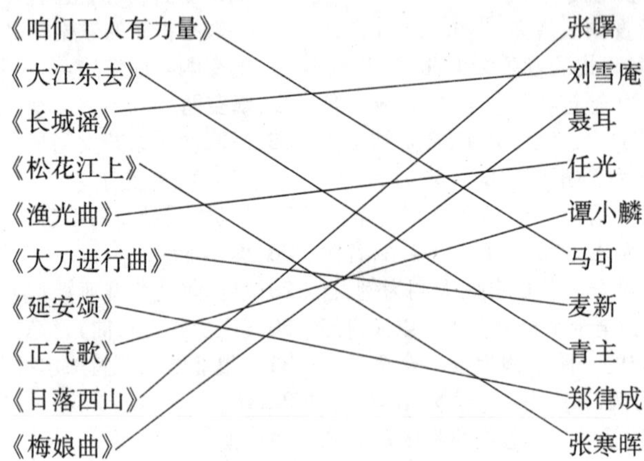

五、论述题

38. 中国的民间音乐丰富多彩，种类繁多，请简述小调音乐的风格特点，并写出代表性的六首小调作品。(要求地方与歌名对应)

【参考答案】小调的风格特点：

(1)叙事与抒情相交融的表现方法和曲折、细腻的音乐性格；

(2)规整、均衡的节奏、节拍；

(3)曲折、多样的旋法；

(4)最常见的曲式结构是对应式和起承转合式两类，以及这两种类型的变化发展形态。

小调代表作品：河北《小白菜》、江苏《无锡景》《茉莉花》、江西《斑鸠调》、山东《包楞调》《沂蒙山小调》、云南《猜调》、湖南《一根竹竿容易弯》等。

本题共12分。(1)从"节奏、节拍""旋法""音乐性格""曲式结构"4个方面写出小调的风格特点,可得6分,每个方面1.5分;如果从其他方面阐述且阐述合理,可酌情给分。(2)写出六首小调代表作品且对应地域正确可得6分,每首1分。

39. 旋律是音乐的灵魂和基础,体现音乐的主要思想或全部思想。

(1)请简述常见的旋律发展方法。

(2)选择其中一种方法编创八小节旋律。

【参考答案】(1)常见的旋律发展手法:

①重复

重复主要分为严格重复和变化重复,其中变化重复上要包括同头换尾和换头合尾两种形式。

严格重复亦称完全重复,就是将音乐主题或任何已经出现过的旋律(可长可短)紧接着照原样重复。

变化重复亦称局部重复,就是只重复前面旋律的一部分,而将另一部分(可以是句首、句腹、句尾)进行变化,这是旋律发展中应用较多的一种手法,它使旋律既保持了统一,又获得了变化发展。同头换尾是指重复句首而变化句尾,是最为常见的变化重复手法。换头合尾是指重复句尾而变化句首的变化重复手法。

②模进

模进即模仿进行,它是将主题模式或某一乐汇、乐节、乐句的形态,在不同的高度上模仿出现,可视为重复手法应用到不同的高度上,故亦称移位重复。模进分为严格模进和自由模进。

严格模进亦称完全模进,就是严格按照前面的旋律形态在不同高度上模仿出现,其节奏及各音程之间的级数或度数与所模进的旋律基本相同。自由模进就是在模进时并不严格按照前面旋律的节奏和音程关系进行,而做更自然一些的变化处理,这是较严格模进运用得更多的一种类型。

③变奏

变奏是指在保留原型曲调整体性乐思、音调原貌的基础前提下,对曲调进行的旋法或对节奏、节拍等加以变化的手法。

④鱼咬尾

前一乐句的结束音和下一乐句的第一个音为同一个音或相差八度的音的结构,叫作鱼咬尾,也叫衔尾式、接龙式,是中国传统音乐的一种结构形式,也是音乐的一种创作手法。

⑤螺蛳结顶

螺蛳结顶是指将原有的乐句逐步紧缩,直至最后形成简洁的顶端的旋律发展手法。

⑥时值扩大与时值紧缩

时值扩大是指将主导乐思的每个音的时值按一定比例加以伸长,形成旋律句法长度上变化的旋律发展手法。

时值紧缩是指将主导乐思的每个音的时值按比例加以缩短,形成旋律句法长度上变化的旋律发展手法。

⑦倒影与逆行

倒影:原型中的旋律以某一音为轴作等距离上下翻转,使音乐形成反向翻转的一种旋律发展手法,可以应用到单声部旋律中,也可应用到二声部写作中。

逆行:将主导乐思逆向呈示的手法,音列序进倒置,节奏可酌情变动。

⑧对比

对比是为了使音乐主题或前面的旋律得到延伸、拓展,并获得新的动力,在节奏、旋律、音区、节拍、调式、调性、速度、力度、音色上运用新的材料,使前后的音乐呈现对比效果的一种旋律发展手法。

(2)选择同头换尾的旋律发展手法,编创出以下八小节旋律:

1=♭A $\frac{2}{4}$

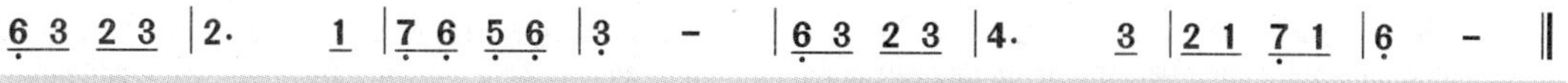

6 3 2 3 | 2· 1 | 7 6 5 6 | 3 - | 6 3 2 3 | 4· 3 | 2 1 7 1 | 6 - ‖

本题共13分。(1)答出"重复""模进""变奏""鱼咬尾""对比""螺蛳结顶"等六种常见旋律发展手法且阐述正确,得9分,每种1.5分。(2)答出其他常见的旋律发展手法且阐述合理,每种也得1.5分。(3)选择上一问中出现的旋律发展手法,创编符合该旋律发展手法的旋律,且符合"调式特征""八小节""音值组合法""记谱规范"4点要求,得4分。

2021年安徽省教师招聘考试中学音乐真题试卷(四)

一、单项选择题

1. B 【解析】本题考查中央C的音名。位于乐音体系中央的小字一组的c(即c^1)称为"中央C"。

2. C 【解析】本题考查基本力度记号强弱关系的辨析。四个选项中出现的基本力度记号由强到弱的顺序为f > mf > mp > p > pp,对比题中各选项,只有C项中的排列是完全正确的。

3. A 【解析】本题考查国歌的拍子及其类型。《义勇军进行曲》的节拍是$\frac{2}{4}$拍,属于单拍子。

4.D 【解析】本题考查具体调式的下属音。下属音是调式的第Ⅳ级音。和声大调的主音与第Ⅳ级音构成纯四度关系,F ~ ^{b}B 构成纯四度,即 F 和声大调的下属音为^{b}B。

5.C 【解析】本题考查调号的内容。在升号调中,一是 G,二是 D,三是 A,四是 E,五是 B,六升 F,七升 C;在降号调中,一是 F,二是降 B,三是降 E,四是降 A,五是降 D,六是降 G,七是降 C。因此$^{\#}$C 调的调号是七个升号,大调的调号就是其主音的调号,即$^{\#}$C 大调的调号为七个升号。

6.A 【解析】本题考查民族七声调式的判断。以 C 为闰,则 D 为宫,即 D 宫系统各调中的 C 为闰。四个选项中只有 A 选项属于 D 宫系统调。

7.A 【解析】本题考查歌剧《江姐》中《绣红旗》片段的旋律。通过视唱谱例和观察歌词可知,该旋律片段出自歌剧《江姐》中的《绣红旗》片段。《绣红旗》是歌剧《江姐》第七场中的一个唱段。为了庆祝中华人民共和国的诞生,她们在红色的被面上绣上金黄的五星。在她们绣红旗的时候,江姐和战友们一同唱起了这支歌。歌曲表现了革命者在面对死亡的情况下,也依然对祖国的美好未来抱有无限的憧憬和祝福,更表现了江姐视死如归的革命英雄主义精神。

8.D 【解析】本题考查《菊花台》的词作者。通过视唱旋律和观察歌词可知,该旋律出自由方文山作词、周杰伦作曲并演唱的歌曲《菊花台》。

9.B 【解析】本题考查和弦的所属调式。首先,判断该和弦的性质,为增三和弦。然后根据选项明确出题意图,该题考查的是题干中的和弦属于哪些和声大小调。接着,明确和声大调中的增三和弦只在Ⅵ级音上构成,和声小调中的增三和弦只在Ⅲ级音上构成。最后,将题干和弦的根音 F 分别代入和声大小调中的Ⅵ级音和Ⅲ级音,注意和声大调需要降低Ⅵ级音,求得和声大调的主音为 A、和声小调的主音为 d,即题干和弦分别属于 A 和声大调和 d 和声小调。对应选项,只有 B 选项正确。

10.D 【解析】本题考查《天鹅湖》选曲《西班牙舞曲》的旋律。通过视唱谱例可知,该旋律出自柴可夫斯基的舞剧《天鹅湖》中的《西班牙舞曲》。

11.D 【解析】本题考查安德森《蓝色的探戈》的赏析。《蓝色的探戈》是美国作曲家安德森创作的管弦乐,其 A 段主题中使用了布鲁斯音阶^{b}3、^{b}7 两音,使音乐具有了鲜明的布鲁斯音乐风格。

12.B 【解析】本题考查贺绿汀的代表作品。《九一八大合唱》《生产大合唱》是冼星海的大型声乐套曲,《长恨歌》是黄自的清唱剧,《垦春泥》是贺绿汀创作的合唱曲。

13.A 【解析】本题考查作曲家的国籍。拉威尔是法国的作曲家,斯美塔那是捷克的作曲家,门德尔松是德国的作曲家,舒伯特是奥地利的作曲家。

14.C 【解析】本题考查苗族飞歌《歌唱美丽的家乡》的旋律辨析。通过视唱谱例可知,该谱例出自《歌唱美丽的家乡》的片段。《歌唱美丽的家乡》是苗族飞歌中具有代表性、流传较广的一首作品。歌者演唱时热情、奔放、高亢而又嘹亮。如对谱例不熟悉,也可以通过苗族飞歌的特点来判断该旋律的所属民族。飞歌里最引人注目的是“3”和“^{b}3”的交替使用,“3”和“^{b}3”的先后出现形成和声与调性色彩的交替变换,是大、小两种调性的综合运用。

15.A 【解析】本题考查我国传统乐器的类别。筚篥是古代的一种吹管乐器,也称管子,多用于军中和民间音乐。流行于我国各地,为汉族、维吾尔族、朝鲜族等多民族所喜爱。

16.B 【解析】本题考查郭文景的交响序曲《御风万里》。交响序曲《御风万里》是郭文景在香港回归前夕,应香港特区“庆委会”之约,为庆贺香港回归而作,于 1997 年 7 月 1 日在香港红磡体育馆“回归之夜”的庆典上首演。

17.A 【解析】本题考查八音分类法。“八音”分类法是周代的乐器分类法,即按制作材料的性质将乐器分为金、石、土、革、丝、木、匏、竹八类,这是中国音乐史上最早的乐器科学分类法。“笙”属于八音分类法中的“匏”类乐器。

18.D 【解析】本题考查圆舞曲的起源。圆舞曲是一种三拍子的舞蹈,它起源于 18 世纪末奥地利和德国的“连德勒舞”,后风行于欧洲,现在是通行于世界各国的交谊舞。

19.C 【解析】本题考查(老)约翰·施特劳斯《拉德斯基进行曲》的旋律辨析。通过视唱旋律可知,该旋律出自(老)约翰·施特劳斯至今最流行的《拉德斯基进行曲》,作品以其脍炙人口的旋律成为流传最为广泛的一首进行曲,是维也纳新年音乐会的保留曲目。

20.D 【解析】本题考查七和弦的构成与识别。根据题干可以采用排除法,四个选项都是以^{b}G 为低音的和弦形式;七和弦第一转位的主要特点是上方两音之间构成二度音程关系,因此排除 A 选项;小小七和弦的原位中,根音与七音构成小七度,因此第一转位后,上方两音之间应构成小七度的转位音程大二度,BC 选项的上方相邻两音都为 d ~ ^{b}e,即小二度,因此排除 B、C 选项。只剩下 D 选项符合题干要求。最后,我们可以再次检验答案是否正确。D 选项的原位和弦为^{b}E - ^{b}G - ^{b}B - ^{b}D,^{b}E ~ ^{b}G 构成小三度,^{b}G ~ ^{b}B 构成大三度,^{b}E ~ ^{b}D 构成小七度,符合小小七和弦的结构。

21.B 【解析】本题考查常用力度与速度标记的含

义。渐强是“cresc.”，渐弱是“dim.”，渐慢是“rit.”，渐快是“accel.”。

22. D 【解析】本题考查斯特拉文斯基的代表作品。《纽伦堡的名歌手》是瓦格纳的乐剧；《舍赫拉查德》是里姆斯基－科萨科夫的交响组曲；《假面舞会》是威尔第的歌剧作品；《春之祭》是斯特拉文斯基的舞剧代表作品。

23. C 【解析】本套考查广东音乐《雨打芭蕉》的旋律辨析。通过视唱谱例可知，该旋律出自广东音乐《雨打芭蕉》。

24. B 【解析】本题考查斯美塔那《沃尔塔瓦河》的旋律辨析。通过视唱可知该谱例为《沃尔塔瓦河》的旋律片段，出自斯美塔那的交响诗套曲《我的祖国》中的第二乐章。

25. D 【解析】本题考查《杵歌》的旋律及体裁。通过视唱谱例及观察歌词可知，题干谱例为高山族民歌《杵歌》。《杵歌》最初产生于劳动，是高山族妇女在舂米劳动时所唱的劳动号子。此歌律动感很强，之后发展为边歌边舞的劳动歌舞。

26. A 【解析】本题考查近关系调。调号相同或只相差一个变音记号的调，叫作近关系调。^{b}b 自然小调的调号是^{b}D 大调的调号，为五个降号。其近关系调中的自然小调有 f 自然小调、^{b}e 自然小调两个，对应选项可知，本题只有 A 选项正确。

27. B 【解析】本题考查礼乐制度。周秦时期音乐的等级化，体现在“佾”和“乐悬”制度两个方面。乐悬是指悬挂钟磬多寡的规格。其中宫悬（天子），四面悬挂钟磬；轩悬（诸侯），三面悬挂钟磬；判悬（卿大夫），二面悬挂钟磬；特悬（士），一面悬挂钟磬。

28. C 【解析】本题考查董仲舒的音乐思想。董仲舒是汉武帝时期儒家思想的代表人物，提出了“天人感应”等思想，后针对礼乐问题提出“应天顺人”论。

29. B 【解析】本题考查调式中的音级。调式中的七个音级依次称为主音、上中音、中音、下属音、属音、下中音、导音。下属和弦是在调式第Ⅳ级音上构成的和弦，其三音是调式的Ⅵ级音，即调式的下中音。

30. C 【解析】本题考查调式判断。题干中的音阶是由 G 音为主音，采用七个自然音级组成的调式音阶。A 选项 G 自然大调中，有变化音级$^{\#}$F，因此排除；B 选项 g 自然小调中，有变化音级^{b}B 和^{b}E，因此排除；C 选项 G 燕乐宫调式中，原本调号中有一个升号，即$^{\#}$F，但燕乐调式中有闰，即原调号中$^{\#}$F 需要还原，因此该选项调式符合题干的调式音阶；D 选项 G 雅乐徵调式中，宫音为 C，无升无降，但雅乐调式中出现了偏音变徵，即出现了$^{\#}$F 音，因此排除。

二、判断题

31. √ 【解析】本题考查《诗经》的内容。“颂”是《诗经》的组成部分，包括《周颂》31 篇，《鲁颂》4 篇，《商颂》5 篇，共 40 篇，合称“三颂”。《周颂》大部分是西周初年周王朝的祭祀乐章，也有迟至昭王时的作品。《鲁颂》是春秋时期鲁国的颂歌。《商颂》是春秋时期宋人追述祖业（宋为殷商后裔）之作。

32. × 【解析】本题考查《义务教育音乐课程标准》（2011 年版）的课程基本理念。《义务教育音乐课程标准》（2011 年版）的课程基本理念第四条“弘扬民族音乐，理解音乐文化多样性”中指出：应将我国各民族优秀的传统音乐作为音乐教学的重要内容。题干叙述“指应将我国汉族优秀的传统音乐作为音乐教学的重要内容”是错误的。

33. × 【解析】本题考查复拍子的定义。由两个或两个以上完全相同的单拍子结合在一起构成的拍子叫作复拍子。两个或两个不相同的单拍子组成的是混合拍子。题干叙述不严谨。

34. × 【解析】本题考查等音的内容。音高相同而意义和记法不同的两个音互为等音。在等音关系中，除$^{\#}$G 和^{b}A 互为等音外（它们只有两个名称），其他每一个音级都有两个等音，即连同它本身共有三个名称。

35. × 【解析】本题考查德沃夏克《第九（自新大陆）交响曲》第二乐章的赏析。德沃夏克的《第九（自新大陆）交响曲》第二乐章是慢板，复三部曲式。

36. √ 【解析】本题考查《打支山歌过横排》的旋律辨析。通过视唱旋律可知，该旋律片段出自兴国山歌《打支山歌过横排》。整首歌曲给人以畅快、明亮、豪迈之感，其风格淳厚，山野气息十足。

37. × 【解析】本题考查协奏曲的定义。协奏曲也叫竞奏曲，是一种独奏乐器与管弦乐队以平等地位协同演奏的大型器乐体裁。协奏曲既能充分发挥独奏乐器高深的技术和丰富的表现力，又能充分发挥管弦乐队的作用，因而具有十分丰富的表现力。

38. √ 【解析】本题考查《生命之杯》的旋律及赏析。通过视唱可知，该旋律出自 1998 年法国世界杯足球赛的主题曲《生命之杯》。该旋律选自其中的副歌部分，歌曲疏密相间的节奏、强节拍的进行、男声铿锵有力地演唱以及“嗬！嗬！嗬！啊嘞，啊嘞，啊嘞”的衬词，都为歌曲增添了生动性和鲜活性，激发起人们内心共同的情感，形象地再现了球迷们对足球的痴迷与热爱。

39. √ 【解析】本题考查秦汉时期的鼓吹乐音乐形态。

40. × 【解析】本题考查交响诗的首创者。匈牙利作曲家李斯特首创了单乐章的标题交响乐体裁——交响诗。法国作曲家柏辽兹被称为“标题音乐大师”。

三、匹配题

41～45 DAEBC

46～50 JFIGH

四、创编题

51.【参考答案】

1=F $\frac{2}{4}$

6 1 3 | 5 4 3 | 7 2 1 7 | 6 - | 7 2 4 | 6 5 4 | 2 3 4 5 | 3 - |

3 5 7 6 | 3 7 6 | 4 2 3 | 3 - | 6 1 3 | 5 4 3 | 7 1 7 6 | 6 - ‖

评分标准：(1)调式调性明确；(2)符合音值组合法；(3)记谱规范；(3)符合题干要求；(5)曲式结构明确。

52.【参考答案】《多情的土地》是词作家任志萍和作曲家施光南于20世纪80年代改革开放初写的一首优秀的艺术性抒情歌曲。音乐深情、细腻，歌词真挚、感人，抒发了作者对祖国山河的热爱，表达了作者对祖国美好未来的期盼和信念。

全曲用完善的“前奏＋A＋B＋尾声”的二段体结构写成。激越的前奏、首尾呼应的主题，使全曲既深刻展开又完整统一。

前奏采用第一部分的第一乐句主题材料写成，意境甜美，随着音乐的层层递进，之后形成一个小的高点，像是微风轻拂的湖面突然落入一粒石子激起的晶莹水花。而后，情绪回落，涟漪渐渐散去，优美的主题进入。

A段，曲作者以“0 X | X X X XX X | X. ”的节奏为核心，主题(两小节)经过模进、变形等手法，发展成为一个具有“散文式”特征的内在音乐发展逻辑的部分。波浪式、环绕式的旋律线，掀动着情感的起伏，弱起、三连音、附点等节奏推动着情感脉络的进行。歌词的声韵与起伏变化的旋律配合完美，三连音的节奏游走于旋律与伴奏之间，抒发出对哺育自己成长的家乡故土的深厚感情。

B段，首先通过衬词“啊”写成的乐句(两个乐节)，对A段所积累的情绪进行了宣泄。此后，曲作者采用歌词结构，谱成两乐句下行旋律，形象地表达了游子对故土山水、人情往事深深的眷恋。

尾声对A段的材料进行了镜头式的回顾，对核心曲调——“多情的土地”一句旋律的呈现，进行了深化。

本题共10分。(1)答出“曲式结构名称”得2分；(2)分析“各段的旋律特点”且阐述合理得5分；(3)答出“歌曲的基本情感”得2分；(3)语句通顺、紧扣作品得0.5～1分。

53.【参考答案】

评分标准：(1)符合作品风格特征；(2)调式调性明确；(3)伴奏音型选择合理；(4)遵循和弦编配原则。

五、教学设计题

54.【参考设计】

教学目标：

1. 通过演唱和欣赏东北民歌，能够对东北民歌产生兴趣，感受、体验东北民歌的风格特点，并乐于将自己的感受和理解与同学进行交流。加深热爱祖国、热爱家乡的思想感情。

2. 通过律动、小组合作、演唱等方式体验东北秧歌的风格特点。

3. 能够熟练演唱《东北风》。

本题共6分。答出教学目标得6分，其中“体现课程标准要求”得2分，侧重“唱歌课课型”得2分，“符合九年级学生的认知规律”得1分，“设置明确且合理确定程度”得1分，若设置“大”而“空”，要酌情扣分0.5~1分。

55.【参考答案】《东北风》是一首具有浓郁东北地方风格的经过改词的东北民歌。曲调欢快、跳跃，节奏鲜明、热情、奔放，表现了东北人民欢庆胜利、欢庆丰收的喜悦心情。曲调中多处使用下滑音和东北民歌特有的衬腔，极具东北民歌的地域特色。弱起节奏、切分节奏、附点节奏突出了节奏的强弱对比，音乐富有东北秧歌的动感和歌舞性。

歌曲为$\frac{2}{4}$拍，六声徵调式(加变宫)，重复性一段体民歌。采用的指挥图示为二拍子指挥图示。曲调围绕“**2**、**5**”音作上行和下行大跳进，四度音程的跳进和衬词的广泛使用，使音乐的情绪热烈、奔放。全曲由8个乐句组成，第一、第二乐句以“**2**”音首尾相接，第三乐句紧缩了节奏，音调围绕“**2**”音作纯四度“**2**、$\dot{\mathbf{6}}$”和“**2**、**5**”音的上下连续跳进，第四乐句是第三乐句的重复，第五乐句“**3**、**7**”音作上行五度跳进后，将全曲次高音“**6**”保持进入最高潮，然后第六乐句作下行回落，第七乐句是第三乐句的变化再现，第八乐句是第六乐句的变化扩充，最后的音调结束在高音“**5**”，保持了音乐的高涨情绪。音调中多次运用了重复、加花等表现手法，特别是句尾运用加腔的表现手法，不仅加强了句子的结束感，也对乐句起到了情感表达、扩充的作用。

本题共15分。(1)答出歌曲的“调式调性”“曲式结构”“指挥手势图”得6分，每点2分；(2)答出歌曲的“创作背景”“音乐特点”“情感表达”且阐述合理得6分，每点2分；(3)答出其他方面的内容，可酌情给1~2分；(4)语句通顺、思路清晰得1分。

56.【参考设计】

教学重点：能够用歌声表现出歌曲的热情、欢快情绪和衬词、下滑音的熟练掌握。

教学难点：能够体验东北秧歌的风格特点。

本题共4分。(1)答出教学重点得2分，可与教学目标相同，也可根据教学目标更加具体，未紧扣教学目标酌情扣0.5~1分；(2)答出教学难点得2分，其中贴合教学内容得1分，符合九年级学段的认知规律得1分。

57.【参考设计】

教学过程：

一、导入

1. 教师播放《东北风》的过程中，引导学生随音乐模仿教师即兴扭东北秧歌。

2. 谈感受。

教师设问：听到这首歌曲，你有何感受？

师生讨论并小结：这是一首东北民歌；歌曲唱出了人们欢庆胜利、欢庆丰收的喜悦心情；歌曲有衬词；伴奏中有锣、鼓、镲等乐器；演唱时有下滑音等。

二、新课讲授

1. 聆听歌曲、关注附点节奏。

(1)教师出示歌曲谱例，引导学生观察曲谱中带有附点节奏的小节。

师生讨论总结：歌曲第3和第4小节、第10和第14小节及第20小节都是带有附点节奏的小节。

(2)教师引导并适时指导学生拍打以上小节的节奏。

(3)伴随音乐的进行拍打出带有附点节奏的小节。

2. 衬词学习。

教师：歌曲中带有衬词的地方有什么不同？

学生：第14、15小节处的衬词较短且音调较高；结尾处的衬词较长且音调较低。

教师：请同学们随琴填唱歌曲中的衬词。

教师：老师演唱的结尾衬词有什么特点？对比前一个衬词的演唱有什么不同？

学生对比聆听后得出结论：结尾的衬词有两个重音处带有下滑音，相比第一个衬词音调低且连贯，重音下滑音的演唱更唱出了东北人活泼、质朴、风趣的性格特点；第一个短小且音区较高的衬词则表现了东北人豪爽、激情、奔放的特点。

3. 学唱《东北风》。

(1)教师弹琴，学生内心默唱歌曲。

(2)随琴熟练巩固歌曲。

(3)教师伴随录音进行范唱歌曲。

(4)引导学生随伴奏进行歌唱，在演唱中注意体会东北民歌的风格特点。

(5)采用多种形式(如一领众和、分组演唱、男女对唱等)进行巩固。

三、学跳东北秧歌

1. 教师简要介绍东北秧歌相关知识。

东北秧歌表现了东北人豪爽火辣的性格特点。伴奏乐器以大小唢呐吹奏高音最为突出,加上大小鼓、大小锣和钹,营造和烘托节日庆典欢天喜地的热烈场面。东北秧歌的服饰采用强烈对比的"大红大绿"搭配,手持彩绸、扇子和手绢等道具,整个动作突出表现了东北秧歌豪爽、激情、奔放和火辣的地域风格。

2. 教师示范东北秧歌"十字步"和手部动作。

十字步秧歌的步法:第一拍,左脚起步向前交叉方向走;第二拍,右脚向前交叉方向走;第三拍,左脚向后交叉方向走;第四拍,右脚向后交叉方向走。

3. 在《东北风》音乐的伴奏下边唱边扭起东北大秧歌。

四、小结

东北辽阔的黑土地,养育着热情、善良的东北人。多个民族的和谐共生,孕育出了丰富多彩的音乐文化。东北民歌是我们祖国的音乐文化瑰宝,值得我们热爱和传承。请同学们多找一些东北民歌进行了解,我们在下节课进行分享。

本题共 15 分。(1)写出新颖、自然的"导入环节"得 3 分,若没有体现新颖可酌情扣 1~2 分;(2)写出"新授环节"得 10.5 分,其中,"环节完整且连贯"得 6 分,逻辑不清晰、没有体现拓展内容可酌情扣 2.5~3 分,"紧扣教学目标和教学重难点"得 2 分,"符合九年级学生的认知规律"得 2 分,没有体现循序渐进原则酌情扣 1.5~2 分,行文流畅得 1 分;(3)写出"课堂小结和作业"得 1.5 分,没有体现作业环节可酌情扣 0.5~1分。

2021 年广东省广州市花都区教师招聘考试中小学音乐真题试卷(精编)(五)

第一部分　公共知识

一、单项选择题

1. A 【解析】本题考查十九大报告的内容。十九大报告指出:实现伟大梦想,必须建设伟大工程。这个伟大工程就是我们党正在深入推进的党的建设新的伟大工程。本题选择 A 项。

2. B 【解析】本题考查十九大报告的内容。十九大报告指出:必须坚持国家利益至上,以人民安全为宗旨,以政治安全为根本。本题选择 B 项。

3. C 【解析】本题考查时政内容。2013 年 12 月,在纪念毛泽东诞辰 120 周年座谈会上的讲话中,习近平总书记指出:"实事求是,是马克思主义的根本观点,是中国共产党人认识世界、改造世界的根本要求,是我们党的基本思想方法、工作方法、领导方法。"坚持实事求是,就要把握客观规律性,在认识规律、遵循规律的基础上开展工作。坚持实事求是,关键在于"求是",就是探求和掌握事物发展的规律。

4. D 【解析】本题考查时政内容。《中共中央关于制定国民经济和社会发展第十三个五年规划的建议》中指出,共享是中国特色社会主义的本质要求。故本题选择 D 项。

5. C 【解析】本题考查时政内容。习近平总书记指出:坚持社会主义市场经济改革方向,核心问题是处理好政府和市场的关系,使市场在资源配置中起决定性作用和更好发挥政府作用。本题选择 C 项。

6. A 【解析】本题考查时政内容。2021 年《政府工作报告》指出,要推动义务教育优质均衡发展和城乡一体化,加快补齐农村办学条件短板,健全教师工资保障长效机制,改善乡村教师待遇。本题选择 A 项。

7. D 【解析】本题考查《中华人民共和国教师法》的内容。根据《中华人民共和国教师法》第三十七条规定,教师体罚学生,经教育不改的,由所在学校、其他教育机构或者教育行政部门给予行政处分或者解聘。行政处分的种类有:警告、记过、记大过、降级、撤职、开除等。本题选择 D 项。

8. B 【解析】本题考查《中华人民共和国预防未成年人犯罪法》的内容。《中华人民共和国预防未成年人犯罪法》第十二条规定,预防未成年人犯罪,应当结合未成年人不同年龄的生理、心理特点,加强青春期教育、心理关爱、心理矫治和预防犯罪对策的研究。本题选择 B 项。

9. D 【解析】本题考查《中华人民共和国预防未成年人犯罪法》的内容。根据《中华人民共和国预防未成年人犯罪法》第三十一条规定,学校对有不良行为的未成年学生,应当加强管理教育,不得歧视;对拒不改正或者情节严重的,学校可以根据情况予以处分或者采取以下管理教育措施:(1)予以训导;(2)要求遵守特定的行为规范;(3)要求参加特定的专题教育;(4)要求参加校内服务活动;(5)要求接受社会工作者或者其他专业人员的心理辅导和行为干预;(6)其他适当的管理教育措施。排除 A、B、C 项,本题选择 D 项。

10. B 【解析】本题考查《新时代中小学教师职业行为十项准则》的内容。传播优秀文化要求教师带头践行社会主义核心价值观,弘扬真善美,传递正能量;不得通过课堂、论坛、讲座、信息网络及其他渠道发表、转发错误观点,或编造散布虚假信息、不良信息。根据题意,本题选择 B 项。

11. C 【解析】本题考查《新时代中小学教师职业行为十项准则》的内容。坚守廉洁自律要求教师严于律己,清廉从教;不得索要、收受学生及家长财物或参加由学生及家长付费的宴请、旅游、娱乐休闲等活动,不得向学生推销图书报刊、教辅材料、社会保险或利用家长资源谋取私利。题干中邵老师变相向家长推销大米,是利用家长资源谋取私利的行为,违反了坚守廉洁自律的要求,故本题选择 C 项。

12. C 【解析】本题考查布卢姆情感领域的教学目标。情感领域的教学目标分为五个等级,分别为接受、反应、形成价值观念、组织价值观念系统和价值体系个性化。形成价值观念指学习者对特定的对象、现象或行为的价值或重要性的认识。例如:当讨论有关小煤窑瓦斯爆炸事件时,学生应能积极表达自己关注生命等观点。根据题意,本题选择 C 项。

13. B 【解析】本题考查教学板书。板书内容构成直接影响板书质量和教学效果。通常,系统性板书内容的构成形式有以下四种:(1)内容式板书——以全面概括课文内容为主的板书。它便于学生全面理解课文内容,是板书内容构成的基本形式。(2)强调式板书——以发挥某种强调作用的板书。这种形式的板书可根据需要,灵活机动地突出课文的某一部分或某种思想,增强针对性,以使学生把握学习重点。(3)设问式板书——用问号启发学生思考问题的板书。这种板书可根据教学目标、要求,在课题的难点或重点下边引而不发地画上一个或几个问号,并配上必要的文字提示,以指导学生注意阅读和思考。(4)序列式板书——按内容发展的序列构设板书内容的板书。这种板书能比较清晰地显示内容轮廓,使学生对内容有完整印象,并领会其脉络。根据题意,本题选 B 项。

14. D 【解析】本题考查加涅学习过程的八个阶段。加涅将学习的过程分为八个阶段,概括阶段指学生对所学东西的提取和应用并不限于同一种学习情境,人们常常要在变化的情境或现实生活中利用所学的东西,这需要实现学习的概括化。学习者要想把获得的知识迁移到新的情境,首先依赖于对知识的概括,同时也依赖于提取知识的线索。为了促进学习迁移,教师必须让学生在不同情境中学习,并给学生提供在不同情境中提取信息的机会。本题选择 D 项。

15. A 【解析】本题考查课堂提问的类型。开放式提问要求学生朝不同方向、不同角度、不同层面去思考,有大量不同的答案,或者根本就没有固定标准答案。教师在讲完课后要求学生回答学习感想,学生可从自身体会出发,给出不同的思考方向和答案,这属于开放式提问。

16. D 【解析】本题考查教育目的论。杜威提倡教育无目的论,将教育目的与教育活动本身联系起来,反映了教育活动主体的自觉。"教育无目的论"并非主张真正的教育无目的,而是认为无教育过程之外的"外在"目的。个人本位论认为确立教育目的的根据是人的本性,倡导个性解放,尊重人的价值。社会本位论认为确立教育目的的根据是社会的要求,个人的发展必须服从社会需要。宗教本位论认为教育应当建立在精神本质占优势的基础之上,教育的最高目标是培养青年对于上帝的虔诚信仰。本题选 D 项。

17. D 【解析】本题考查赫尔巴特的教学四阶段论。赫尔巴特提出了教学四阶段论,即明了、联合(联想)、系统、方法。明了,主要是把新教材分解为各个构成部分,并和意识中相关的观念即已经掌握的知识进行比较;联合(联想),建立新旧观念的联系,使学生在新旧观念的联系中继续深入学习新教材;系统,学生在教师的指导下,在新旧观念联系的基础上进行深入思考,寻求结论和规律;方法,引导学生把所学知识用于实际。题干中,学生在课堂上学会了测量,课后自己拿工具进行路段测量是将所学知识用于实际,属于四个阶段中的"方法"阶段。

18. C 【解析】本题考查教育的功能。"君子如欲化民成俗,其必由学乎"意为:君子如果要教化人民,形成良好的风俗习惯,一定要从教育入手。"是故,古之王者,建国君民,教学为先"意为:因此,古代的君王建立国家,治理民众,都把教育当作首要的事情。这两句话都强调教育通过传播思想、形成舆论作用于一定的政治经济制度,这体现的是教育的政治功能。

19. A 【解析】本题考查课程内容组织的原则。关于如何组织与呈现课程内容的问题,泰勒提出了三个基本原则,至今仍常被引述,它们是:连续性、顺序性和整合性。连续性是指直线式地呈现主要的学习经验,是系统有效地纵向组织学习经验。顺序性与连续性有关,但又超越连续性。顺序性强调把每一后继经验建立在前面经验的基础上,同时又对有关内容作更深入、广泛地探讨。顺序性强调的不是重复,而是在更高层次上处理每一后继的学习经验。整合性是指课程经验的横向联系,以便于学生获得一种统一的观点,并把自己的行为与所学的课程内容统一起来。根据题干所述"后面出现的内容应该是在更高层次上进行探讨,而不仅仅停留在同一水平的重复"可知,其强调的课程内容组织原则是顺序性原则。

20. C 【解析】本题考查态度与品德学习的一般过

程。态度与品德的形成是一个从外到内的转化过程，是社会规范的接受和内化，大致经历依从、认同和内化三个过程。其中，认同指在思想、情感、态度和行为上主动接受规范，从而试图与之保持一致。认同实质上就是对榜样的模仿，其出发点就是试图与榜样一致。根据题干表述，王老师的做法符合认同，故本题选择 C 项。

21. B 【解析】本题考查德育的模式。体谅模式把道德情感的培养置于中心地位。该模式假定与人友好相处是人类的基本需要，满足这种需要是教育的职责。认知模式假定人的道德判断力按照一定的阶段和顺序从低到高不断发展，道德教育的目的就在于促进儿童道德判断力的发展及其行为的发生。社会模仿模式认为人与环境是一个互动体，人既能对刺激做出反应，也能主动地解释并作用于情境。价值澄清模式着眼于价值观教育，试图帮助人们减少价值混乱并通过评价过程促进统一的价值观的形成。答案选 B 项。

22. B 【解析】本题考查操作性条件反射作用的基本规律。操作性条件作用的基本规律有强化、逃避条件作用与回避条件作用、消退、惩罚。强化有正强化和负强化之分。其中，负强化也称消极强化，是通过消除或中止厌恶、不愉快刺激来增强反应频率。题干中小明月考成绩有进步，就免去他每天多做三道试题的任务，是消除了不愉快刺激(试题)，之后小明月考进步的频率增加，是负强化的应用，故本题选择 B 项。

易错提示：考生易混淆强化和惩罚。行为频率升高的是强化，行为频率降低的是惩罚。呈现一个刺激的是正向强化或惩罚，移除一个刺激的是负向强化或惩罚。

23. A 【解析】本题考查学习迁移的种类。根据迁移的性质和结果，可分为正迁移、负迁移和零迁移。正迁移也叫“助长性迁移”，是指一种学习对另一种学习的促进作用。负迁移也叫“抑制性迁移”，是指一种学习对另一种学习产生阻碍作用。题干中分数乘法对分数加减法起到的是阻碍作用，是负迁移，排除 B、C 项。根据迁移发生的方向，可分为顺向迁移和逆向迁移。顺向迁移是指先前学习对后继学习产生的影响。逆向迁移是指后继学习对先前学习产生的影响。题干中分数乘法是后学习的，对之前学习过的分数加减法有影响，是逆向迁移，排除 D 项，选择 A 项。

24. C 【解析】本题考查学习策略的种类。精细加工策略是指把新信息与头脑中的旧信息联系起来从而增加新信息意义的深层加工策略。它常被描述成一种理解记忆的策略，其要旨在于建立信息间的联系。题干所述运用了记忆术来记忆历史知识，这种学习策略属于精细加工学习策略，故本题选择 C 项。

25. C 【解析】本题考查发散思维的基本特征。流畅性是指在限定时间内产生观念数量的多少。在短时间内产生的观念越多，流畅性越大。高某能在较短时间内考虑可供选择的多个方案、假设，这表明了高某的思维具有流畅性，本题选择 C 项。

26. A 【解析】本题考查遗忘理论。压抑(动机)说认为，遗忘是由于情绪或动机的压抑作用引起的，如果压抑被解除，记忆就能恢复。学生被叫起来回答问题时会紧张等，这些情绪压抑了记忆内容，待坐下后，便能回想起来，符合压抑(动机)说的含义，本题选择 A 项。

27. D 【解析】本题考查想象的种类。再造想象是依据词语或符号的描述、示意在头脑中形成与之相应的新形象的过程。阅读他人作品在头脑中想象其描绘的场景体现的是再造想象，故本题选择 D 项。

28. C 【解析】本题考查注意的分类。有意注意也称随意注意，是有预先目的、必要时需要意志努力、主动地对一定事物所发生的注意。题干中的学生即使不喜欢英语也能认真听讲，这体现的是有意注意，故本题选择 C 项。

29. B 【解析】本题考查记忆的分类。语义记忆又称语词逻辑记忆或词的抽象记忆，是以语词所概括的事物的关系以及事物本身的意义和性质为内容的记忆。根据题意，本题选择 B 项。

30. C 【解析】本题考查班级群体的类型。班级群体的存在不是静止不动的，而是一个非常活跃的动态集合体，随时都在不断变化与发展着。根据班级群体的多变因素及其凝聚程度，班级群体可分为四种类型：松散型、集团型、浮动型、集体型。其中，浮动型班级的特点是时好时坏，左右摇摆，处于中游状态，顺意时群情振奋，稍有挫折就出现波动，不能保持稳定发展；班干部虽基本团结，但不坚强，有一定的组织能力，但号召力不强；或者干部本身思想情绪容易波动，班级活动不能完全令人满意；虽有班级规范，但未得到普遍遵守，正确的舆论时强时弱；非正式群体随班级起伏状况，时而在积极方面起一定作用，时而又表露消极方面；班主任不善于组织班集体，陷入事务之中。符合题干描述，本题选择 C 项。

31. A 【解析】本题考查班级管理的目的。班级管理是一种有目的、有计划、有步骤的社会活动，这一活动的根本目的是实现教育目标，使学生得到充分、全面的发展。

32. A 【解析】本题考查班级组织的功能。班级组织的个体化功能包括：促进发展的功能、满足需求的功能、诊断功能以及矫正功能。矫正功能是指学生存在的人格及能力缺陷，可以通过班级组织进行矫正。例如，自我中心的学生会因受到伙伴的批评而改变行为，自我控制能力欠缺的学生能够在集体的监督约束下逐步形成自律意识。诊断功能强调学生置身于班级组织中时，其人格及能力上存在的缺陷就会“显现”出来。促进发展功能强调班级组织能够为班级成员提供发展的机会。

33. B 【解析】本题考查学校心理咨询的内容。学校心理咨询的内容非常广泛。如果按照学校心理咨询的任务加以归纳，大体可分为以下四方面的内容：(1)以教育发展为中心的咨询内容。(2)以校园辅导为中心的咨询内容。(3)以心理卫生为中心的咨询内容。(4)以心理治疗为中心的咨询内容。其中以校园辅导为中心的咨询内容主要包括：掌握教材感到困难的心理机制和对策；感知、记忆、理解、应用书本知识的科学方法和规律；良好学习习惯的培养和不良学习习惯的纠正；增强学习动机的途径和方式；课外学习与课内学习的关系和衔接；学习方法的自我检查和调整，应试技能的训练和提高；人际交往的原则和技巧；重大转折时期的环境适应和自我心理调节；个人与集体的关系及其矛盾处理；个人专长的确定和兴趣的培养；升学时的专业选择，就业前的职业定向和准备，等等。符合题干描述，故本题选择 B 项。

34. C 【解析】本题考查学校心理素质教育的基本任务。从学校心理素质教育的根本目标出发，学校心理素质教育的基本任务主要体现在以下五个方面：(1)促进和维护学生心理健康。(2)开发智力，促进能力发展。(3)提高德性修养，培养良好品德。(4)培养主体意识，形成完善人格。(5)养成良好行为习惯，提高社会适应能力。其中心理素质教育的首要功能是促进和维护学生心理健康，本题选择 C 项。

35. B 【解析】本题考查建立良好辅导关系的促进条件。同感、尊重和真诚是建立良好辅导关系的促进条件。同感，也译作共感、共情、同理心等，指进入受辅导学生的内心世界，通过他的眼睛看事物，体察他的思想与感受，了解他观察自己与周围世界的方式。符合题干描述，故本题选择 B 项。

二、多项选择题

36. ACD 【解析】本题考查孔子的教育思想。孔子在教育对象上主张“有教无类”，故 A 项属于孔子的教育思想。孔子提出了启发诱导、因材施教、学思行相结合、温故知新等教学原则与方法，故 C 项和 D 项当选。B 项是孔子的学生子夏所说，不属于孔子的教育思想。

37. ABC 【解析】本题考查十九大报告的内容。十九大报告指出：坚持党的领导、人民当家作主、依法治国有机统一是社会主义政治发展的必然要求。本题选择 A、B、C 三项。

38. BCD 【解析】本题考查《中小学教育惩戒规则(试行)》的内容。根据《中小学教育惩戒规则(试行)》第七条规定，学生有下列情形之一，学校及其教师应当予以制止并进行批评教育，确有必要的，可以实施教育惩戒：(1)故意不完成教学任务要求或者不服从教育、管理的。(2)扰乱课堂秩序、学校教育教学秩序的。选择 C 项。(3)吸烟、饮酒，或者言行失范违反学生守则的。(4)实施有害自己或者他人身心健康的危险行为的。选择 D 项。(5)打骂同学、老师，欺凌同学或者侵害他人合法权益的。选择 B 项。(6)其他违反校规校纪的行为。A 项小李拒绝参加班级公益服务不属于上述的可以实施教育惩戒的情况，故排除 A 项。本题选择 B、C、D 三项。

39. ABD 【解析】本题考查学习动机的分类。按学习动机产生的诱因来源，可分为内部学习动机和外部学习动机。内部学习动机是指诱因来自学习者本身的内在因素，即学生因对活动本身发生兴趣而产生的动机。外部学习动机是指诱因来自学习者外部的某种因素，即在学习活动以外由外部的诱因激发出来的学习动机。C 项属于内部动机，排除。故本题选择 A、B、D 项。

40. ACD 【解析】本题考查班级授课制。班级授课制的优点包括：(1)它能够大规模地面向全体学生进行教学。一位教师能同时教许多学生，而且使全体学生共同前进，有助于提高教学效率。A 项表述正确。(2)它能够保证学习活动循序渐进，并使学生获得系统的科学知识，扎扎实实，有条不紊。C 项表述正确。(3)它能够保证教师发挥主导作用，教师可以有目的、有组织、有计划地指导学生的学习过程。(4)固定的班级人数和统一的时间单位，有利于学校合理安排各科教学的内容和进度并加强教学管理，从而赢得教学的高速度。(5)在班集体中学习，学生可与教师、同学之间进行多向交流，互相影响、互相启发和互相促进，从而增加信息来源或教育影响源。(6)它在实现教学任务上比较全面，有利于学生多方面的发展。D 项表述正确。班级授课制不利于学生主体性的发挥，也不利于培养学生的探索精神、创造能力和实际操作能力。B 项表述错误。

三、案例分析题

41.【参考答案】(1)案例 1 中老师的做法值得学习与提倡，案例 2 中老师的做法不妥，应当避免。

(2)新课程教学评价倡导的基本理念之一为关注学生发展。课堂教学要真正体现以学生为主体、以学生发展为本。要改变评价过分强调甄别与选拔的功能，发挥评价促进学生发展、教师提高和改进教学实践的功能。案例 1 中，学生 B 因为只写对了两个生字而感到羞愧，语文老师何某及时关注到学生的情绪表现,表扬他"第一个举手""字写得很漂亮",鼓励他"下次也能全写对",这是以学生发展为本的表现,学生 B 的情绪受到抚慰,有利于其积极投入到接下来的学习中,也为其之后的进步垫下基石。案例 2 中,伍某认真答题,考试取得进步,却因为在班级排名靠后,受到了刘老师的批评,这表明,刘老师在教学中仍过度关注学生的学习成绩,过度关注相对性评价,而忽视了发展性评价,这样下去会严重打击学生的积极性和进取心,不仅不利于学生的学习进步,也会损害学生的心理健康。

(3)在实际教学中,教师应树立正确的教育评价理念,关注学生的健康、可持续发展,以学生的发展为本,这样才能取得好的教学效果。

本题共 12 分。(1)判断出案例 1 中教师的做法合理和案例 2 中教师的做法不合理,得 2 分;(2)根据案例 1 答出"关注学生发展""学生为主体"等教育理论依据并紧扣案例进行阐述,得 4 分;(3)根据案例 2 答出"忽略发展性评价"等教育理论依据并紧扣案例进行阐述,得 4 分;(4)语句通顺、阐述合理、逻辑准确可适当给 1 ~ 2 分;(5)从其他教育评价方面进行阐述且阐述合理可酌情给分。

第二部分　学科专业知识

四、单项选择题

42. B 【解析】本题考查音乐起源学说的内容。劳动起源说——音乐直接起源于劳动生产过程中。模仿起源说——音乐起源于模仿大自然音响(如鸟类的鸣叫等)。巫术起源说——音乐起源于人们对巫术的崇拜。表现起源说——认为音乐艺术起源于人的潜意识的发露,即起源于人的心灵。

43. A 【解析】本题考查音乐美的六个基本范畴的特点。优美在音乐美诸范畴中最具有普遍性。人们从社会生活和大自然中感受到种种美好的事物,获得种种愉悦的心理体验,生出种种诗情画意的遐想,这些在音乐中就表现为优美。优美具有温柔、平和、纯净与细腻的特点。

44. C 【解析】本题考查音域的概念。从低音到高音,音列的总范围叫作音域。音域包括乐音体系总的音域和个别人声或乐器以及某首音乐作品的音域。如钢琴的最低音是 A_2,最高音是 c^5,这 $A_2 \sim c^5$ 就是钢琴的音域。

45. D 【解析】本题考查简谱的记谱法。全音符表示四拍,在简谱中用基本音符后面加三条增时线来表示四拍。

46. C 【解析】本题考查平行大小调的知识。调号相同、主音相距一个小三度关系的大小调叫作关系大小调,也叫平行大小调。题干中 F 自然大调的主音是 F,向下构成小三度的音为 D,即 d 自然小调。

47. A 【解析】本题考查 $\frac{4}{4}$ 拍的强弱规律。$\frac{4}{4}$ 拍的强弱规律为强、弱、次强、弱。

48. C 【解析】本题考查和弦的性质。A 选项从低到高是大三度 + 小三度,为大三和弦;B 选项从低到高是小三度 + 大三度,为小三和弦;C 选项从低到高是大三度 + 大三度,为增三和弦;D 选项从低到高是小三度 + 小三度,为减三和弦。

49. B 【解析】本题考查四部和声中和弦音的排列方法。和弦音的排列分两种,第一种是密集排列法,指的是上三声部相邻声部之间的音程距离在四度以内;第二种是开放排列法,指的是上三声部相邻声部之间的音程距离在五度以上、八度以内。

50. D 【解析】本题考查曲式的基本结构。曲式的基本结构包括乐段、乐句、乐节、乐汇。其中,音乐中具有一定完整性、能够独立存在的最小曲式结构单位是乐段。乐段常作为较大音乐作品中的组成部分,也可作为独立音乐作品呈示,是四个选项中最大的曲式单位。乐句为乐段的基本组成部分,其长度一般约为 4 ~ 8 小节,具有一定的节奏音型和旋律的起伏。乐节指长度约为 2 ~ 4 小节的、规模较小的音乐片段,多数乐节相当于半个乐句的长度。乐汇是乐曲结构中最小的组成部分,是由两个以上的乐音结合成的音组,它往往环绕一个主要重音运动,其节奏、音型的组合形成一定的特点。

51. A 【解析】本题考查奏鸣曲式的结构特点。奏鸣曲式是以对比(表现为冲突或者配合)、发展和统一的原则为基础所形成的一种大型曲式,它适宜表现矛盾的冲突和深刻的哲理思想,是音乐创作特别是器乐曲创作中一种极为重要的结构形式,一般由呈示部、展开部、再现部三大部分构成。变奏曲式是由一个音乐形象的多方面变化而形成的,是由代表基本乐思主题的最初陈述及其若干次变化重复或者展开所构成的曲式结构。同一个主题反复出现,其间插入若干新材料(或原材料的引申演变)的对比部分所形成的结构,称为回旋曲式。以对比并置的两个乐部为基础,按照一定的逻辑关系构成的曲式,叫作二部曲式。

52. B 【解析】本题考查劳动歌曲的艺术特征。劳动歌曲又称劳动号子,是产生并应用于劳动中、具有协调与指挥劳动的实际功用的民间歌曲。在劳动号子中,最常见的歌唱方式是一领众和,领唱者就是劳动的指挥者。节奏上重音突出,音乐强弱对比鲜明,歌曲往往显现出质朴、粗犷、豪迈的风格,体现了劳动人民的智慧和力量,并表现出他们的乐观精神和大无畏的英雄气概。B 选项不符合题意。

53. C 【解析】本题考查歌词的基本创作规律。歌词的创作要遵循的基本规律之一是词曲相互依存又相互独立,C 项词曲完全分离,这种说法是不正确的。其他三项都是歌词创作要注意的事项。

54. B 【解析】本题考查旋律发展手法。歌曲主题的发展手法多样,最常用的有四种:重复、模进、展开和对比。重复中的变化重复是最常用的旋律发展手法,就是只重复前面旋律的一部分,而将另一部分(可以是句首、句腹、句尾)进行变化。它使旋律既保持了统一,又获得了变化发展,还起到巩固音乐主题、发展音乐思想、加深音乐形象等作用。

55. A 【解析】本题考查歌曲的附属部分。歌曲的前奏也称"引子",出现在歌曲呈示段之前,预示主题的出现,也预示歌曲的调式、速度、风格、情绪等特点,作为全曲音乐形象的缩影。间奏也称"过门",是间插在曲式主体结构中间的段落,起着乐思的发展、延续以及乐段间情绪、速度的转换过渡等较为重要的作用。歌曲的尾声也称"后奏",有补充作用和使歌曲作品有一个完美的终止。伴奏是音乐表现手法,歌曲或器乐曲的有机组成部分,由一件或多件乐器奏出,用以衬托主要的歌唱或器乐演奏的部分,如用钢琴或乐队伴奏独唱、重唱或合唱等。

56. B 【解析】本题考查声乐表演手势的含义。双臂张开,两掌相对,我们将之称为"开",双臂收拢,即"合",手势的开合是根据情感表现的内容而定的,有"开"就有"合","开"时气势磅礴,"合"时气势减弱。"定",即定格,手势定住不动,这是在演唱情绪缓慢、深沉的歌曲时或者是在歌曲的结尾时经常做出的一种手势,它会给观众一种舒展、宽广的感觉,结尾处的定格手势更表示一种圆满的结束。"引",即一手向前高抬,一手低位前伸,手心张开,食指前伸,掌心向上或者朝下,随着眼神的方向向前做指引状,这种手势有指引方向或者指示景物的作用。双掌朝上,向胸前托举,即为"托",这种手势多用来表示尊敬的情绪。"错",即错落有致,歌唱者在舞台上表演,手势并不是越"对称"越好,有时不对称的动作反而彰显美感。题干四个选项中符合"合"的手势的情绪只有 B 选项。

57. C 【解析】本题考查声乐作品的演唱风格。美声唱法的特点:在演唱方法上,美声唱法要求保持口咽管道的开放和喉型的稳定,以保证气流的流畅贯通和声音的纯净圆润、铿锵有力,追求具有强烈光亮度的"声音集中点";重视口鼻、胸式、腹式、胸腹式呼吸的协调、深沉,强调气息的支持,要求自然放松;强调共鸣的作用。美声歌唱者必须恪守这一发音模式,在服从共鸣的前提下,保证吐字的运用自如,无论大音量时的声音饱满、坚实,还是音量控制下的轻柔优美,均要求保持统一的口型和歌唱位置,保证各音区之间的转换自如、音色统一。通俗唱法中的发声共鸣及其对于呼吸的控制是为了形成一系列的非传统的、个性的演唱效果。通俗歌曲的演唱一般有气声唱法、假声唱法、喊声唱法等。其中,气声唱法指的是以气催声的过程,这种唱法主要用于低声、缠绵、如歌如泣的段落中,像是耳旁的窃窃私语,又像是发自内心的声音,表达极为真切,更富有感染力。题干最符合气声唱法的特征。

58. A 【解析】本题考查二拍子指挥图示。A 选项是二拍子的基本指挥图示,其他三个选项都为二拍子的变化指挥图示。A 选项基本图示适合表达雄壮有力的音乐情绪,适合采用保持音击拍方法。B 选项二拍子变化图示适用于刚中带柔的歌曲,第一拍采用保持音打法,第二拍采用连音打法。C 选项二拍子变化图示适用于较快速度的跳跃性歌曲。D 选项二拍子变化图示适用于较慢速度的抒情或稍带忧伤的歌曲,采用连音击拍方法。(参考朱咏北主编的《合唱与合唱指挥普修教程 上》)

59. C 【解析】本题考查萨拉萨蒂的《卡门主题幻想曲》。西班牙小提琴家萨拉萨蒂为 19 世纪最杰出的小提琴演奏家之一,这首由比才歌剧《卡门》所改编的《卡门主题幻想曲》中有很多艰难的小提琴技巧,合理地运用令这首幻想曲绚丽多姿,极富表现力,成了小提琴家们的最爱,也是小提琴曲中的经典之作。

60. B 【解析】本题考查《黄河大合唱》的内容。题干选自《黄河大合唱》的第二乐章《黄河颂》的朗诵词。

61. D 【解析】本题考查聂耳的音乐贡献。聂耳的音乐作品大多是为当时的进步电影和戏剧写的主题歌与插曲。他第一个在歌曲中塑造了中国无产阶级的光辉形象,是中国革命音乐的开路先锋。

62. B 【解析】本题考查京剧的行当。京剧行当分为生、旦、净、丑四行。生行是除了花脸以及丑角以外的男性角色的统称。旦行是所有女性角色的统称,可细分为青衣、花旦、老旦、刀马旦等角色,老旦多扮演老年妇人,花旦多扮演性格活泼的女子,青衣多扮演贤妻良母角色,刀马旦多扮演以武功见长的女性。净行大多是扮演性格、品质或相貌上有些特异的男性人物,化妆用脸谱,音色洪亮,风格粗犷,俗称"花脸"。丑行可分为文丑、武丑两大支系,俗称"小花脸"。

63. B 【解析】本题考查古琴的类属。弹拨乐器是通过弹拨琴弦使得共鸣器与弦产生振动而发出声响的乐器。这类乐器善于弹奏活泼跳跃的旋律。弹拨乐器按演奏方式又可以分为两种:一种是横弹的乐器,如古琴、筝、朝鲜族的伽倻琴等;一种是竖弹乐器,如琵琶、阮、柳琴、月琴、三弦等。另外,击弦乐器扬琴也属于弹拨乐器。

64. D 【解析】本题考查印象派音乐的特点。印象主义音乐常常使用的艺术表现手法,可归纳为以下几点:(1)曲调发展上避免使用浪漫主义音乐中常见的重复、扩充、展开等表现手段,而以短小的曲调组合成一种新颖的动机语汇。声乐曲调与言语音调密切结合,近似朗诵;器乐曲调也很少有气息宽广的线条。(2)演奏上喜欢使用复节拍与复节奏,节拍不规则地细分减弱了推动力,呈现松散流动的状态。(3)重视调式的表现力,根据形象要求采用相应的调式,如各种五声音阶、中古调式及全音音阶。扩大调性概念,常避免出现明确的收束式。全音音阶的运用使调式中的每一个音都居于同等地位,减弱了调中心感,出现多调性因素。(4)由于喜好对不同的色彩与音响作平面的、绘画式的并列,和声成为最重要的表现手段。通过增加和弦结构的可能性与减弱和声进行的功能性,得到极其丰富的和声色彩。(5)音色丰富、独特而新颖。在声乐作品中,男高音与女高音常使用缺乏光彩和戏剧力量的低音区;广泛运用各种乐器演奏法上的色彩手段,如木管的低音区、铜管大量使用弱音器与阻塞音,铜管在乐队中的作用往往不在于加强力度,而为了取得多变的色彩效果等。(6)配器与织体安排新颖。如弦乐组常常细分,小提琴的高音伸展到过去很少用的音区,大提琴担任小提琴的角色,中提琴演奏低音,造成模糊不清之感;突出竖琴、钢片琴、三角铁和钟琴清澈的音响,使管弦乐色彩缤纷,展现出力度与音色的结合。(7)结构往往松散模糊,但许多作品仍可看到三部曲式的轮廓。总之,印象主义音乐的特征表现为:新颖、雅致、清新、灵巧,但缺乏音乐发展所固有的内在动力。综上,D 选项说法错误。

65. A 【解析】本题考查巴赫的历史地位及代表作品。巴赫,德国作曲家、管风琴演奏家,被称为“西方近代音乐之父”。《平均律钢琴曲集》是他的古钢琴作品;《马太受难曲》是他的声乐作品,代表着巴赫的宗教音乐的最高成就,被人们称为“现存宗教音乐的顶峰”。

66. C 【解析】本题考查世界三大神剧。《四季》《创世纪》是海顿的清唱剧作品,《第 88 号交响曲》也是海顿的代表作品,B 选项《蓝色多瑙河》是奥地利作曲家(小)约翰·施特劳斯的代表作。海顿的《创世纪》、亨德尔的《弥赛亚》以及门德尔松的《伊利亚》并称为世界三大神剧。

67. C 【解析】本题考查韦伯的代表作品。韦伯的代表作品《自由射手》(也译为《魔弹射手》)标志着德国民族歌剧、浪漫主义歌剧的诞生。A 项《图兰朵》是普契尼的代表作;B 选项《奥伯龙》是韦伯创作的最后一部歌剧作品;D 选项《森林少女》是韦伯创作的早期歌剧,已经有了浪漫主义歌剧的倾向。

68. B 【解析】本题考查贝多芬的代表作。A 项《茶花女》是威尔第的代表作品;B 项《田园交响曲》是贝多芬的交响曲代表作;C 项《仲夏夜之梦序曲》是门德尔松的代表作品;D 项《跳蚤之歌》是穆索尔斯基的代表作品。

69. C 【解析】本题考查莫扎特的喜歌剧《唐璜》。《费加罗的婚礼》《唐璜》《女人心》是莫扎特最重要的三部喜歌剧。

70. C 【解析】本题考查芭蕾舞剧《红色娘子军》。作为中国芭蕾舞台上的佼佼者,《红色娘子军》可以说是中国芭蕾史上的一座里程碑,是艺术领域中西文化成功融合的典范,将古典芭蕾的精华与中国的民族风格融为一体,展现出了中国芭蕾独有的特色和民族风情。

五、判断题

71. √ 【解析】本题考查舞蹈和音乐的共同点。首先,舞蹈与音乐之间存在的共同点是节奏,这是它们结合的自然基础,舞蹈更需要音乐来强化节奏感。其次,舞蹈与音乐的共同点是抒情性,舞蹈和音乐都直接表达感情,而音乐的表达具有抽象性,它不会对舞蹈的具体表达产生重叠、矛盾或干扰,而可以与舞蹈结合。再次,舞蹈和音乐都是在时间过程中展示的,这样它们才能够同步进行,结合在一起。

72. × 【解析】本题考查记谱法。五线谱记谱法是目前被公认的最准确、最科学的记谱方法。减字谱是唐代曹柔在“文字谱”的基础上革新、创造的一种古琴记谱法。

73. √ 【解析】本题考查反复记号。歌曲演唱(奏)到“D. C.”后,要从头反复至“Fine”处结束。

74. × 【解析】本题考查四部和声的基础知识。在多声部音乐中,声部数量的多少常根据音乐表现的需要而定,但是,最常用的方式还是以四部和声为基础。如大合唱常分为女高音、女低音、男高音、男低音四个声部;管弦乐也常把弦乐、木管、铜管等乐器分为高音、中音、次中音、低音四个声部。四部和声具有音响丰满、声部均衡的优点。

75. × 【解析】本题考查“起承转合”结构的基础知识。起承转合:“起”的最初呈示,“承”的巩固、强调与延续,“转”的变化对比,“合”的再现与总结概括联系在一起,体现出音乐合乎逻辑、展衍发展的结构形式。与最开始乐意相呼应,总结全曲的是"合"。

76. √ 【解析】本题考查螺蛳结顶的创作手法。螺蛳结顶是音乐创作的一种技法,是指将原有的乐句逐步紧缩,直至最后形成简洁的顶端。如民族管弦乐曲《金蛇狂舞》。

77. √ 【解析】本题考查预备拍在合唱指挥中的作用。预备拍作为指挥开始音乐进行前的预示动作,虽然在时间上非常短暂,但对于提示合唱团的呼吸,歌曲的速度、力度、情感等方面有着至关重要的作用。

78. √ 【解析】本题考查刘天华的代表作品。刘天华,江苏江阴人。他于 1927 年创办"国乐改进社"和音乐刊物《音乐杂志》。他的代表作品有二胡曲《病中吟》《月夜》《空山鸟语》等,琵琶曲《歌舞引》《改进操》《虚籁》,民乐合奏《变体新水令》《混江龙》。

79. × 【解析】本题考查柏辽兹所属乐派。柏辽兹是浪漫主义时期代表音乐家,被称为"标题音乐大师",代表作有《幻想交响曲》《罗密欧与朱丽叶》等。

80. × 【解析】本题考查歌剧的诞生。歌剧在 16 世纪末诞生于意大利佛罗伦萨。

六、简答题

81. 简述掌握好钢琴即兴伴奏的编配需做好哪些方面的工作。

【参考答案】掌握好钢琴即兴伴奏的编配需要做好以下几方面的工作:第一,扎实的钢琴演奏技术。第二,和声是钢琴即兴伴奏中的骨架。第三,作品分析能力是设计钢琴即兴伴奏的前提。第四,恰当地运用复调手法。

本题共 5 分。(1)答出"钢琴演奏""和声基础""作品分析""复调基础"4 点内容,可得 4 分,每点得 1 分;(2)阐述合理且语句通顺得 1 分;(3)从其他方面切入,根据阐述的合理程度,酌情给分。

七、论述题

82. 正确的发声是歌唱的基础,试述歌唱发声训练过程中的注意事项。

【参考答案】歌唱技能包括良好的姿势、正确的呼吸、自然圆润的发声和清晰的咬字吐字等。它们彼此之间是紧密联系的。正确的姿势是学生歌唱和表现歌曲的基础。呼吸是歌唱发声的动力,发声的自然、正确,音色、音质的优美和歌唱时感情的表达都与呼吸有很大关系。良好的呼吸是正确揭示歌曲音乐形象的必要条件。发声方法的训练是培养学生自然、良好嗓音的重要途径,结合其他歌唱知识,为唱好歌曲准备充足的条件。

歌唱发声训练过程中的注意事项有以下几点:①歌唱的发声与说话的发声在音质与音量上有着根本的区别。歌唱的发声在音量和音高方面有着特殊的要求,需要音色优美、音质纯净,以符合人们歌唱审美的标准。②歌唱发声的关键与基础,在于良好的呼吸。首先呼吸方法要正确(胸腹联合呼吸法),要求吸气深而自然,气息的运用(呼气)要通过胸腹肌肉联合控制,控制力量要适当而稳定,使声音充分获得气息的支持。③歌唱发声时要做好准备,使声门闭合,然后用气息压力冲开声门,发出声音,但气息的冲击力量不可过猛以免损伤声带。④歌唱发声时要打开喉咙(声音通道),注意喉头稳定(避免上下移动)。面部、下颌及舌要自然松弛,不可僵硬。⑤发声时音量要适度,强度适中。通过有节制地均匀用气,使声音自然、松弛,匀净而稳定。歌唱发声的训练步骤,首先应从中声区(自然声区)开始,以取得丰满、圆润而自如的发声基础,然后再渐次向上、向下扩展音域。扩展音域不可急于求成,要注意声区的融合统一。向上(高音)扩展时声音要收拢、集中,使共鸣部位移向头腔,向下扩展时应开放喉咙,并调节共鸣部位,使声区过渡自然、协调统一。⑥用不同元音练习发声时,下颌及舌的升降及前后位置应适当调整;在发长音时,口形应保持不变。⑦在歌唱练习时要注意保护好自己的嗓子,适当地练唱。发声练习的时间,初学时一次 20 分钟为宜,以后逐渐地加至半小时或 1 小时。经常唱一组你最满意的音,坚持每天练习最重要,绝对避免用全音量来练习。⑧大声地乱唱,容易使歌唱器官受损。在没有能力唱高音之前,切勿作高音练习。选择曲目更要谨慎,不要唱不适合自己的曲目。⑨每次练习应有新鲜感,精神集中,感兴趣地练习。⑩练习时要多用慢的、短的乐句作为最初的练习。

本题共 10 分。从"呼吸""音量""练习方法""嗓子保护""练习时长"等方面去阐述歌唱发声训练过程中的注意事项,语句流畅且阐述合理,每答出 1 条可得 2 分,答出 5 条即可得 10 分。

2021 年江苏省扬州市教师招聘考试中学音乐真题试卷(六)

一、填空题

1. 和声;速度
2. 俄国;《天鹅湖》;《睡美人》;《胡桃夹子》
3. 聂耳
4. 号子;山歌;小调
5. 华彦钧;二泉映月
6. 白毛女;小白菜
7. 意大利;普契尼;茉莉花

8. 商;徵
9. 奥地利;(小)约翰·施特劳斯;圆舞曲之王
10. 卡门
11. 曾侯乙
12. 匏

二、单项选择题

13. B 【解析】本题考查亨德尔的代表作品。《水上音乐》和《皇家焰火音乐》是由巴洛克时期英籍德国作曲家亨德尔创作的管弦乐组曲。

14. D 【解析】本题考查词汇所指音乐时期。"Medieval"一词来自拉丁词"medium(中间的)"和"aevum(年代)",意为"中世纪"。西方音乐史上一般将公元476年西罗马帝国灭亡起到1453年东罗马帝国拜占庭王朝灭亡止,其间近千年的时间,称为"中世纪"。中世纪音乐的发展可分为三个阶段:公元5~10世纪,基督教音乐初建时期;公元11~13世纪,复调音乐发展时期,同时世俗音乐也有了一定发展;公元14~15世纪,"新艺术"音乐时期。A选项巴洛克为"Baroque";B选项古典主义为"Classical";C选项浪漫主义为"Romantic"。

15. B 【解析】本题考查《春之祭》的作者。《春之祭》是美籍俄罗斯作曲家斯特拉文斯基创作的一部芭蕾舞剧。

16. C 【解析】本题考查挪威民族乐派的代表人物。19世纪挪威人民争取民族独立,民族意识不断高涨,民族独立运动促进了挪威文化艺术的发展。19世纪下半叶,挪威在文学、戏剧、音乐等多方面取得了卓越的成就,其民族乐派的形成是挪威许多音乐家共同努力的结果,但真正使挪威民族音乐走向世界的是格里格,他是挪威民族乐派的代表人物,也是第一位获得世界声誉的北欧作曲家。A选项巴托克是匈牙利民俗音乐学家、作曲家、钢琴家、音乐教育家;B选项格林卡是俄罗斯民族乐派的奠基人,被称为"俄罗斯民族音乐之父";D选项德沃夏克是捷克民族乐派的代表作曲家。

17. A 【解析】本题考查贝多芬在音乐方面的贡献。贝多芬,德国作曲家,被誉为"乐圣"。他既是18世纪古典主义音乐的集大成者,也是浪漫主义音乐的开拓者。贝多芬最重要的贡献是对交响曲形式结构的发展和创新。在他的交响曲创作中,各部分结构、互相对比的性质及独立的形象意义都有所扩大。他扩展了奏鸣曲式,尤其是展开部规模远远超过海顿、莫扎特的奏鸣曲式的展开部,充满了内在的矛盾、紧张的动力和戏剧性冲突,成为整个奏鸣曲式的核心;看似不太重要的连接部和结尾也被赋予可供发展的能量。他还用诙谐曲乐章取代了海顿、莫扎特时代的小步舞曲乐章,使之更具动力。终曲乐章往往是全曲高潮,辉煌而热烈。他的交响套曲各乐章之间,既有对比又有联系,音乐材料的连贯性使乐曲保持高度的严谨和统一。

18. B 【解析】本题考查嵇康的著作《声无哀乐论》。《声无哀乐论》是嵇康所著的一本音乐美学理论著作,其基本观点是音乐不能表达人的喜怒哀乐的情感。他认为音乐是客观的实体,哀乐是情感的表现,两者没有直接的联系,从而否定了音乐能表现人的哀乐情感,不承认音乐有一定的思想内容。A选项《通易论》和D选项《乐论》是三国时期阮籍的著作;C选项《音乐通论》是青主的著作。

19. A 【解析】本题考查我国明清时期北方说唱音乐品种。说唱音乐在明清时期有很大的发展,它们各自具有独特的风格,但大体上而言,可归纳为弹词、鼓词、道情、琴书、牌子曲等几大类。其中,影响最大的是南方的弹词和北方的鼓词。鼓词流行于我国北方地区,演员边演唱边击鼓,掌握节奏,因此得名鼓词。B选项弹词流行于我国南方地区,伴奏多用琵琶、小三弦;C选项百戏产生于汉代,是当时各种民间表演艺术的泛称;D选项参军戏原称"弄参军",是唐宋时期流行的一种表演形式。

20. D 【解析】本题考查姜夔。姜夔,号白石道人,世称姜白石,善作自度曲,并能吹箫、弹琴和作曲。他作有自度曲14首,包括《扬州慢》《杏花天影》《凄凉犯》《鬲溪梅令》《暗香》《疏影》等。

21. A 【解析】本题考查木卡姆所属地区。木卡姆是新疆维吾尔族传统音乐的一种,是由民歌、舞蹈和器乐组成的大型套曲。因现保存有十二套,故又称"十二木卡姆"。

22. B 【解析】本题考查莫扎特的歌剧作品。B选项《费加罗的婚礼》是莫扎特的喜歌剧作品。A选项《塞维利亚的理发师》是罗西尼的喜歌剧作品;C选项《蝴蝶夫人》是普契尼的歌剧作品;D选项《弄臣》是威尔第的歌剧作品。

23. B 【解析】本题考查乐段的概念。音乐中具有一定完整性、能够独立存在的最小曲式结构单位是乐段,乐段常作为较大音乐作品中的组成部分,也可作为独立音乐作品呈示。A选项乐句为乐段的基本组成部分,其长度一般约为4~8小节,具有一定的节奏音型和旋律的起伏;C选项乐节指长度约为2~4小节的、规模较小的音乐片段,多数乐节相当于半个乐句的长度;D选项动机也称乐汇,是乐曲结构中最小的组成部分,是由两个以上的乐音结合成的音组,它往往环绕一个主要重音运动,其节奏、音型的组合形成一定的特点。

24. D 【解析】本题考查扬琴所属乐器类型。弹拨乐器是指通过弹拨琴弦使得共鸣器与弦产生振动而发出声响的乐器。弹拨乐器按演奏方式又可以分为两种:一种是横弹的乐器,如古琴、筝、朝鲜族的伽倻琴等;一种是竖弹乐器,如琵琶、阮、柳琴、月琴、三弦等。另外,击弦乐器扬琴也属于弹拨乐器。

25. B 【解析】本题考查舒伯特的室内乐作品《鳟鱼五重奏》。“歌曲之王”舒伯特在 1817 年创作了著名的艺术歌曲《鳟鱼》,歌曲中作者以愉快的心情生动地描绘了清澈的山溪中快活游动的鳟鱼的可爱形象。后来舒伯特创作了《A 大调钢琴五重奏》,该曲第四乐章是根据其歌曲《鳟鱼》写成的,故又称《鳟鱼五重奏》。

26. A 【解析】本题考查《芬兰颂》的体裁。《芬兰颂》是西贝柳斯于 1899 年创作的交响诗,此曲是芬兰民族解放斗争的象征,被视为芬兰的第二国歌。

27. C 【解析】本题考查门德尔松的音乐贡献。无言歌是德国作曲家门德尔松首创的一种器乐小品形式。他的无言歌作品内容丰富,题材广泛,有描绘自然风光的风景画,也有表现劳动与生活的风俗画,每一首小曲都像是一首用钢琴唱出的歌,反映了 19 世纪作曲家追求器乐声乐化(歌唱性)的倾向。

28. B 【解析】本题考查琵琶协奏曲《草原小姐妹》。琵琶协奏曲《草原小姐妹》是根据蒙古族儿童龙梅、玉荣小姐妹与暴风雪搏斗,保护集体羊群的英雄事迹创作的,由作曲家吴祖强、王燕樵和琵琶演奏家刘德海创作。

29. A 【解析】本题考查巴赫的《勃兰登堡协奏曲》。《勃兰登堡协奏曲》是巴赫最著名的协奏曲,由六首乐曲组成,其中第二首最为辉煌。巴赫用这首作品把大协奏曲这种当时已趋于过时的体裁推向了最后的高峰。

30. B 【解析】本题考查刘天华的代表作品。B 选项《空山鸟语》由刘天华作曲,其标题采用唐代诗人王维的诗:“空山不见人,但闻人语响。”在此曲中,刘天华创造性地运用三弦拉戏式的模进手法,描绘了深山幽谷、百鸟啼唱的优美意境,是一首极富形象性的作品。A 选项《二泉映月》是民间艺人华彦钧的二胡代表作;C 选项《思乡曲》是马思聪先生根据《城墙上跑马》改编的小提琴协奏曲;D 选项《金蛇狂舞》是聂耳于 1934 年根据民间乐曲《倒八板》整理改编的一首民族器乐合奏曲。

31. B 【解析】本题考查室内乐重奏的形式。室内乐又称“重奏音乐”,17 世纪起源于意大利。室内乐的重奏形式按声部人数的多少,可分为“二重奏”“三重奏”“四重奏”等;也可以按演奏的乐器种类划分为“弦乐重奏”“木管乐重奏”“铜管乐重奏”等。室内乐重奏通常以弦乐四重奏、钢琴三重奏和钢琴五重奏最为常见。

32. B 【解析】本题考查谭盾的音乐贡献。谭盾,著名作曲家、指挥家。2001 年,他为李安导演的电影《卧虎藏龙》配乐并获得奥斯卡金像奖“最佳原创配乐奖”。影片《卧虎藏龙》是在优美的自然风光中表现人物错综复杂的爱恨情仇,既有武林的恩仇,也有缠绵的爱情。

三、连线题

33. 请将下列作品与其对应的作曲家及国籍用直线连接起来。

【答案】

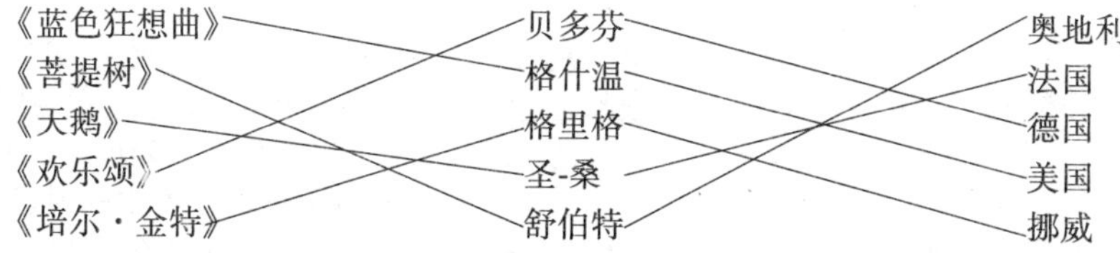

34. 请将下列作品与其对应的地区用直线连接起来。

【答案】

《小河淌水》 青海
《编花篮》 江西
《斑鸠调》 河南
《拔根芦柴花》 云南
《花儿与少年》 江苏

四、名词解释

35. 古典主义音乐

【参考答案】历史上将 18 世纪下半叶至 19 世纪二三十年代的历史阶段称为西方音乐的古典主义时期。它出现在巴洛克时期之后,结束于浪漫主义时期之前,而且与这前后的两个时期都有着相当大的年代上的交叠。古典主义音乐包括两大时间段:前古典主义时期和维也纳古典主义时期。前古典主义时期是从巴洛克时期到古典时期的过渡,主要体现了三个音乐现象:一是喜歌剧的兴起,二是正歌剧的改革,三是器乐的成熟和发展。维也纳古典主义时期的音乐发展到了巅峰,以海顿、莫扎特、贝多芬为代表的创作风格,构成了维也纳古典乐派。其特点是:理智和情感的高度统一,深刻的思想内容与完美的艺术形式的高度统一。创作技法上继承欧洲传统的复调与主调音乐的成就,并确立了近代奏鸣曲的曲式结构以及交响曲、协奏曲、各类室内乐的体裁和形式,对西方音乐的发展有深远影响。

本题共5分。(1)答出“起止时间”“发展”“特点”“代表人物”4点,可得4分,每点1分;(2)答出其他方面且阐述合理可酌情给0.5~1分。

36. 学堂乐歌

【参考答案】学堂乐歌是指我国19世纪末直至“五四”时期新式学堂里“乐歌课”所教唱的歌曲,其产生与当时的社会、文化大有关系。清末民初,向西方学习,要求废科举、办学堂、变法维新已成为中国大众的一致呼声。一些人从日本或欧洲学习音乐归来,在国内新学堂开设乐歌课,教唱一些新歌,当时称之为“乐歌”,后来音乐界将这一时期的学校歌曲统称为“学堂乐歌”。代表人物有沈心工、李叔同、曾志忞等。

本题共5分。(1)答出学堂乐歌的“产生时期”“产生原因”2点得2分,每点1分;(2)答出学堂乐歌的“内容”得2分;(3)答出学堂乐歌的“代表人物”得1分。

37. 江南丝竹

【参考答案】丝竹是民间的乐器合奏形成的,以流行于江苏、上海、浙江一带的丝竹最为有名,故称“江南丝竹”。之所以叫作“丝竹”,是因为合奏乐器为丝类乐器和笛、箫等竹类吹管乐器。曲调优美淳朴、清新悦耳、轻快明朗、绮丽优雅,其技法丰富多彩,变化层出不穷,显现出“小、细、轻、雅”的艺术风格。经常演奏的曲目有《欢乐歌》《云庆》《行街》《四合如意》《三六》《慢三六》《中花六板》《慢六板》八首,号称“八大名曲”。常用乐器有二胡、小三弦、琵琶、扬琴、笛、笙、箫,以及小件打击乐器鼓、板、木鱼、铃等,其中二胡和笛子是主要乐器。

本题共5分。答出“流行地域”“形式”“音乐特点”“代表作品”“伴奏乐器”5点得5分,每点1分。

38. 冼星海

【参考答案】冼星海,我国20世纪30年代杰出的音乐家,有“人民音乐家”之称。他既是一位伟大的音乐家,也是为中国抗战事业做出伟大贡献的无产阶级革命家,他的音乐创作鲜明地贯穿着爱国、抗日、反帝、反封建等革命斗争的主题。在冼星海的创作中,数量最多、影响最广的是多种类型的声乐作品。其一生创作了数百首歌曲和四部大合唱,其代表作《黄河大合唱》创作于1939年,是近代大型合唱音乐取得较高艺术成就、享誉中外的里程碑式杰作。

本题共5分。答出“所处时期”“历史地位”“创作特点”“代表作品”“称号”5点得5分,每点1分。

五、简答题

39. 请写出《义务教育音乐课程标准》(2011年版)中的课程三维目标并做简单表述。

【参考答案】学生通过音乐课程学习和参与丰富多样的艺术实践活动,探究、发现、领略音乐的艺术魅力,培养学生对音乐的持久兴趣,涵养美感,和谐身心,陶冶情操,健全人格。学习并掌握必要的音乐基础知识和基本技能,拓展文化视野,发展音乐听觉与欣赏能力、表现能力和创造能力,形成基本的音乐素养。丰富情感体验,培养良好的审美情趣和积极乐观的生活态度,促进身心的健康发展。

上述课程目标以下列三个维度表述:

(1)情感态度与价值观目标主要包括:丰富情感体验,培养对生活的积极乐观态度;培养音乐兴趣,树立终身学习的愿望;提高音乐审美能力,陶冶高尚情操;培养爱国主义情感,增强集体主义精神;尊重艺术,理解世界文化的多样性。

(2)过程与方法目标包括:体验、模仿、探究、合作、综合。

(3)知识与技能目标包括:音乐基础知识、音乐基本技能、音乐历史与相关文化知识。

本题共5分。(1)答出“情感态度与价值观”“过程与方法”“知识与技能”三个维度得1.5分,每个0.5分;(2)答出“三个维度目标的表述”得3分,每个维度的表述合理得1分;(3)语句连贯得0.5分。

40. 教师职业的最大特点在于职业角色的多样化。请简述教师的一般角色有哪些。

【参考答案】教师的一般角色:①传道者。“道之所存,师之所存也”,教师负有传递社会传统道德价值观念的使命,除了社会一般道德、价值观外,教师对学生的“做人之道”“为业之道”“治学之道”等也有引导和示范的责任。②授业、解惑者。教师通过掌握人类活动积累的知识经验、技能,对其进行深入地加工和整理,以特定的方式传递给年轻一代,并帮助他们解决学习中的困惑,启发他们的智慧,为社会各行各业培养人才。③榜样。学生具有向师性的特点,教师的言行举止、为人处世的态度都会对学生产生耳濡目染、潜移默化的作用。④教育教学活动的设计者、组织者和管理者。教师在教育教学活动中需要确定目标、建立班集体、制定和贯彻规章制度、维持班级纪律、组织班级活动、协调人际关系等,所以教师是学校教育活动的组织者和管理者。⑤朋友。教师的“朋友角色”表现为对学生的热情、同情、关心、爱心、真诚、平等,是一种感情的交往、心理的交流。

本题共5分。答出5个教师的一般角色得5分,每个1分。

六、论述题

41. 假若你是一名音乐教师，请说说在音乐课堂教学中应注意哪些基本问题。

【参考答案】(1)遵循听觉艺术的感知规律，突出音乐学科的特点。音乐是听觉艺术，听觉体验是学习音乐的基础。发展学生的音乐听觉应贯穿于音乐教学的全部活动中。教师要引导学生喜爱音乐，加深对音乐的理解，充分挖掘作品所蕴含的音乐美，用自己对音乐的感悟激起学生的情感共鸣；要不断提高音乐教学技能，用自己的歌声、琴声、语言和动作，将音乐的美传达给学生；要善于运用生动活泼的形式进行教学，并将思想品德教育内容寓于音乐实践活动之中，让学生在艺术的氛围中获得审美的愉悦，做到以美感人、以美育人。以音乐审美为核心是中小学音乐教育最基本的理念，应渗透在各个不同的教学领域中。通过音乐感受与欣赏、表现、创造及音乐与相关文化的学习，培养学生的审美感知，丰富审美情感，发展审美想象，深化审美理解，有效地提高学生的音乐审美能力。

(2)重视教学目标的设计与整合。应重视课堂教学目标的设计，并紧密围绕目标来展开音乐教学活动。教学形式的选择应服从于教学目标，无论采用何种教学方法与手段，都应具有明确的针对性和目的性。音乐教学目标的设计应体现三个维度的整合及有机联系，重视情感态度与价值观的正确导向，注意过程与方法的教学体现，同时应明确知识与技能的目标达成。

(3)注意音乐教学各领域之间的有机联系。《义务教育音乐课程标准》(2011 年版)中设定的四个音乐教学领域是一个相互联系、相互渗透的整体。教师应全面理解和掌握音乐教学各领域的内容要求及其相互联系，并在教学中将其融合成有机整体，全面提高学生的音乐素养。例如“感受与欣赏”即包括“音乐与相关文化”，音乐表现的过程同时也是音乐感受和培养、展示创造力的过程。音乐感受与欣赏能力的提高，可以丰富音乐的表现，促进音乐创造力的发展。同理，“音乐与相关文化”也只有在音乐欣赏、表现和创造活动中才能真正被理解和体现。

(4)正确处理教学中的各种关系。重视教学设计的预设功能，重视教学过程的生成意义；关注教案文本的价值取向，关注课堂环境、资源的客观变化；强调教学过程的学生参与，也应有必要的教师传授；提倡探究式学习方法，也应当有适当的接受性学习；倡导合作学习，也要注重发挥个体学习的特点与优势。学生是教学活动的主体，应充分发挥学生学习的主动性。教师作为教学的组织者和指导者，是沟通学生与音乐的桥梁。在教学过程中建立民主、平等的师生关系，突出学生在教学中的主体地位和教师在教学中的主导作用，加强教学过程中的师生互动交流。

(5)积极引导学生进行音乐实践活动。在教学中，要积极引导学生参与聆听、演唱、演奏、编创以及综合性艺术表演等实践活动，多听音乐，多唱歌，多演奏乐器，多接触乐谱，不断积累音乐实践经验；有效利用音乐教科书、音响音像资料及网络资源等，培养学生乐于思考、勤于实践的意识和习惯，有效提升学生的音乐实践能力。

(6)合理运用现代教育技术手段。以信息技术为代表的现代教育技术扩展了音乐教学的容量，丰富了教学手段和教学资源，在音乐教育中有着广阔的应用前景。音乐教师应合理利用现代教育技术视听结合、声像一体、资源丰富等优点，为教学服务。要加强对学生在影视、广播、网络上学习音乐的指导。善于利用现代远程教育中的音乐课程资源进行教学，努力提高教学质量。

(7)因地制宜地实施音乐课程标准。我国是幅员辽阔、人口众多的多民族国家，各地区、各民族和城乡之间存在差别。各学校和教师应结合本地、本民族和本校的具体情况，充分利用当地的课程资源，营造良好的校内外音乐环境，丰富具有区域文化和民族文化特色的教学内容，因地制宜地把握各教学领域课程内容的弹性尺度。

本题共 15 分。(1)答出 7 条《义务教育音乐课程标准》(2011 年版)中的教学建议且阐述合理，可得 14 分，每条 2 分；(2)语句通顺可得 1 分。

2020 年山东省临沂市教师招聘考试音乐真题试卷(七)

第一部分　教育基础知识

一、单项选择题

1. B 【解析】本题考查个体身心发展的动因。外铄论认为人的发展主要依靠外在的力量，诸如环境的刺激和要求、他人的影响和学校的教育等。“教，上所施，下所效也”即教师、长者施行影响，做出榜样示范，让学生学习、效仿和觉悟；“育，养子使作善也”即培养学生的思想品德。许慎对于教育的理解体现了外铄论的观点。

2. A 【解析】本题考查教育的基本要素。教育者是主导性的因素，是教育活动的组织者和领导者。

3. C 【解析】本题考查泛化的概念。机体对与条件刺激相似的刺激做出条件反应，属于刺激的泛化。泛化是对事物的相似性的反应。例如，某人曾被蛇咬伤，产生了对蛇的恐惧，后来发展到害怕一切与蛇相似的物体。这就是人们常说的“一朝被蛇咬,十年怕井绳”。

4.B 【解析】本题考查孔子的教育教学思想。孔子倡导启发诱导的教育教学思想,他曾说过:“不愤不启,不悱不发。举一隅不以三隅反,则不复也。”

5.D 【解析】本题考查个体身心发展的规律。题干所述现象表明口语学习存在着关键期。所谓关键期,就是指人的某种身心潜能在人的某一年龄段有一个最好的发展时期。在这一时期内,对个体某一方面进行训练可以获得最佳成效,并能充分发挥个体在这一方面的潜力。错过了关键期,训练的效果就会降低,甚至永远无法补偿。关键期是个体身心发展的不平衡性的表现。

6.B 【解析】本题考查皮亚杰的认知发展理论。自我中心性是前运算阶段的儿童所具有的一个特点。自我中心是指儿童往往只能考虑自己的观点,无法接受别人的观点,也不能将自己的观点与别人的观点协调。儿童还不能设想他人所处的情境,常以自己的经验为中心,从自己的角度出发来观察和理解世界。

7.A 【解析】本题考查加德纳的多元智力理论。逻辑—数学智力是指数字运算与逻辑思考的能力以及科学分析的能力。科学家、数学家、会计师、工程师、电脑程序员等都具有很强的逻辑—数学智力。

8.D 【解析】本题考查影响个体身心发展的主要因素。个体主观能动性是指人的主观意识和活动对于客观世界的积极作用,包括能动地认识客观世界和改造客观世界,并统一于人们的社会实践活动中。个体的主观能动性是人的身心发展的内在动力,也是促进个体发展从潜在的可能状态转向现实状态的决定性因素。题干所述历史故事反映了人的主观能动性在个体发展中的作用。

9.A 【解析】本题考查教育目的确立的理论。个人本位论认为确立教育目的的根据是人的本性,教育的目的是培养健全发展的人,发展人的本性,挖掘人的潜能,增进受教育者的个人价值,个人价值高于社会价值,而不是为某个社会集团或阶级服务。简言之,教育的根本目的是人的本性和本能的高度发展。个人本位论的代表人物有孟子、卢梭、裴斯泰洛齐、福禄贝尔、马利坦、赫钦斯、奈勒、马斯洛、萨特等。题干中卢梭的观点属于个人本位论。

10.D 【解析】本题考查教师的职业角色。教师应积极地参与教学研究、教学实验与改革,不断地提高自身的教育理论水平和教育质量。教师的研究既包括对科学知识的研究,还包括对教育对象即学生的研究以及对教师和学生交往的研究等。题干所述体现了教师的研究者角色。

11.D 【解析】本题考查感觉适应。感觉适应是指由于刺激对感受器的持续作用而使感受性发生变化的现象。题干描述的是温度感觉的适应。

12.B 【解析】本题考查知觉的选择性。知觉的选择性是指个体在面对众多客体时,知觉系统会自动地将刺激分为对象和背景,并把知觉对象优先从背景中区分出来。题干中,教师声音提高、语速放缓,目的是使重点内容更为突出。这体现了知觉的选择性。

13.A 【解析】本题考查教师职业劳动的特点。教育机智是教师在教育教学过程中的一种特殊定向能力,是指教师能根据学生新的特别是意外的情况,迅速而正确地作出判断,随机应变地采取及时、恰当而有效的教育措施以解决问题的能力。教育机智可以用四个词语概括:因势利导、随机应变、掌握分寸、对症下药。题干所述体现了教师劳动的创造性特点。

14.B 【解析】本题考查韦纳的成败归因理论。心理学家韦纳把人经历过事情的成败归结为六种原因,即能力、努力程度、工作难度、运气、身心状况、外界环境。又把上述六项因素按各自的性质,分别归入三个维度:内部归因和外部归因、稳定性归因和非稳定性归因、可控制归因和不可控制归因。运气是外部的、不可控和不稳定的因素。

15.C 【解析】本题考查耶克斯—多德森定律。根据“耶克斯—多德森定律”,教师在教学时,要根据学习任务的不同难度,恰当地控制学生学习动机的激起程度。所谓“平时如战时,战时如平时”,就是要求在学习较容易、较简单的课题时,应尽量使学生集中注意力,使学生尽量紧张一点,动机激起水平达到中等偏高的最佳状态;而在学习较复杂、较困难的课题时,则应尽量创造轻松自由的课堂气氛,让动机激起水平处于中等稍低的最佳状态。

16.C 【解析】本题考查教师专业发展的途径。教师的自我教育就是专业化的自我建构,它是教师个体专业化发展的最直接、最普遍的途径。

17.C 【解析】本题考查观察研究法的类型。结构观察是研究者根据研究的目的,事先设计好观察内容和项目,印制好观察表格或卡片,在观察过程中严格按设计要求进行观察和记录。题干中的张老师按照听课记录表进行观察记录属于结构观察。

18.D 【解析】本题考查抽样的方法。如果一个总体比较大,所抽样本容量比较小,并且这个总体的内部结构又比较复杂,则必须采用分层抽样才能保证样本对总体的代表性。题干中要初步了解该省不同县市艺术教育的开展情况,采用分层随机抽样的方法比较合适。

19.A 【解析】本题考查学校文化的类型及课程类型。学校文化由观念文化、规范文化和物质文化构成。其中,观念文化又叫精神文化,包括办学指导思想、教育观、道德观、思维方式、校风、行为习惯等。隐性课程亦称潜在课程、自发课程,是学校情境中以间接的、内隐的方式呈现的课程。北京大学的校徽蕴含着丰富的精神文化,会给人以潜移默化的影响。

20. C 【解析】本题考查注意的分配。注意的分配是指人在进行两种或多种活动时能把注意指向不同对象的现象。题干中小红一边听音乐,一边打毛衣属于注意的分配。

21. B 【解析】本题考查首因效应的概念。系列位置效应就是指接近开头和末尾的记忆材料的记忆效果好于中间部分的记忆效果的趋势。开头部分和结尾部分的记忆效果较好,分别称为首因效应和近因效应,而效果较差的中间部分被称为渐近部分。题干中,最先背诵的单词较少遗忘,记忆效果好,这体现的是首因效应。

22. D 【解析】本题考查定势的概述。定势(即心向)是指重复先前的操作所引起的一种心理准备状态。在定势的影响下,人们会以某种习惯的方式对刺激情境做出反应。人们一般认为公安局局长都是男性,这属于心理定势。

23. B 【解析】本题考查课程目标取向的分类。行为取向的课程目标是期待的学生学习结果,具有导向、控制、激励与评价功能。它指明了课程结束后学生自身所发生的行为变化。它的基本特点是:目标精确、具体和可操作。题干中侧重于学生需要掌握的基础知识和基本技能的课程目标取向是行为性目标取向。

24. A 【解析】本题考查课程设计的主要模式。泰勒提出了关于课程编制的“目标模式”,即泰勒原理。泰勒原理可概括为:目标、内容、方法、评价,即:确定课程目标、根据目标选择课程内容(经验)、根据目标组织课程内容(经验)、根据目标评价课程。泰勒认为一个完整的课程编制过程应包括这四项活动。

25. D 【解析】本题考查教学原则。量力性原则,也称可接受性原则,是指教学的内容、方法、分量和进度要适合学生的身心发展,使他们能够接受,但又要有一定的难度,需要他们经过努力才能掌握,以促进学生的身心发展。经验证明,教学中传授的知识只有符合学生的接受能力才能被他们理解,顺利地转化为他们的精神财富。

26. A 【解析】本题考查合作学习分组的原则。合作学习分组的原则之一是组内异质,组间同质。组内异质的目的是力求小组成员在性别、成绩、能力、背景等方面具有一定的差异,使之具有一定的互补性,以使小组有更多的合作性思维、更多的信息输出和输入,产生更多的观点,提高学生理解问题的深度和推理的质量。组间同质的目的是为全班各小组之间的公平竞争创造条件。

27. B 【解析】本题考查元认知策略。元认知策略是指个体为实现最佳的认知效果而对自己的认知活动所进行的调节和控制。元认知监控策略是指在认知过程中,根据认知目标及时检测认知过程,寻找两者之间的差异,并对学习过程及时进行调整,以期顺利实现有效学习的策略。题干中对作业的浏览、进度的安排以及完成情况的监控主要采用的是元认知策略。

28. B 【解析】本题考查认知风格。沉思型的学生在解决认知任务时,总是谨慎、全面地检查各种假设,在确认没有问题的情况下才会给出答案。这种类型的学生解答认知问题的速度虽然慢,但错误率很低,在解决高层次问题时占优势。

29. D 【解析】本题考查准备律的概念。准备律是桑代克提出的学习三定律之一,指当个体在有准备反应状态下进行反应时,则可产生满足感,这种满足感又会促使个体继续反应,进而使刺激—反应之间的联结得到加强。反之,当个体在无准备反应状态下进行反应时,则可产生反感,进而削弱刺激—反应之间的联结。老师提前告诉学生下一节课所要学习的内容,使学生有所准备,运用了准备律的学习原理。

30. D 【解析】本题考查教学原则。循序渐进原则是指教师要严格按照科学知识的内在逻辑和学生的认知发展规律进行教学,使学生掌握系统的科学文化知识,能力得到充分的发展。题干引文的意思是:高明的冶金匠的儿子(若要学到父亲高超的手艺),一定要先去学缝皮袄;高明的弓匠的儿子,一定要先去学编簸箕。故题干表述体现了对循序渐进原则的追求。

31. C 【解析】本题考查教学模式。示范—模仿式教学模式是教师有目的地把示范技能作为有效的刺激,以引起学生相应的行动,使他们通过模仿,有效地掌握必要的技能的一种教学模式。它是教学中最基本的教学模式之一,多用于以训练技能为目的的教学。

32. A 【解析】本题考查教学评价的基本类型。绝对性评价又称为目标参照性评价(标准参照评价),是运用目标参照性测验对学生的学习成绩进行的评价。它主要依据教学目标和教材编制试题来测量学生的学业成绩,判断学生是否达到了教学目标的要求,而不以评定学生之间的差异为目的。题干中注重学生是否达到教学目标要求的评价属于绝对性评价。

33. C 【解析】本题考查教学中的手势种类。教学中的手势按其构成方式和功能的不同分为以下几类:(1)指示性手势:是用以具体指明表述中论及的人或事物及其所在位置的手势。这种手势有实指和虚指之分。(2)描述性手势:用来模形状物的手势。这是以手运动的轨迹来勾勒人或事物的外形轮廓,从而给听众具体印象的手势。其表现在于神似,而不苛求形似,往往只具有示意性。(3)会意性手势:主要通过手势的动作趋向来示意说话人的思想、情感。(4)象征性手势:这是一种用于表示抽象意念的手势。虽然看起来比较抽象,但用得准确、恰当,就能引起听众心理上的联想,启发思维。题干中陈老师把食指竖起来放在嘴上,表示他想让大家安静下来。陈老师的动作反映了他的想法,故其手势属于会意性手势。

34. B 【解析】本题考查提问技能的类型。理解性提问是用来检查学生对已学的知识及技能的理解和掌握情况的提问方式,多用于某个概念、原理讲解之后,或一个完整的课程结束之后。学生要回答这类问题必须对已学过的知识进行回忆、解释、重新组合,对学习材料进行内化处理,组织语言然后表达出来。题干中的物理老师在讲解牛顿力学定律后,结合与力学相关的实例对学生进行的提问属于理解性提问。

35. D 【解析】本题考查德育过程的基本规律。从学生思想品德发展的内部动力上看,德育过程是促进学生思想内部矛盾斗争的过程,是教育与自我教育相结合的过程。在德育过程中,对已有积极因素进行巩固和发扬,并在此基础上培养新的积极因素,这属于塑造性质的教育;对已有消极因素进行有针对性的矫正和补救,则属于改造性质的教育。塑造和改造教育是统一的,是德育过程中普遍存在的两个不可分割的有机成分。通过系统地塑造和改造教育,不断地发扬积极因素,克服消极因素,可以促进学生思想品德整体水平的持续提高。在德育过程中,塑造和改造教育虽然很重要,但它毕竟只是一种外部影响。教育者要真正把这些影响转化为学生的思想品德,还必须充分重视发挥学生的主观能动性,培养其自我教育能力。

36. A 【解析】本题考查德育原则。班级平行管理是指班主任既通过对集体的管理去间接影响个人,又通过对个人的直接管理去影响集体,从而把对集体和个人的管理结合起来的管理方式。班级平行管理的理论源于马卡连柯的"平行影响"的教育思想。"平行影响"的教育思想运用在德育上,就是集体教育和个别教育相结合原则,即"平行教育原则"。

37. B 【解析】本题考查德育方法。情感陶冶法是指教育者自觉创设良好的教育情境,潜移默化地使受教育者在道德和思想情操等方面受到感染、熏陶的方法。情感陶冶的方式主要包括人格感化、环境陶冶和艺术陶冶等。题干所述体现的是情感陶冶法。

38. C 【解析】本题考查《国家中长期教育改革和发展规划纲要(2010—2020年)》的工作方针。《国家中长期教育改革和发展规划纲要(2010—2020年)》的工作方针是优先发展、育人为本、改革创新、促进公平、提高质量。把教育摆在优先发展的战略地位;把育人为本作为教育工作的根本要求;把改革创新作为教育发展的强大动力;把促进公平作为国家基本教育政策;把提高质量作为教育改革发展的核心任务。

39. D 【解析】本题考查《中华人民共和国未成年人保护法》中关于未成年人概念的规定。根据《中华人民共和国未成年人保护法》第二条规定,本法所称未成年人是指未满十八周岁的公民。

40. C 【解析】本题考查《中华人民共和国教师法》中关于教师违反《教师法》的法律责任的规定。根据《中华人民共和国教师法》第三十七条规定,教师有下列情形之一的,由所在学校、其他教育机构或者教育行政部门给予行政处分或者解聘:(一)故意不完成教育教学任务给教育教学工作造成损失的;(二)体罚学生,经教育不改的;(三)品行不良、侮辱学生,影响恶劣的。教师有前款第(二)项、第(三)项所列情形之一,情节严重,构成犯罪的,依法追究刑事责任。

二、案例分析题

41. A 【解析】本题考查教学原则。直观性原则是指在教学活动中,教师应尽量利用学生的多种感官和已有的经验,通过各种形式的感知,使学生获得生动的表象,从而比较全面、深刻地掌握知识。直观手段一般分为三大类:实物直观、模像直观和言语直观。案例中的李老师采用短视频进行导课是借助了模像直观手段。

42. C 【解析】本题考查教学方法。演示法是指教师通过展示实物、教具和示范性的实验来说明、印证某一事物和现象,使学生掌握新知识的一种教学方法。李老师借助学生熟悉的短视频进行导课,运用了演示法。讲授法是教师运用口头语言系统连贯地向学生传授知识、技能,发展学生智力的教学方法。"给学生讲解了我国古代历史上朝代灭亡的一般规律"这个教学过程运用了讲授法。

43. D 【解析】本题考查奥苏贝尔的有意义接受学习理论。奥苏贝尔在其有意义接受学习理论中提出"先行组织者"的概念,即先于某个学习任务本身呈现的引导性学习材料。先行组织者的抽象、概括和综合水平高于学习任务,并与认知结构中的原有观念及新的学习任务相关联。在回答"隋朝快速灭亡的原因是什么?"之前,李老师先给学生讲解我国古代历史上朝代灭亡的一般规律,然后再引导学生分析隋朝快速灭亡的原因。这运用了先行组织者策略,主要体现了奥苏贝尔的有意义接受学习理论。

44. B 【解析】本题考查先行组织者的相关知识。奥苏贝尔提出“先行组织者”的概念,即先于某个学习任务本身呈现的引导性学习材料。先行组织者的抽象、概括和综合水平高于学习任务,并与认知结构中的原有观念及新的学习任务相关联。在回答“隋朝快速灭亡的原因是什么?”之前,李老师先给学生讲解我国古代历史上朝代灭亡的一般规律,然后再引导学生分析隋朝快速灭亡的原因。这运用了先行组织者策略。

第二部分　音乐学科专业知识

三、单项选择题

45. D 【解析】本题考查刘天华的代表作品。ABC 三个选项都为刘天华创作的二胡曲,D 选项《大浪淘沙》是华彦钧创作的琵琶曲。

46. A 【解析】本题考查《好汉歌》的曲作者。《好汉歌》是电视连续剧《水浒传》的主题曲,是由著名音乐家赵季平创作的,采用在山东、河南、河北等地广为流传的民歌曲调创作而成。

47. C 【解析】本题考查奥运会主题曲《我和你》的曲作者。《我和你》是 2008 年北京奥运会开幕式的主题曲,由常石磊、马文和陈其钢作词,陈其钢作曲,中国歌手刘欢和英国歌手莎拉·布莱曼演唱。

48. B 【解析】本题考查拍子的类型。每小节有两拍或三拍的拍子叫作单拍子;由完全相同的单拍子结合在一起构成的拍子叫作复拍子;由单位拍相同的两拍和三拍的单拍子,按照不同的次序结合在一起构成的拍子叫作混合拍子。综上可知,AC 选项为单拍子,D 选项为复拍子,B 选项 $\frac{5}{4}(\frac{3}{4}+\frac{2}{4})$ 为混合拍子。

49. B 【解析】本题考查板眼与节拍的对应关系。在我国传统音乐中,用“板、眼”来标记节拍。板表示强拍,眼表示弱拍或次强拍。一拍子叫作有板无眼,二拍子叫作一板一眼,三拍子叫作一板二眼,四拍子叫作一板三眼。综上,A 选项为有板无眼,B 选项为一板一眼,C 选项为一板二眼,D 选项为一板三眼。

50. D 【解析】本题考查近关系调的相关知识。调号相同或只相差一个变音记号的调,叫作近关系调。因此 a 小调的近关系调包括 C 大调、C 宫系统调、G 大调、e 小调、G 宫系统调、F 大调、d 小调、F 宫系统调。对应选项可知,ABC 三个选项都为 a 小调的近关系调,D 选项 A 大调的调号为三个升号,与 a 小调相差三个变音记号,因此为远关系调。

51. A 【解析】本题考查江南丝竹的代表作品和其他民族合奏乐形式的代表作品。A 选项《中花六板》属于江南丝竹的代表作品;B 选项《娱乐升平》与 D 选项《雨打芭蕉》为广东音乐的代表作品;C 选项《滚核桃》是一首山西绛州鼓乐。

52. A 【解析】本题考查朱践耳的音乐贡献。《唱支山歌给党听》是中国作曲家朱践耳创作的具有山歌风味的独唱曲。

53. B 【解析】本题考查力度术语。A 选项渐强标记为“cresc.”;B 选项渐弱标记为“dim.”;C 选项渐快标记为“accel.”;D 选项渐慢标记为“rit.”或“rall.”。

54. D 【解析】本题考查八音分类法中的乐器分类。“八音”分类法是周代的乐器分类法,即按制作材料的性质将乐器分为金、石、土、革、丝、木、匏、竹八类。“鼓”属于八音中的革类。

55. A 【解析】本题考查赵元任的代表作品。《海韵》是赵元任创作的大型合唱曲。

56. B 【解析】本题考查冼星海的代表作品。歌曲《二月里来》是冼星海所作《生产大合唱》中的一首歌曲。

57. D 【解析】本题考查印度尼西亚的歌曲《星星索》。《星星索》是一首流行于印度尼西亚的克隆钟歌曲。

58. C 【解析】本题考查民族管弦乐曲《金蛇狂舞》的相关知识。《金蛇狂舞》是聂耳根据民间乐曲《倒八板》(“老六板”的一种变体)改编的一首民族管弦乐曲,写于 1934 年。乐曲热情奔放,欢乐明快,表现了作者对中国革命前途充满信心的乐观精神。全曲旋律由三个乐段组成。第三乐段用递减(民间称“螺蛳结顶”)的方法展开,将音乐推向高潮。

59. D 【解析】本题考查清唱剧《长恨歌》包含的乐章。清唱剧《长恨歌》是黄自唯一的一部大型声乐套曲,也是中国第一部清唱剧。作品以白居易的《长恨歌》为题材,由韦瀚章作词,共十个乐章,分别为《仙乐风飘处处闻》《七月七日长生殿》《渔阳鼙鼓动地来》《惊破霓裳羽衣曲》《六军不发无奈何》《宛转蛾眉马前死》《夜雨闻铃肠断声》《山在虚无缥缈间》《西宫南内多秋草》《此恨绵绵无绝期》。

60. A 【解析】本题考查交响诗套曲《我的祖国》的作者。交响诗套曲《我的祖国》是捷克民族乐派的代表人物斯美塔那创作的,含有 6 首既独立又相互联系的乐曲,分别是《维谢格拉德》《沃尔塔瓦河》《萨尔卡》《捷克的田野和森林》《塔波尔》《勃兰尼克》。

61. D 【解析】本题考查贝多芬的歌剧作品。《费德里奥》是贝多芬创作的唯一一部歌剧。

62. D 【解析】本题考查格里格的音乐贡献及国籍。《培尔·金特》原是挪威民族乐派代表人物格里格为易卜生诗剧《培尔·金特》所作配乐,后改编为管弦乐组曲。

63. B 【解析】本题考查姜夔的《白石道人歌曲》。《白石道人歌曲》是姜夔遗留至今唯一的一部歌曲集,这部歌曲集中用三种记谱法记写了三类不同形式的歌曲。

四、多项选择题

64. ABC 【解析】本题考查施光南的代表作品。ABC 三个选项为施光南的代表作品,D 选项《清晰的记忆》为我国作曲家朱践耳创作的歌曲。

65. BC 【解析】本题考查威尔第的代表作品。BC 选项《茶花女》《阿依达》为威尔第的歌剧代表作,AD 选项《图兰朵》《蝴蝶夫人》为普契尼的代表性歌剧。

66. ACD 【解析】本题考查琵琶协奏曲《草原小姐妹》的曲作者。《草原放牧》是琵琶协奏曲《草原小姐妹》的选段。《草原小姐妹》是根据蒙古族儿童龙梅、玉荣小姐妹与暴风雪搏斗,保护集体羊群的英雄事迹创作的,由作曲家吴祖强、王燕樵和琵琶演奏家刘德海创作。

67. AC 【解析】本题考查蒙古族民歌的代表作品。《嘎达梅林》《黑缎子坎肩》都为蒙古族民歌。B 选项《草原放牧》是琵琶协奏曲《草原小姐妹》中的选曲,选材于蒙古族人物事迹。D 选项《牡丹汗》为新疆维吾尔族民歌。

68. AC 【解析】本题考查强力集团的成员。强力集团是 19 世纪 60 年代在俄罗斯音乐界形成的一个有共同目标和见解的音乐小团体。其中心人物是巴拉基列夫,其他作曲家有鲍罗丁、居伊、穆索尔斯基、里姆斯基-科萨科夫,又称“五人团”。

69. BC 【解析】本题考查贝多芬的代表作品。A 选项《自新大陆交响曲》是捷克民族乐派代表人物德沃夏克创作的交响曲;B 选项为贝多芬创作的《第六(田园)交响曲》;C 选项为贝多芬创作的《第九(合唱)交响曲》;D 选项《幻想交响曲》为柏辽兹创作的管弦乐曲。

70. CD 【解析】本题考查世界三大古老戏剧文化。中国的戏曲、古希腊戏剧和印度梵剧并称为世界三大古老戏剧文化。

71. ABC 【解析】本题考查汉族民歌的分类。我国汉族民歌大体分为号子、山歌、小调三类。D 选项长调属于我国蒙古族的民歌歌种。

五、简答题

72. 根据舒伯特的作品,分析艺术歌曲创作的特点。

【参考答案】舒伯特的艺术歌曲一般选用著名诗人的诗歌为词,尊重语言的重音和音调,根据诗歌的形式和内涵来创造旋律。《野玫瑰》《暮春》等具有民歌般的纯朴优美;《海滨》《致音乐》等充盈着内心的忧郁、疑问和恬静等不同的感情。《孤居》《年轻的修女》《幻影》等则混合有吟诵和歌唱的风格。它的旋律与诗歌之间达到一种均衡关系。他总是使音乐的形式与诗歌的结构相称。大多数歌曲都采用分节歌形式,当某一节的内容与气氛有所变化,音乐就作相应改变,既显著地表达新的意境,又保持了原有的音乐精华(如《鳟鱼》《菩提树》)。当一首诗歌不是分节诗时,常常用通谱写作(如《魔王》)。他有意识地把和声、钢琴伴奏等因素提高到与旋律和诗歌同等重要的地位,给诗歌带来一种音乐的力量。和声的特点是爱用大小调交替(如《菩提树》《小夜曲》),在自然体系和声的基础上巧妙地运用半音和声。钢琴伴奏起到提示场景,传达诗歌意境的作用。例如描绘鱼儿在水中穿梭游动的《鳟鱼》;模仿纺车转动,烘托主人公的悲痛与内心感情宣泄的《纺车旁的玛格丽特》;刻画风声、马蹄声,制造紧张焦虑、惊慌不安的气氛的《魔王》;以阴沉的和弦衬托吟诵般的歌唱的《幻影》《死神与少女》。钢琴伴奏把歌曲的各个部分组合起来,以达到音乐完整统一的作用。综上,艺术歌曲多具备以下特点:(1)歌词多采用名家诗作;(2)侧重表现人的内心世界;(3)旋律表现力强;(4)表现手段及创作技巧比较复杂;(5)对演唱技巧要求较高;(6)伴奏占有重要地位,是歌曲重要的、不可分割的组成部分。

本题共 5 分。(1)答出“对舒伯特艺术歌曲的分析”得 2 分;(2)答出“艺术歌曲创作的特点”得 3 分,其中答出“诗歌”“伴奏”“表现手段”3 条,每条 1 分;(3)答出其他方面且阐述合理可酌情给分。

73. 根据李叔同的作品,分析学堂乐歌的创作特点。

【参考答案】学堂乐歌的创作特点如下。(1)歌词内容包括:①反映人民要求“抵御外侮”“富国强兵”的爱国主义思想,如李叔同的《祖国歌》等;②宣传女子自强、男女平权思想;③宣传自由民主思想;④宣传科学文明,反对封建迷信;⑤反映学生生活,如李叔同的《送别》《春游》等。(2)曲调特点包括:①绝大多数都是采用旧曲填新词的方式进行创作,即依声填词;曲调大多采用欧美、日本的歌曲曲调,也有少数采用我国民歌、小调的曲调。②极少数是作曲家自主作曲,如李叔同的《春游》。(3)曲式结构以单一部曲式、单二部曲式、单三部曲式较多,便于中小学生集体诵唱。(4)采用五线谱或简谱记谱。

本题共 5 分。(1)答出“学堂乐歌的创作特点”得 4 分,其中从“歌词”“曲调”“曲式”“记谱法”4 个方面阐述且阐述合理,每个方面 1 分;(2)所阐述的创作特点与李叔同的学堂乐歌作品相关得 1 分。

六、写作分析题

74.【参考答案】F 五声宫调式;F

75.【参考答案】《梅花三弄》

76.【参考答案】创作背景:《梅花三弄》,又名《梅花引》《玉妃引》,我国著名的古琴曲。明代朱权的《神奇秘谱》中记载,《梅花三弄》最早是东晋桓伊所奏的笛曲《梅花落》:"桓伊出笛吹三弄梅花之调,高妙绝伦,后人人于琴。"在唐诗中也有对笛曲《梅花落》的描述,后改为琴曲。琴曲《梅花三弄》表现的是梅花傲雪凌霜、坚贞不屈的节操与品质。"梅为花之最清,琴为声之最清,以最清之声写最清之物,宜其有凌霜音韵也。""三弄之意,则取泛音三段,同弦异征云尔。"后一句的意思是《梅花三弄》的结构采用循环再现的手法,重复整段主题三次,每次重复都采用泛音奏法,故称为"三弄"。

艺术特点:全曲分为三部分。第一部分呈现了乐曲的中心音调,旋律以跳进为主,节奏平稳、舒展,附点音符的运用使音乐具有流动感。然后反复主题,用古琴的泛音技法演奏,音色清澈透明,使人感到梅花的清纯、高洁。第二部分速度加快,富于动态,表现出动荡不安的气氛,衬托出梅花在恶劣环境下傲然挺立的形象。第三部分音乐又恢复了平静,节奏舒缓,好像经历过风霜的梅花依然呈现出清纯、高洁的风姿。

表现内容:这首乐曲深受人们喜爱,流传千年,不仅因为古琴古朴、清幽的音色和优美的旋律,还因为它表现了梅花高洁、傲雪凌霜的高尚品性。它已经超越了音乐的范畴,赋予了作品深刻的文化内涵。这首乐曲还有许多改编版,如作曲家王建中创作的同名钢琴曲就是以这首乐曲的主题为素材创作的,乐曲融入了毛泽东的诗词《卜算子·咏梅》的意境。

教学意义:这是一首表意的乐曲,是一首具有代表性的古琴作品,也是中国古曲的代表作品之一。该乐曲的学习对培养学生热爱民族音乐、了解中国悠久的音乐文化、增加民族自豪感有重要作用。

本题共 9 分。(1)答出《梅花三弄》的"创作背景""艺术特点""表现内容""教学意义"4 点,得 8 分,每点 2 分;(2)阐述合理且语言流畅,得 0.5~1分。

2020 年浙江省杭州市教师招聘考试中学音乐真题试卷(八)

一、填空题

1.《乐记》

2. 中国戏曲;古希腊戏剧;印度梵剧

3. 对比式复调;模仿式复调;对比与模仿相结合的复调

4. 回音;快板

5. 交响素描

6. 单拍子;混合拍子

7. 王维

8. 九

9.《长恨歌》

10. 谭鑫培;王瑶卿

11. 拉威尔;德沃夏克;辛沪光

二、选择题

1. D 【解析】本题考查郑律成的代表作品。《中国人民解放军进行曲》原是郑律成创作的《八路军大合唱》中的《八路军进行曲》。

2. A 【解析】本题考查《上去高山望平川》所属地域。《上去高山望平川》是一首青海"花儿","花儿"主要流传在青海、甘肃、宁夏地区。

3. A 【解析】本题考查李叔同的代表作品。三部合唱曲《春游》是目前见到的中国最早的一首合唱曲,由李叔同创作。

4. A 【解析】本题考查谭盾的音乐贡献。

5. B 【解析】本题考查探戈音乐的常用乐器。小六角风琴是探戈音乐中最重要的乐器,主要担任旋律声部的演奏。

6. C 【解析】本题考查经典歌曲的赏析。选项 A《给你一点颜色》是华阴老腔与流行摇滚的完美结合;选项 B《好汉歌》采用的是山东、河南等地广为流传的民歌曲调;选项 C《鸿雁》是蒙古族民歌,而呼麦是一种一人同时唱两个声部的歌唱技法,《鸿雁》中没有采用呼麦唱法;选项 D《东方红》源于陕北民歌。

7. B 【解析】本题考查苏州弹词的代表唱段。《蝶恋花·答李淑一》是毛泽东于 1957 年创作的一首词,1958 年发表后,弹词演员赵开生为该词谱曲。为了充分表现诗词的内涵,赵开生大胆革新,创作了既具有浓郁苏州弹词色彩,又具有时代风格的唱腔。

8. D 【解析】本题考查木卡姆的流行地域。木卡姆是新疆维吾尔族的一种传统大曲,由民歌、舞蹈和器乐组成。

9. C 【解析】本题考查江南丝竹的代表作品。《欢乐歌》是江南丝竹的名曲之一,乐曲节奏明快、旋律优美、曲风活泼,通常都是在民间喜庆场合中演奏。

10. A 【解析】本题考查关系大小调的定义。关系大小调也称"平行大小调",是指调号相同、主音相距一个小三度关系的大小调。同主音大小调是指主音相同、调号相差三个升降号、调式结构不同的大调式与小调式,也称同名调式。等音调是指两个调所有的音级都是等音,调号不相同。

三、判断题

1. × 【解析】本题考查贝多芬的钢琴奏鸣曲《暴风雨》的音乐赏析。申德勒问贝多芬:"你的 d 小调奏鸣曲和f小调奏鸣曲的内容究竟是什么?"贝多芬答道:"请你去读一读莎士比亚的《暴风雨》吧!"贝多芬《第十七钢琴奏鸣曲》(d小调,作品第三十一号之二)的别名《暴风雨奏鸣曲》即由此而来。

2. √ 【解析】本题考查比才的音乐贡献。《卡门》是法国作曲家比才创作的最后一部歌剧,风靡全世界,是法国歌剧的里程碑。

3. × 【解析】本题考查民族清乐调式中的偏音。在五声调式中,分别加进三组不同的偏音,构成清乐、雅乐、燕乐三种音阶形式。加入清角和闰是燕乐音阶,加入清角和变宫是清乐音阶,加入变宫和变徵是雅乐音阶。

4. × 【解析】本题考查巴赫在西方音乐史上的地位。约翰·塞巴斯蒂安·巴赫,德国作曲家,管风琴演奏家,在西方音乐史上被尊称为"近代音乐之父"。

5. × 【解析】本题考查音程的转位。三和弦的第一转位的音程结构由低到高是三度+四度,三和弦的第二转位的音程结构由低到高是四度+三度。以原位减三和弦#C-E-G为例,它的第一转位和弦为E-G-#C,它的音程结构为小三度+增四度;它的第二转位和弦为G-#C-E,它的音程结构为增四度+小三度。因此题干叙述错误。

四、简答题

1. 简析古曲《流水》。

【参考答案】琴曲《流水》是我国民族音乐遗产中的一首优秀作品,最早传谱见于明代朱权于1425年编印的、我国现存最早的古琴谱集《神奇秘谱》中。《流水》通过情景交融的艺术手法,形象地描绘了涓涓的山泉和潺潺的小溪,汇流成浩荡的江河,直至奔腾的汪洋大海的自然壮观景象。通过对流水的描写,展示了作者博大的胸怀,抒发了作者对祖国大好山河由衷的热爱之情。在音乐表现上,以抒情性的曲调为主体,结合模拟性的展开,既有华丽新颖的技巧展示,又保持了朴实沉郁的风格。

《流水》是由九个段落组成的多段体乐曲:

第一段具有引子的性质,开头是几个八度的大跳进行,隐约地奏出乐曲的主题音调。

第二段、第三段音乐歌唱性较强,同音装饰手法的运用,营造出流水在高山峡谷中自由自在流淌的意境,展示了全曲富于欢快、跳跃的音乐个性。

第四段和第五段曲调婉转,跌宕起伏,仿佛无数条清泉溪水汇成江河,有一泻千里之势。

第六段和第七段是全曲的高潮。用古琴特有的"滚""拂"等奏法,造成惊涛骇浪、汹涌澎湃的磅礴气势。第七段速度渐慢,描绘流水恢复平静、放缓。

第八段和第九段是前一乐段局部曲调的变化再现,给人以气息宽广、精神舒展的感觉,好像无数江河汇成大海,碧波闪闪,无限壮丽。第九段速度放慢,简短的尾声以泛音奏出歌唱般的主题音调,全曲结束。

本题共5分。(1)答出《流水》的"创作背景""曲式结构""表现手法""情绪表达"4点,得4分,每点1分;(2)阐述合理且行文流畅得1分。

2. 简述音乐剧的艺术特点。

【参考答案】音乐剧是20世纪最重要的音乐体裁之一,它起源于19世纪后半叶英国轻歌剧中的插科打诨,发展和成熟于美国。美国音乐剧又被称为"百老汇音乐剧"。音乐剧是一种集音乐、舞蹈、戏剧表演为一体的综合性流行音乐体裁。最重要的特征是创作上与观众审美需求和生活经验密切联系,以及取决于音乐剧的灵活性与兼容性——题材选择、音乐风格、舞蹈风格极为自由。

本题共5分。(1)答出音乐剧的"定义""起源"得2分,每点1分;(2)答出音乐剧的"艺术特点"得3分。

五、分析写作题

1.【答案】芬兰颂;西贝柳斯;芬兰

2.【答案】南泥湾;模进

3.【参考答案】

大三和弦原位　　增三和弦原位　　减三和弦第一转位　　小三和弦第二转位

4.【参考答案】

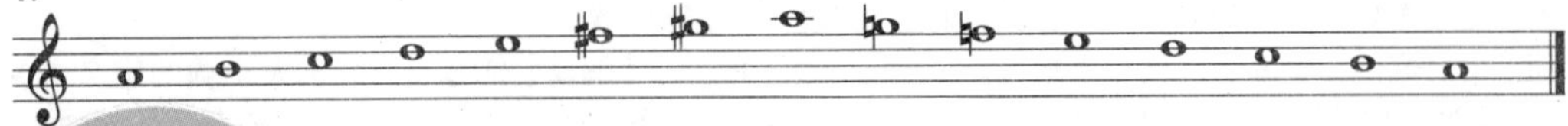

【解析】本题考查旋律小调的上下行音阶。将自然小调的第Ⅵ、Ⅶ级音都升高半音,构成旋律小调。旋律小调多用于上行,很少下行,下行多还原Ⅵ、Ⅶ级。

六、教学设计题

【参考设计】

《沂蒙山小调》

一、教材分析

《沂蒙山小调》是一首在我国流传很广的山东民歌。歌曲的旋律为六声徵调式,一段体结构。它的旋律抒情优美,节奏舒展宽广,结构匀称,是一首典型的小调风格的民歌。

歌曲的四个乐句分别落在"**2**、**1**、**6̣**、**5̣**"四个音上,并以结束音为轴音作回返进行,使歌曲的拖腔更加优美婉转，从而增强了歌曲旋律的抒情性，表达了歌者对家乡的赞美和热爱生活的情感。

二、教学目标

1. 初步了解中国民歌体裁中小调的基本特征。在参与体验的基础上，能感知“鱼咬尾”的旋律创作手法，并能进行旋律短句的编创。

2. 能有韵味地学唱歌曲《沂蒙山小调》，从中感受到地域环境对民歌风格形成的影响作用。

三、教学过程

（一）导入新课

1. 欣赏《无锡景》（片段）与《桃花红，杏花白》（片段）。

2. 引导学生进行分析比较，归纳两首歌曲的主要风格特点：抒情、细腻；高亢、奔放……

（二）新课教学

1. 初次欣赏歌曲范唱《沂蒙山小调》（齐唱），板书课题。

2. 歌曲简介。

3. 利用视频或学生对山东的了解，对山东人文地理知识进行简短交流。

归纳：语言风格对民歌风格的形成有着重要的影响。

4. 再次聆听歌曲范唱。（可选取两个不同的版本，启发学生从中感受语言风格对形成民歌风格的影响）

设问：民歌手的演唱有哪些特点？

归纳：民歌手独特的音色、滑音、装饰音、儿话音的运用，更能体现出民歌浓郁的地方风格特征和赞美自己家乡时的自豪感。

5. 用“lu”哼唱旋律，引导学生分析歌曲的结构。

设问讨论：歌曲的旋律分几句？（出示谱例）

板书归纳：结构比较规整，旋律抒情优美，具有小调歌曲的典型特征。

6. 第一次练唱歌词。

设问讨论：为什么歌曲的旋律有四句，而歌词却只有两句呢？

板书归纳：一字多音的拖腔和衬词是民歌中常见的表现手法。

7. 第二次练唱歌词。

设问讨论：旋律的四句分别落在什么音上？有什么规律？（引导学生探究歌曲的四个乐句分别落在“**2**、**1**、$\underset{\cdot}{\mathbf{6}}$、$\underset{\cdot}{\mathbf{5}}$”四个音上，并以结束音为轴音作回返进行，感受其优美婉转的特点）

板书归纳：优美委婉的拖腔使歌曲更具抒情性。

8. 第三次练唱歌词。

用汉字接龙的游戏引导学生感悟歌曲中“鱼咬尾”的旋律创作手法。

板书归纳：“鱼咬尾”是我国民间音乐中常见的旋律发展手法。

9. 小结：总结歌曲的风格特点。

（三）拓展赏析

1. 欣赏芭蕾舞剧《沂蒙颂》片段：乳汁救伤员。（出示主题旋律谱，学生在教师指导下哼唱旋律）

2. 欣赏柳琴曲《春到沂河》片段。（出示主题旋律谱，学生在教师指导下哼唱旋律）

在欣赏的过程中，指导学生进行分析、比较，使之能感受到《沂蒙山小调》这首歌曲与这两段音乐主题之间的关系，进而理解民歌与艺术创作之间的联系密不可分。

（四）展示表现

1. 选取一首本单元学过的小调歌曲进行分析比较，加深对这首歌曲风格的体验和认识。

2. 以小组为单位，以“鱼咬尾”的手法进行旋律短句创编练习，然后在全班进行展示。

（五）课堂小结

小调是民歌体裁中的一类，题材比较广泛，由于职业和半职业艺人的加入，使得小调类的歌曲流传更广、表现手法更丰富、艺术性更强，并在流传的过程中得到加工和提炼。

从《沂蒙山小调》——芭蕾舞剧《沂蒙颂》的主题曲——《春到沂河》……我们也能感受和理解人民音乐家冼星海所说的“民歌是一切民族音乐最丰富的源泉”这句话。

请同学们找一首你最喜欢的民歌，我们下节课来分享。

本题共20分。(1)答出作品分析得2分，其中答出“作品创作背景”“调式结构”“旋律特点”“表达的情感”4点，每点0.5分。(2)答出教学目标得2分，其中“体现课程标准要求”得0.5分，“紧扣唱歌课课型”得0.5分，“符合初中或高中年级学生的认知规律”得0.5分，“设置明确且合理确定程度”得0.5分，若设置“大”而“空”，要酌情扣分0.5～1分。(3)答出教学重难点得2分，其中“教学重点”“教学难点”各1分。教学重点需紧扣教学目标，可与教学目标相同，也可根据教学目标更加具体；教学难点要贴合作品实际，每个作品、课型、年级学段等所应解决的重难点都有所不同。(4)答出教学过程得14分，其中①“导入环节”新颖且自然得3分，若没有体现新颖可酌情扣1～1.5分。②“学唱环节”共11分，“教学环节完整且连贯”得5分，不完整或逻辑不清晰酌情扣1.5～2分，没有体现拓展内容可酌情扣1～2分；紧扣“教学目标和教学重难点”得2分；“符合初中或高中年级学生的认知规律”得1～2分；行文流畅得1分。③课堂小结部分完整且连贯得1分，没有体现作业可酌情扣0.5～1分。

2020 年陕西省特岗教师招聘考试音乐真题试卷(九)

一、单项选择题

1. C 【解析】本题考查琴曲创作的时期。A 选项《平湖秋月》属于广东音乐,D 选项《十面埋伏》属于琵琶曲,故 AD 选项排除。B 选项《广陵散》是大约产生于东汉时期的古琴曲,C 选项《高山流水》是春秋时期伯牙创作的古琴曲。

2. B 【解析】本题考查调式中音级构成的和弦性质。大小七和弦的结构是根音－三音－五音为大三和弦、根音～七音为小七度。在自然大小调与和声大小调体系中,只有Ⅴ级音构成的七和弦为大小七和弦。

3. D 【解析】本题考查音乐术语的含义。Moderato 意为“中板”,每分钟拍数 88;Allegro 意为“快板”,每分钟拍数 132;Presto 意为“急板”,每分钟拍数 184;,Allegretto 意为“小快板”,每分钟拍数 108;Lento 意为“慢板”,每分钟拍数 52。

4. B 【解析】本题考查李焕之的音乐贡献。《春节组曲》是李焕之 20 世纪 50 年代创作的管弦乐组曲,共四个乐章,其中第一乐章《春节序曲》常被用于单独演奏,是采用我国民间的秧歌音调、节奏与陕北民歌为素材创作的管弦乐曲。

5. C 【解析】本题考查舒伯特的声乐套曲作品。《七月的草原》是具有新疆维吾尔族音乐风格的艺术歌曲,其他三项都是舒伯特的声乐套曲。

6. D 【解析】本题考查综合性艺术形式的体裁。歌剧是用声乐和器乐表现剧情的戏剧作品,是音乐与诗歌、戏剧表演、舞蹈、舞台美术、服装等结合为一体的综合性艺术体裁。

7. C 【解析】本题考查等音程的辨识。等音程是由等音变化而产生的,等音程的音数永远相同。大六度和减七度的音数都是 $4\frac{1}{2}$;小六度和倍减七度的音数都是 4;增四度的音数为 3,纯五度的音数为 $3\frac{1}{2}$;增四度和减五度的音数都是 3。

8. C 【解析】本题考查国际标准音。目前国际通用的标准高度(第一国际高度)是小字一组的 a(即 a^1)音,其振动频率为 440 次/秒(赫兹),即 a^1 = 440 次/秒(赫兹)。

9. A 【解析】本题考查音乐记号的名称。升记号,用“♯”来表示将基本音级升高半音;降记号,用“♭”来表示将基本音级降低半音;还原号,用“♮”来表示将已升高(包括重升)或降低(包括重降)的音还原成基本音级;重升号,用“×”来表示将基本音级升高全音。

10. C 【解析】本题考查维也纳古典乐派的代表人物。“维也纳古典乐派”的代表人物是海顿、莫扎特、贝多芬,因为他们的主要音乐活动都以维也纳为中心,在创作风格和美学原则方面有承前启后的联系。

11. A 【解析】本题考查“八音”的乐器分类。八音分类法是按照乐器的材料进行分类的:金类多为青铜制;石类为石制;土类为陶土制;革类为皮革制;丝类主要是各种弦乐器;木类为木制;匏类为葫芦类的植物果实制;竹类为竹制。“缶”属于陶土制,因此是土类乐器。

12. B 【解析】本题考查贝多芬的音乐贡献。《第九(合唱)交响曲》是贝多芬创作的顶峰,第四乐章将人声引入管弦乐队中,以德国诗人席勒的诗作《欢乐颂》为歌词,用独唱、合唱和管弦乐队表现了其毕生竭力追求的“自由、平等、博爱”的理想。

13. A 【解析】本题考查钢琴的音域。钢琴的最低音是大字二组的 A,即 A_2;最高音是小字五组的 c,即 c^5,因此钢琴的音域为 A_2～c^5。

14. C 【解析】本题考查自然半音的辨识。由相邻的两个基本音级及其变化音级所构成的半(全)音叫作自然半(全)音,由同一音级的不同形式或隔开一个音级所构成的半(全)音叫作变化半(全)音。C～D 是自然全音,C～♯C是变化半音,B～C 是自然半音,♭B～C 是自然全音。

15. D 【解析】本题考查音乐术语的含义。渐强标记为“cresc.”,渐弱标记为“dim.”,渐快标记为“accel.”,渐慢标记为“rit.”。

16. A 【解析】本题考查京剧的形成时期。京剧是以皮黄腔为主的戏曲剧种,因形成在北京而得名,大约在 1840 年正式形成。1840 年属于清朝。

17. C 【解析】本题考查等音的辨识。音高相同而意义和记法不同的音互为等音。♭♭F 的等音有♭E 和♯D。

18. D 【解析】本题考查作曲家的称号。李斯特被称为“钢琴之王”,勃拉姆斯被称为“德国古典作曲家中的最后一人”,莫扎特被称为“音乐神童”,肖邦被称为“钢琴诗人”。

19. B 【解析】本题考查正三和弦。调式中的Ⅰ、Ⅳ、Ⅴ级是正音级,在这三个音级上可以构成三个正三和弦。

20. C 【解析】本题考查和弦的构成。七和弦是按照三度音程关系叠置起来的四个音所构成的和弦。常用的七和弦有大小七和弦、小小七和弦

(小七和弦)、减小七和弦(半减七和弦)、减减七和弦(减七和弦)。

21. A 【解析】本题考查匈牙利著名音乐教育体系的创立者。柯达伊音乐教育体系及教学法是20世纪由匈牙利著名作曲家和音乐教育家柯达伊倡导和建立的音乐教育体系和教学法。

22. B 【解析】本题考查著名钢琴作品的类型。巴赫的钢琴曲《二部创意曲》是以一个短小的主题动机为材料,运用模仿、卡农、对位等手法进行变化发展、创造新意的小曲,是一种复调音乐体裁。

23. D 【解析】本题考查歌曲的地区风格。歌曲《天路》由印青作曲、屈塬作词,西藏地区的人民把青藏铁路形象地称为"天路",因此这首歌曲是歌唱青藏铁路的,是具有西藏地区风格的歌曲。

24. A 【解析】本题考查各音乐形式所对应的民族。木卡姆是维吾尔族传统音乐的一种,是由民歌、舞蹈和器乐组成的大型套曲。"花儿"是流行于青海、甘肃、宁夏一带的汉族山歌,"锅庄"是藏族的民间舞蹈音乐形式,"信天游"是陕北一带的汉族山歌歌种。

25. B 【解析】本题考查歌曲所对应的指挥图示。歌曲《大海啊,故乡》是三拍子。A 选项是六拍子的指挥图示,B 选项是三拍子的指挥图示,C 选项是四拍子的指挥图示,D 选项是五拍子的指挥图示。

26. A 【解析】本题考查关系大小调。调号相同、主音相距一个小三度关系的大小调叫作关系大小调,与$^{\#}$g 小调的主音相距一个小三度的音是 B,即$^{\#}$g 小调的关系大调为 B 大调。

27. C 【解析】本题考查调式音级上构成的和弦名称。以 a 和声小调为例,其Ⅲ级音上构成的和弦为 C－E－$^{\#}$G,为增三和弦。

28. D 【解析】本题考查柴可夫斯基的代表作品。《天鹅湖》《睡美人》《胡桃夹子》是柴可夫斯基创作的三大芭蕾舞剧,《黑键练习曲》是肖邦的钢琴作品。

29. A 【解析】本题考查民族七声调式中的偏音。清乐七声调式是在五声调式的基础上,加入清角与变宫;雅乐七声调式是在五声调式的基础上,加入变徵与变宫;六声调式是在五声调式的基础上,分别加入清角或变宫。

30. B 【解析】本题考查乐曲的创作内容。琵琶曲《十面埋伏》又名《淮阴平楚》,乐曲描绘了公元202年秦末楚汉相争的垓下之战,在演奏中运用了琵琶的轮、扫、拂、绞弦等技法,充分表现出激烈的战争场面。《平湖秋月》是一首广东音乐名曲,描绘了中国江南湖光月色、诗情画意的良辰美景。古琴曲《梅花三弄》,通过梅花的纯洁芬芳和耐寒等特征,借物抒怀,歌颂具有高尚节操的人。《广陵散》是一首古琴曲,内容表现了战国时期铸剑工匠的儿子聂政为报杀父之仇刺杀韩王,然后自杀的悲壮故事。

二、构建和弦

31.【答案】

大三和弦　增三和弦　大小七和弦　小小七和弦　小三和弦

三、调式调性分析题

32.【参考答案】C 自然大调

【解析】首先看调号,无升无降,可暂时判断为 C 调的调号;其次,用首调唱名法视唱旋律,旋律带有大调式的风格;最后主音落在 C 上,故判断为 C 自然大调。

33.【参考答案】D 五声羽调式

【解析】首先看调号,一个降号,可暂时判断为 F 调的调号;其次,唱旋律,旋律中只出现了五个音且带有民族调式风格;然后将旋律中的音记写在一个八度内为 C、D、F、G、A,唯一的大三度出现在F～A,F 为宫,最后主音落在 D 上,D 为羽,故判断为 D 五声羽调式。

四、填空题

34. 圣-桑

35. 木管

36. 波兰

37. 纯律

38. 减五度

39. 展开部

40. 柴可夫斯基

41. 普契尼

42. 巴赫

43. 李斯特

44. 4

45. 德彪西和拉威尔

46. 燕乐

47. 二胡

五、连线题

48. 将下列作品与作曲家对应连接。

【答案】

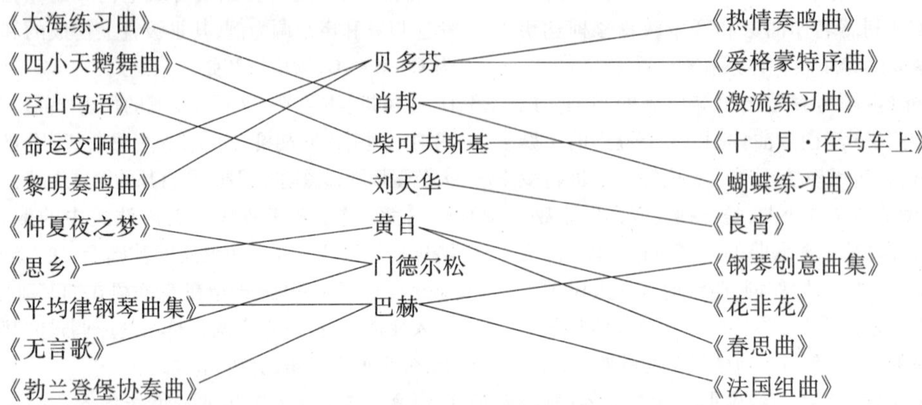

2020年天津市宁河区教师招聘考试中学音乐真题试卷(十)

一、单项选择题

1. C 【解析】本题考查京房的音乐贡献——京房六十律。A选项何承天提出了“十二等差律”(“新律”)的理论。B选项阮籍是魏国著名的文学家、音乐家,他的《乐论》是当时儒家和道家思想相互融合的代表,对后世产生了重要影响。C选项京房,西汉律学家,发明了六十律。D选项郭沔,宋元时期浙派琴家,代表作有古琴曲《潇湘水云》等。

2. B 【解析】本题考查拍子的类型。由单位拍相同的两拍和三拍的单拍子,按照不同的次序结合在一起构成的拍子叫作混合拍子,如$\frac{5}{4}(\frac{3}{4}+\frac{2}{4})$、$\frac{7}{8}(\frac{3}{8}+\frac{2}{8}+\frac{2}{8})$、$\frac{7}{4}(\frac{3}{4}+\frac{2}{4}+\frac{2}{4})$。由完全相同的单拍子结合在一起构成的拍子叫作复拍子,如$\frac{4}{4}(\frac{2}{4}+\frac{2}{4})$、$\frac{6}{8}(\frac{3}{8}+\frac{3}{8})$、$\frac{12}{8}(\frac{3}{8}+\frac{3}{8}+\frac{3}{8}+\frac{3}{8})$。因此只有B选项为复拍子,其余三个选项为混合拍子。

3. A 【解析】本题考查约翰·凯奇的国籍。约翰·凯奇,美国作曲家,被称为偶然音乐的开山鼻祖,代表作品有《变化的音乐》《4分33秒》等。

4. D 【解析】本题考查钢琴的音域。钢琴最低音的音名是A_2,最高音的音名是c^5,因此$A_2\sim c^5$就是钢琴的音域。

5. D 【解析】本题考查《义务教育音乐课程标准》(2011年版)基本理念的内容。《义务教育音乐课程标准》(2011年版)的基本理念“面向全体学生,注重个性发展”中指出:义务教育阶段的音乐课,应当面向全体学生,使每一个学生的音乐潜能得到开发并从中受益。音乐课的全部教学活动应以学生为主体,师生互动,将学生对音乐的感受和音乐活动的参与放在重要的位置。

6. B 【解析】本题考查诸宫调的创始人。诸宫调是宋、金时期流行的一种说唱艺术。它是继承叙事鼓子词及唱赚等曲艺形式,并在说白方面承袭了唐代变文的代言体特点而形成。首创诸宫调的是孔三传。唱赚的首创者为南宋绍兴年间的勾栏艺人张五牛。孟元老为宋朝人,作有《东京梦华录》等。耐得翁为宋朝人,作有《都城纪胜》等。

7. A 【解析】本题考查刘天华的二胡代表作。刘天华创作有10首二胡曲《病中吟》《月夜》《空山鸟语》《闲居吟》《光明行》《良宵》《烛影摇红》《苦闷之讴》《悲歌》《独弦操》,即B、C、D选项均为刘天华所作的二胡曲。《江河水》原系我国东北地区的古老乐种——“辽南鼓乐”中的一首笙管曲牌,原名叫《江儿水》,后被改编成双管独奏曲,20世纪60年代被黄海怀移植为二胡独奏曲。

8. C 【解析】本题考查京剧中的经典人物的所属行当。包拯在京剧中属于“净”行。净行面部绘画比较复杂,都是重施油彩,戏曲中的脸谱,主要指净的面部绘画,包拯、项羽、曹操等都属于这个系统。

9. C 【解析】本题考查隋唐多部乐的内容。隋文帝置七部乐:“国伎”“清商伎”“高丽伎”“天竺伎”“安国伎”“龟兹伎”“文康伎(即礼毕)”。隋大业年间,增“康国伎”“疏勒伎”成九部乐,并将“清商伎”列为首部,改“国伎”为“西凉伎”。初唐时期沿用隋“九部乐”，至唐太宗贞观十四年，在废除“礼毕”的基础上，将“燕乐”列为首部，形成了唐代的“九部乐”。之后加奏“高昌伎”，形成了唐代的“十部乐”。

10. A 【解析】本题考查隋唐五代时期的音乐理论著作。《教坊记》是唐开元年间崔令钦撰写的一部记载教坊的起源、制度和逸闻的著作。《羯鼓录》是唐代南卓记录羯鼓由来、唐羯鼓名手逸闻趣事和羯鼓曲名的一部羯鼓专史著作。《乐府杂录》是唐代段安节撰写的唐歌唱家、演奏家等唐代音乐见闻录。

11. A 【解析】本题考查《碣石调·幽兰》的记谱方式。《碣石调·幽兰》是南朝梁时人丘明的传谱，谱本是唐人的手抄本，是中国现存最早的琴谱，也是目前仅见的一首文字谱琴谱。

12. D 【解析】本题考查唱赚的相关内容。唱赚是宋代的一种说唱形式。由“缠令”和“缠达”两种曲式交替进行。缠令和缠达都是套曲形式的曲艺，但结构略有不同。前者是有引子和尾声的小型套曲；后者没有尾声，且在引子之后只用两个曲牌交替演唱。

13. A 【解析】本题考查民歌种类的流行地域。A选项长调是流行于我国内蒙古地区的民歌体裁。B选项信天游是流行于我国陕北地区的山歌种类。C选项薅草锣鼓主要流行于我国巴山地区的土家族民歌歌种。D选项格冬代是苏北地区的山歌歌种。

14. A 【解析】本题考查贝多芬的代表作品。A选项《费加罗的婚礼》是莫扎特的喜歌剧作品。B选项《英雄交响曲》是贝多芬的第三交响曲。C选项《费德里奥》是贝多芬创作的唯一一部歌剧。D选项《爱格蒙特》是贝多芬创作的交响序曲。

15. D 【解析】本题考查乐府的始建时间。乐府是秦汉朝廷设置的音乐机构。乐府始建于秦代，汉承秦制，在公元前112年设立，是以采集改编民间音乐为主的音乐机构，公元前7年(汉哀帝时期)撤销。

16. B 【解析】本题考查调式判断。首先，看调号，该调号为六个升号，判断为$^{\#}$F调；然后用首调视唱，感觉到明显的大调色彩；谱例中出现还原D，即^{b}D，为$^{\#}$F大调的^{b}Ⅵ级音，判断该旋律调式为$^{\#}$F和声大调。

17. C 【解析】本题考查德彪西的代表作品。A选项《佩利亚斯与梅丽桑德》是德彪西的歌剧作品。B选项《儿童园地》是德彪西的钢琴组曲。C选项《火鸟》是新古典主义音乐代表人物斯特拉文斯基的舞剧作品。D选项《版画集》是德彪西的钢琴作品。

18. A 【解析】本题考查曾侯乙墓的相关内容。曾侯乙墓出土于1978年湖北随县(今随州)，出土了编钟、编磬等125件乐器。出土乐器主要集中在墓葬的中室和东室，呈现出正殿和寝宫的排场。中室编钟、编磬排列三面，体现了“诸侯轩悬”的规格，并不是“宫悬”的规格。

19. D 【解析】本题考查我国近代最早的小提琴曲。A选项《和平进行曲》是赵元任创作的中国第一首钢琴曲。B选项《断章小品》是江文也的钢琴套曲。C选项《花鼓》是瞿维创作的钢琴曲。D选项《行路难》是中国地质科学的奠基人李四光谱写的我国近代最早的小提琴曲。

20. B 【解析】本题考查五线谱记谱法。将G谱号记在五线谱的第二线上叫作高音谱号，它表示五线谱的第二线为g^1。将F谱号记在五线谱的第四线上叫作低音谱号，它表示五线谱的第四线为f。将C谱号记在五线谱的第三线上叫作中音谱号，也叫C三线谱号，它表示五线谱的第三线为c^1。综上，A选项为小字一组的b，即b^1；B选项为小字组的b；C选项为大字组的B；D选项为大字组的B。

21. A 【解析】本题考查首创十二平均律的人物——朱载堉。朱载堉的“新法密率”是音乐文化史上最早出现的“十二平均律”律学原理。

22. A 【解析】本题考查我国明代戏曲四大声腔。我国明代南戏四大声腔即我国明代戏曲的四大声腔，包括海盐腔、余姚腔、弋阳腔、昆山腔。我国近现代的戏曲四大声腔为皮黄腔、梆子腔、高腔、昆腔。

23. C 【解析】本题考查中古调式的判断。A选项D利底亚调式的调号为A大调的调号，即三个升号，与题干音阶不符，排除；B选项D洛克利亚调式的调号为^{b}E大调的调号，即三个降号，与题干音阶不符，排除；C选项D弗里几亚调式的调号为^{b}B大调的调号，即两个降号，^{b}B、^{b}E，与题干音阶相符，故正确。

24. B 【解析】本题考查半音与全音的关系。由相邻的两个基本音级及其变化音级所构成的半(全)音叫作自然半(全)音。由同一音级的不同形式或隔开一个音级所构成的半(全)音叫作变化半(全)音。故^{b}C～$^{\#}$C为变化全音。

25. A 【解析】本题考查嵇康的音乐贡献及代表论著。嵇康弹奏的古琴最负盛名，此外他还有两篇著名的音乐论著：《琴赋》和《声无哀乐论》。《琴赋》是我国古代最早的一部音乐美学专著，它虽然是一篇辞赋性质的论著，但实际上却是艺术化了的音乐评论。

26. D 【解析】本题考查俄罗斯“强力集团”的成员组成。强力集团是19世纪60年代在俄罗斯音乐界形成的一个有共同目标和见解的音乐小团体。其中心人物是巴拉基列夫，其他作曲家有鲍罗丁、居伊、穆索尔斯基、里姆斯基-科萨科夫，所以又称“五人团”。

27. C 【解析】本题考查十二律名的出处。据《国语·周语》记载，周景王在公元前522年曾问乐律于乐官伶州鸠。伶州鸠讲了许多乐律学知识。他按六阳六阴的顺序列举了黄钟、大吕、太簇、夹钟、姑洗、仲吕、蕤宾、林钟、夷则、南吕、无射、应钟12个律名。这是十二律名见于典籍的最早的完备记载。

28. C 【解析】本题考查《弦索备考》的作者。《弦索十三套》又名《弦索备考》，清代蒙古族文人荣斋所编，这是目前所见我国第一部器乐合奏谱。

29. B 【解析】本题考查《诗经》的音乐分类。《诗经》是中国最早的一部诗歌总集，儒家经典之一，分“风”“雅”“颂”三部分。“风”包括十五国风，共有160篇，是黄河流域地区及江汉流域一带的民间歌曲。“雅”分“大雅”“小雅”，共105篇，主要是贵族创作的乐章。“颂”为祭祀宗庙祖先的乐舞，共40篇，作品内容都是颂扬统治者的“文德”“武功”。

30. B 【解析】本题考查六代乐舞的内容。六代乐舞是指黄帝时的《云门大卷》、尧时的《咸池》、舜时的《韶》、夏代的《大夏》、商代的《大濩》以及周初的《大武》。

31. C 【解析】本题考查五声调式的相关知识。#F徵调式的宫音为B，即调号为B调的调号，五个升号。#C商调式的宫音为B，与#F徵调式为同宫系统调式。

32. D 【解析】本题考查大调式各类型的定义。将自然大调的第Ⅵ级音降低半音，即构成了和声大调。将自然大调的第Ⅵ级音、第Ⅶ级音同时降低半音，即构成了旋律大调。旋律大调的降低音级一般用于音阶的下行，而上行时与自然大调完全一致。

33. D 【解析】本题考查与孔子评价相关的乐舞。孔子评价《韶》为“尽美矣，又尽善矣。”评价《大武》为“尽美矣，未尽善也。”

34. C 【解析】本题考查旋律性打击乐器。云锣是由十件音高不同的小型平面锣用绳置于一架而成，是锣类乐器中能奏出旋律的乐器。其余三个选项都是无音高的打击乐器。

35. D 【解析】本题考查莫扎特的音乐贡献。歌剧《唐璜》是莫扎特的代表性作品。

36. B 【解析】本题考查宋代的市民音乐。瓦市、勾栏是宋元时期市民音乐活动的中心。瓦市也称“瓦子”“瓦舍”“瓦肆”，是以娱乐为主要内容的商业集中点。勾栏是瓦市中用栏杆或巨幕隔成的艺人演出的固定场子，表演各种民间技艺。

37. B 【解析】本题考查“五旦七声”的由来。五旦七声是龟兹音乐家苏祇婆传入的龟兹宫调理论。五旦是指黄钟旦、太簇旦、林钟旦、南吕旦、姑洗旦，七声是指宫、商、角、徵、羽、变徵、变宫。

38. C 【解析】本题考查西方复调音乐的最早形式。奥尔加农产生于公元9世纪，是西方最早的复调音乐。A、B、D选项都是在奥尔加农之后发展的复调音乐形式。

39. A 【解析】本题考查自然音程的识别及三全音的含义。三全音是指包含三个全音的增四度和减五度音程。自然音程包括：纯音程（纯一、四、五、八度）、大小音程（大小二、三、六、七度）、增四度和减五度。除了增四度和减五度，一切增、减音程，倍增、倍减音程，都叫作变化音程。

40. A 【解析】本题考查宋代曲子词的相关知识。“摊”即摊开，表示字数有所增加；“破”即破裂，表示一句破成两句。“摊破”是唐宋时期填词的术语，指因乐曲节拍的变动引起句法、协韵的变化，突破原来词调谱式，故称摊破，与“添字”同义。“偷声”是在一句中减少字数。“乱”是指古代乐曲的最后一章或辞赋末尾总括全篇要旨的部分。“耍令”是宋代说唱艺术的一种形式。

41. B 【解析】本题考查《G大调弦乐小夜曲》的谱例辨别。题干谱例为《G大调弦乐小夜曲》，是莫扎特创作的弦乐四重奏。

42. C 【解析】本题考查七和弦的构成和识别。A选项，以G－ᵇB－D－F构成的小七和弦原位为例，其第一转位和弦为ᵇB－D－F－G，ᵇB－D－F为大三和弦，F～G为大二度，即是在大三和弦上方加一个大二度音程。B选项，以G－ᵇB－ᵇD－F构成的半减七和弦原位为例，其第一转位和弦是ᵇB－ᵇD－F－G，ᵇB－ᵇD－F为小三和弦，F～G为大二度，即是在小三和弦上方加上一个大二度音程。C选项，以G－ᵇB－ᵇD－ᵇF构成的减七和弦原位为例，其第三转位为ᵇF－G－ᵇB－ᵇD，ᵇF～G为增二度，G－ᵇB－ᵇD为减三和弦，即是在增二度音程上方加一个减三和弦。D选项，以G－

B－D－F 构成的大小七和弦原位为例，其第三转位为 F－G－B－D，F～G 为大二度，G－B－D 为大三和弦，即是在大二度音程上方加一个大三和弦。综上，C 选项错误，其他三个选项正确。

43. C 【解析】本题考查《长江之歌》的曲式结构。歌曲《长江之歌》是加尾声的带再现的单三部曲式。这首歌曲旋律激昂，歌词大气磅礴，感情亲切而热烈，通过对长江的描写与赞美，抒发了对祖国的热爱之情。

44. C 【解析】本题考查增八度的转位音程。增八度转位后不是减一度，而是减八度。倍增八度转位后是倍减八度。

45. A 【解析】本题考查具体七声民族调式的偏音。雅乐音阶是在五声调式音阶的基础上加上变徵和变宫音。G 商雅乐调式的变徵音为 B 音，变宫音为 E 音。

46. B 【解析】本题考查调式中的正音级。在大小调体系中，Ⅰ、Ⅲ、Ⅴ级是稳定音级，其他音级为不稳定音级。Ⅰ、Ⅳ、Ⅴ级是正音级，其他音级为副音级。^{b}A 大调的调式音阶为^{b}A、^{b}B、C、^{b}D、^{b}E、F、G、^{b}A，其正音级为^{b}A、^{b}D、^{b}E 三个音。

47. A 【解析】本题考查西方舞蹈音乐体裁的产生时期。A 选项波尔卡是 19 世纪欧洲流行的一种二拍子的舞曲。B、C、D 三个选项都属于文艺复兴时期的舞蹈音乐体裁。

48. B 【解析】本题考查《义务教育音乐课程标准》(2011 年版)的教材编写原则。《义务教育音乐课程标准》(2011 年版)的教材编写原则包括学生为本原则、教育性原则、科学性原则、实践性原则、综合性原则、开放性原则。

49. C 【解析】本题考查男生的变声期。变声期是指男女少年开始进入青春发育期后，因喉头、声带等发声器官迅速生长发育与变化引起声音(音质、音色)明显发生变化的过程。目前一般认为女生在 13～15 岁、男生在 14～16 岁进入变声期。

50. B 【解析】本题考查减字谱的发展。减字谱是唐代曹柔在“文字谱”的基础上革新、创造的一种古琴记谱法。减字谱用减笔字画拼成某种符号作为左、右两手在古琴音位上以及弹奏手法的标记，又称“音位谱”“手法谱”。

51. C 【解析】本题考查移调的内容。增一度移调即改变调号的移调方法。这种方法是将所要移动的旋律的每个音都保留在原调的线间位置上，然后用新调的调号代替原调的调号，要注意临时变音记号在新调中的记写形式。这种移调又常称为变化半音移调。

52. B 【解析】本题考查南宋姜夔的音乐贡献。姜夔，号白石道人，南宋词坛上号称“格律派”的词人和音乐家，现存诗 180 余首，词 80 多篇。《白石道人歌曲》是他遗留至今唯一的一部歌曲集。这部歌曲集中用三种记谱法记写了三类不同形式的歌曲，其中词调歌曲 17 首，用宋代俗字谱记写。在 17 首词调歌曲中，《霓裳中序第一》《醉吟商小品》《玉梅令》3 首是他的填词之作，其余 14 首作品都是“自度曲”。

53. A 【解析】本题考查三连音的时值。把原来按偶数均分为两部分的音符时值平均分成三部分称为三连音。题干中的三连音分别由两个四分音符的时值组成，其总时值等于全音符。

54. C 【解析】本题考查道家老子的音乐美学思想。老子是春秋时期的哲学家，他否定人为的音乐，认为“五色令人目盲，五音令人耳聋，五味令人口爽”。他主张“大音希声”，提出音乐的最高境界是无声之乐。

55. B 【解析】本题考查调式的判断。观察谱例，发现谱例中只有五个音，分别为 C、^{b}B、D、G、F，其中^{b}B～D 构成唯一的大三度，即^{b}B 为宫，主音结束在 C 音上，判断该谱例为 C 五声商调式。

56. C 【解析】本题考查我国第一部研究南戏的著作。徐渭所著的《南词叙录》为中国第一部关于南戏的理论专著。《都城纪胜》，南宋笔记，作者是耐得翁，作者曾寓游都城临安(今浙江杭州)根据耳闻目睹的材料仿效《洛阳名园记》，于南宋理宗端平二年写成。《东京梦华录》是宋代孟元老的笔记体散记文，创作于宋钦宗靖康二年，是一本追述北宋都城东京开封府城市风俗人情的著作。《园社市语》是目前所见完整的赚词作品，是保存在宋代陈元靓《事林广记》中的一套咏蹴鞠的作品，但有词无谱。

57. D 【解析】本题考查贾湖骨笛的历史地位。贾湖骨笛是我国目前所知最古老的乐器。

58. D 【解析】本题考查表情术语的含义。“Dolce”表示柔和、甜美地。

59. C 【解析】本题考查我国早期戏曲的形式。《东海黄公》是一出有简单故事情节的角抵戏，表演一个带有悲剧色彩的故事：东海黄公年轻时法术高强，能制虎御蛇，随着岁月的流逝，他年老力衰，加上饮酒过度，不能再行法术。秦末，东海出现白虎，黄公身带赤刀前往制伏，不幸惨死于虎口。

60. A 【解析】本题考查移调的方法。改变谱号的移调,这种方法是把音符留在原调的位置上(即旋律位置不变),然后将原谱号改为适合新调意义的谱号(即改变谱号),再将新调的调号记在新谱号右边(即需改变调号),并同时注意临时变音记号在新调中的记写形式。

二、分析与论述

61. 请简述“奏鸣曲式”的定义,分析其运用场合以及基本框架图示。

【参考答案】奏鸣曲式是以对比、发展和统一的原则为基础所形成的一种大型曲式。

奏鸣曲式包含呈示部、展开部、再现部三个部分。

奏鸣曲式广泛用于各种器乐独奏曲(如钢琴奏鸣曲、小提琴奏鸣曲)、室内乐(如弦乐四重奏)、协奏曲、交响曲等音乐体裁的作品中。

奏鸣曲式基本框架图示:

结构	呈示部		展开部	再现部	
材料	主部+(连接部)	副部+(结束部)	展开呈示部的材料或引进新材料	主部+(连接部)	副部+(结束部)
调性	主调	从属调性	一系列自由选择的调性	主调	主调(调性服从)

本题共8分。(1)答出奏鸣曲式的“定义”得2分;(2)答出奏鸣曲式的“运用场合”得1分;(3)答出奏鸣曲式的“基本框架图示”得3分,其中答出“呈示部”“展开部”“再现部”各部分内容得3分,每部分1分;(4)阐述合理得1分;(5)基本框架图示明确、美观得1分。

62.【参考答案】题中的《茉莉花》是我国众多《茉莉花》版本中最具代表性、流传最广的江苏民歌。该乐曲为单乐段结构,徵调式,歌曲主体由三个乐句构成,第一、第二乐句各有4个小节,第三乐句采用6个小节一气呵成。歌曲旋律基本由级进的十六分音符构成,旋律婉转流畅、抒情优美,切分音和一字多音的运用使歌曲更显轻盈活泼,结束句在第二乐句基础上变化扩充,于高潮处结束,给人以意犹未尽之感。

本题共8分。答出《茉莉花》的“地域来源”“旋律特色”“表达情感”“曲式结构”4点得8分,每点2分。

63.【参考答案】

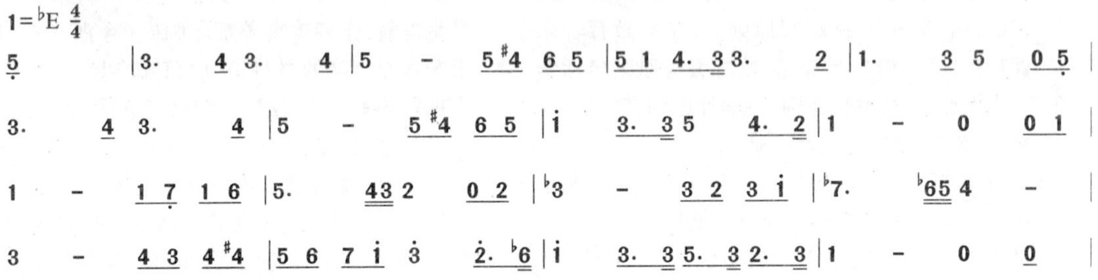

1=♭E 4/4

5 | 3. 4 3. 4 | 5 - 5 ♯4 6 5 | 5 1 4. 3 3. 2 | 1. 3 5 0 5 |

3. 4 3. 4 | 5 - 5 ♯4 6 5 | i 3. 3 5 4. 2 | 1 - 0 0 1 |

1 - 1 7 1 6 | 5. 43 2 0 2 | ♭3 - 3 2 3 i | ♭7. ♭65 4 - |

3 - 4 3 4 ♯4 | 5 6 7 i 3 2. ♭6 | i 3. 3 5. 3 2. 3 | 1 - 0 0 |

64. 请谈谈赵元任歌曲创作的艺术特色和历史贡献。

【参考答案】(1)艺术特色:赵元任的音乐作品具有很高的艺术价值。他的歌曲作品音乐形象非常鲜明,曲调优美、流畅,风格新颖别致。既能很好地借鉴西方近代的多声部音乐写作技法,又能探索和保留中国传统音乐文化的特色;能够做到一方面体现高度的作曲技巧,另一方面体现鲜明的民族风格。他在作品中非常注意歌词语调与旋律走向的艺术性结合,使得作品既富于艺术韵味,又具有十分贴切的口语化特点。同时,他还十分注意钢琴伴奏在歌曲中的艺术地位,追求两者在作品整体中共同塑造形象、刻画意境的完美结合。

(2)历史贡献:赵元任,萧友梅称其为“中国的舒伯特”。他的大部分作品主要收编在《新诗歌集》《儿童节歌曲集》《晓庄歌曲集》《行知歌曲集》里。

赵元任的音乐作品将其良好的音乐素养同深厚的语言学功底结合起来。就内容方面而言,其音乐作品主要可分为三大类:第一类作品主要反映当时中国人民在苦难生活中的痛苦挣扎。代表作品有《卖布谣》(刘大白词)、《劳动歌》、《织布》、《西洋镜歌》、《老天爷》等。第二类作品主要表现了青年知识分子反对封建束缚、要求个性解放的新思想和新观念,如《教我如何不想她》《海韵》等。第三类作品主要为宣传抗日救亡斗争而作,在那个特殊的时代,这类作品为促进中华民族人民的觉醒做出了一定的贡献,如《自卫》(又名《背着枪》)、《我们不买日本货》、《抵抗》、《苏州河北岸上的大国旗》等。

本题共8分。(1)答出赵元任"歌曲创作的艺术特色"得4分,其中答出"整体风格""体现民族风格与借鉴西方写作技法""歌词语调与旋律的结合""伴奏的运用"4个方面,每个方面1分;(2)答出赵元任的"各种类型的代表作品"得2分;(3)答出"赵元任的音乐与语言学的关系"得1分;(4)答出其他音乐贡献可得0.5~1分。

65.【参考设计】教学目标:

1. 通过学唱、聆听,能够体会歌曲热情豪放、率直开朗的风格特点,感受歌曲所表达的欢快、喜悦和赞美之情。

2. 通过聆听、模唱或视唱的方法,用歌曲接龙的方法,初步了解"鱼咬尾"的创作手法和变换拍子的含义。

3. 通过学唱和欣赏歌曲,初步了解"鱼咬尾"的创作手法和变换拍子的定义。

教学难点:

能够用柔和、圆润的声音演唱歌曲,体会歌曲意境。

本题共8分。(1)答出教学目标得6分,其中"体现三维目标"得3分,"符合唱歌课课型"得1分,"符合初中生的认知规律"得1分,"设置明确且合理确定程度"得1分。若设置"大"而"空",则酌情扣分1.5~2分。(2)答出教学重难点得2分,其中教学重点和教学难点各1分。教学重点需紧扣教学目标,可与教学目标相同,也可根据教学目标更加具体;教学难点要贴合作品实际,每个作品、课型、年级学段等所应解决的难点都有所不同。教学重、难点设置不合理或不贴合作品实际,则酌情扣0.5~1分。

预测试卷

教师招聘考试中学音乐预测试卷(一)

一、单项选择题

1. C 【解析】本题考查音乐的表现要素。长短相同或不同的音,按一定的规律组织起来叫作节奏。节奏是音乐的骨骼,是塑造音乐的重要手段之一。有特点的节奏,能赋予音乐以鲜明的性格与风格特征。

2. A 【解析】本题考查两音之间的全半音关系。一个全音等于两个半音。小字组 a 至小字一组 d 之间有两个全音,一个半音,因此共有 5 个半音。

3. A 【解析】本题考查基音与泛音。由全弦振动所产生的音,也就是我们听得最清楚的音,称为基音。由弦各部分振动而产生,一般不易被听出来的音,叫作泛音。以大字组的 C 音作为基音,其泛音列中的各个泛音依次为 c、g、c^1、e^1、g^1 等。因此可知其第五泛音为 g^1。

4. D 【解析】本题考查混合拍子的概念。由单位拍相同的两拍和三拍的单拍子,按照不同的次序结合在一起构成的拍子叫作混合拍子。A、B、C 三个选项都是复拍子。

5. C 【解析】本题考查全休止符记号的用法。整小节的休止,除了$\frac{4}{2}$拍、$\frac{8}{4}$拍用二全休止符以外,其他不论何种拍子,一律用全休止符标记。

6. C 【解析】本题考查变化音程的识别。变化音程是指除增四度和减五度之外的一切增、减音程,倍增、倍减音程。A 选项 c^1 ~ $^{\flat}d^2$ 是隔开一个八度的小二度,属于自然音程;B 选项 $^{\#}f^1$ ~ c^2 是减五度音程,属于自然音程;C 选项 b ~ $^{\flat}e^2$ 是隔开一个八度的减四度,属于变化音程;D 选项 e^1 ~ $^{\#}a^2$ 是隔开一个八度的增四度,属于自然音程。

7. B 【解析】本题考查调号的具体运用。A 选项$^{\#}$F 自然大调的主音是$^{\#}$F,调号为 6 个升号;B 选项以$^{\#}$E为导音的和声小调,即$^{\#}$f 和声小调,其调号为 A 调的 3 个升号;C 选项以 E 为Ⅱ级音的和声大调,即 D 和声大调,调号为 2 个升号;D 选项以$^{\#}$D为变宫的雅乐羽调式,即$^{\#}$C 雅乐羽调式,属于 E 宫系统调,调号为 4 个升号。

8. D 【解析】本题考查三和弦的识别。减三和弦的根音和三音、三音和五音之间都是小三度关系。选项 A 是大三和弦,选项 B 是增三和弦,选项 C 是小三和弦,选项 D 是减三和弦。

9. D 【解析】本题考查调式音级的类别。调式体系中的各音叫作调式音级。调式音级的级数是用罗马数字来标记的,其中Ⅰ、Ⅲ、Ⅴ级是稳定音级,Ⅱ、Ⅳ、Ⅵ、Ⅶ级为不稳定音级;Ⅰ、Ⅳ、Ⅴ级是正音级,Ⅱ、Ⅲ、Ⅵ、Ⅶ级是副音级。

10. B 【解析】本题考查七和弦的转位和弦。ACD 三个选项依次是大小七和弦的第一转位、第二转位、第三转位,只有 B 选项为小七和弦的第一转位(五六和弦)。

11. C 【解析】本题考查近关系转调。从前调转向相差一个升号或一个降号的新调,称为近关系转调。关系大小调的转调,调号没有差别,亦属于近关系转调。E 大调为四个升号调,C 大调与 a 小调是无升无降号调,F 大调为一个降号调,#c 小调与 E 大调为关系大小调,因此属于近关系转调的范畴。

12. A 【解析】本题考查五声调式各音之间的音程关系。五声调式中包含宫、商、角、徵、羽五个音,宫~商构成大二度,角~徵构成小三度,宫~角构成大三度,因此排除 BCD 三个选项。五声调式中不包含小二度音程。

13. B 【解析】本题考查五线谱的附加线。在五线谱中,为了记录更高或更低的音,在五线谱的上面或下面还要加上许多短线,这些线叫作"加线"。在五线谱上面的加线叫作"上加线",下面的加线叫作"下加线"。由于加线而产生的"间"叫作"加间",在五线谱上面的加间叫"上加间",在五线谱下面的加间叫"下加间"。

14. A 【解析】本题考查速度术语及其每分钟的拍数。Presto(急板),每分钟 184 拍;Andante(行板),每分钟 66 拍;Moderato(中板),每分钟 88 拍;Adagio(柔板),每分钟 56 拍。以上每分钟拍数大于 120 的只有 A 选项。

15. B 【解析】本题考查附点及音乐记号的用法。当段落反复记号表示从头反复时,可以省略前面的反复记号,B 选项叙述有误。

16. C 【解析】本题考查混声四部合唱的声部标记。混声四部合唱中的各声部分别为:女高音声部(Soprano,简写为 S.)、女低音声部(Alto,简写为 A.)、男高音声部(Tenor,简写为 T.)、男低音声部(Bass,简写为 B.)。

17. B 【解析】本题考查歌曲《我爱你,中国》的赏析。歌曲《我爱你,中国》由三部分构成。第一部分是引子性质的乐段,节奏较舒缓,气息宽广,音调明亮、高亢,旋律跌宕起伏,把人们引入百灵鸟凌空俯瞰大地而引吭高歌的艺术境界。第二部分是歌曲的主体部分,节奏较平缓,旋律逐层上升,委婉、深沉,铺展了一幅祖国大好河山的壮丽画卷。第三部分是结尾乐段,经过两个衬词"啊"的抒发,引向歌曲的最高潮;曲调起伏迂回,节奏自由悠长,与第一部分相呼应。

18. D 【解析】本题考查巴洛克时期的乐曲体裁。A、B、C 三个选项均是巴洛克时期重要的乐曲体裁。选项 D 夜曲是浪漫主义时期诞生的小型乐曲体裁。

19. A 【解析】本题考查波尔卡的定义。波尔卡是起源于捷克民间的一种二拍子的快速跳跃的圆圈舞。

20. A 【解析】本题考查我国民族乐器二胡的特点。二胡是我国流行最广、最具有代表性的一种拉弦乐器,被称为"东方小提琴"。

21. A 【解析】本题考查《唱论》。《唱论》是元代燕南芝庵编写的中国最早的一部关于探索歌唱艺术的论著,内容涉及古代歌唱名家,乐曲名目、品种、内容、流传地域,歌唱咬字、气息等技巧方法,等等。《曲律》是明代王骥德创作的戏曲论著。《度曲须知》是明代沈宠绥所撰戏曲著作。清代词曲学家徐大椿的著作《乐府传声》系统性地总结了历代唱曲经验和声乐演唱理论,该书以融会贯通的姿态,在继承元代燕南芝庵《唱论》等声乐理论著作的同时,溯本追源,传声示法,对传统声乐演唱中的字、声、气、情、韵等诸多领域进行了细致入微地探讨。

22. A 【解析】本题考查六代乐舞的内容。孔子评价《大武》为"尽美矣,未尽善也",评价《韶》为"尽美矣,又尽善也"。

23. C 【解析】本题考查南戏"四大传奇"。元代南戏的"四大传奇"是指《荆钗记》《白兔记》《拜月亭》《杀狗记》,加上《琵琶记》被并称为"五大传奇"。

24. D 【解析】本题考查我国著名作曲家郭文景的代表作品。郭文景是 20 世纪 80 年代中国"新潮音乐"的重要代表人物之一,代表作品有歌剧《狂人日记》《夜宴》,合唱交响曲《蜀道难》,协奏曲《愁空山》等。

25. A 【解析】本题考查作品《涉江采芙蓉》的作曲技法。我国作曲家罗忠镕将西方的十二音作曲技法与我国五声民族调式相结合,谱写出了我国第一首"五声性十二音"的作品《涉江采芙蓉》。该作品充分体现了中国古典诗词艺术歌曲创作的又一发展,为弘扬中华民族优秀文化做出了贡献。

26. D 【解析】本题考查《黄河大合唱》的赏析。通过视唱题干旋律可知,该谱例是《黄河大合唱》中《黄河颂》的旋律片段。

27. D 【解析】本题考查小提琴协奏曲《梁山伯与祝英台》的音乐赏析。小提琴协奏曲《梁山伯与祝英台》是陈钢与何占豪就读于上海音乐学院时的作品,以越剧中的曲调为素材,以"草桥结拜""长亭惜别""英台抗婚""坟前化蝶"等为主要内容。其中"草桥结拜""长亭惜别"和"楼台会"都出现了大提琴与小提琴的"对答"形式。"抗婚"桥段:铜管以严峻的节奏、阴森的音调,奏出了封建势力凶暴残酷的主题;独奏小提琴用散板的节奏,陈述了英台的悲痛与惊惶,乐队强烈的快板,衬托出独奏小提琴坚决反对封建势力的反抗主题。这两个主题逐渐激化,形成英台抗婚的怨愤场面。

28. B 【解析】本题考查各地区对山歌的叫法。信天游又叫“顺天游”,是流传于陕北一带的主要山歌歌种。山曲主要流传在山西西北部的河曲、保德一带,以及陕西北部的府谷和神木,内容多为情歌,少部分内容为“走西口”。爬山调也叫“爬山歌”“山曲儿”,是流行于内蒙古中西部农业区和半农半牧区的一种短调民歌。“花儿”又名“少年”,是流行于甘肃、青海、宁夏一带的山歌歌种。飞歌是苗族歌曲的一种。

29. B 【解析】本题考查我国京剧诞生时期的代表人物。“三鼎甲”指清朝科举制度中状元、榜眼和探花的荣誉称号。京剧“三鼎甲”是指京剧形成初期的三位著名老生:程长庚、余三胜、张二奎。

30. D 【解析】本题考查广东音乐中的伴奏乐器粤胡。粤胡,又称高胡,胡的形制结构与二胡相同,但琴筒比二胡细,多呈圆形。

31. B 【解析】本题考查巴洛克时期的管乐器。管风琴属于键盘乐器,不属于管乐器。

32. A 【解析】本题考查柴可夫斯基《D大调弦乐四重奏》中《如歌的行板》的旋律。题干谱例出自柴可夫斯基创作的《D大调弦乐四重奏》中的第二乐章《如歌的行板》。

33. B 【解析】本题考查管弦乐《图画展览会》的赏析。在管弦乐《图画展览会》的《两个犹太人》中,作曲家穆索尔斯基用弦乐器的齐奏来展示威风凛凛、傲慢粗暴的胖犹太人的音乐形象,用加弱音器的小号展示机灵的瘦小犹太人的音乐形象,生动形象地刻画了一富一穷的两个犹太人,使作品具有了典型的社会意义。

34. B 【解析】本题考查歌剧《图兰朵》中的中国元素《茉莉花》。歌剧《图兰朵》是普契尼根据一个古老的东方传说而创作的,其音乐吸收了中国民歌《茉莉花》的音调。

35. B 【解析】本题考查圣-桑的音乐贡献。交响诗《骷髅之舞》是圣-桑的作品。

36. D 【解析】本题考查日本的传统音乐形式。歌舞伎是日本的民族表演艺术,是一种综合性的舞台艺能。

37. C 【解析】本题考查《孤独的牧羊人》中的约德尔唱法。约德尔唱法的特点是演唱开始时在中、低音区用真声唱,然后突然用假声进入高音区,这两种方法迅速地交替演唱,形成奇特的效果。音乐剧《音乐之声》中的《孤独的牧羊人》一曲中,约德尔唱法的演唱自然流畅,欢快幽默,使其成为经典之作。

38. C 【解析】本题考查艺术审美教育作用的特点。艺术审美教育作用的特点是以情感人、潜移默化、寓教于乐。

39. D 【解析】本题考查《义务教育艺术课程标准》(2022年版)的课程内容。“对歌曲有自己的见解和创意表达的想法,在演唱时能进行个性化的处理与表达。”属于《义务教育艺术课程标准》(2022年版)课程内容中其他学段的学习任务2独唱与合作演唱中第四学段(8~9年级)的学业要求。

40. C 【解析】本题考查《义务教育艺术课程标准》(2022年版)课程目标中核心素养内涵的内容。《义务教育艺术课程标准》(2022年版)中指出,艺术课程要培养的核心素养主要包括审美感知、艺术表现、创意实践、文化理解等。C选项不包含在内。

二、判断题

41. × 【解析】本题考查固定唱名法的定义。固定唱名法是指无论什么调一律按C调唱名读谱,七个唱名音高在五线谱上的位置是固定的,即C永远唱do、D永远唱re等。无论何调,遇到升降记号的音,只需将该音唱高或唱低半音,而唱名永远不变。

42. √ 【解析】本题考查复拍子的含义。由完全相同的单拍子结合在一起构成的拍子叫作复拍子,题干中的四种拍子都属于复拍子。

43. × 【解析】本题考查燕乐的定义。隋唐时期,统治阶级在宴会中所用的音乐叫作燕乐。

44. × 【解析】本题考查歌剧《白毛女》的历史地位。《白毛女》是我国歌剧史上第一部里程碑式的作品,它是中国民族歌剧成熟的标志和发展的奠基石。

45. × 【解析】本题考查我国说唱音乐的代表人物及对应曲种。刘宝全是京韵大鼓的著名演员。

46. √ 【解析】本题考查我国戏曲音乐的相关知识。评剧是清末在河北滦县一带的小曲“对口莲花落”的基础上形成的,先是在河北农村流行,后进入唐山,称“唐山落子”,是中国五大戏曲剧种之一。

47. × 【解析】本题考查复调常识中卡农的相关知识。在卡农中,最先出现的声部为主句,模仿的声部为答句。

48. √ 【解析】本题考查外国民歌代表曲目及所对应国家。《红河谷》是流传在加拿大北方红河一带的民歌。

49. × 【解析】本题考查《义务教育艺术课程标准》(2022年版)中学段的具体划分。《义务教育艺术课程标准》(2022年版)的设计思路中将艺术课程分为三个阶段:第一阶段(1~2年级)、第二阶段(3~7年级)、第三阶段(8~9年级)。依据课程分段设计思路,在学段划分上将第二阶段细化为两个学段,形成四个学段,分别是:第一学段1~2年级,第二学段3~5年级,第三学段6~7年级,第四学段8~9年级。

50. × 【解析】本题考查达尔克罗兹音乐教育体系的相关内容。达尔克罗兹的体态律动以节奏训练为中心课题，但不仅仅是音乐节奏，强调的是以身体为乐器，通过身体动作，来体验音乐节奏的速度、力度、时值等变化。

三、分析写作题

51.【参考答案】

52.【参考答案】

53.【参考答案】

(1)《爱我中华》为单二部曲式。

(2)该歌曲为$\frac{4}{4}$拍，七声宫调式。旋律创作吸收了我国西南少数民族的音乐素材，其衬词“嗨啰呢啰嗨啰嗨”富有鲜明的民族语言特色，并且具有舞蹈音乐性质。

A段由三个乐句构成，结构方整，每乐句4小节。它的音乐主题(第1、2小节)节奏活泼，旋律以明快的大调主和弦分解进行构成，表现了欢快活跃、兴高采烈的情绪，表现了歌曲的主题——爱我中华。

B段由四个乐句构成。第一乐句(爱我中华，健儿奋起步伐)曲调高昂有力，较前更兴奋、热烈，与A段构成对比，形成全曲的高潮，表现出人们以实际行动建设自己国家的决心。前三个乐句基本相同，只有第二个乐句的最后一个音和其他的两个乐句不同。第四乐句的开始与前面的三个乐句一样，但在其后的发展中采用传统音乐“垛句”的手法展开，使全曲以充分的、肯定的语气结束，表现出各族人民团结一致、热爱祖国，建设祖国的豪情壮志。旋律和节奏较A段有较大的发展和对比，情绪上也由A段的轻快、活泼发展为B段的兴奋热烈。

54.【参考答案】

四、简答题

55. 简述在初中音乐教学中应注意的问题。

【参考答案】在初中音乐教学中应注意的问题：(1)遵循听觉艺术的感知规律，突出音乐学科的特点；(2)重视教学目标的设计与整合；(3)注意音乐教学各领域之间的有机联系；(4)正确处理教学中的各种关系；(5)积极引导学生进行音乐实践活动；(6)合理运用现代教育技术手段；(7)因地制宜地实践音乐课程标准。

56. 简述宋元时期有哪些记谱法和乐律学成就。

【参考答案】宋元时期的记谱法有燕乐俗字谱和律吕字谱，乐律学理论有蔡元定十八律。

燕乐俗字谱是工尺谱的一种早期形式。宋代流行的俗字谱，采用十个基本谱字按固定唱名记谱。十个基本谱字代表十个不同的音高，另有其他一些音符表示节奏或作常用记号使用。

律吕字谱是用十二律名记录乐音的一种记谱法。

蔡元定十八律是以古代“三分损益法”十二律为基础，于黄钟、太簇、姑洗、林钟、南吕、应钟六律后，各增加一个比本律高一“古代音差”的变律而成。

57. 简述汉族民歌及其体裁分类。

【参考答案】民歌是劳动人民在生活和劳动中自己创作、自己演唱的歌曲，以口头创作、口头流传的方式生存于民间，并在流传过程中不断经受人民群众集体的筛选、改造、加工、提炼，随着时间的流逝而日臻完美。

汉族民歌可以分为号子、山歌、小调三种体裁。号子又称劳动号子，是产生并应用于劳动中，具有协调与指挥劳动的实际功用的民间歌曲；山歌多在户外演唱，是劳动人民用以抒发感情的民歌种类，山歌可分为一般山歌、田秧山歌和放牧山歌三类；小调又被称为小曲、俗曲等，可分为吟唱调、谣曲和时调三类。

五、教学设计题

58.【参考设计】

《剪羊毛》

一、导入

1. 问题：

(1)同学们喜欢旅游吗？(学生自由回答)

(2)有一个被称为“骑在羊背上的国家”，大家知道是哪里吗？(学生自由回答，引出澳大利亚)

2. 介绍澳大利亚：在澳大利亚，每年到了春夏之交的时候，所有牧场、农场就会将羊集中在一起，剪下羊毛，然后将这些羊毛出口到其他国家。我们今天就跟着音乐一起去看看“骑在羊背上的国家”是怎样剪羊毛的。

二、教授新课

(一)整体欣赏

1. 完整欣赏：听完这首歌曲，你感觉它的节奏是怎样的？你感受到澳大利亚人民剪羊毛时的心情了吗？(学生自由回答)

2. 欣赏内容：小羊的歌声我们听到了，接下来再听听勤劳的人民在唱些什么？下面仔细聆听歌曲，听听歌曲主要唱了什么内容？(播放音乐，教师范唱)

(二)学唱歌曲

1. 哼唱旋律：下面就请大家跟着琴，看着歌谱轻轻地用“lu”来哼唱歌曲，注意三度音程和级进音程的音准。(钢琴伴奏)分组练唱，比一比哪一组唱得整齐、准确。

2. 将学生分为女生(高声部)、男生(低声部)两大组。弹奏高声部的旋律，女生轻声哼唱高声部；弹奏低声部的旋律，男生轻声哼唱低声部。

3. 应用柯尔文手势，练习节奏、音高：先带领女生划手势演唱第一声部旋律，再带领男生划手势演唱第二声部旋律，让两组分别练习几次后，老师指挥学生演唱旋律。

老师提示：八分音符、附点八分音符节奏。

$\frac{2}{4}$ X　X. X | X X X X | X　X. X | X　0 |

(提醒学生注意：第二声部进入的节奏点、音准)

4. 老师带领学生加入歌词演唱，有感情地合唱。

(提醒学生注意：合唱时保持两个声部演唱的情绪一致，同时演唱速度平稳，演唱时注意音色的统一、音准以及演唱时的呼吸)

三、知识拓展

请学生观看人工剪羊毛时的情景。

老师：谁能说一说这首歌曲是一种什么样的情绪？还能想到什么曲调可以表现这种情绪？(学生自由回答)

四、课堂小结

最后，我们再完整(二声部)演唱一遍歌曲。通过歌声以及你的表情，把我们对劳动的热爱、自豪的心情表达出来。

教师招聘考试中学音乐预测试卷(二)

一、单项选择题

1. D 【解析】本题考查音程的分类。音程中的两个音先后发声，叫作旋律音程。音程中的两个音同时发声，叫作和声音程。

2. B 【解析】本题考查附点音符的定义。一个附点表示增长原音符或休止符时值的二分之一，两个附点表示增长原音符或休止符时值的四分之三。

3. C 【解析】本题考查倚音的类别与记法。在主要音的前面或后面弹奏一个或数个非常短的音构成的装饰音，称为倚音。根据分类方式的不同，倚音可以分为单倚音和复倚音、前倚音和后倚音、长倚音和短倚音，一般常用的是短倚音。在主要音之前的短倚音为前短倚音，在主要音之后的短倚音为后短倚音，一个音的短倚音为单短倚音，多个音的短倚音为复短倚音。题干谱例中的装饰音记法是两个音的前短倚音，即选项C中的复前倚音。

4. A 【解析】本题考查两音之间的全半音关系及其性质。自然全(半)音是在相邻的两个音级上构成的全(半)音，变化全(半)音是在同一音级或隔开一个音级上构成的全(半)音。#F～#G是在相邻两个音级上构成的全音，属于自然全音。

5. D 【解析】本题考查音程的识别。选项A是减五度，选项B是倍增四度，选项C是减五度，选项D是纯五度。

6. A 【解析】本题考查调式中的音级。E自然大调的音阶为E、#F、#G、A、B、#C、#D、E，依次为主音、上主音、中音、下属音、属音、下中音、导音、主音。其中，属音为B，#C为下中音，#G为中音，A为下属音。

7. A 【解析】本题考查调式音阶的具体应用。调式音阶是指把调式的中心音——主音作为起点和终点，其他各音按音高的顺序依次排列成音阶的形式。F大调是一个降号的调式，其调式音阶为F、G、A、♭B、C、D、E、F。F清乐宫调是在F宫五声调式的基础上加入了清角、变宫的调式，即为一个降号的调式，与F大调的调式音阶相同。F雅乐羽调的宫音为♭A，为四个降号的调式，与F大调的调式音阶不同。d小调是以d为主音的调式，与F大调的调式音阶不同。C徵调是主音为C的徵调式，与F大调的调式音阶不同。

8. B 【解析】本题考查弦乐四重奏的常规编制。弦乐四重奏就是由四把弦乐器组合而成的室内乐形式，它包含两把小提琴、一把中提琴以及一把大提琴，是目前最主要和最受欢迎的室内乐类型。

9. B 【解析】本题考查声乐体裁小夜曲的定义。小夜曲源于欧洲中世纪游吟诗人黄昏或夜晚在恋人窗前所唱的爱情歌曲。这种歌曲多为男声独唱，常用吉他和曼陀林伴奏，流行于西班牙、意大利等地。

10. D 【解析】本题考查力度标记“rf”的含义。“rf”是“rinforzando”的缩写，还可以缩写为“rfz”，意为“加强”或“强烈地渐强”。

11. A 【解析】本题考查八音分类法的相关知识。“八音”分类法是根据乐器的不同制作材料来进行分类的。

12. B 【解析】本题考查儒家思想论著——《乐记》。《乐记》作为先秦儒家音乐美学思想的集大成者，其丰富的美学思想，对两千多年来古典音乐的发展有着深刻的影响，并在世界音乐思想史上占有重要的地位。

13. D 【解析】本题考查学堂乐歌的代表作品。《黄河》由杨度作词、沈心工作曲。

14. B 【解析】本题考查中国新音乐运动的代表人物。新音乐运动通常是指20世纪30年代兴起的，由中国共产党领导的左翼音乐运动，以及抗日战争、解放战争时期的革命音乐运动。其代表人物有聂耳、张寒晖、吕骥等。华彦钧是我国民间艺术家。

15. C 【解析】本题考查蒙特威尔第在西方音乐史上的地位。蒙特威尔第的创作可以被看作是从文艺复兴晚期通往巴洛克时期的一座重要的桥梁，他的牧歌创作历程体现了16世纪末17世纪初牧歌风格的急剧变化，他的歌剧《奥菲欧》等也是巴洛克早期具有代表性的歌剧创作。卢卡·马伦齐奥、卡洛·杰苏阿尔多也是文艺复兴晚期牧歌的主要作曲家。约翰·奥克冈是文艺复兴时期法－佛兰德乐派的作曲家。

16. A 【解析】本题考查“弹词四大家”。清嘉庆、道光年间，陈遇乾、毛菖佩、俞秀山、陆瑞廷被称为“弹词四大家”。骆玉笙是京韵大鼓的著名表演艺术家。

17. A 【解析】本题考查赵元任的音乐贡献。《海韵》是赵元任创作的大型合唱作品，《八路军大合唱》是郑律成的作品，《黄河大合唱》是冼星海的作品，《教我如何不想她》是赵元任创作的独唱歌曲。

18. B 【解析】本题考查藏族的歌舞音乐。堆谐是藏族的歌舞音乐。藏族的歌舞音乐还有弦子、囊玛、热巴、锅庄等。

19. A 【解析】本题考查戏曲史上第一部昆曲剧本。明朝昆山人梁辰鱼编写了我国戏曲史上第一部昆曲剧本《浣纱记》。《长生殿》是清朝洪升创作的传奇。《牡丹亭》是明朝汤显祖创作的传奇。《桃花扇》是清朝孔尚任创作的传奇。

20. C 【解析】本题考查使用梆子腔的剧种。秦腔是梆子腔系统中最古老的剧种。京剧以皮黄腔为主，川剧以高腔为主，越剧包含多种声腔类型。

21. B 【解析】本题考查乐曲《江河水》的演奏乐器。《江河水》，双管独奏曲。根据“辽南鼓乐”同名笙管曲牌整理加工改编而成。音乐悲愤、激昂，控诉了旧中国人民的苦难生活和有苦无处诉、有冤无处伸的悲惨遭遇，表现了劳苦大众对黑暗的旧社会和统治阶级的无比愤慨。

22. B 【解析】本题考查广东音乐的代表作。《旱天雷》属于广东音乐。

23. A 【解析】本题考查巴洛克时期的时间范围。大约从1600年（歌剧的诞生）到1750年（巴赫去世）这一个半世纪，西方音乐史上称之为巴洛克时期。

24. C 【解析】本题考查莫扎特的音乐欣赏。该旋律片段是莫扎特《G大调弦乐小夜曲》的副部主题。

25. B 【解析】本题考查威尔第的《茶花女》。《茶花女》是意大利作曲家威尔第的代表作。

26. B 【解析】本题考查法国喜歌剧的起源。意大利正歌剧一般是指盛行于18世纪的内容严肃的歌剧，其题材多取自古代神话与历史故事。法国喜歌剧源自法国民间的集市剧。意大利喜歌剧源自正歌剧中的幕间剧。德奥歌唱剧兴盛于18世纪中叶，最初采用德语对白与分节歌式的流行曲调相结合的音乐形式。

27. B 【解析】本题考查长鼓舞的所属民族。长鼓舞多为女子独舞或双人舞，舞者边击鼓边起舞，以丰富的舞蹈语汇与高低不同、花样繁多的鼓点相配合，构成长鼓舞独特的风韵。中国流传的长鼓舞以朝鲜族和瑶族最具代表性。

28. D 【解析】本题考查《义务教育艺术课程标准》（2022年版）中总目标的内容。《义务教育艺术课程标准》（2022年版）中的总目标包括：（1）感知、发现、体验和欣赏艺术美、自然美、生活美、社会美，提升审美感知能力；（2）丰富想象力，运用媒介、技术和独特的艺术语言进行表达与交流，运用形象思维创作情景生动、意蕴健康的艺术作品，提高艺术表现能力；（3）发展创新思维，积极参与创作、表演、展示、制作等艺术实践活动，学会发现并解决问题，提升创意实践能力；（4）感受和理解我国深厚的文化底蕴和党的百年奋斗重大成就,传承和弘扬中华优秀传统文化、革命文化、社会主义先进文化,坚定文化自信,铸牢中华民族共同体意识;(5)了解不同地区、民族和国家的历史与文化传统,理解文化与构建人类命运共同体的关系,学会尊重、理解和包容。D选项为《义务教育艺术课程标准》(2022年版)中设计思路的内容。

29. D 【解析】本题考查《义务教育艺术课程标准》(2022年版)中学段目标的内容。“能编创与展示比较完整的短小音乐作品,表达自己的想法和情感,具有较丰富的想象力和创造力。”属于《义务教育艺术课程标准》(2022年版)中第四学段(8~9年级)的学段目标内容。

30. D 【解析】本题考查柯尔文手势的含义。柯尔文手势图如下:

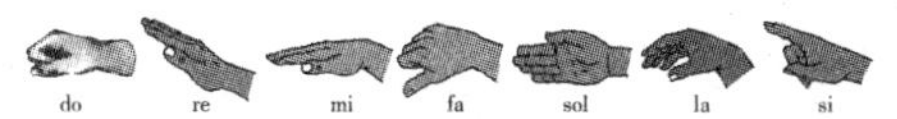

二、填空题

31. 十二平均律;朱载堉

32. $1\frac{3}{4}$;12

33. 减三

34. 正格进行;变格进行;完全进行

35. 弦歌;相和歌

36. 具体音乐

37.《白毛女》

38. 三庆班;四喜班;春台班;和春班

39. 吕利;拉莫

40. 弹拨;吹管

三、连线题

41. 将下列作品与词曲作者对应连接。

【答案】

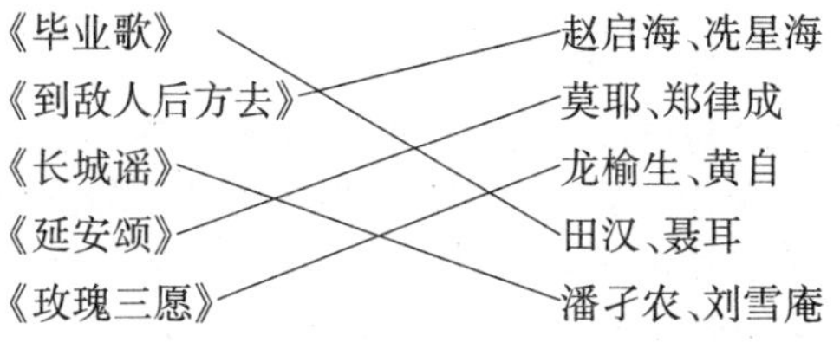

42. 将下列音乐作品的名称与其作者以及所属音乐流派对应连接。

【答案】

《菩提树》　贝多芬　印象主义音乐
《大海》　舒伯特　古典主义音乐
《马太受难曲》　德彪西　巴洛克时期音乐
《热情奏鸣曲》　巴赫　浪漫主义音乐
《净化之夜》——勋伯格——表现主义音乐

四、名词解释

43.《霓裳羽衣曲》

【参考答案】《霓裳羽衣曲》是唐朝最为著名的大曲作品。一般认为是唐玄宗在印度佛曲《婆罗门曲》的基础上创作改编而成的。从唐诗的记载中可知,这首大曲的音乐具有浓厚的西域佛教音乐成分,舞者的服饰则充满了浪漫主义的情调色彩。据推断,这部大曲音乐共有36段(散序6段、中序18段、曲破12段)。《霓裳羽衣曲》有着极为感人的艺术魅力,代表着唐代歌舞音乐的最高成就。

44. 体验性教学法

【参考答案】体验性教学法在音乐教学中主要以情感体验为主,通过激发学生的音乐学习兴趣、感受鉴赏音乐美、外化情感体验等方式培养学生的音乐审美情趣和审美能力。具体方法有欣赏法、演示法和参观法。在教学中结合各个感官和图画、诗文等手段让学生产生联想。

45. 鼓吹乐

【参考答案】鼓吹乐是一种以吹管乐器和打击乐器为主,兼有歌唱的器乐合奏形式。秦汉之际,北方边区的匈奴、鲜卑等游牧民族常在马上吹奏笳、角之类乐器,以铙、鼓、排箫等为歌唱伴奏,史称北狄乐。北狄乐后来传入中原,并与汉乐及其他民族音乐相结合,渐渐用于朝廷宴乐、宗庙祭祀等场合。汉代的鼓吹乐可分为:黄门鼓吹、骑吹、横吹、短箫铙歌。

五、写作题

46. (1)【参考答案】

(2)【参考答案】

47.【参考答案】

红河谷

六、简答题

48. 试述格鲁克的歌剧改革原则。

【参考答案】格鲁克针对意大利正歌剧内容贫乏、空洞，形式日益僵化等弊端，提出了歌剧改革的主张。

他改革的原则：

(1)选取具有社会意义和伦理道德意义的题材，在古代神话与历史题材的基础上，赋予歌剧人道主义精神；

(2)抛弃外表浮夸的形式主义创作方法，要求作品质朴、自然、真实，体现了启蒙主义"回到自然"的精神；

(3)强调音乐与剧情的联系，注重人物心理刻画，避免因歌者的虚荣、炫技而不顾剧情，注重音乐的统一性与完整性；

(4)强调歌剧序曲的作用，加强了宣叙调的旋律性，并用管弦乐伴奏；

(5)恢复了古希腊悲剧中合唱不可替代的作用；

(6)专门编创舞蹈，使之与剧情、人的处境和情感相符合；

(7)把乐队记谱改为各声部明确的总谱写法，代替了原来"数字低音"的写法。

49. 请简要介绍李斯特在交响诗体裁方面做出的杰出贡献。

【参考答案】李斯特首创了"交响诗"体裁，将诗歌的内容和情感表现融汇在交响音乐之中，进一步拓展和深化了标题交响音乐的内涵，为管弦乐创立了新的艺术形式，采用单乐章结构和主题变形手法，对后世的音乐创作有极其重要的影响。

教师招聘考试中学音乐预测试卷(三)

一、单项选择题

1. A 【解析】本题考查五线谱记谱法的内容。中央C是指c^1，位于高音谱表的下加一线，位于低音谱表的上加一线，根据音的分组，推出答案为A。

2. D 【解析】本题考查三全音的含义。由于增四度和减五度音程都包含三个全音，故又叫作"三全音"。

3. B 【解析】本题考查关系大小调。调号相同、主音相距一个小三度的大小调叫作关系大小调，也叫平行大小调。A大调与$^{\#}$f小调为关系大小调，^{b}A大调与f小调为关系大小调，$^{\#}$F大调与$^{\#}$d小调为关系大小调，G大调与e小调为关系大小调。因此只有B选项正确。

4. C 【解析】本题考查和声小调的特性音程。以a和声小调为例，增二度音程在Ⅵ、Ⅶ级两个音级上构成，即f、$^{\#}$g两个音。

5. C 【解析】本题考查音值组合法。组成复拍子的单拍子要彼此分开。四个选项中只有C选项符合$\frac{6}{8}$拍的音值组合法。

6. B 【解析】本题考查歌曲《回忆》的旋律片段。通过视唱谱例可知，该旋律出自音乐剧《猫》中的选曲《回忆》。《回忆》是一首旋律非常优美、歌词感人至深的歌曲，是贯穿全剧的主题曲。

7. A 【解析】本题考查我国民族管弦乐队的常规编制。大型民族管弦乐队的编制一般为60~80人。

8. C 【解析】本题考查歌曲的指挥图示。《我和你》是$\frac{4}{4}$拍，故采用四拍子指挥图示。A选项是二拍子指挥图示；B选项是三拍子指挥图示；C选项是四拍子指挥图示；D选项是五拍子指挥图示。

9. A 【解析】本题考查我国最早的一部音乐百科全

书——《乐书》。《乐书》世称《陈旸乐书》，是中国最早的一部规模较大的音乐百科全书。《梦溪笔谈》为百科式书籍，其中有论及音乐的章节，是研究宋代音乐极宝贵的资料。《碧鸡漫志》是南宋王灼编写的一部研究歌曲的专著。《教坊记》是唐开元年间崔令钦撰写的一部记载唐教坊制度和逸闻的著作。

10 B 【解析】本题考查运用"鱼咬尾"创作手法的歌曲。"鱼咬尾"是指前一乐句的结束音和下一乐句的第一个音为同一个音或相差八度的音的结构，也叫衔尾式、接龙式，是中国传统音乐的一种结构形式，也是音乐的一种创作手法。四个选项中，只有江苏民歌《孟姜女》运用了"鱼咬尾"的创作手法。

11. D 【解析】本题考查木卡姆的音乐形式。木卡姆意为"大曲"，是流行于维吾尔族民间的一种包括歌曲、舞蹈和器乐曲的综合大型套曲。赛乃姆也是流行于维吾尔族民间的一种歌舞音乐。锅庄和囊玛是流行于藏族民间的歌舞音乐。

12. B 【解析】本题考查蒙特威尔第的音乐贡献。蒙特威尔第吸取前人的经验，巧妙地运用传统的复调音乐手法，把乐曲形式固定在歌剧中，并明确规定音乐的表现手法必须服从戏剧情节的需要。他的歌剧感情色彩浓厚，重视对人物心理方面的刻画，并首创以管弦乐队为歌剧伴奏，基本确立了早期乐队的编制。

13. B 【解析】本题考查德沃夏克的音乐贡献。德沃夏克的歌剧《水仙女》是一部悲剧性的三幕歌剧，剧中最著名的唱段是第一幕水仙女所唱的咏叹调《月亮颂》。

14. B 【解析】本题考查德彪西的代表作品。《牧神午后》为管弦乐曲，由德彪西作曲，该曲为印象主义音乐的经典作品。

15. C 【解析】本题考查舒伯特主要的创作领域。舒伯特最突出的贡献是在艺术歌曲领域，他创作了很多艺术歌曲，因此被誉为"歌曲之王"，可以说，艺术歌曲是最能体现舒伯特浪漫主义特征的音乐体裁。

16. C 【解析】本题考查普罗科菲耶夫的代表作品。交响童话《彼得与狼》是普罗科菲耶夫于 1936 年从朗诵词到音乐都由他自己构思、专为儿童创作的作品，这是一首用不同的乐器演奏来描绘人物、动物的性格、动态和故事情节的乐曲。

17. A 【解析】本题考查古典主义早期的交响曲作曲家。萨马尔蒂尼是古典主义早期对交响曲结构的形成做出突出贡献的作曲家。安托尼·布律梅尔是文艺复兴时期的作曲家。德彪西是印象主义音乐的代表人物。贝尔格是表现主义音乐的代表人物。

18. D 【解析】本题考查六代乐舞的基础知识。"六代之乐"是历代传下来的六部大型乐舞，即黄帝时的《云门大卷》、尧时的《咸池》、舜时的《韶》、夏代的《大夏》、商代的《大濩》以及周初的《大武》。这些乐舞主要用于祭祀天地、山川、祖宗，歌颂统治者的文德武功，其特点是规模宏大而声调平淡、缓慢，给人以严肃静穆之感。"六代之乐"的首部是黄帝时期的《云门大卷》。

19. D 【解析】本题考查克隆钟歌曲的特点。克隆钟是印度尼西亚的一种歌曲形式，其曲调缓慢、悠长，常带有哀愁和忧伤的色彩，每句的节奏前紧后松，唱法柔和松弛，歌词四句为一段，句首句尾押韵，多用比兴手法。四个选项中只有 D 选项表述正确。

20. A 【解析】本题考查《义务教育艺术课程标准》(2022 年版)中音乐学科的课程内容。《义务教育艺术课程标准》(2022 年版)中音乐学科课程内容包括"欣赏""表现""创造"和"联系"4 类艺术实践，其中"表现"类艺术实践包括乐谱识读、综合性艺术表演、器乐表演、声乐表演 4 项学习内容。题干中张老师的教学内容属于"表现"类艺术实践中乐谱识读的学习内容。

二、多项选择题

21. ABD 【解析】本题考查音程的性质。纯音程、大音程、小音程、增四度和减五度音程，叫作自然音程。除了增四度和减五度以外，一切增、减音程，倍增、倍减音程，都叫作变化音程。不协和音程包括大小二度、大小七度及一切增、减、倍增、倍减音程。大七度音程的音数为$5\frac{1}{2}$。综上，ABD 选项都正确。

22. ABCD 【解析】本题考查抗日救亡歌曲。《松花江上》《游击队歌》《毕业歌》《到敌人后方去》都是抗日战争时期救亡爱国歌曲的代表作品。

23. BCD 【解析】本题考查南戏的相关知识。南戏唱腔以五声音阶为主。B、C、D 三个选项说法均正确。

24. BCD 【解析】本题考查宋元时期的说唱音乐。弹词是明代中叶兴起于南方的一种板腔体的说唱音乐。

25. ABC 【解析】本题考查贺绿汀的音乐贡献。《我住长江头》是青主的作品，其他三个选项均为贺绿汀的作品。

26. ABD 【解析】本题考查传统京剧伴奏乐器。京剧文场三大件为京胡、京二胡、月琴。

27. CD 【解析】本题考查巴洛克时期的宗教音乐体裁。四个选项中只有 C、D 选项是巴洛克时期的宗教音乐体裁。

28. ABC 【解析】本题考查舒曼的音乐贡献。选项中ABC的作品均为舒曼的作品，选项D为门德尔松的作品。

29. AD 【解析】本题考查居伊的音乐贡献。《叶甫盖尼·奥涅金》是柴可夫斯基创作的歌剧，《伊戈尔王子》是鲍罗丁创作的歌剧。

30. ABD 【解析】本题考查表现主义音乐的代表人物。德彪西是印象主义音乐的代表作曲家。其余三项都是表现主义音乐的代表作曲家。

三、填空题

31. 十八律；京房

32. 突慢；恢复原速度

33. 混合拍子；复拍子

34. Ⅲ

35. 主音相同；调号不同；音列各异；平行大小调

36. 《我的祖国》；乔羽；刘炽

37. 桑巴

38. 众赞歌

39. 宣叙调；咏叹调

40. 清角；闰

四、连线题

41. 将下列民歌与流行地区对应连接。

【答案】

《上去高山望平川》	陕北民歌
《杨柳青》	江苏民歌
《脚夫调》	青海民歌
《森吉德玛》	新疆民歌
《牡丹汗》	内蒙古民歌

42. 将下列著名音乐教育体系与国家对应连线。

【答案】

综合音乐感教学法	瑞士
达尔克罗兹音乐教育体系	日本
奥尔夫音乐教育体系	匈牙利
柯达伊音乐教育体系	美国
铃木音乐教学法	德国

五、写作题

43.【参考答案】

44.【参考答案】

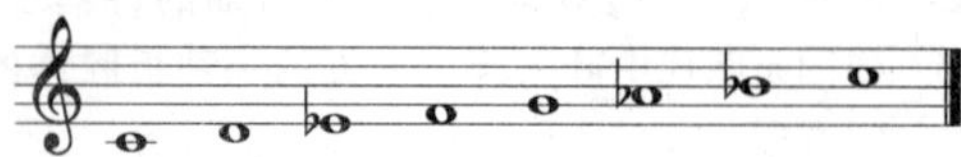

C 燕乐商调式

六、案例分析题

45.【参考答案】(1)这是一个问题案例。

(2)①案例中教师的做法违背了《义务教育艺术课程标准》(2022年版)中“坚持以美育人”的课程理念。《义务教育艺术课程标准》(2022年版)中“坚持以美育人”的课程理念指出：以落实核心素养为主线，引导学生积极参与各类艺术活动，感受美、欣赏美、表现美、创造美，丰富审美体验，学习和领会中华民族艺术精髓，增强中华民族自信心与自豪感；了解世界文化的多样性，开阔艺术视野。充分发挥艺术课程在培育学生审美和人文素养中的重要作用。案例中，该教师花费大量时间在江南小调音乐特征的讲解上，忽略了音乐审美体验，学生感觉浑然无味，没有激发学生学习音乐的兴趣。

②案例中教师的做法违背了《义务教育艺术课程标准》(2022年版)中“重视艺术体验”的课程理

念。《义务教育艺术课程标准》(2022 年版)中“重视艺术体验”的课程理念指出:重视学生在学习过程中的艺术感知及情感体验,激发学生参与艺术活动的兴趣和热情,使学生在欣赏、表现、创造、联系/融合的过程中,形成丰富、健康的审美情趣;强调艺术课程的实践导向,使学生在以艺术体验为核心的多样化实践中,提高艺术素养和创造能力。该案例中,教师一直在给学生讲解江南小调的音乐特征,没有给予学生良好的艺术体验,不能很好地提高学生的艺术素养和创造能力。

(3)建议:教师可带领学生多次聆听并学唱歌曲,期间可积极与学生进行互动,调动学生学习兴趣;对比聆听普通话版和方言版的《无锡景》,感受吴侬软语演唱的独特魅力;分小组合作探究江南小调的音乐特征;可以设计民歌片段听辨,加深对江南小调音乐风格的认识等。

七、论述题

46. 试论述学堂乐歌的思想内容、曲调来源和历史意义。

【参考答案】学堂乐歌是指 19 世纪末直至“五四”时期新式学堂里“乐歌课”所教唱的歌曲,其产生与当时的社会、文化大有关系。清末民初,向西方学习,要求废科举、办学堂、变法维新已成为中国大众的一致呼声。一些人从日本或欧洲学习音乐归来,在国内新学堂开设乐歌课,教唱一些新歌,当时称之为“乐歌”,后来音乐界将这一时期的学校歌曲统称为“学堂乐歌”,代表人物有沈心工、李叔同、曾志忞等。

(1)学堂乐歌的思想内容:反映人民要求“抵御外侮”“富国强兵”的爱国主义思想,如《何日醒》《体操—兵操》《黄河》《祖国歌》等;宣传女子自强、男女平权思想,如《勉女权》《女子体操》等;宣传自由民主思想,如《自由》等;宣传科学文明,反对封建迷信,如《地球》等;反映学生生活,如《竹马》《送别》《春游》等。

(2)学堂乐歌的曲调来源:绝大多数都是采用旧曲填新词的方式进行创作,即依乐填词,曲调大多采自欧美、日本的歌曲曲调,也有少数采自我国民歌、小调的曲调;极少数是作曲家自主创作的,如李叔同的《春游》。

(3)学堂乐歌的历史意义:学堂乐歌继承了中国古代“依乐填词”的传统,将风琴、钢琴、乐理、简谱、五线谱等西方乐器、乐理、歌唱表演形式等全面介绍到了中国;学堂乐歌的集体歌唱形式为中国后来蓬勃发展的群众歌咏运动打下了基础;学堂乐歌以“学堂”为中心发展与推广起来,为中国音乐教育的发展奠定了初步基础;学堂乐歌是中国古代传统音乐和近代音乐之间的一个“分界线”,为中国近现代音乐的发展开辟了一条新的道路。

47. 谈谈现代多媒体教学系统在中小学音乐课堂教学中的合理运用。

【参考答案】(1)多媒体音乐教学系统的运用丰富了教学内容。与传统教学内容相比,多媒体音乐教学系统充分利用现代多媒体技术以及音乐软件,将声音、图像、文字等有机而又完美地结合,并充分利用投影仪、扫描仪等现代化设备,形成了丰富、全面的教学内容。让学生在音乐课上学到的不单是一首歌、一点乐理,更重要的是让他们认识音乐、欣赏音乐、领悟音乐,使他们的思维更加开阔,从而提高他们学习音乐的兴趣以及音乐素养。

(2)多媒体音乐教学系统的运用提高了学生的学习兴趣。多媒体音乐教学系统利用现代化多媒体信息技术在教学过程中将学生变被动为主动,让学生成为课堂上的主体,充分挖掘他们的潜能,发挥他们的才能,让学生在学习过程中可以与之共唱、共舞,使学生有一种身临其境的感觉,从而自然而然地对学习音乐产生兴趣。

(3)多媒体音乐教学系统丰富的信息量开阔了学生的视野。快速发展的现代多媒体信息技术使我们的音乐教学不仅仅局限于现在的教学框架里,我们完全可以谈古论今,各种各样的素材取之不尽,用之不竭。让学生可以充分领略到人类的古代文明足迹以及现代社会高速发展的脚步,真正开阔了学生的视野。

(4)多媒体音乐教学系统的运用活跃了课堂气氛。丰富的教学内容加上多变而又趣味横生的教学方法以及身临其境的感受,活跃了课堂气氛,使学生由没兴趣到感兴趣,由被动到主动,真正实现了由抽象到形象,由虚幻到具体,由复杂到简单,由枯燥到有趣的教学目标,从而提高了教学效率。

教师招聘考试中学音乐预测试卷(四)

一、单项选择题

1. A **【解析】**本题考查音乐的基本要素。音乐基本要素是指构成音乐的各种元素,包括力度、速度、音色、节奏、节拍、旋律、调式、和声等。A 选项歌词不属于音乐的基本要素。

2. C **【解析】**本题考查乐音体系中的半音关系。大字一组的 B 到大字组的${}^{\flat}$E 是减四度,包含 4 个半音。

3. D 【解析】本题考查曲式结构的基本构成。音乐中具有一定完整性、能够独立存在的最小曲式结构单位是乐段。乐段既可以作为独立曲式，也可以作为大型作品曲式结构的基本单位。乐句为乐段的基本组成部分，长度一般约为 4 ~ 8 小节，具有一定的节奏音型和旋律的起伏；乐节指长度约为 2 ~ 4 小节的、规模较小的音乐片段，多数乐节相当于半个乐句的长度；乐汇是乐曲结构中最小的组成部分，是由两个以上的乐音结合成的音组，它往往环绕一个主要重音运动，其节奏、音型的组合形成了一定的特点。故本题选 D。

4. C 【解析】本题考查我国民族音乐中板眼的对应节拍。在我国传统音乐中，用“板、眼”来标记节拍。板表示强拍，眼表示弱拍或次强拍。如：一拍子相当于有板无眼，二拍子相当于一板一眼，三拍子相当于一板二眼，四拍子相当于一板三眼。

5. C 【解析】本题考查音符时值的计算。谱例中共有四个三十二分音符，时值等于一个八分音符，再加上其余三个八分音符，共四个八分音符，时值等于一个二分音符。

6. B 【解析】本题考查等音程的概念及应用。等音程是由等音变化而产生的，等音程的音数永远相同。符合等音程条件的只有 B 选项。

7. D 【解析】本题考查转位音程的应用。音程的根音和冠音相互颠倒叫作“音程的转位”。题干中音程的根音是 c^1，冠音是 $^{\flat}a^2$。从转位音程的概念可排除②；再根据中音谱表的三线表示 c^1，推算出③的音与原音程的音不一致，④是正确的。综上，本题①④是原音程的转位。

8. C 【解析】本题考查转位三和弦的构成。大四六和弦是大三和弦的第二转位，以 a^1 为三音构成的原位大三和弦是 $f^1-a^1-c^2$，第二转位大四六和弦为 $c^1-f^1-a^1$，故选 C。

9. D 【解析】本题考查调式中的和弦。以 C 自然大调为例，大三和弦有 C－E－G、F－A－C、G－B－D，共 3 个。

10. C 【解析】本题考查正三和弦的功能标记。在大小调式中，在主音、下属音、属音上构成的三和弦，分别叫作主和弦、下属和弦、属和弦，可以用“音级标记法”标记为Ⅰ、Ⅳ、Ⅴ，也可以用“功能标记法”标记为 T、S、D。题图中所示正是 C 大调中在主音、下属音、属音上构成的正三和弦，依次用字母标记为 T、S、D。

11. D 【解析】本题考查民族调式的调式音阶。清乐徵调式音阶相邻两音之间的关系依次为大二度、大二度、小二度、大二度、大二度、小二度、大二度，即全全半全全半全。A 选项清乐羽调式的音阶结构为全半全全半全全；B 选项雅乐羽调式的音阶结构为全半全全全半全；C 选项清乐宫调式的音阶结构全全半全全全半，D 选项燕乐宫调式的音阶结构为全全半全全半全。综上，与清乐徵调式音阶结构相同的调式为 D 选项燕乐宫调式。

12. C 【解析】本题考查多利亚调式音阶。以 d 自然小调与 D 多利亚调式为例：d 自然小调的音阶为 d、e、f、g、a、$^{\flat}b$、c、d；D 多利亚调式的音阶为 D、E、F、G、A、B、C、D。通过对比可知，多利亚调式第Ⅵ音比自然小调的第Ⅵ音高了半音。

13. A 【解析】本题考查调号的具体运用。五声调式的调号是先找到宫音，宫音是哪个音就写哪个调的调号。D 商调式的宫音为 C，所以为 C 大调的调号，无升无降。

14. D 【解析】本题考查速度术语的快慢辨析。Largo，广板，每分钟拍数 46；Allegro，快板，每分钟拍数 132；Moderato，中板，每分钟拍数 88；Vivace，极快板，每分钟拍数 160。

15. B 【解析】本题考查震音记号的含义与记法。震音记号用短斜线表示，斜线的数目与演奏时的符尾数目相同。

16. C 【解析】本题考查合唱的相关知识。合唱按其音色组成特点可分为同声合唱与混声合唱。同声合唱由同类别的人声组成，包括童声合唱、女声合唱、男声合唱。混声合唱由女声（或童声）与男声声部组成，一般的混声合唱有四个声部，即男高、男低、女高、女低。指挥动作的基本原则是“省、准、美”。

17. A 【解析】本题考查西方音乐史中清唱剧的代表作品。亨德尔《弥赛亚》的体裁是清唱剧。选项 A《创世纪》为清唱剧，选项 B《魔笛》为歌剧，选项 C《音乐的奉献》为赋格，选项 D《费德里奥》为歌剧。

18. B 【解析】本题考查小提琴协奏曲《梁山伯与祝英台》的主题音乐情绪。小提琴协奏曲《梁山伯与祝英台》的主题深情、缠绵，表现了梁山伯与祝英台之间真挚、纯朴的爱情。

19. B 【解析】本题考查肖邦的音乐贡献。波洛奈兹舞曲也称波兰舞曲，是肖邦最富有民族性格的作品，同时也是民族意识和情愫体现得最为强烈的体裁。

20. A 【解析】本题考查汉代乐府机构的领导者——李延年。乐府是秦汉朝廷设置的音乐机构，主要任务是采集民间音乐。协律都尉李延年是汉武帝时期乐府的最高领导人，善于唱歌和创作，《汉书》中以“每为新声变曲，闻者莫不感动”来夸赞他，他还根据西域音乐创作了“新声二十八解”。王安石属于北宋时期，钱乐之属于魏晋南北朝时期,阮籍属于三国时期。

21. D 【解析】本题考查八音分类法。题图中的四个乐器由左向右分别是琵琶、钟、鼓、埙,根据八音分类法,依次属于丝类、金类、革类、土类。“八音”分类法是周代的乐器分类法,即按制作材料的性质将乐器分为金、石、土、革、丝、木、匏、竹八类,选项中巾、铜不属于八音。

22. A 【解析】本题考查《琵琶记》在戏曲发展史中的地位。《琵琶记》是元末南戏作家高明根据早在民间流行的南戏《赵贞女蔡二郎》改编的,其戏曲结构独具特色,以两条线索的强烈对比刻画人物,感人至深。《琵琶记》的出现,是元末明初南戏振兴的标志之一。

23. B 【解析】本题考查传奇的概念。自明初至清代中叶的三百多年间,南戏传奇取代了日趋衰落的北杂剧而获得迅速发展,促成了多种声腔剧种的形成,开创了以南戏为主体的戏曲传奇时代。

24. C 【解析】本题考查陈钢的音乐贡献。《苗岭的早晨》由白诚仁作曲,作曲家陈钢将其改编成了一首小提琴独奏曲。

25. D 【解析】本题考查群众歌曲的相关内容。群众歌曲的内容大多与政治、社会活动有关,它体现人民群众的理想愿望,表达人民群众集体的思想感情。群众歌曲的曲调以雄壮豪迈者居多,音域不太宽广,结构亦不复杂,歌词一般通俗简练、易于上口。D 选项叙述有误。

26. B 【解析】本题考查《黄河大合唱》的相关知识。《黄河大合唱》气势磅礴,具有鲜明的民族风格,全曲包括八个乐章。整首作品有一个严密的戏剧性构思,给人一种强烈的矛盾冲突,这个矛盾冲突在于开始时人与自然的冲突,后半部分是中华民族与日本帝国主义之间的矛盾。《黄水谣》就在展示这个矛盾,《黄河怨》在激化这个矛盾,《保卫黄河》在解决这个矛盾。

27. B 【解析】本题考查福建民歌《采茶扑蝶》的旋律。题干谱例出自福建民歌《采茶扑蝶》。

28. C 【解析】本题考查汤显祖的代表作品。《牡丹亭》是明代戏剧家汤显祖创作的昆曲典型传统剧目,具有很高的文学性和思想性,代表了明代戏曲创作的最高峰。汤显祖的传奇作品《牡丹亭》《邯郸记》《南柯记》《紫钗记》合称为“临川四梦”。

29. D 【解析】本题考查现代京剧《智取威虎山》的相关知识。谱例出自《智取威虎山》中杨子荣打进匪窟的一场戏中的最后唱段。

30. B 【解析】本题考查黄自的管弦乐作品《怀旧》的相关知识。《都市风光幻想曲》是黄自创作的电影音乐;《怀旧》是黄自在美国耶鲁大学留学期间创作的管弦乐作品,也是中国作曲家创作的最早的管弦乐作品,并于 1929 年在美国耶鲁大学音乐学院的毕业音乐会上公演;《中国狂想曲》是冼星海 1945 年创作的中国第一首“管弦乐狂想曲体裁”的作品;《台湾舞曲》是江文也创作的管弦乐曲。

31. A 【解析】本题考查贝多芬的音乐贡献。《欢乐颂》是德国诗人席勒所写的诗歌,贝多芬为之谱曲,成为他的《第九(合唱)交响曲》第四乐章的主要部分。全曲仅运用 do re mi fa sol 来进行旋律的发展。

32. B 【解析】本题考查著名无伴奏合唱《牧歌》的作者以及来源。《牧歌》是一首著名的无伴奏合唱作品,由海默填词、瞿希贤编曲。该曲改编自内蒙古同名民歌,具有浓郁的草原气息。

33. B 【解析】本题考查格里格《蝴蝶》的旋律。谱例选自挪威作曲家格里格的钢琴曲《蝴蝶》,优美的快板,快速级进式的旋律流畅、起伏,好像花丛中的彩蝶在翩翩起舞,音乐巧妙地将蝴蝶的形象呈现在听众面前,给人以无限的遐想……

34. C 【解析】本题考查浪漫主义时期代表作曲家及其对应国籍、代表作品。韦伯是德国作曲家,威尔第是意大利作曲家,法国作曲家比才的代表作是《卡门》,《弄臣》是威尔第的代表作品。

35. D 【解析】本题考查李斯特《第二匈牙利狂想曲》的相关知识。《第二匈牙利狂想曲》作于 1847 年,作品以匈牙利民间舞曲《查尔达什》为素材。这种舞曲由两部分组成:前半部分称为“拉苏”,意思是“缓慢”,是独舞的音乐。后半部分称为“弗里斯”,意思是“新鲜”,速度迅急、热烈,是双人舞的音乐。该作品采用自由曲式,不受一般乐曲形式的限制,别具风格,独树一帜,深受各国人民的喜爱。

36. C 【解析】本题考查日本都节调式。日本的都节调式音阶虽然也是一种五声音阶,但与中国和东方许多民族常用的无半音五声音阶不同,包含了两个小二度(半音)音程,音阶形式是 mi、fa、la、si、do、mi。

37. D 【解析】本题考查欧洲的代表性乐器。欧洲的特色乐器有苏格兰的风笛、爱尔兰的竖琴、意大利的曼陀林、瑞士的阿尔卑斯长号、罗马尼亚的排箫等。卡曼贾,擦奏弦鸣乐器,流行于西亚阿拉伯地区及伊朗、土耳其等国。

38. B 【解析】本题考查艺术的分类。以艺术形态的存在方式为标准,将艺术分为三个类型:空间艺术,包括绘画、雕塑、工艺美术、摄影艺术、建筑艺术和园林艺术等;时间艺术,包括音乐、文学、曲艺等;时空艺术,包括戏剧、电影、电视剧、舞蹈和杂技等。

39. B 【解析】本题考查《义务教育艺术课程标准》(2022 年版)的课程内容。题干所述为《义务教育艺术课程标准》(2022 年版)课程内容——其他学段(3～9 年级)——学习任务 1 听赏与评述中 7 年级的学业要求的内容。

40. B 【解析】本题考查《义务教育艺术课程标准》(2022 年版)的课程理念。《义务教育艺术课程标准》(2022 年版)中的课程理念包括：(1)坚持以美育人；(2)重视艺术体验；(3)突出课程综合。B 选项弘扬民族音乐是《义务教育音乐课程标准》(2011 年版)中课程基本理念的内容。

二、判断题

41. × 【解析】本题考查音的性质。音高是指音的高低,它取决于发音体振动的频率,振动的频率越快,音越高;频率越慢,音越低。

42. √ 【解析】本题考查休止符在简谱中的记写方式。在简谱中,"0"就是休止符,它的时值等于一个四分音符,叫作四分休止符。和简谱音符记写一样,在四分休止符下面加减时线来表示更短的休止,但是,比四分休止符更长的休止符,不可以通过增加增时线来表示,只能用增加更多的四分休止符来表示。

43. × 【解析】本题考查我国发现最早的实物乐器。在河南舞阳发现的距今约九千年的骨笛是中国迄今为止发现的最古老的实物乐器。

44. √ 【解析】本题考查歌曲《紫藤花》的出处。歌曲《紫藤花》是中国歌剧作品《伤逝》中的一段选曲。

45. × 【解析】本题考查弹词的发源地。弹词是流行于中国南方的用琵琶、三弦伴奏的一种说唱音乐形式。

46. √ 【解析】本题考查我国秦腔的相关知识。秦腔是流行在西北地区的地方戏曲剧种,也是梆子声腔系统中最古老的剧种。秦腔所用乐器:文场丝弦有板胡、二胡、三弦、琵琶、扬琴等;吹管乐器有唢呐、海笛、管子、大号等。武场锣鼓有堂鼓、小锣、铙钹、梆子等。其中最主要的是体现剧种特色的板胡与梆子两种。

47. √ 【解析】本题考查奏鸣曲式的结构形式。奏鸣曲式中的展开部可以省略。

48. √ 【解析】本题考查非洲音乐的相关知识。非洲音乐中,节奏是最重要的因素,是非洲音乐的灵魂。鼓是非洲最具代表性的乐器,被称为非洲传统音乐之魂。

49. × 【解析】本题考查音区的音色特征。在音乐表现中,高音区表现出高亢、明亮的特征,低音区表现出低沉、浑厚的特点,中音区介于两者之间,表现出抒情、悠扬的特点。

50. × 【解析】本题考查奥尔夫的相关知识。卡尔·奥尔夫是德国著名作曲家、音乐教育家。

三、写作题

51.【参考答案】

52.【参考答案】

(1)E 多利亚调式(上行)

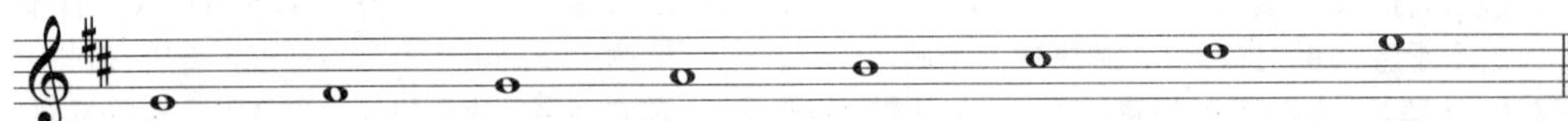

【解析】多利亚调式是以首调唱名 re 为主音的自然大调式。E 为主音 re,do 为 D 音,调号为 D 大调调号,两个升号。

(2)^{b}E 利底亚调式(上行)

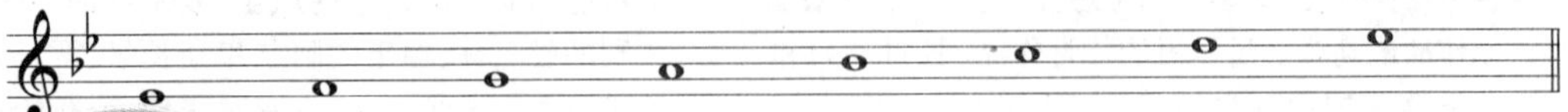

【解析】利底亚调式是以首调唱名 fa 为主音的自然大调式。^{b}E 为主音 fa,do 为^{b}B 音,调号为^{b}B 大调调号,两个降号。

(3)$^{\#}$C 自然大调(上行)

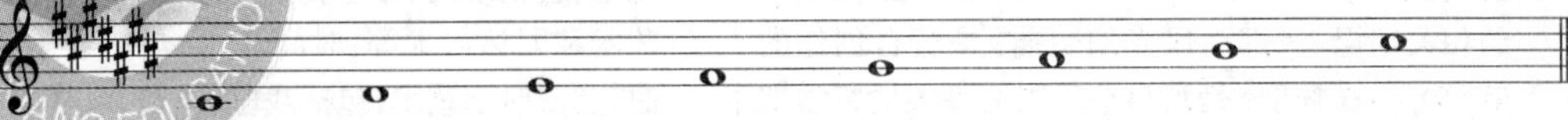

【解析】$^{\#}$C 大调调号为 7 个升号。

(4)♭c 旋律小调(上行)

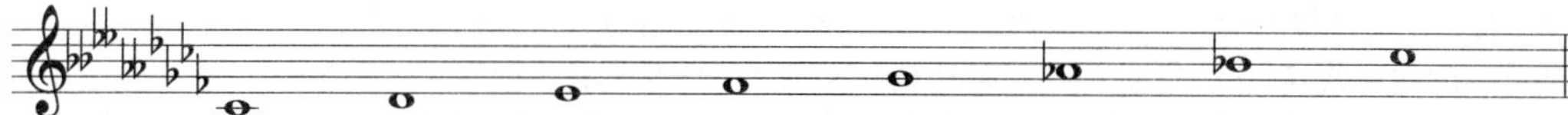

【解析】旋律小调是将自然小调的第Ⅵ、Ⅶ级音同时升高半音。♭c 小调的调号是其上方小三度♭♭E 大调的调号,其调号是在 7 个降号的基础上加三个重降号(♭♭B、♭♭E、♭♭A),♭c 小调第Ⅵ级音(♭♭a)、Ⅶ级音(♭♭b)升高半音分别为♭a、♭b。

(5)F 雅乐商调式(上行)

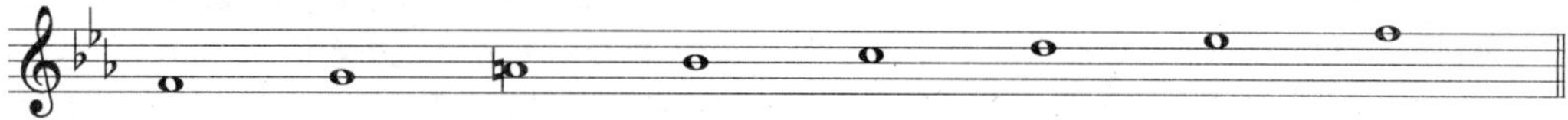

【解析】F 为商,则宫音为♭E,调号为三个降号;调式主音(商音)为 F 音,音阶由 F 音开始排列;雅乐调式音阶是在五声调式的基础上加上变徵和变宫,变徵为 A 音,由于调号降低了 A 音,则 A 音需要还原。

53.【参考答案】

1=F $\frac{2}{4}$

1. 2 3 4 | 5 5 5 4 | 3. 2 3 2 | 1 - | 1. 2 3 4 | 5 55 5 4 | 3 2 | 1 - |

5 5 5 4 | 6 5 6 | 1̇ 6 5 3 | 5 - | 5. 1̇ 7 6 | 5 4 | 3. 2 3 2 | 1 - ‖

54.【参考答案】

四、简答题

55. 新维也纳乐派的代表作曲家都有谁?代表作品有哪些?(列举作品数不得少于两个)

【参考答案】新维也纳乐派的代表作曲家有勋伯格、韦伯恩、贝尔格。

(1)勋伯格的代表作品:交响诗《净化之夜》,《钢琴组曲》,《一个华沙的幸存者》。

(2)韦伯恩的代表作品:《室内交响曲》《乐队变奏曲》。

(3)贝尔格的代表作品:歌剧《沃采克》《璐璐》,《小提琴协奏曲》。

56. 简述中国近代新音乐发展经历的四个阶段。

【参考答案】(1)以学堂乐歌为中心的启蒙阶段。

(2)20 世纪 20 年代的初步发展阶段,大致从“五四”新文化运动开始,直至 20 世纪 20 年代末。

(3)20 世纪 30 年代以“国立音专”的专业音乐创作和抗日救亡歌咏运动为中心的全面提高阶段。

(4)20 世纪 40 年代以民族民主解放斗争为中心的发展阶段。

五、教学设计题

57.【参考设计】

《唱山歌》

一、教学目标

1. 通过学唱山歌,激发学生对民歌的热爱,弘扬祖国优秀的民族音乐文化,增强民族意识。

2. 通过听赏、学唱等方法,提高音乐感受力,培养合作意识。

3. 了解壮族的风俗歌会和刘三姐的故事,学会用对唱的方式演唱山歌。

二、教学重难点

1. 教学重点:能够用愉悦的情绪演唱歌曲,了解山歌的特色。

2. 教学难点:能够学会对唱山歌,对歌曲旋律中个别乐句音准、附点节奏的准确把握。

三、教学过程

(一)导入

教师出示桂林山水的美景照片,提问:这是哪个地方的美景?

生:广西。

师:广西柳州地区曾经有一个被称为“歌仙”的人,有同学知道她是谁吗?

生:刘三姐。

师:那接下来我们就来讲讲刘三姐的故事。

播放背景音乐(女子十二乐坊的器乐版《山歌好比春江水》)。

挑选同学朗读多媒体出示的文字介绍:

广西桂林是一个山清水秀、人杰地灵的好地方,那里的人民勤劳质朴、能歌善舞，尤其擅长唱山歌。那里每年都会举行“歌圩”（“圩”是“集会”的意思，“歌圩”就是赛歌、唱歌的集会），刘三姐这位壮族的农家女唱的山歌，传说山也爱听，水也会来和。传说她从小就聪慧过人，八岁时，就能把看到的东西编成歌曲唱出来。在每年的歌会中，许多人都来找她对歌，但不管怎么考她，每次都难不倒她，因此，壮家人都称她为“歌仙”。

师：听完这位同学读的刘三姐的故事，大家一定很想听听她的歌吧，接下来我们就一起去歌圩领略她的风采，一起跟着电影中的刘三姐学一学这首《山歌好比春江水》吧。

（二）聆听感受

师：刘三姐的歌声已经达到出神入化的地步，她那动听的歌声和动人的传说流传了一代又一代，流淌在壮族的山山水水间。

师播放视频：电影《刘三姐》中对山歌片段。

师：电影画面展示的是壮族人对歌的场面，看了这段画面，有谁可以说一说对歌的特点呢？

学生自由回答。

教师总结：电影《刘三姐》中对山歌的情景，给观众留下了深刻的印象。对歌是一种民间歌唱的方式，流行于中国壮族、白族、藏族、苗族等少数民族地区，是少数民族青年男女交流感情，寻觅伴侣，选择配偶的方式。根据当地流行的词曲，视环境和对象临时编出对歌的内容，歌声抑扬顿挫，对答妙趣横生。

（三）学唱歌曲

（1）师：下面我们就来聆听《山歌好比春江水》，请同学们先观察一下这首歌的节拍或拍号有什么特别的地方。

学生自由回答。

师：这首歌的拍号很特别，以前我们学习的每首歌中只有一种拍号，而这首歌中有两种拍号。这种在乐曲中有两种或两种以上的拍子交替出现，叫作“变换拍子”。

（2）师带领学生朗读歌曲，了解山歌歌词表达的内容，随后加入节奏朗读歌词，逐句教唱，注意提醒学生咬字发音的问题，在一字多音的地方注意节奏和音准。

（3）学生随琴练唱，指导难点处和重点处的唱法，然后跟着伴奏音乐演唱一遍。

师：同学们唱得真不错，但老师听了感觉还不过瘾，我们刚才的演唱形式是齐唱，那我们能不能也来对对山歌呢？

（4）角色扮演。选出一个“刘三姐”和一个“阿牛哥”来对唱这首山歌。

教师鼓励、评价。

教师指导学生演唱时注意力度的对比和情感的表达。

（5）分组对唱。女生演唱“刘三姐”的部分，男生演唱“阿牛哥”的部分，比一比谁唱得好。

（四）课堂总结

师：同学们，我国是一个多民族的大家庭，所以民歌种类也很多，我们今天只是学习了壮族民歌海洋中的一滴水，希望同学们今后能更多地了解我们的民歌，学唱我们的民歌，让它代代相传下去！

教师招聘考试中学音乐预测试卷（五）

一、单项选择题

1. A 【解析】本题考查《歌唱祖国》的节拍类型。每小节有两拍或三拍的拍子叫作单拍子。《歌唱祖国》是$\frac{2}{4}$拍的爱国歌曲，属于单拍子。
2. C 【解析】本题考查钢琴上两音之间的音高的最小计量单位。在钢琴上，包括黑键在内，相邻的两个琴键都构成半音。半音是乐音体系中音高关系的最小计量单位。半音与半音之和叫作全音。
3. D 【解析】本题考查音乐记号中的省略记号。“D.S.”表示从标记处开始反复，“D.C.”表示从头反复。
4. B 【解析】本题考查长休止记号在五线谱上的标记。长休止记号标记在五线谱的第三线上，上面标注具体休止的小节数。
5. C 【解析】本题考查回音记号。题干谱例中出现的装饰音“∽”是回音记号。波音记号是“∿”；颤音记号是“tr”；倚音有长倚音和短倚音两种，长倚音的标记是用不带斜线、不大于四分音符的小音符来表示，符干向上；短倚音的标记是用带斜线的八分音符或十六分音符，符干向上。
6. A 【解析】本题考查大小七和弦的构成。大小七和弦是以大三和弦为基础，根音至七音构成小七度的七和弦。选项A是大小七和弦，选项B是小七和弦，选项C是减小七和弦，选项D是减七和弦。
7. C 【解析】本题考查具体的民族调式音级名称。$^{\#}$C是A宫雅乐调式音阶的第Ⅲ级音，为角。
8. A 【解析】本题考查西洋管弦乐队中的乐器特点。在西洋管弦乐队中，“身材最高的乐器”是低音提琴，“发音最高的乐器”是短笛，“最善于唱歌的乐器”是小提琴。

9. B 【解析】本题考查《黄河大合唱》各乐章的演唱形式。《黄河大合唱》的第七乐章《保卫黄河》采用了齐唱、轮唱的演唱形式。

10. A 【解析】本题考查单二部曲式的相关内容。单二部曲式是由两个功能不同的乐段有机结合构成的曲式，属于小型曲式。A 选项表述有误。

11. D 【解析】本题考查徐上瀛的《溪山琴况》。《魏氏乐谱》是明末宫廷乐师魏双侯所传的歌曲谱；《乐律全书》是明代朱载堉编写的综合性巨著，涉及律学、乐学、舞学等多种相关学科；《神奇秘谱》是明代朱权编撰的我国现存最早的古琴谱集；《溪山琴况》是徐上瀛所著的古琴演奏理论专著。

12. C 【解析】本题考查儒家的音乐美学思想。儒家的音乐美学思想集中在《乐记》中。《乐记》是我国最早的一部具有比较完整体系的音乐理论著作。《乐记》中关于音乐的本源，提出"物动心感"说，"凡音之起，由人心生也，人心之动，物使之然也。感于物而动，故形于声。""凡音者，生人心者也。情动于中，故形于声；声成文，谓之音。"《乐记》中关于音乐与政治的关系提出了"乐与政通"的观点。B 选项"声无哀乐"是魏末嵇康所著《声无哀乐论》中的音乐美学观点。D 选项"大音希声"是春秋时期老子提出的音乐美学观点。

13. D 【解析】本题考查江南丝竹的代表作品。《行街》《欢乐歌》同属于江南丝竹代表作，《赛龙夺锦》《雨打芭蕉》属于广东音乐，《八骏马》属于福建南音代表作。

14. D 【解析】本题考查黄自的音乐贡献。清唱剧《长恨歌》由韦瀚章作词、黄自作曲。

15. D 【解析】本题考查刘炽的音乐贡献。《我爱你，中国》由瞿琮作词、郑秋枫作曲；《我的祖国》由乔羽作词、刘炽作曲；《英雄赞歌》由公木作词、刘炽作曲；《祖国颂》由乔羽作词，刘炽作曲。

16. A 【解析】本题考查瞿小松《第一交响曲》的相关知识。瞿小松的《第一交响曲》属于无标题音乐，以表现"一代热血青年为理想和使命拼搏奋斗"为主题，其副标题是"献给 1986 年我的朋友们"。

17. B 【解析】本题考查刘天华的音乐贡献。刘天华通过创作、演奏、改良乐器的实践，奠定了我国近代二胡学派的基础；改变了二胡、琵琶口传心授的旧教学方法，将之纳入近代专业音乐教育轨道；改良传统工尺谱，科学记录整理传统音乐；将二胡带入高等学府，使其从伴奏乐器提升为独奏乐器；创建了我国第一个二胡学派；于 1927 年创办"国乐改进社"和音乐刊物《音乐杂志》。

18. B 【解析】本题考查旋律发展手法"螺蛳结顶"的特点。"螺蛳结顶"的发展手法是将音乐材料分解开来，句幅递减，常造成旋律紧张、热烈的趋势。民乐合奏《金蛇狂舞》中的第三段，上下对答呼应、句幅逐层递减，情绪逐层高涨，达到全曲高潮。

19. B 【解析】本题考查京剧行当的基本知识。图中行当从左至右依次为净、丑、生、旦。净行大多是扮演性格、品质或相貌上有些特异的男性人物，化妆用脸谱，音色洪亮，风格粗犷，俗称"花脸"。丑行可分为文丑、武丑两大支系，角色常为滑稽人物，鼻梁上涂白粉，俗称"小花脸"。生行是除了花脸以及丑角以外的男性角色的统称。旦行是所有女性角色的统称。

20. D 【解析】本题考查黄梅戏的代表作品。《女驸马》是一部极富传奇色彩的古装黄梅戏，《花为媒》是评剧剧目，《长生殿》是昆曲剧目，《花木兰》是豫剧剧目，《天仙配》是黄梅戏剧目。

21. D 【解析】本题考查琵琶曲《十面埋伏》。《十面埋伏》是明代的琵琶独奏曲，乐曲描绘了公元前 202 年秦末楚汉相争的垓下之战。

22. D 【解析】本题考查汉族民间舞蹈形式。汉族民间舞蹈中，具有代表性的有北方的秧歌和南方的花灯、采茶、花鼓。道情是民间说唱的一个类别。大鼓是一种打击乐器。

23. A 【解析】本题考查亨德尔及其代表作品。巴赫与亨德尔都是德国音乐家，是巴洛克时期的音乐大师。亨德尔创作了著名的清唱剧《弥赛亚》。A. 斯卡拉蒂、蒙特威尔第是巴洛克时期的意大利音乐家；海顿是古典主义时期的奥地利音乐家。

24. D 【解析】本题考查巴赫及其音乐贡献。巴赫的《平均律钢琴曲集》分两册，共 48 首，这部作品首次将十二平均律全面系统地运用到音乐创作实践中，证明了平均律的优越性，被后人誉为"钢琴家的《旧约全书》"。

25. D 【解析】本题考查门德尔松的代表作品及其所属时期。题中所示谱例为门德尔松的《乘着歌声的翅膀》，门德尔松为浪漫主义时期最具代表性的人物之一。

26. B 【解析】本题考查勋伯格的音乐贡献。《五首管弦乐曲》是勋伯格从调性音乐转向无调性音乐的重要作品之一，音乐具有明显的表现主义风格，五首乐曲的标题分别是"预兆""往事""湖边晨夏”“色彩”“突变”。其他三个选项都不属于无调性音乐。

27. A 【解析】本题考查外国民歌代表作品及其对应国家。《拉网小调》是日本民歌。《桔梗谣》又名《道拉基》,是朝鲜民歌。

28. B 【解析】本题考查钢琴曲《邀舞》的作者——韦伯。《邀舞》是1819年由韦伯创作的一首钢琴曲,又名《华丽回旋曲》,1821年6月由作曲家亲自在柏林首演。

29. B 【解析】本题考查《义务教育艺术课程标准》(2022年版)中设计思路的内容。《义务教育艺术课程标准》(2022年版)的设计思路是:(1)适应学生发展,分段设计课程;(2)聚焦核心素养,组织课程内容;(3)体现艺术学习特点,优化评价机制。

30. B 【解析】本题考查柯达伊音乐教育体系的节奏读法。柯达伊音乐教育体系及教学法是由匈牙利著名作曲家和音乐教育家柯达伊倡导和建立的音乐教育体系和教学法。该体系以集体歌唱为主要教学形式,教材大多取材于匈牙利民歌或以本民族风格创作的多声部合唱,以五声音阶为视唱教学的支柱,采用首调唱名法、柯尔文手势、节奏时值读法、字母标记等教法,有着高度严谨的结构和系统性。“ti ri ti ri”是十六分音符的读法。

二、填空题

31. 何承天

32. 弗罗托拉;意大利牧歌

33. 两

34. 正三和弦

35. 秦代;李延年

36. 杂剧;南戏

37.《白毛女》

38. 海盐腔;余姚腔;弋阳腔;昆山腔

39. 德;复调;十二平均律;《马太受难曲》

40. 汉;《毛诗序》

三、连线题

41. 将下列作品与作者对应连接。

【答案】

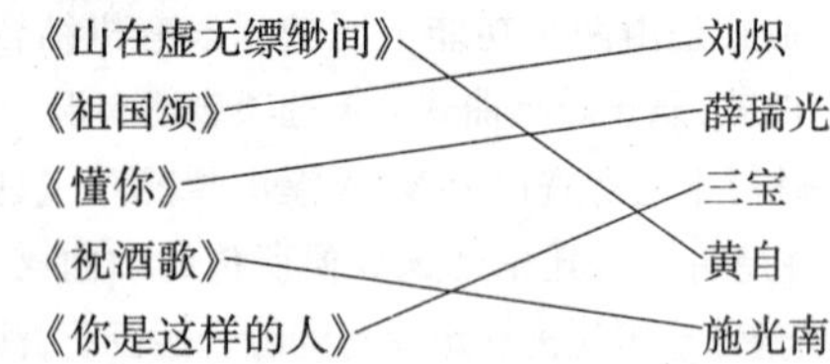

42. 将下列作品与作者对应连接。

【答案】

《春之祭》——斯特拉文斯基
《蓝色狂想曲》——格什温
《青少年管弦乐队指南》——布里顿
《西班牙狂想曲》——拉威尔
《伊凡·苏萨宁》——格林卡

四、名词解释

43. 模进

【参考答案】模进是将主题或主题的某一乐汇、乐节、乐句形态在不同高度上模仿出来,可视为重复手法应用到不同的高度上,故亦称移位重复。模进分为严格模进和自由模进。严格模进亦称完全模进,就是严格按照前面的旋律形态在不同高度上模仿出现,其节奏及各音程之间的级数或度数与所模进的旋律基本相同。自由模进就是在模进时并不严格按照前面旋律的节奏和音程关系进行,而做更自然一些的变化处理,这是较严格模进运用得更多的一种类型。

44. 格里高利圣咏

【参考答案】格里高利圣咏是指公元6世纪末罗马教皇格里高利一世对教会歌调加以搜集、整理,广泛吸收古代东方音调、古希腊音乐及地方民间音乐的因素创编的教堂歌调,是基督教举行日课和弥撒时所用的音乐,内容选自《圣经》,唱词为拉丁文,体现了中世纪刻板严格的精神。

五、写作题

45.【参考答案】

1=G 2/4

6· 5 | 6 i 6 5 | 3 5 3 | 2 – | 5· 3 | 2 3 1 7 | 6 1 7 | 6 – |

46.【参考答案】

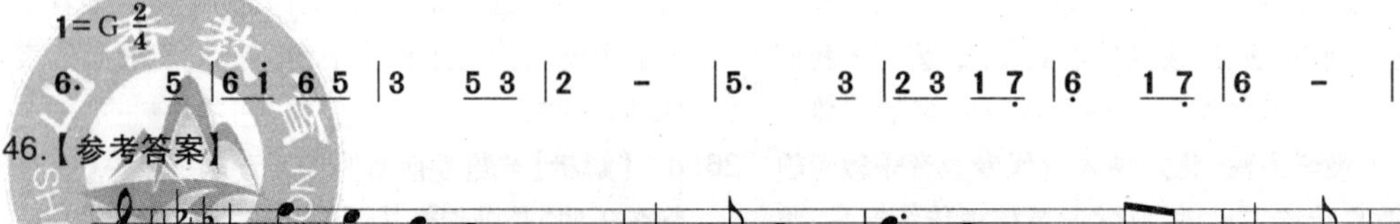

【解析】题干谱例调号为3个降号,为^{b}E调。移高小二度,变为^{b}F调。

47.【参考答案】

六、简答题

48. 简述德彪西的音乐特征及作品。

【参考答案】(1)德彪西的音乐特征:音乐缺乏传统音乐中那种严密的组织,只追求标题所启示、象征的总体意境。理性的、逻辑性的传统结构形式,被自由抒发的、灵感式的倾诉改变成了模糊、隐绰、松散的轮廓;旋律不具备传统观念的悠长线条,而是片断、零散的形态;调式虽未脱离大小调体系,但广泛使用了全音阶、五声音阶及中古调式等;和声上摆脱了功能体系的束缚,趋向于削弱功能性而增强和声进行中的色彩效果;具体手法上对谐和、不谐和一视同仁,而且频繁使用九、十一、十三等和弦,附加或省略和弦音,非三度或平行叠置的和弦等,这种极具个性的和声语言,使传统调式和声体系濒于解体。这一切形成了德彪西别具一格的音乐特征:新颖、雅致、清新、灵巧,缺少音乐发展所固有的内在动力,而"以温婉的方式力求给人以快感"。

(2)德彪西的音乐作品:钢琴作品《前奏曲》《意象集》《版画集》《贝加摩组曲》《练习曲》《月光》《雨中花园》,管弦乐前奏曲《牧神午后》,交响素描《大海》,交响三联画《云》《节日》《海妖》,歌剧《佩利亚斯与梅丽桑德》。

49. 简述在音乐教学中,教师应该怎样培养学生的合作意识与团队精神。

【参考答案】合作精神是素质教育的一个重要组成部分。《义务教育艺术课程标准》(2022 年版)也把艺术体验当作艺术教育中重要的理念之一。音乐的实践和音乐的表现,在许多情况下是群体性的活动,如齐唱、齐奏、合唱、合奏、重唱、重奏以及歌舞表演等。音乐教学中,应让学生置身于"玩"的过程中去感知音乐的美,去产生人与人之间情感上的沟通与联系。在"玩"中增强合作的意识和在群体中的协调能力,建立一种对话式、讨论式的教学方式,让学生在充满合作精神的群体交往中,学会沟通、学会理解、学会互助、学会分享。

(1)通过教唱歌曲,使学生受到启迪。艺术来源于生活,来源于社会,它是生活的提炼与升华。如《国际歌》《义勇军进行曲》等,这些歌都是通过感人的歌词、激昂的旋律,歌颂了"团结就是力量"的宏伟气势,颂扬了集体力量的伟大。通过带领学生演唱,可以使他们充分认识到"孤雁难成行、独木难成林"的道理。

(2)通过欣赏,使学生受到感染。音乐是用声音塑造艺术形象的,在实际教学中,切忌枯燥无味。不能只是让学生听听就完事,而是要把欣赏活动组织得有声有色,真正做到寓教于乐,使课堂达到生动感人的艺术效果。

(3)通过音乐表演,使学生得到体验。音乐是一门表演艺术,它不仅需要熟练的技能技巧,更需要人与人之间的相互合作、相互协调,特别像合唱、合奏、重唱、重奏等。让学生通过音乐表演,切身体会"合作"的真谛,从如何与大家协调一致上下功夫,充分体现合作的精神,依靠集体的力量,只有大家共同努力,才会使表演获得成功。

50. 简述早期复调音乐的形成与发展。

【参考答案】西方早期复调音乐的形成,同西方宗教的发展有着密切的关系,在宗教中对于音乐的执着,是导致西方复调音乐独特发展的重要根源。最初复调音乐的形成,源于对宗教圣咏的修饰,或对圣咏的具有空间想象力的扩展,多声部复调音乐的产生对于西方音乐史具有划时代的意义,以旋律线条的纵向结合给音乐带来了一系列具有积极意义的后果:它促成了声部协和的对位准则的确立,推动了节奏和记谱理论的发展,唤醒了理性的作曲意识。12 世纪以后,单声部音乐的附加段和继叙咏逐渐走向衰落,多声部音乐所蕴含的巨大价值和潜力却越来越显露,人们的注意力很快被复调音乐的新的思维、技术和审美特征所吸引,复调音乐形成并发展起来。

西方有记载的最早的复调音乐是产生于公元 9 世纪的奥尔加农,大约在 12 世纪出现了一种华丽奥尔加农,使奥尔加农声部在声部交错或超越的基础上有了进一步的发展,从原来的下方声部转向上方声部,并表现出流动和富于变化的装饰性。到 13 世纪初,节奏模式的运用为复调音乐带来了新的发展,一种与华丽奥尔加农迥然不同的复调音乐形式迪斯康特产生了。迪斯康特是音对音的织体形态,运用节奏模式,乐曲整体上显示出分句的结构特征,这与华丽奥尔加农松散的结构有很大不同。12、13 世纪巴黎圣母院乐派的音乐创作对复调音乐的发展具有重要意义,圣母院乐派最重要的贡献是对复调节奏在记谱和写作方面的创新,节奏模式在这里得到了更广泛和更丰富地运用。复调的"孔杜克图斯"形式的出现,突破了在多声部中必须有一个声部使用格利高里圣咏的限制,几个声部完全由作者自由写作,这为复调音乐的发展赢得了更大的空间。13 世纪后期盛行的经文歌,是圣咏与俗乐的结合,也是复调音乐世俗化的一个重要体现,经文歌的出现进一步促进了理性作曲意识的发展,13、14 世纪它成为复调音乐新技术的试验地。14 世纪以法国和意大利为代表的新艺术运动,将复调音乐的发展推上了一个新的高度,世俗性的复调音乐作品大量产生,极大地推动了复调音乐的发展,成为复调音乐发展的一个高峰。

复调音乐的发展产生了两个重要的音乐成果:一是多声部音乐终止式形成;另一个是记谱法的发展,如"有量记谱法"等新的记谱法的产生和运用。

51. 简述古希腊音乐的特点。

【参考答案】古希腊音乐主要是单声部音乐,一般音域不宽,适合传唱,有自然音类型以及自然音与各种变化音(半音或小于半音)混合的旋律风格,音乐同舞蹈、诗歌紧密结合,歌唱时可以有乐器伴奏,用字母记谱,歌词往往是当时的重要诗篇,节奏较复杂,即兴性强。

教师招聘考试中学音乐预测试卷(六)

一、单项选择题

1. D **【解析】**本题考查钢琴的基本常识。钢琴总共有 88 个键,其中白键 52 个,黑键 36 个。

2. C **【解析】**本题考查复音程的识别以及对应名称。从谱例可以看出,该音程是超过八度的复音程。根音为 e^1,冠音为 $^\#g^2$,移到一个八度内,即 E ~ $^\#$G为大三度音程,根据单复音程转换公式:单音程 +7 = 复音程,可得,大三度 +7 = 大十度。

3. C **【解析】**本题考查附点音符的时值计算。根据音符均分可知,八个十六分音符等于一个二分音符,七个十六分音符等于一个四分音符 + 一个八分音符 + 一个十六分音符,即一个复附点四分音符。

4. D **【解析】**本题考查调式音级之间的音程关系。以 a 和声小调的Ⅵ ~ Ⅶ级为例,即4 ~ $^\#$5,是增二度。

5. A **【解析】**本题考查基本速度术语的含义。Andante是行板。快板是 Allegro,慢板是 Lento,急板是 Presto。

6. D **【解析】**本题考查钢琴五重奏的常规编制。钢琴五重奏的常规编制是钢琴、第一小提琴、第二小提琴、中提琴、大提琴。因此图中的低音提琴不属于钢琴五重奏的常规编制。

7. A **【解析】**本题考查首调唱名法的具体应用。按照首调唱名法,五声调式中的宫、商、角、徵、羽各音分别唱作 do、re、mi、sol、la。唱作"do"的为宫音。

8. C **【解析】**本题考查移调乐器的记谱。^{b}B 调单簧管演奏出的实际音高比记谱音高低大二度,故 C 大调旋律需移高大二度记谱。因此,C 大调旋律在乐谱上应记为 D 大调。

9. A **【解析】**本题考查我国歌剧代表作品的旋律辨识及片段来源。两段旋律分别是《清粼粼的水来蓝莹莹的天》和《扎红头绳》。《清粼粼的水来蓝莹莹的天》出自歌剧《小二黑结婚》,《扎红头绳》出自歌剧《白毛女》。

10. A **【解析】**本题考查古琴曲《广陵散》的内容概述及相关知识。古琴曲《广陵散》的内容表现了战国时期铸剑工匠的儿子聂政为报杀父之仇刺杀韩王,然后自杀的悲壮故事。《广陵散》的曲谱,最早见于明代朱权编印的《神奇秘谱》。

11. B **【解析】**本题考查《诗经》的相关知识和概念。

《诗经》产生地域以黄河流域为中心，南到长江北岸，分布在陕西、甘肃、山西、山东、河北、河南、安徽、湖北等地，因此不是南方音乐文化的代表。其余三个选项的说法正确。

12. A 【解析】本题考查《碣石调·幽兰》的相关知识及历史地位。《碣石调·幽兰》是南朝梁时人丘明的传谱，谱本是唐人的手抄本，是中国现存最早的琴谱，是目前仅见的一首文字谱。

13. B 【解析】本题考查混声合唱各声部的标记。混声合唱常用的声部：女高音声部（Soprano，简写为 S.）、女低音声部（Alto，简写为 A.）、男高音声部（Tenor，简写为 T.）、男低音声部（Bass，简写为 B.）、女中音声部（Mezzo Soprano）、男中音声部（Baritone）。

14. C 【解析】本题考查小调的类别以及《小白菜》所属小调体裁。小调分为吟唱调、谣曲和时调三类。吟唱调包括儿歌、摇篮曲、叫卖调和风俗仪式中的吟唱调等。吟唱调的音乐以吟诵性为主，旋律接近自然语言形态，结构简单，完整性、独立性较差。谣曲的艺术形式发展得比吟唱调成熟，篇幅不大，乐段结构完整，节拍比较规范，在内容上，谣曲又可以分为诉苦歌、情歌、生活歌、嬉游歌等，河北的《小白菜》属于诉苦歌。时调是小调中艺术形式发展得最为规范和成熟的一类，其结构严谨，旋律发展规范，唱词考究，常带有乐器伴奏，且因其具有可变化发展的“弹性化”表现功能，常被地方戏曲或曲艺吸收为曲牌。

15. C 【解析】本题考查噪音的定义和噪音乐器的识别。发音体作无规则的振动所产生的没有明确音高的音称为噪音。四个选项中只有镲是噪音乐器，其他三种乐器都是有固定音高的打击乐器。

16. C 【解析】本题考查普契尼代表作品《艺术家的生涯》的体裁。普契尼，意大利歌剧作曲家，代表作品有歌剧《艺术家的生涯》（又名《波西米亚人》《绣花女》）、《蝴蝶夫人》、《图兰朵》等。

17. A 【解析】本题考查音乐剧《音乐之声》的经典旋律片段。《音乐之声》的插曲有《孤独的牧羊人》《雪绒花》《Do Re Mi》等。选项 A 是《小小少年》的旋律片段，是 1970 年上映的德国影片《英俊少年》中的一首插曲。选项 B 是《孤独的牧羊人》的旋律片段，选项 C 是《雪绒花》的旋律片段，选项 D 是《Do Re Mi》的旋律片段。

18. A 【解析】本题考查印度尼西亚的代表乐器安格隆。安格隆是源于印度尼西亚、流行于东南亚地区的一种摇奏和击奏乐器。三味线是日本乐器，西塔尔和萨朗吉是印度乐器。

19. C 【解析】本题考查《义务教育艺术课程标准》（2022 年版）中第三学段（6 ~ 7 年级）的音乐学业质量描述的具体内容。题干中的内容为《义务教育艺术课程标准》（2022 年版）中第三学段（6 ~ 7年级）的音乐学业质量描述的内容，体现了艺术表现。

20. B 【解析】本题考查歌曲的指挥图示。《在那银色的月光下》是$\frac{3}{4}$拍歌曲，因此应选用三拍子指挥图示。A 选项是二拍子指挥图示；B 选项是三拍子指挥图示；C 选项是五拍子指挥图示；D 选项是四拍子指挥图示。

二、多项选择题

21. ABC 【解析】本题考查具体调式的近关系调。调号相同或只相差一个变音记号的调，叫作近关系调。在大小调式中，^{b}E 大调的近关系调有：c 小调、^{b}B 大调、g 小调、^{b}A 大调、f 小调。

22. AC 【解析】本题考查螺蛳结顶的定义及其代表作品。“螺蛳结顶”是指将原有的乐句逐步紧缩，直至最后形成简洁的顶端。如民族管弦乐曲《金蛇狂舞》以及根据湖南土家族的“打溜子”改编的器乐曲《锦鸡出山》，均运用了螺蛳结顶的创作手法。

23. ABCD 【解析】本题考查《声无哀乐论》的音乐思想内容。ABCD 选项都属于嵇康《声无哀乐论》中的音乐思想。

24. ABC 【解析】本题考查七和弦中各音之间的音程关系。大小七和弦和大大七和弦的根音 - 三音 - 五音均构成大三和弦，根音 ~ 五音均构成纯五度。小小七和弦的根音 - 三音 - 五音构成小三和弦，根音 ~ 五音构成纯五度。减七和弦，即减减七和弦，其根音 - 三音 - 五音构成减三和弦，根音 ~ 五音构成减五度。

25. AC 【解析】本题考查歌剧和舞剧的代表作品。《天鹅湖》属于芭蕾舞剧，《丝路花雨》属于中国民族舞剧。

26. AB 【解析】本题考查我国说唱音乐与戏曲音乐的异同。从审美的角度看，说唱和戏曲都是表演艺术，都会考虑观众的需求；所不同的是，说唱突出“跳进跳出”，戏曲强调深沉地“入戏”；说唱讲究“点到为止”，戏曲追求“形神兼备”。说唱是“讲”故事，戏曲是“演”故事，说唱艺术以“说”为主，戏曲艺术以“演”为主。

27. ABC 【解析】本题考查巴赫的生平和音乐贡献。D 选项，巴赫是德国作曲家、管风琴演奏家。ABC 说法正确。

28. ABD 【解析】本题考查威尔第的音乐贡献。《弄臣》《游吟诗人》《茶花女》是威尔第的代表作。C 项《爱之甘醇》是 19 世纪意大利著名歌剧作曲家唐尼采蒂的经典作品。

29. ABCD 【解析】本题考查 R&B 的相关内容。R&B 也称“节奏蓝调”或“节奏布鲁斯”，广义上，R&B 可视为“黑人的流行音乐”，它源于黑人布鲁斯(Blues)音乐，是现今西方流行乐和摇滚乐的基础。

30. ACD 【解析】本题考查安德森的音乐贡献。安德森，美国作曲家、指挥家，代表作有《号手的节日》《打字机》《蓝色探戈》《跳圆舞曲的小猫》《顽皮的小闹钟》等。《口哨与小狗》又译为《吹口哨的少年与小狗》，是美国作曲家普莱亚创作的一首通俗管弦乐小曲。

三、填空题

31. 根音

32. 极快板

33. 四

34. 减三;大三;$^{\#}$g;c

35. 琵琶独奏曲;《夕阳箫鼓》;换头合尾

36. 《北京喜讯到边寨》

37. 奥尔加农

38. 琉特琴

39. 粤剧;吕剧

40. 崇高美;欢乐美;戏剧美;悲剧美;崇高美

四、连线题

41. 将下列音乐、舞蹈形式与所属民族对应连接。

【答案】

木卡姆　　蒙古族
长鼓舞　　藏族
大歌　　维吾尔族
囊玛　　侗族
呼麦　　朝鲜族

42. 将下列代表作品与所属国家对应连接。

【答案】

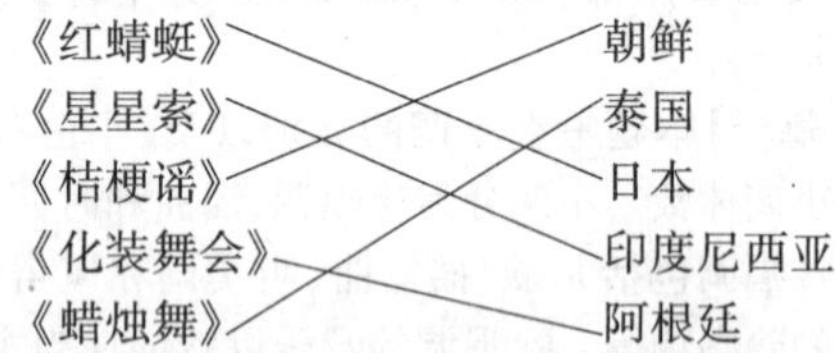

五、写作题

43. 【参考答案】

六、作品分析题

44. 【参考答案】《东方之珠》为大调式，$\frac{4}{4}$拍，二段体结构。歌曲倾吐了作者强烈的爱国主义心声，以含蓄而富于诗意的语言描绘了中国香港的地理位置、历史沧桑和迷人的夜色，并以拟人化的手法，借恋人的口吻表现了人们对香港的无限眷恋。

A 段(1—16 小节)，歌曲从亲切、温柔的呼唤开始，以耐人寻味的深情加以延续。三连音节奏的使用，使歌曲在抒情的叙述中增添了几许激动，更使歌曲委婉动听。第 1—4 小节和 9—12 小节，情绪较为平稳。第 5—8 小节和 13—16 小节，开始时是连续的同音重复，紧接着便八度大跳转入低音区，使歌曲变化发展。

B 段(17—24 小节)，此段歌曲的色彩产生了鲜明的变化。其中第 21—24 小节是第 17—20 小节的变化重复。三连音的紧密节奏，掀起整首歌曲的高潮。特别是“让海潮伴我来保佑你”和“请别忘记我永远不变黄色的脸”的真挚话语，表达了炎黄子孙对香港的无比爱恋和对祖国的热爱之情。

七、案例分析题

45.【参考答案】

优点：

(1)陈老师在教学中遵循了《义务教育艺术课程标准》(2022 年版)中的“坚持以美育人”的课程理念。以落实核心素养为主线，引导学生积极参与各类艺术活动，感受美、欣赏美、表现美、创造美，丰富审美体验，学习和领会中华民族艺术精髓，增强民族自信心与自豪感。在课的开始，陈老师为同学们表演了一段艺诀，引导学生积极参与课堂，充分发挥艺术课程在培育学生审美和人文素养中的重要作用。

(2)陈老师在教学中遵循了《义务教育艺术课程标准》(2022 年版)中的“突出课程综合”的课程理念。以各艺术学科为主体，加强与其他艺术的融合；重视艺术与其他学科的联系，充分发挥协同育人功能；注重艺术与自然、生活、社会、科技的关联，汲取丰富的审美教育元素，传递人与自然和谐共生理念，促进学生身心健康全面发展。学生通过朗读《琵琶行》，真切感受到了琵琶演奏的精湛技巧。

缺点：

陈老师在教学中违背了《义务教育艺术课程标准》(2022 年版)中的“重视艺术体验”的课程理念。重视学生在学习过程中的艺术感知及情感体验，激发学生参与艺术活动的兴趣和热情，使学生在欣赏、表现、创造、联系/融合的过程中，形成丰富、健康的审美情趣；强调艺术课程的实践导向，使学生在以艺术体验为核心的多样化实践中，提高艺术素养和创造能力。陈老师应该在学生了解了“丝竹相和”之后，让学生自己进行音乐实践，让学生进一步掌握所学内容，进而对所学内容更加感兴趣。

改进意见：

(1)聆听是音乐学习的基础，是培养学生核心素养的重要途径。陈老师应该将聆听音乐贯穿于音乐教学的全部活动中。

(2)陈老师应遵循《义务教育艺术课程标准》(2022 年版)中的“重视艺术体验”的课程理念，在音乐教学过程中培养学生的音乐创造意识。

(3)陈老师在教学中应以音乐本体为主，关注学科的同时，更要突出音乐特点。

八、论述题

46. 在音乐欣赏教学中应该注意哪些问题？

【参考答案】(1)欣赏教学应以音乐为本，从音响出发，以听为主。

倾听音乐是音乐欣赏的主要方式。音乐欣赏固然需要某些“非音乐”因素的辅助，如欣赏音乐有时需要用语言文字、图像画面等加以引导，但是这些辅助仅仅是一种媒介，而音乐欣赏最重要、最根本的还是“倾听音乐”。因此，我们提供给学生欣赏的音乐必须是最有代表性、最能激发学生美感的艺术精品。欣赏教学的中心点是“听”，围绕“听”来开展多种多样的教学活动，不要因为采用了多种多样的“辅助形式”而忽视了“倾听音乐”这个主要的环节。

(2)欣赏教学要采用多种形式，引导学生积极参与音乐、体验音乐。

欣赏教学要适应学生活泼好动、注意力难以持久的特点，尽量采用综合性的音乐欣赏活动，引导学生调动自身的各种感官，全身心地投入音乐；围绕欣赏，结合音乐的各种要素，采用歌唱、演奏、身体动作和表演等方式，“参与”到音乐中去。只有紧密地围绕着“听”来进行和展开音乐教学活动，才能适应音乐艺术的规律，使音乐教学取得良好的成效。

(3)欣赏教学要注意引发学生的联想和想象，激发学生的创造能力。

欣赏教学要使学生将生活经验与音乐作品的表现手段联系起来，促使他们产生丰富的联想和想象。可以利用生动形象的故事、诗歌、语言及课件为学生在生活经验和理解音乐之间搭建起联想和想象的桥梁。还要注意，所有的活动都要尊重学生的独立感受与见解，鼓励学生勇于表达自己的审美体验。

(4)教师的讲解和提示，力求简明、生动且富有启发性。

根据不同年级学生的水平，对所欣赏的乐曲进行讲解。如作品的相关知识、时代背景、曲式结构等。但教师的讲解要力求精简、生动，多启发学生积极思考和主动表达，并注意讲解的时机；多采用简要提示后倾听音乐，再让学生进行探索的方法；有些作品还可以采用让学生在倾听之后，再作探索讨论，最后教师做必要的讲解和提示的方法。

总之，音乐感受能力是各领域音乐学习的基础，歌唱、乐器演奏和创造等音乐学习，都离不开音乐听觉发展。它是音乐教学的重要内容，也是培养学生音乐兴趣、扩大音乐视野、发展音乐感受能力和审美能力的有效途径。

47. 简述《义务教育艺术课程标准》(2022 年版)中第四学段 8 ~ 9 年级的学段目标。

【参考答案】《义务教育艺术课程标准》(2022 年版)中第四学段 8 ~ 9 年级的学段目标中指出：

(1)能较好地把握音乐的思想感情和内涵意蕴,理解作品中蕴含的爱国主义、集体主义,体悟民族精神、时代精神等,增强国家认同感、归属感、责任感和使命感;深入感知、体验、理解音乐的感性特征和审美特质,辨识不同音乐表现特征的差异与联系,具有初步的音乐欣赏与评述能力;保持对音乐的浓厚兴趣,养成积极乐观的态度。

(2)主动参与音乐表现活动,能进行富有个性和创意的二度创作及表现形式的创新,不断提高创意实践能力和艺术表现水平,在实践中增强自信心,发展自主学习能力和团队合作能力。

(3)能编创与展示比较完整的短小音乐作品,表达自己的想法和情感,具有较丰富的想象力和创造力。

(4)热爱中国音乐文化,能从中汲取民族文化智慧,坚定文化自信;领略世界音乐文化的多样性,包容不同音乐的表达方式,尊重文化差异。

(5)认识不同艺术的主要表现形式、表现手段和审美特征,理解音乐与其他学科,以及人类生活、社会发展等方面的紧密联系和相互作用。

教师招聘考试中学音乐预测试卷(七)

一、单项选择题

1. D 【**解析**】本题考查音的性质。音的强弱是由发音体振动的幅度决定的,振动幅度越大则音越强,振动幅度越小则音越弱。发音体的材质决定音色,发音体的振动频率决定音的高低,发音体的振动持续时间决定音的长短。

2. B 【**解析**】本题考查模进的含义。模进是将主题或某一乐汇、乐节、乐句的形态在不同高度上模仿出现。模进分为严格模进与自由模进,题干中的第二行旋律是第一行旋律的严格模进,其节奏及各音程之间的级数或度数与所模进的旋律基本相同。

3. A 【**解析**】本题考查音符的时值。若以四分音符为1拍,题干中的音符组合 = 附点四分音符 + 八分音符 + 四分音符,其时值总和 $=1\frac{1}{2}+\frac{1}{2}+1=3$ 拍;选项A,附点二分音符 = 二分音符 + 四分音符,其时值 $=2+1=3$ 拍,与题干中音符相加的时值总和相等;选项B,复附点二分音符 = 二分音符 + 四分音符 + 八分音符,其时值 $=2+1+\frac{1}{2}=3\frac{1}{2}$ 拍;选项C,二分音符的时值为2拍;选项D,全音符的时值为4拍。

4. D 【**解析**】本题考查平行大小调的内容。以c为小调的属音,则其小调主音为c下方纯五度的音,即该调为f小调,其平行大调的主音为小调主音上方小三度的音,即^{b}A音,因此f小调的平行大调为^{b}A大调。

方法提示:我们还可以采用首调进行推算,以c音为小调的属音,即c=3,我们不需要算出来小调主音6是哪个音,只需要算出1=^{b}A即可得出答案。

5. A 【**解析**】本题考查的是《普通高中音乐课程标准》(2017年版2020年修订)的内容。合唱模块是必修课程歌唱模块的拓展和延伸,是以合唱表演活动为主的实践性课程。

6. D 【**解析**】本题考查《普通高中音乐课程标准》(2017年版2020年修订)中的课程结构。《普通高中音乐课程标准》(2017年版2020年修订)中的课程结构提到:普通高中音乐课程以音乐鉴赏、歌唱、演奏、音乐编创、音乐与舞蹈、音乐与戏剧六个模块为必修(选学)课程,以合唱、合奏、舞蹈表演、戏剧表演、音乐基础理论、视唱练耳六个模块为选择性必修课程,以学校安排开设、学生自主选择修习的课程为选修课程。

7. A 【**解析**】本题考查音程的音数所对应的音程名称。音程的音数是指两音之间的全半音数目,全音为1,半音为$\frac{1}{2}$。纯八度的音数为6,大七度的音数为$5\frac{1}{2}$,小七度的音数为5,大六度的音数为$4\frac{1}{2}$。

8. B 【**解析**】本题考查增八度的转位音程。增八度转位后不是减一度,而是减八度。

9. C 【**解析**】本题考查六和弦的识别。以D为根音的大三六和弦,即以D为根音的大三和弦的第一转位。选项A是以D为根音的大三和弦的原位,选项B是以^{b}B为根音的大三和弦的第一转位,选项C是以D为根音的大三和弦的第一转位,选项D是以B为根音的减三和弦的第一转位。

10. B 【**解析**】本题考查具体调式中的音级。和声小调的第Ⅵ级音与第Ⅰ级音之间是大三度的音程关系,e音下方大三度的音是c。

11. B 【**解析**】本题考查大小七和弦的构成。在C自然大调中,G-B-D-F构成大小七和弦,G~B构成大三度,B~D构成小三度,D~F构成小三度,因此B选项符合大小七和弦相邻音之间的音程关系。

12. D 【**解析**】本题考查判断调式。题干音阶调号为两个降号,为^{b}B调,音阶主音为g,并升高了Ⅵ、Ⅶ级音,下行还原,可判断该音阶符合g旋律小调的音阶排列。

13. D 【**解析**】本题考查调与调的关系。调号相同或只相差一个变音记号的调,叫作近关系调。$^{\#}$F大调的调号为六个升号,$^{\#}$f小调的调号为三个升号,不属于近关系调。在调的五度循环中,两个调所有的音级都是等音，这样的两个调互为等音调，互为等音调的两调调号之和为十二。#F 大调与#f 小调的调号之和为九，不属于等音调。调号相同、主音相距一个小三度关系的大小调叫作关系大小调，也叫平行大小调。#F 大调与#f 小调的主音相同，不属于平行大小调。同主音大小调的特点是主音相同、调号不同、音列各异。符合#F 大调与#f 小调的关系。

14. A 【解析】本题考查首调唱名法的相关知识。首调唱名法是一种基于调式的唱法，它把大调式的主音唱作 do，其他依次唱作 re、mi、fa、sol、la、si；把小调式的主音唱作 la，其他依次唱作 si、do、re、mi、fa、sol。题中谱表为低音谱表，调号为两个升号，用首调唱名法，把 D 音（低音谱表第三线的音位）唱作 do，那么，谱表中的音符则唱作 la。

15. A 【解析】本题考查速度术语的具体应用。Andante 是行板，每分钟拍数是 66；Allegretto 是小快板，每分钟拍数是 108；Allegro 是快板，每分钟拍数是 132；Presto 是急板，每分钟拍数是 184。《葬礼进行曲》的风格较适合采用选项中速度最慢的行板。

16. A 【解析】本题考查震音记号的用法。震音记号表示两个音或和弦迅速均匀交替演奏时，斜线记在两个音或和弦之间记写符尾的地方，斜线的方向与共同符尾相平行。震音的时值等于两个音符或和弦中的一个。

17. A 【解析】本题考查混声四部合唱的常规队形。混声合唱有四个声部，即女高音声部（Soprano，简写为 S.）、女低音声部（Alto，简写为 A.）、男高音声部（Tenor，简写为 T.）、男低音声部（Bass，简写为 B.）。队形排列：左边是高音声部，右边是低音声部，前边是女声声部，后边是男声声部。

18. D 【解析】本题考查李斯特的音乐创作领域。李斯特是浪漫主义时期匈牙利的作曲家，其音乐创作体裁丰富，主要集中在交响乐和钢琴音乐两方面。他被称为“钢琴之王”，而且首创了单乐章的标题交响乐体裁——交响诗。

19. D 【解析】本题考查我国传统工尺谱的符号。工尺谱是我国一种传统唱名谱，由宋代俗字谱发展而来，至明末清初逐渐定型，用“上、尺、工、凡、六、五、乙”七个谱字及其变体作为音高符号。

20. C 【解析】本题考查《牧童短笛》的创作特点。《牧童短笛》是我国著名音乐家贺绿汀的钢琴独奏曲。该乐曲是以五声调式音阶写成的，富有中国民族风格的主题，通过复调手法以及不同声部的互相对比、互相交织，把人们带入乡间田园风光之中。其他三个选项中的作品都没有用到复调手法。

21. B 【解析】本题考查我国少数民族的代表性乐器。手鼓是维吾尔族、乌孜别克族的代表性乐器，马头琴是蒙古族特有的拉弦乐器，弹布尔是维吾尔族、乌孜别克族的弹拨乐器，扎木聂是藏族的弹拨乐器。

22. B 【解析】本题考查经典乐曲中的探戈元素。任光以江南民间音乐为素材，借鉴西洋作曲技法，采用“探戈”舞曲的切分节奏，吸收江南丝竹音调和轻音乐配器特点创作的民乐合奏《彩云追月》，是一首具有浪漫色彩的现代咏月佳作。

23. A 【解析】本题考查《琴操》的历史地位。A 选项《琴操》相传是东汉蔡邕编撰的我国现存最早的记述古代琴曲内容的著作。B 选项《琴论》是北宋琴家成玉涧著述的，是研究宋代古琴美学与技巧最重要的资料之一。C 选项《神奇秘谱》是由明代朱权从众多琴曲中编选而成，是我国最早刊印的琴曲集。D 选项《琴书大全》由明代蒋克谦编著，于万历十八年（1590）刊印传世，是现存收录古代琴学文献最多的一部类书。

24. A 【解析】本题考查元杂剧的代表曲目及其代表人物。《西厢记》是元代王实甫创作的杂剧代表作。

25. B 【解析】本题考查萧友梅的音乐贡献。萧友梅于 1927 年参与创办的国立音乐院，被公认为中国第一所专业的音乐院校。萧友梅的代表作品：钢琴曲《新霓裳羽衣曲》，大提琴曲《秋思》，合唱曲《春江花月夜》，歌曲《五四纪念爱国歌》《问》等。《长恨歌》是黄自创作的唯一一部大型声乐套曲，也是中国第一部清唱剧。《花非花》是黄自创作的艺术歌曲。

26. C 【解析】本题考查我国传统乐器陶埙的知识。陶埙是中国最古老的闭口吹奏乐器，也是我国出土数量最多，分布最广的乐器。

27. C 【解析】本题考查麦新创作的《大刀进行曲》的旋律。题干中的旋律是麦新的《大刀进行曲》的第一句。

28. A 【解析】本题考查中国近现代电影音乐代表作品。《让我们荡起双桨》由刘炽作曲、乔羽作词，是电影《祖国的花朵》中的歌曲。

29. B 【解析】本题考查青海花儿《花儿与少年》的旋律及其民歌种类。题干旋律出自青海民歌《花儿与少年》，属于中国西北地区一种叫作“花儿”的山歌种类。

30. D 【解析】本题考查小提琴协奏曲《梁山伯与祝英台》的首演者。小提琴协奏曲《梁山伯与祝英台》由何占豪、陈钢作曲，首演于 1959 年，由俞丽拿担任小提琴独奏。

31. A 【解析】本题考查各民族的音乐形式。侗族大歌是流行于贵州、广西侗族聚集地的传统音乐。安代是流行于内蒙古哲里木盟的蒙古族民间歌舞形式。赛乃姆是广泛流行于新疆维吾尔族地区的民间歌舞形式。弦子为流行于西藏、四川等地的藏族歌舞形式。

32. D 【解析】本题考查海顿的音乐贡献。四个选项都为海顿的代表作。A 选项《皇帝》是海顿的弦乐四重奏，BC 选项《惊愕》《伦敦》是海顿的交响曲代表作，D 选项《四季》是海顿创作的清唱剧。

33. A 【解析】本题考查舒曼的音乐贡献。《狂欢节》是舒曼创作的钢琴套曲，《热情奏鸣曲》是贝多芬的作品，《鳟鱼》是舒伯特创作的艺术歌曲，《塔索》是李斯特创作的交响诗。

34. A 【解析】本题考查韦伯的音乐作品旋律。题干歌词及旋律选自韦伯的歌剧《自由射手》中的《猎人合唱》。

35. B 【解析】本题考查普契尼的音乐贡献。《费加罗的婚礼》是莫扎特创作的歌剧，《蝴蝶夫人》是普契尼创作的歌剧，《璐璐》是贝尔格创作的歌剧，《渔光曲》是任光创作的歌曲。

36. C 【解析】本题考查柴可夫斯基的音乐作品体裁。《如歌的行板》是柴可夫斯基的《D 大调第一弦乐四重奏》中的第二乐章。

37. B 【解析】本题考查日本的传统音乐。变脸是中国川剧表演的特技之一；歌舞伎是日本典型的民间表演艺术；木偶剧是由演员操纵木偶以表演故事的戏剧，又名傀儡戏，出现在中国汉代；卡塔克舞是盛行于印度北部的一种古典舞蹈形式，属于印度古典舞派。

38. C 【解析】本题考查《普通高中音乐课程标准》(2017 年版 2020 年修订)的基本理念。《普通高中音乐课程标准》(2017 年版 2020 年修订)的基本理念中的“深化情感体验，突出音乐特点”提出：音乐艺术最重要的特点是直接影响人的情感世界，其强大的感染力无须借助概念，直达人的心灵。

39. A 【解析】本题考查奥尔夫音乐教育体系的理念。德国的音乐家、指挥家和教育家奥尔夫于 20 世纪初创立了奥尔夫音乐教育体系。该体系推崇“元素性”音乐，提倡综合性音乐教育形式，强调一切从儿童出发，通过亲身实践活动学习音乐，培养其创造力。

40. A 【解析】普通高中音乐课程以音乐鉴赏、歌唱、演奏、音乐编创、音乐与舞蹈、音乐与戏剧六个模块为必修(选学)课程，以合唱、合奏、舞蹈表演、戏剧表演、音乐基础理论、视唱练耳六个模块为选择性必修课程，以学校安排开设、学生自主选择修习的课程为选修课程。

二、判断题

41. × 【解析】本题考查变音记号的含义。“♯”是升记号，表示将本位音升高半音。降记号是“♭”，表示将本位音降低半音。

42. × 【解析】本题考查调与调的关系。C 商调的宫音是♭B，D 徵调的宫音是 G，不属于同宫系统调。♭G 大调的平行小调是♭e 小调，其等音调式是♯d小调。

43. × 【解析】本题考查姜夔《白石道人歌曲》中使用的记谱法。《白石道人歌曲》采用三种记谱法记写了三类不同形式的歌曲：①用律吕字谱记写了 10 首祀神曲；②用减字谱记写了 1 首琴曲；③用宋代俗字谱记写了 17 首词调歌曲。

44. √ 【解析】本题考查《红旗颂》的音乐赏析。

45. × 【解析】本题考查我国说唱音乐京韵大鼓的代表作品。《重整河山待后生》是根据老舍同名小说改编的电视连续剧《四世同堂》的主题歌。歌曲以京韵大鼓音乐为素材，语言质朴，韵味醇厚，表现了中国人民为雪国耻，不怕流血牺牲、坚强不屈的民族精神。歌曲中“一字多音”运用较多，充分体现了京韵大鼓“一字多腔”的音乐特点。

46. √ 【解析】本题考查京剧的场面。京剧的伴奏称为“场面”，按乐器的性能，分为“文场”和“武场”。①文场亦称“文三场”，因主伴奏乐器为“三大件”——胡琴(京胡和京二胡)、月琴和南弦子(即南方的小三弦)而得名。其他乐器有笛子、唢呐、海笛和笙。②武场亦称“武三场”，以“鼓板”(包括单皮鼓和檀鼓)为主，小锣、大锣次之。因此题干所说京剧武场一般都是以打击乐器为主是正确的。

47. √ 【解析】本题考查音乐常识。柳琴又称土琵琶，属于弹拨乐器，外形及构造与琵琶相似，但比琵琶要小。

48. √ 【解析】本题考查相和大曲的相关知识。“相和大曲”是相和歌发展的最高形式。相和大曲是在相和歌的基础上，经过专业音乐家与文学家对其进行改编、加工而成的一种比较复杂的音乐形式，特点是歌唱、器乐、舞蹈三种艺术有机结合，是有器乐伴奏的歌唱，有乐器伴奏的歌舞，并有纯粹乐器演奏部分的综合性歌舞大曲形式。

49. × 【解析】本题考查《普通高中音乐课程标准》(2017 年版 2020 年修订)中的学业质量水平与考试评价的关系。必修课程与选择性必修课程的学业质量水平由《普通高中音乐课程标准》(2017 年版 2020 年修订)制定，分为 3 个等级：水平 1 是学生在学业水平考试中应达到的基本要求。水平2和水平3是学生在学业水平考试中的提高要求，同时也是高考命题的主要依据。

50. √ 【解析】本题考查柯尔文手势的相关知识。柯尔文手势是1870年由柯尔文首创，用于训练音准的一套手势，用七种不同的手势代表音阶中固定的某一唱名，并通过在空间不同的高低位置显示各音之间的高低关系。柯达伊教学法中使用柯尔文手势用以帮助儿童理解首调唱名体系中各音级之间的高低关系、调式音级倾向。

三、写作题

51.【参考答案】

52.【参考答案】

53.【参考答案】

1＝F

4/4 0 6 | 6· 7 6712 3 6 3 | 3· 6 #5 6 7· 3 | 4· 3 7 #572 4 5 3 | 6 0 0 ‖

54.【参考答案】

四、简答题

55. 简述号子的艺术特征。

【参考答案】号子的艺术特征：(1)直接、简朴的表现方法和坚毅、粗犷的音乐性格；(2)节奏的律动性，号子的节奏律动型大致有长律、平律、短律三类；(3)音乐材料的重复性；(4)领、和相结合的歌唱方式，在号子的歌唱中，领与和的结合方式主要有交替呼应式、重叠式、综合式三种类型；(5)曲式结构的简朴性，号子的曲式结构一般具有简单和乐段独立性不强两个特点。

56. 简述《普通高中音乐课程标准》(2017年版2020年修订)中必修课程的歌唱模块的内容。

【参考答案】歌唱是以人声为媒介表现音乐、抒发情感的艺术形式，是培育学生艺术表现素养的重要途径。歌唱模块的教学包括声乐相关知识及合唱、重唱、独唱等多种内容和形式。学生通过鉴赏和演唱优秀声乐作品，激发歌唱兴趣，学习歌唱方法，积累歌唱经验，增强合作意识，体验声乐的艺术感染力和情感表现力。

57.【参考答案】(1)《智取威虎山》。

(2)现代京剧。

(3)京剧的伴奏叫场面；场面分为文场、武场；文场有京胡、京二胡、月琴等，武场有锣、鼓等。

五、教学设计题

58.【参考设计】

《送别》

一、教材分析

《送别》是20世纪初我国的一首学堂乐歌。歌曲旋律取自美国作曲家奥德威的作品，由著名艺术教育家李叔同(法号弘一法师)填词，后被应用在电影《城南旧事》中作为贯穿全片的主题音乐。这首歌曲流传范围极广，深受人们的喜爱。

歌曲为再现单三部曲式，旋律清新自然又略带哀愁。三个部分间的材料既紧密相关、又略有变化。第一乐段为上下两句，第二乐段通过音乐材料与第一乐段形成对比，形成全曲的高潮。第三乐段再现第一乐段,使音乐回归到最初的情绪之中。

二、教学目标

1. 能够用自然、优美的声音按照歌曲的意境演唱《送别》。

2. 了解主题歌曲及其在影视作品中的作用。

3. 了解学堂乐歌以及作曲家李叔同的相关知识。

三、教学重点

能够用自然、优美的声音按照歌曲的意境演唱《送别》;了解学堂乐歌以及作曲家李叔同。

四、教学过程

(一)导入

1. 播放《城南旧事》电影片段(无声播放)。

教师:这段视频表现的是什么场景?

教师:影片《城南旧事》改编自林海音 1960 年出版的同名中篇小说,1983 年于中国内地上映。影片透过小女孩英子的目光,讲述了英子在北京生活时发生的故事……

2. 播放带有歌曲的电影片段。

教师:这部电影的主题曲随着电影的播出迅速走红,成为家喻户晓的名曲,你认为它和影片结合得怎么样? 为什么?

学生自由回答。

3. 介绍歌曲及学堂乐歌、李叔同。

歌曲简介见"教材分析"。

学堂乐歌简介:中国清末民初新式学堂唱歌课中教唱的歌曲被称为"学堂乐歌"。清末民初,向西方学习,要求废科举、办学堂,变法维新已成为中国大众的一致呼声。一些人从日本或欧洲学习音乐归来,在国内新学堂开设乐歌课,教唱一些新歌,当时称之为"乐歌",后来音乐界将这一时期的学校歌曲统称为"学堂乐歌"。

李叔同简介:音乐家、戏剧活动家。1906 年在日本创办了中国最早的音乐刊物《音乐小杂志》。他从事过多方面的艺术活动,除音乐、戏剧外,绘画、书法、篆刻、诗词均擅长,所作乐歌文辞秀美,富于意境和韵味。曲词结合贴切,代表作有《送别》《西湖》《祖国歌》等。

(二)学唱歌曲

1. 完整聆听歌曲。

教师:你们可以分析出该歌曲的结构吗?

学生探究分析,并回答。

教师总结:该歌曲为再现单三部曲式结构。

2. 朗诵歌词,体会歌曲的意境。

3. 配乐朗诵歌词。

4. 教师进行钢琴伴奏,学生用"wu"哼唱旋律。

5. 自主学唱歌谱,将音准唱准。

6. 教师伴奏,学生跟唱练习。

7. 在细节上处理歌曲,让演唱更贴合歌曲的意境。

通过明显的强弱对比将情感表达得更为充分和立体。

(三)编创拓展

1. 教师指导学生为歌曲创编二声部合唱。

2. 学生分组演唱创编的二声部作品,学生互评,教师评价。

3. 播放影片中出现这首歌曲的不同场景片段。

教师:你认为歌曲在影片中起了什么样的作用? 用自己的语言总结什么是影视主题曲?

(四)小结

学堂乐歌是 20 世纪初非常重要的一种音乐形式,课下同学们自由选择学唱一首不同的学堂乐歌作品,下节课我们进行分享。

教师招聘考试中学音乐预测试卷(八)

一、单项选择题

1. A 【解析】本题考查音区和音组的内容。由钢琴键盘中音的分组可知,选项中音区从低到高依次为大字一组、大字组、小字组、小字一组。

2. A 【解析】本题考查拍号的含义。题中乐谱的节拍为$\frac{3}{8}$拍,表示以八分音符为一拍,每小节三拍。

3. D 【解析】本题考查调号的内容。以 D 大调为例,该调的两个调号音次为$^\sharp$F、$^\sharp$C;$^\sharp$C 音是 D 大调的导音。

4. B 【解析】本题考查调式中的音级。和声大调的第Ⅵ级音与其上方第Ⅰ级音之间是大三度的关系,E 和声大调的Ⅰ级音为 E,E 音下方大三度的音是 C,因此,E 和声大调的第Ⅵ级音是 C。

5. A 【解析】本题考查我国民族器乐代表作品。《百鸟朝凤》是唢呐曲,《喜相逢》是笛子曲,《十面埋伏》是琵琶曲,《空山鸟语》是二胡曲。

6. C 【解析】本题考查纯律的含义。在分音列的第二分音和第三分音之间插入一个第五分音构成和弦形式,以此作为生律要素,如 C-E-G、F-A-C、G-B-D,这样定出来的 C、D、E、F、G、A、B 七个音的准确音高的律制,叫作纯律。将一个八度内的音分成十二个均等的半音的律制,叫作十二平均律。以分音列中的第二分音与第三分音之间的音高关系连续相生而求得各律的准确音高的律制,叫作五度相生律。

7. A 【解析】本题考查交响乐队中乐器的音色特质。交响乐队中最富表现力的一组乐器是弦乐器组,主要包括小提琴、中提琴、大提琴、低音提琴等提琴类乐器。

8. B 【解析】本题考查古琴曲《流水》的赏析。四个选项都为中国古琴名曲,其中,《流水》是被"航行者"号太空船带到了宇宙太空的中国古琴曲。

9. C 【解析】本题考查古代音乐家的历史典故。歌唱家韩娥的历史典故是"余音绕梁,三日不绝";歌唱家秦青的历史典故是"声振林木,响遏行云";王豹是春秋时期卫国人,相传是古代十二音神之一,有"韵吟王豹"之美誉;薛谭是秦青的弟子。

10. B 【解析】本题考查学堂乐歌的历史意义。清末民初,西方音乐在中国社会开始有了一种"强势文化"的影响,这种影响的逐步扩展,导致一些西方音乐形式开始在我国初步传播,而中国人主动选择的一种新的音乐形式,则是在 19 世纪末兴起的学堂乐歌。这种有别于传统音乐的新的音乐形式,标志着中国近代音乐的历史开端,也是中国近代音乐教育的开端。C 选项教会学校中的音乐教育与 A 选项军乐队都是西方音乐进入中国社会的早期形式,为学堂乐歌的兴起准备了前提条件。D 选项国立音专是学堂乐歌之后创建的我国第一所独立的高等音乐院校,标志着我国已经进入专业音乐创作的历史时期。

11. D 【解析】本题考查百戏的相关内容。"相和歌"是汉代北方各地民间歌曲的总称;秦汉时得名并发展起来的鼓吹乐,是一种以吹管乐器和打击乐器为主,兼有歌唱的器乐合奏形式;西曲,东晋时期湖北一带的民歌;汉代的百戏,上承周代散乐,是多种民间艺术的汇合,包括了角抵、杂技、魔术、歌舞等多种艺术形式。

12. B 【解析】本题考查巴赫《马太受难曲》的历史地位。巴赫的《马太受难曲》代表着巴赫宗教音乐的最高成就,被人们称为"现存宗教音乐的顶峰"。

13. C 【解析】本题考查舒伯特的音乐贡献。《菩提树》是声乐套曲《冬之旅》中的第五首歌曲,由舒伯特创作。

14. B 【解析】本题考查西方音乐代表作品的赏析。贝尔格的歌剧《沃采克》是一部无调性歌剧,并未用到爵士乐的音乐语言。A 选项格什温的《蓝色狂想曲》被认为是"允许爵士乐从酒吧间门里探出头来"的第一个成功的作品。C 选项《南部之子》是"爵士乐之父"路易斯·阿姆斯特朗的爵士乐作品。D 选项《大峡谷组曲》是美国作曲家格罗菲的代表作,作曲家在管弦乐创作中适当糅合了一些爵士乐元素,既丰富了乐曲的内涵,又为乐曲带来了轻松活泼的气氛,更增添了乐曲本身的"美国气质",使得这部作品成为美国风格交响音乐的杰出代表。

15. C 【解析】本题考查小提琴曲《流浪者之歌》的赏析。《流浪者之歌》又名《吉普赛之歌》,是西班牙作曲家萨拉萨蒂创作的小提琴独奏曲中的名作,乐曲具有浓厚的吉普赛民族风格。

16. C 【解析】本题考查《霍夫曼的故事》中《船歌》的相关内容。"船歌"原是指意大利威尼斯贡多拉船工所唱的民歌,后来古典作曲家也采用这一体裁写作声乐和器乐的抒情小曲。题干谱例出自《船歌》,选自法国作曲家奥芬巴赫的歌剧《霍夫曼的故事》,是船歌体裁中较为著名的一首,它的节拍是$\frac{6}{8}$拍。

17. C 【解析】本题考查爵士乐的来源。爵士乐是 19 世纪末 20 世纪初兴起于美国南部新奥尔良的黑人舞蹈音乐,源自美国的黑人歌曲和"拉格泰姆",后成为美国的流行音乐,进而成为世界性的现代流行音乐之一。

18. B 【解析】本题考查 20 世纪音乐剧的代表作品。《猫》是英国作曲家安德鲁·洛依德·韦伯的作品。《音乐之声》是理查德·罗杰斯和奥斯卡·哈默斯坦Ⅱ根据玛丽亚·冯·特拉普的自传《冯·特拉普家的歌手们》改写而成的。《西区故事》是一部由伯恩斯坦创作的歌舞片。《歌舞青春》是美国迪士尼公司出品的原创音乐电影。

19. D 【解析】本题考查外国民族民间音乐的代表性音乐。呼麦是一种由一个人同时唱两个声部的歌唱艺术,是蒙古国人民和我国蒙古族人民中特有的一种民间唱法。克隆钟原是指金属的敲击声或舞蹈时的脚铃声,进而指包括曼陀林、长笛、小提琴、吉他、手鼓等乐器在内的乐队,或由这样的乐队伴奏的歌曲,现指印度尼西亚的一种歌曲,它是一种东西方混合的音乐文化。萨朗吉是印度乐器,被称为"印度小提琴"。卡曼贾是流行于阿拉伯地区及伊朗、土耳其和高加索等国的民间弓弦乐器。

20. A 【解析】本题考查教学目标的作用。教学目标的作用有(1)导向:明确音乐教学方向,主导音乐教学过程,提示音乐教学方法,决定音乐教学结果;(2)规划:明确音乐教学计划,界定音乐教学范围,规范音乐教学进度,提出音乐教学要点;(3)调控:调节音乐教学过程,制约音乐教学方式,变化音乐教学方法,调控音乐教学操作;(4)评价:检测与评价音乐教学过程和效果。

二、多项选择题

21. ABCD 【解析】本题考查三句式乐段的类型。三乐句乐段包括:(1)aaa,表示三句用同样材料,各句间是重复关系;(2)aab,第一句、第二句是重复关系,第三句可以是延伸或对比;(3)abb,第二句可以是第一句的延伸或对比,第三句则是第二句的重复;(4)abc,三句各不相同,三句间可以是延伸或对比;(5)aba,第三句带有明显的再现。

22. AD 【解析】本题考查调式与调式音阶的基本知识。G 自然大调的音阶为 G、A、B、C、D、E、$^{\#}$F、G,根据清乐调式的构成可知 A 选项与题干调式音阶相同;B 选项 G 雅乐宫调式的音阶为 G、A、B、$^{\#}$C、D、E、$^{\#}$F、G,与题干音阶不符;C 选项 G 燕乐徵调式的宫音为 C,音阶为 G、A、^{b}B、C、D、E、F、G,与题干音阶不符;D 选项 G 雅乐徵调式的宫音为 C,音阶为 G、A、B、C、D、E、$^{\#}$F、G,与题干音阶相同。

23. ABC 【解析】本题考查和声终止式的分类。S—D 是正格半终止,D—T 和 K_4^6—D—T 是正格终止,S—T 是变格终止。

24. BC 【解析】本题考查奏鸣曲的基本知识。古典主义时期的奏鸣曲大多是三个或四个乐章。小奏鸣曲是相对于奏鸣曲而言,因为它相对短小、单纯,所以称为小奏鸣曲。但是奏鸣曲没有大奏鸣曲与小奏鸣曲之分。

25. ABCD 【解析】本题考查我国汉代鼓吹乐的分类。汉代的鼓吹乐分为四类:黄门鼓吹、骑吹、横吹、短箫铙歌。

26. ABC 【解析】本题考查广东音乐的相关知识。《中花六板》是江南丝竹八大曲之一,是江南丝竹的代表曲目,是由"老六板"发展演变而成。选项 D 表述有误,其他三项均正确。

27. ABD 【解析】本题考查德沃夏克的音乐贡献。《被出卖的新嫁娘》是斯美塔那的作品。

28. ABC 【解析】本题考查我国民族器乐的代表作。《百鸟朝凤》是一首唢呐曲。

29. ABCD 【解析】本题考查印象主义音乐的特点。印象主义音乐的特点为:(1)曲调发展上避免使用浪漫主义音乐中常见的重复、扩充、展开等表现手段,而以短小的曲调组合成一种新颖的动机语汇。声乐曲调与言语音调密切结合,近似朗诵;器乐曲调也很少有气息宽广的线条。(2)演奏上喜欢使用复节拍与复节奏,节拍不规则地细分减弱了音乐的推动力,呈现松散流动的状态。(3)重视调式的表现力,根据形象要求采用相应的调式,如各种五声音阶、中古调式及全音音阶。扩大调性概念,常避免出现明确的收束式。全音音阶的运用使调式中的每一个音居于同等地位,减弱了调中心感,出现多调性因素。(4)由于喜好对不同的色彩与音响作平面的、绘画式的并列,和声成为最重要的表现手段。通过增加和弦结构的可能性与减弱和声进行的功能性,得到极其丰富的和声色彩。(5)音色丰富、独特而新颖。(6)配器与织体安排新颖。(7)结构往往松散模糊,但许多作品仍可看到三部曲式的轮廓。题干四个选项的表述都属于印象主义的音乐特点。

30. ABC 【解析】本题考查巴洛克时期的代表作曲家。ABC 三个选项都为巴洛克时期的代表人物。D 选项奥格尔·蒙恩是早期维也纳古典主义时期的作曲家。

三、填空题

31. 明;朱载堉
32. 很强;柔板;小快板
33. 《黄河颂》;《黄河愤》
34. 奥地利;(小)约翰·施特劳斯;维也纳圆舞曲
35. 曹柔
36. 军乐;郑律成
37. 6;2
38. 奥尔加农
39. 马林巴
40. 《动物狂欢节》;法国;圣-桑

四、连线题

41. 将下列作品、类别对应连接。

【答案】

《战台风》 琵琶曲
《大浪淘沙》 二胡曲
《寒春风曲》 笛子曲
《阳关三叠》 古筝曲
《喜相逢》 古琴曲

42. 将下列民歌与对应民族连接起来。

【答案】

《年轻的朋友》 哈萨克族
《都达尔和玛利亚》 蒙古族
《阿瓦尔古丽》 侗族
《银杯》 藏族
《布谷催春》 维吾尔族

五、分析写作题

43.【参考答案】

保卫黄河

44.【参考答案】(1)C 五声羽调式

(2)主音音名为 C

(3) 

六、案例分析题

45.【参考答案】(1)第一种观点以教材为中心:这种做法一方面符合课程标准的要求,但是如果只教教材中的而不教教材以外的内容,这种方式并没有真切地从学生的角度出发,应该以学生为主体,老师做引导。

第二种观点以学生为中心:这种做法符合课程标准中以学生为主体的教学理念,但是却没有以音乐教材为本体,让学生对音乐课程没有一个清晰明确的定位。

因此,这两种观点相对比较片面。

(2)针对以上问题,我会采取以下方式:

首先,遵照课程标准要求,教教材,在教教材的过程中,听取学生的想法,结合学生的兴趣、能力和生活经验,从而随时调整自己的教学计划。因为《义务教育音乐课程标准》(2011 年版)中指出:义务教育阶段的音乐课,应当面向全体学生,使每一个学生的音乐潜能得到开发并从中受益。音乐课的全部教学活动应以学生为主体,师生互动,将学生对音乐的感受和音乐活动的参与放在重要的位置,让学生真正成为主体,争取让每一个学生都能参与到音乐课堂中来,都能在音乐课堂上得到发展。

其次,应该尊重学生的个性,鼓励学生积极参与各种音乐活动,以自己的方式表达情智。教学中,应把全体学生的普遍参与和发展不同个性有机结合起来,创造生动活泼、灵活多样的教学形式,为学生发展音乐才能提供空间。因为这样能够真正帮助学生敢于参与到音乐课堂中来,帮助他们更好地成长,真正做到关注全体学生和因材施教。

七、论述题

46. 试举例论述欧洲歌剧的发展概况。

【参考答案】歌剧诞生于 16 世纪末的意大利佛罗伦萨。歌剧以它独特的魅力逐渐成为欧洲最重要的音乐体裁。欧洲歌剧的发展大致可分为以下四个时期。

(1)17 世纪早期的意大利歌剧:这一时期的歌剧

确立了 ABA 式的咏叹调格式，以及“快—慢—快”三段形式的歌剧序曲。此时的音乐常用盛大的场面合唱，给歌剧带来重音乐、轻戏剧的倾向，这种歌剧也称为正歌剧。这一时期的代表人物有 A. 斯卡拉蒂、蒙特威尔第等。

(2)18 世纪正歌剧改革与喜歌剧的兴起：这一时期正歌剧盛极而衰，《女仆作夫人》使得喜歌剧这种新体裁趋向成熟，并在法、英、德等国广泛传播，代表作有莫扎特的《魔笛》等。

(3)19 世纪浪漫派歌剧和喜歌剧、意大利真实主义歌剧和民族歌剧：19 世纪是盛产歌剧的时代，德国、法国、意大利涌现出一大批优秀的歌剧作曲家及作品，比才的《卡门》、普契尼的《蝴蝶夫人》、威尔第的《茶花女》《弄臣》《游吟诗人》都成为巅峰之作，瓦格纳更将歌剧的概念扩大，创作了综合艺术的乐剧《尼伯龙根的指环》。

(4)20 世纪的现代派歌剧：现代派的歌剧与现代派音乐一样，风格各异。印象派的、无调性的作品都相继产生。贝尔格的《沃采克》是较为重要的一部作品。

综上所述，欧洲歌剧经历了漫长的发展道路，繁衍出丰硕的果实，产生了大量经典的作品，对世界音乐的发展做出了巨大的贡献。

47. 论述曾侯乙墓出土的编钟的科学价值及其历史意义。

【参考答案】1978 年，湖北随县（今随州）擂鼓墩曾侯乙墓出土了战国初期的大批乐器，包括了编钟、编磬、十弦琴、五弦琴、瑟、笙、笛（或篪）、排箫、建鼓、小鼓等，有些乐器尚属首次出土，是我国音乐史上最有价值的一次考古发现。这次考古活动最有意义的莫过于曾侯乙编钟的发现，它的出土引起了整个世界的关注，成为中国乃至世界考古史上的一件大事，被誉为世界古代文明史奇迹之一。

曾侯乙编钟共有 64 件，是迄今为止我们所见的最庞大的编钟。它分三层悬挂在曲尺形钟架上，上层钮钟有三组，共 19 件；中下层甬钟各有三组，共 45 件。钟架位于墓室的西面和南面，中下层的立柱为六个英武的青铜佩剑武士。除钮钟和甬钟外，还有一件镈钟，是楚惠王送给墓主的礼物。

曾侯乙编钟规模宏大，气势雄伟，其制作之精美、数量之众多、保存之完好均为现代音乐考古之最，全面展示了中华民族灿烂的古代音乐文化。

经专家测试，曾侯乙编钟的音域跨越了五个八度，其中中心音区的三个八度可以构成完整的十二个半音，并可以转调，这意味着它可演奏任何五声、六声、七声音阶的乐曲，也意味着春秋时期中国不仅有五声音阶，也有七声音阶。每个甬钟可发出呈三度关系的两个音，即隧部音和鼓部音，充分说明了古代的青铜冶炼铸造技术的高超，也显示了春秋战国时我国音乐已发展到一个极高的水平。曾侯乙编钟在音乐理论方面的价值在于它的铭文，整套编钟共有约 2800 字的铭文，标明了各钟发音属于何律的阶名及其与楚、晋、齐、周、申等周围各国或地区的对应关系，为研究我国传统乐律学和音乐理论提供了宝贵的资料。曾侯乙编钟的出现弥补了古代文献关于乐律方面记载的不足，纠正了先秦无“变宫”的说法，为我们认识春秋战国乐律学的发展状况及其演变提供了可靠的依据。

曾侯乙墓乐器的制作是当时音乐艺术和青铜铸造工艺完美的结合，它表明春秋战国时期我国音乐和科学发展的水平位于世界的最前列，显示了我国古代灿烂的音乐文化。

教师招聘考试中学音乐预测试卷（九）

一、单项选择题

1. D 【解析】本题考查《义务教育音乐课程标准》（2011 年版）中音乐课程的性质。《义务教育音乐课程标准》（2011 年版）中指出：音乐课程性质主要体现在人文性、审美性、实践性三个方面。

2. A 【解析】本题考查《义务教育音乐课程标准》（2011 年版）中的课程内容。《义务教育音乐课程标准》（2011 年版）的课程内容包括：感受与欣赏、表现、创造、音乐与相关文化。其中，表现领域包括演唱、演奏、综合性艺术表演、识读乐谱四项内容，故 A 项叙述有误，其他三项均正确。

3. B 【解析】本题考查节奏教法中图形谱的运用。题中节奏拍号为$\frac{2}{4}$拍，图片中运用的小人代表每小节的第一拍、第二拍均为“走步”，有助于学生把握节拍的恒拍感。

4. D 【解析】本题考查《义务教育音乐课程标准》（2011 年版）中课程基本理念的内容。题干所述属于《义务教育音乐课程标准》（2011 年版）课程基本理念中的“以音乐审美为核心，以兴趣爱好为动力”的内容。

5. B 【解析】本题考查七和弦的识别。题干中的原位和弦为 F－A－C－E，F－A－C 构成大三和弦，F～E 构成大七度。因此题干和弦的原位和弦为大七和弦。

6. C 【解析】本题考查柯尔文手势的应用。视唱题干谱例可知，该旋律选自《让我们荡起双桨》，第4小节处缺少“6̣ –”，第8小节缺少“3 –”，对应的柯尔文手势分别是掌心向下，五指自然松开向下，呈提拉姿势的手势图；掌心向下，横平掌的手势图。即C选项。A选项分别代表do和mi的手势图，B选项分别代表sol和si的手势图，D选项分别代表fa和sol的手势图。

7. B 【解析】本题考查速度术语每分钟的拍数。每分钟160拍的速度术语是“Vivace”，表示快速有生气；每分钟184拍的速度术语是“Presto”，表示急板；每分钟208拍的速度术语是“Prestissimo”，表示最急板；每分钟132拍的速度术语是“Allegro”，表示快板。

8. C 【解析】本题考查钢琴上完整音组的个数。标准的钢琴键盘上有九个音组，其中七个音组是完整的，即大字一组、大字组、小字组、小字一组、小字二组、小字三组、小字四组；还有两个不完整的音组，即大字二组（A_2、$^bB_2$、B_2）、小字五组（c^5）。

9. D 【解析】本题考查三连音的定义。三连音是把原来按偶数均分为两部分的音符时值平均分成三部分。因此，三个二分音符组成的三连音，时值等于两个二分音符，即一个全音符。

10. C 【解析】本题考查七和弦的识别。大小七和弦的根音－三音－五音是大三和弦，根音～七音是小七度。选项A是大七和弦的第二转位，选项B是小七和弦的第二转位，选项C是大小七和弦的第二转位，选项D是小七和弦的第二转位。

11. A 【解析】本题考查维也纳圆舞曲的特点。维也纳圆舞曲一般由五首调性和情绪相仿的舞曲组成，选项A中所述“对比强烈”明显有误，其他三个选项均正确。

12. C 【解析】本题考查移调的具体运用。F调圆号实际的演奏音高要比记谱低一个纯五度，所以F调圆号演奏的乐谱需往上移高一个纯五度记谱，谱例为F调，向上移高一个纯五度为C调。

13. A 【解析】本题考查调式和声的功能。在调式和声中，Ⅰ、Ⅳ、Ⅴ级和弦分别属于主功能、下属功能和属功能和弦，Ⅲ级和弦因为包含调式的中音、属音，同时也包含导音，所以该和弦既具有主功能性，也具有属功能性，故该和弦属于具有复合功能的和弦。

14. D 【解析】本题考查经典歌曲的赏析。歌曲《美丽的草原我的家》由蒙古族作曲家阿拉腾奥勒创作，女中音歌唱家德德玛用醇厚的音色和蒙古族特有的韵味将这首歌曲的意境与牧民生活的幸福感受表现得淋漓尽致。

15. D 【解析】本题考查中西方音乐史中的相关作品欣赏。《马太受难曲》取材于《圣经》中对耶稣受难过程的叙述。何占豪、陈钢创作的小提琴协奏曲《梁山伯与祝英台》取材于民间故事。《牧神午后》取材于法国象征派诗人马拉美的同名诗篇，马拉美的诗篇《牧神午后》借古代希腊神话，用晦涩、暗示的语言，描绘了一个牧神的形象。《罗密欧与朱丽叶》取材于英国剧作家莎士比亚创作的戏剧作品。

16. A 【解析】本题考查柏辽兹的艺术成就。柏辽兹的《幻想交响曲》不仅是柏辽兹个人的代表作，更是音乐史上极为重要的交响乐作品。《幻想交响曲》极富独创性，特别是在音乐中直接引入了标题意义。柏辽兹摆脱了形式上受约束的古典交响曲，而创造出一种全新的风格。全曲在结构、和声与旋律方面都存在着大胆的创新，由此开创了自由浪漫主义音乐的道路。

17. A 【解析】本题考查歌剧《白毛女》中所用民歌素材。歌剧《白毛女》是在新秧歌运动基础上发展起来的，采用北方民间音乐的曲调，吸收戏曲音乐，借鉴西欧歌剧的创作经验，是中国民族新歌剧的奠基石。作者用河北民歌《青阳传》的欢快曲调所谱写的“北风吹，雪花飘”来表现喜儿的天真和期待；用深沉、低昂的山西民歌《拣麦根》的曲调塑造杨白劳的音乐形象；用河北民歌《小白菜》来表现喜儿在黄家受黄压迫时的压抑情绪；用高亢激越的山西梆子音乐突现喜儿的不屈和渴望复仇的心情等。

18. C 【解析】本题考查周代宫廷音乐的类型。周代宫廷音乐包括六代之乐、颂乐、雅乐、房中乐、四夷之乐等。

19. C 【解析】本题考查中古调式中混合利底亚调式的音阶结构。混合利底亚调式的音阶结构为全全半全全半全。A选项和声大调音阶结构为全全半全半增半；B选项和声小调的音阶结构为全半全全半增半；C选项燕乐宫调式的音阶结构为全全半全全半全；D选项雅乐羽调式的音阶结构为全半全全全半全。与混合利底亚调式音阶结构相同的是C选项燕乐宫调式。

20. A 【解析】本题考查音乐与相关学科之间的联系。这首诗是白居易的《霓裳羽衣舞歌》，描绘的是古代著名舞蹈《霓裳羽衣舞》。

21. C 【解析】本题考查学堂乐歌代表作品的相关知识。《祖国歌》是一首传唱度很高的学堂乐歌，是李叔同根据民间乐曲《老六板》填词的爱国歌曲。

22. D 【解析】本题考查我国代表性的地方戏曲剧种。黄梅戏是安徽省的主要戏曲剧种。

23. A 【解析】本题考查我国少数民族的民歌代表作品。通过哼唱、分析谱例可知第一条谱例出自《瑶族舞曲》。第二条谱例出自《北京的金山上》，是一首藏族民歌。

24. D 【解析】本题考查康塔塔的定义。康塔塔(Cantata)诞生于意大利,是一种包括独唱、重唱、合唱及表演剧情的声乐套曲,一般包含一个以上的乐章,大都有管弦乐伴奏,有宗教题材的康塔塔,也有世俗题材的康塔塔(如巴赫的《农民康塔塔》)。因此D选项的叙述不正确。

25. A 【解析】本题考查法-佛兰德乐派的代表作曲家。法-佛兰德乐派是指15世纪中叶以后出自欧洲大陆北部的作曲家,约翰·奥克冈是法-佛兰德乐派第一代作曲家中最重要的作曲家,若斯坎、奥布雷赫特均属于佛兰德乐派第二代作曲家。杜费是勃艮第乐派重要的作曲家。

26. B 【解析】本题考查丁善德的音乐贡献。交响曲《长征》由我国著名作曲家丁善德作曲,是中国第一部以中国工农红军的长征这一伟大历史事件为题材创作的大型管弦乐作品。

27. C 【解析】本题考查舒伯特的音乐贡献。《菩提树》是舒伯特创作的声乐套曲《冬之旅》中的第五首歌曲,歌词选自诗人缪勒所写的诗歌。

28. A 【解析】本题考查印度的代表性乐器。萨朗吉是印度的一种民间乐器,被称为"印度的小提琴",属于弓弦乐器。

29. B 【解析】本题考查印度尼西亚的代表性音乐。甘美兰是印度尼西亚的一种以各类打击乐器为主的器乐大合奏。

30. C 【解析】本题考查不同颜色京剧脸谱所代表的人物性格。在京剧脸谱中,红脸代表忠诚和勇敢,如关羽;蓝脸代表刚强、骁勇,如窦尔敦;黑脸代表正直、无私、刚正不阿,如包拯;白脸代表阴险、狡诈、严肃,如曹操;绿脸代表顽强、暴躁,如程咬金;黄脸代表骁勇、凶猛,如典韦;金色、银色脸谱代表各种神怪形象。

二、填空题

31. 吹奏
32. 四连音
33. 增十三度;倍增十二度
34. 旋律
35.《广陵散》;嵇康
36.《碣石调·幽兰》
37. 王灼;歌曲
38. 奥地利;古典;104;交响曲之父;《创世纪》;《四季》
39. 钢琴;肖邦;波兰
40. 郑秋枫

三、写作题

41.【参考答案】

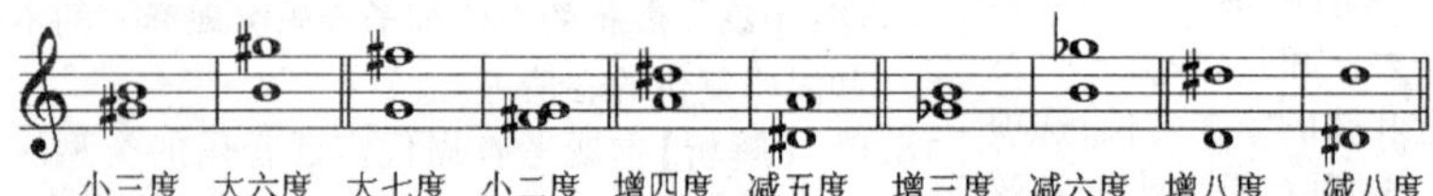

42.【参考答案】

【解析】^{b}B调乐器演奏的乐谱比实际音高要低大二度,所以要高大二度记谱,谱例中的调号为一个降号(F调),高大二度记谱为G调(调号为一个升号)。

43.【参考答案】

1=F $\frac{3}{8}$

6 2̇ 5 | 3 2 | 6 2̇ 6 2̇ | 6 2̇ 6 5 3 | 2 3 5 | 6. | 6. 6 2̇ | 1̇ 1̇ 6 1̇ 6 5 | 5 6 1̇ 6 5 | 5. ‖

44.【参考答案】

四、分析题

45.【参考答案】(1)^{b}B自然大调

【解析】调号为两个降号,音结束在^{b}B上,符合^{b}B自然大调的调式特征。

(2)D自然大调

【解析】调号为两个升号,音结束在D上,符合D自然大调的调式特征。

46.【参考答案】(1)《八月桂花遍地开》;起承转合式的单二部曲式。

(2)结构图示:

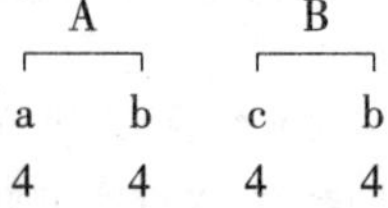

(3)该乐曲运用了起承转合的创作手法。在A乐段中,b乐句是a乐句的自由反向进行,两句的节奏型大致相同,体现出起承关系。B乐段中,c乐句细分为两个乐节,节奏明显引入对比,随后一句则是第一乐段b乐句的完全再现。

五、简答题

47.《义务教育音乐课程标准》(2011 年版)将义务教育阶段的 9 学年分为三个学段,三个学段目标的逐段递进主要表现在哪六个方面?

【参考答案】

方面	各学段目标		
	1~2 年级	3~6 年级	7~9 年级
对音乐的兴趣	激发和培养	保持	增进
音乐的感知力和欣赏能力	开发	培养	提高
演唱	自然地、有表情地	自信地、有表情地	自信地、有感情地
音乐表现和即兴编创活动	参与	乐于参与	积极参与
艺术想象力和创造力	无要求	培养	丰富和提高
情感态度与价值观	培养乐观的态度和友爱精神	培养乐观的态度和友爱精神,增强集体意识,培养合作能力	培养丰富的生活情趣和乐观的态度,增强集体意识,锻炼合作与协调能力

48. 简述《义务教育音乐课程标准》(2011 年版)中音乐课程内容的创造领域包括哪两类学习内容。

【参考答案】《义务教育音乐课程标准》(2011 年版)中课程内容的创造领域提到:创造是发挥学生想象力和思维潜能的音乐学习领域,是学生进行音乐创作实践和发掘创造性思维能力的过程和手段,对于培养创新人才具有十分重要的意义。音乐创造包括两类学习内容:一是以开发学生潜能为目的的即兴音乐编创活动;二是运用音乐材料进行音乐创作尝试与练习。创造包括三个方面:一是探索音响与音乐,二是即兴编创,三是创作实践。

49.**【参考设计】**

《牧歌》

一、教学目标

通过对蒙古族民歌《牧歌》多种不同声乐表现形式的欣赏,加深学生对蒙古族长调民歌的感受、体验,进一步体验长调民歌的艺术魅力。

采用直观法和示范法引导学生体会歌曲的艺术风格,能够有创造性地发挥想象力创编歌曲律动。

能用自然舒展的声音深情演唱歌曲,准确把握长调的特征。

二、教学重难点

教学重点:通过学唱歌曲了解和认识蒙古族民歌的特点,扩大视野。

教学难点:能用自然舒展的声音,深情地演唱歌曲,准确地把握长调的特征。

三、教学过程

(一)师生问好,创设情境导入课题

师:同学们,你们喜欢旅行吗?今天老师将要带领大家去一个美丽的地方旅行,你们愿意吗?那请你仔细看,认真听,通过画面和音乐感受这是什么地方?(课件播放内蒙古的地理环境、风土人情,背景音乐为蒙古长调民歌《牧歌》)

师:谁来说一说?

学生回答:内蒙古。

师:你是怎样感受到的?

学生回答:蓝天、白云、草原、毡房、牛羊等。

师:说说你了解的内蒙古。

学生自由回答,交流课前收集的资料。

师:蒙古族的民歌分为几类?

学生回答:长调、短调。

师:长调有什么特点?

学生自由回答。

教师补充:长调是蒙古族特有的歌曲,在辽阔的草原上人们用长调来歌唱生活,赞美自然,抒发情怀。它高亢明亮、气势宽广、曲调悠长、节奏舒展,具有强烈的大草原辽阔苍劲的气息和热情奔放的特点,表现了蒙古族人民热爱生活、豪放豁达、崇尚自然的情怀。这些特点的形成与蒙古族人民的生活方式及蒙古族人民自由的生活态度有密切的关系。蒙古族民歌的内容非常丰富,有描写爱情和娶亲嫁女的,有赞颂骏马、草原、山川、河流的,也有歌颂草原英雄人物的,等等。这些民歌生动地反映了蒙古族的风土人情。长调的基本题材包括牧歌、思乡曲、赞歌、婚礼歌和宴会歌(也称酒歌)等。

师:下面老师请一个同学来说说你了解的牧歌。

学生自由回答:牧歌于 14 世纪发源于意大利,是一种声乐体裁,我国民歌中的"牧歌"属于山歌性质,是牧民放牧时唱的歌,内容多为赞美劳动,歌颂家乡和抒发情感。

师:今天,老师就要带同学们走进《牧歌》,走进神

奇的蒙古族音乐世界。(板书《牧歌》)

(二)聆听音乐,感受蒙古族音乐的魅力

1. 初听音乐,设问:首先老师将请同学们欣赏一首由蒙古族长调《牧歌》改编的器乐曲,请大家安静地聆听,想一想:(1)这首乐曲的速度、情绪是怎样的?(2)这首乐曲是用什么乐器演奏的?你觉得这种乐器的音色有什么特点?

解决问题:(1)这首乐曲的速度是稍慢的速度,乐曲的情绪优美舒展。(2)这首乐曲是用小提琴演奏的,伴奏乐器是钢琴。小提琴的音色优美明亮,音域宽广,富于表现力。

2. 学习视唱乐曲主题旋律,了解乐曲中的连音线、倚音等乐理知识,感受这些符号在乐曲中的作用,边唱边随老师画旋律线,感受乐曲的高低变化,感受曲调的悠扬宽广、婉转起伏。

3. 复听全曲,欣赏由中国交响乐团国家级小提琴演奏家盛中国先生为我们演奏的《牧歌》。欣赏大师的演奏,请大家边听边想:

(1)《牧歌》的主题旋律在乐曲中出现了几次?有没有高低的变化?(2)这首乐曲有没有速度和情绪的变化?根据变化你觉得乐曲可以分为几个部分?

解决问题:(1)牧歌的主题旋律在乐曲中出现了3次。有高低变化。(2)乐曲可分为三段,第一段速度为行板,基本以民歌《牧歌》旋律为主题,稍作变化。舒展的节奏,低回婉转的旋律,将草原这幅美好的画卷,徐徐展现在人们的眼前。

第二段速度为小行板,比第一段稍快,这一乐段的情绪更为激动,表达的感情更为强烈。

第三乐段为再现段,规模有所缩减。音乐在泛音声中飘逸致远。

4. 完整的聆听音乐,整体感受。

(1)用不同颜色的彩笔画出主题旋律在哪个音区出现,并画出旋律的高低起伏。(高音用红色,低音用绿色)(2)当你听到乐段的变化时,请举手示意。(3)听赏这首乐曲时,你的眼前展现了怎样的画卷?细心体会乐曲表达了牧民怎样的情感?

解决问题:(1)展示学生所画旋律线,体会旋律的悠扬宽广、婉转起伏。(2)这首乐曲富有浓郁的草原气息,体现了"天苍苍,野茫茫,风吹草低见牛羊"的意境,表达了牧民热爱生活、热带草原的感情。

(三)拓展延伸,激发情感

1. 唱一唱:看到如此美丽的景色,听到如此悠扬的琴声,老师都情不自禁地想要和蒙古族的人民一起唱起那动听的牧歌了。同学们,你们愿意加入我们的队伍吗?

出示《牧歌》歌词,随范唱轻声跟唱歌曲,亲身体验长调的悠扬婉转,抒情宽广。

2. 舞一舞:听到同学们动听的歌声,蒙古族的人民按捺不住心中的激动,跳起了舞蹈与我们应和。同学们,让我们也随他们一起翩翩起舞吧。

播放舞蹈视频,师生动起来。

3. 赏一赏:美好的东西总是让人欢喜,这首优美的牧歌被改编成了许许多多不同的版本。听,马头琴奏响了《牧歌》;听,葫芦丝吹响了《牧歌》;听,大提琴演奏的浑厚低沉的《牧歌》萦绕在我们的耳畔;听,无伴奏合唱《牧歌》在维也纳金色大厅流淌。

(四)课堂小结

师总结:同学们,就让我们在这优美的合唱中结束本课的音乐之旅吧。相信蒙古族的长调《牧歌》已经深深地印在了同学们的脑海里,正是这些美妙的音乐装点了我们的美好生活,让我们更加热爱我们的民族,更加热爱我们的民族音乐。

作业:请学生谈谈自己的收获与感想。进一步了解蒙古族这个热情、幸福、自由的民族。课后,请同学们去收集更多蒙古族的歌曲进行欣赏。

教师招聘考试中学音乐预测试卷(十)

一、单项选择题

1. C 【解析】本题考查西班牙的弗拉门戈。弗拉门戈是一种融合舞蹈、歌唱、器乐于一体的综合性艺术形式,是整个西班牙的代表性艺术之一。弗拉门戈艺术通过诗歌、音乐、舞蹈表现了吉普赛人民贫穷、悲惨的命运和处境。

2. D 【解析】本题考查《义务教育音乐课程标准》(2011 年版)中 7 ~ 9 年级的学段目标。《义务教育音乐课程标准》(2011 年版),在培养学生的音乐兴趣方面,对各学段的目标做出了不同的要求:1 ~ 2 年级是"激发和培养对音乐的兴趣",3 ~ 6 年级是"保持对音乐的兴趣",7 ~ 9 年级是"增进对音乐的兴趣"。

3. C 【解析】本题考查不同单位拍中附点音符的时值。一个附点表示增长原有音符时值的二分之一。因此以八分音符为一拍,附点八分音符的时值是一拍半。

4. C 【解析】本题考查音程的识别。选项 A 为小三度,选项 B 为增三度,选项 C 为大三度,选项 D 为小三度。

5. C 【解析】本题考查著名音乐教育体系及创立者。奥尔夫音乐教育体系是由德国音乐教育家奥尔夫创立的;综合音乐感教育体系是源自美国的教学法;柯达伊音乐教育体系是由匈牙利著名音乐教育家柯达伊倡导和建立的音乐教育体系;达尔克罗兹音乐教育体系是由出生于维也纳的瑞士籍音乐教育家达尔克罗兹创立的音乐教育体系。

6. C 【解析】本题考查“起承转合”四个乐句的结构形式。起、承、转、合的起句——呈现音乐主题，这个主题常被作为歌曲旋律发展的基础，即 a；承句——用重复或变化重复等手法，进一步巩固前面所陈述的乐思，即 a^1 或 b；转句——将前两句的内容加以发展，构成一定的对比，即 b 或 c；合句——与开始的乐意相呼应，总结全曲，即 a 或 a^1。因此只有 C 选项符合“起承转合”的四句型结构。

7. C 【解析】本题考查记谱法和中央 C 的概念。位于乐音体系中央的小字一组的 c（即 c^1）称为“中央 C”。选项 A 是 c^2，选项 B 是 c，选项 C 是 c^1，选项 D 是 d。

8. B 【解析】本题考查首调唱名法。首调唱名法即“移动 do 唱名法”，这是一种基于调式的唱法，它把大调式的主音（Ⅰ级音）唱作 do，其他依次唱作 re、mi、fa、sol、la、si；把小调式的主音（Ⅰ级音）唱作 la，其他依次唱作 si、do、re、mi、fa、sol。D 大调的主音为 D，因此将 D 唱作 do。

9. A 【解析】本题考查音符均分的特殊形式。在音符均分的特殊形式中，将一个基本音符分为均等的七部分，用来代替基本划分的四部分，叫“七连音”。

10. B 【解析】本题考查和弦的性质。所有七和弦都是不协和的，因为其中包含了不协和的七度音程。

11. C 【解析】本题考查我国民族调式中的偏音。“闰”是宫音下方大二度的音。

12. A 【解析】本题考查五声调式的判断。五声调式是以纯五度的音程关系排列的，由五个音所构成的调式。这五个音的名称分别是：宫、商、角、徵、羽，即 **1**、**2**、**3**、**5**、**6**。选项 A 出现了 **7** 音，属于六声调式。

13. D 【解析】本题考查和弦连接中的不良进行。和弦连接中需避免的不良进行有平行八度、平行五度、反向八度、反向五度、隐伏八度、隐伏五度等。此外，在四部和声的和弦连接中，四部同向被认为是损害平衡的一种进行，也是应当避免使用的。

14. A 【解析】本题考查属七和弦的解决。属七和弦的解决：原位属七和弦的根音解决到主和弦的根音，三音级进上行，五音、七音级进下行，即Ⅴ—Ⅰ、Ⅶ—Ⅰ、Ⅱ—Ⅰ、Ⅳ—Ⅲ。转位解决时根音保持不动，三音级进上行，五音、七音级进下行，即Ⅴ—Ⅴ、Ⅶ—Ⅰ、Ⅱ—Ⅰ、Ⅳ—Ⅲ。

15. B 【解析】本题考查旋律的发展手法。A 选项同头换尾是指重复句首而变化句尾的变化重复手法；B 选项加花重复是指根据旋律的调式风格，加入和弦外音、分解和弦音及装饰音形成的旋律变奏；C 选项螺蛳结顶是指将原有的乐句逐步紧缩，直至最后形成简洁的顶端的旋律发展手法；D 选项鱼咬尾是指前一句旋律的结束音和下一句旋律的第一个音相同的结构。观察谱例可以发现，第二行旋律是在第一行旋律的基础上，保留骨干音，加入和弦外音等形成的旋律变奏，符合加花重复的发展手法。

16. B 【解析】本题考查交响曲的构成。交响曲是近现代器乐体裁，是在音乐表现上最庞大、最复杂、最完整的一种形式，是一种采用奏鸣曲套曲形式写成的大型管弦乐体裁，或者说是由管弦乐演奏的奏鸣曲。交响曲一般包含四个独立的乐章，其基本结构为：第一乐章快板，奏鸣曲式，由呈示部、展开部、再现部组成；第二乐章慢板，三部曲式或变奏曲式，曲调缓慢如歌，是交响曲的抒情中心；第三乐章是中速的小步舞曲或快板的谐谑曲，结构大多是复三部曲式，速度轻快，节奏清晰，具有舞蹈性；第四乐章是急板，采用回旋曲式、回旋奏鸣曲式或奏鸣曲式结构。

17. D 【解析】本题考查复三部曲式中“假再现”的含义。音乐再现时一般是主题和调性同时再现。在复三部曲式中，如果在中部临结束时，第一乐部的主题在别的调上出现，那还不能称为再现，而被称为“假再现”。假再现是不完整的，一般只出现主题中富于特色的部分，它作为真再现的过渡或预示。

18. C 【解析】本题考查唐代歌舞大曲的结构。唐代歌舞大曲结构通常分为散序、中序、破三大部分。

19. B 【解析】本题考查《声无哀乐论》的相关内容。嵇康是魏末著名的音乐家、文学家，《声无哀乐论》是他所著的一本音乐美学著作，其基本观点是音乐不能表达人的喜怒哀乐的情感。

20. A 【解析】本题考查现代京剧《智取威虎山》中的著名唱段《甘洒热血写春秋》。题干歌词出自现代京剧《智取威虎山》中的《甘洒热血写春秋》选段。这一段是匪徒们在为杨子荣庆功的时候，杨子荣的唱段，表现了杨子荣机智勇敢，深入虎穴当卧底，并要取得最后胜利的决心和信心。

21. C 【解析】本题考查三部合唱曲《春游》的历史地位。《春游》是李叔同创作的三声部合唱曲，是中国近代音乐史上运用西洋作曲方法写成的第一部合唱作品。

22. D 【解析】本题考查蒙古族舞蹈的特点。蒙古族舞蹈动作多以抖肩、翻腕来表现蒙古族姑娘，热情开朗的性格；男子的舞蹈造型挺拔豪迈，步伐轻盈洒脱，表现出蒙古族男性彪悍英武，刚劲有力之美。

23. C 【解析】本题考查山东快书的表演形式与伴奏乐器。选项 A，山东琴书的演出形式一般为二至五人，演唱者分赶角色，也兼乐器伴奏，分赶角色者一般二至三人，余者为伴奏兼伴唱。选项 B，天津时调的表演形式为一人或两人执节子板站唱，另有人操大三弦和四胡等乐器伴奏。选项 C，山东快书的演唱形式为演员站唱，手中持两片半月形的犁铧片作为伴奏乐器，有时加入大竹板用以渲染气氛。选项 D,河南坠子的演唱形式有自拉自唱、一拉一唱和对口唱三种,演员手打檀木或枣木简板,边打边唱;对口时,另一人还打单钹或书鼓;伴奏者拉坠子弦(现名坠琴或坠胡),有的并踩打脚梆作为击节。

24. C 【解析】本题考查我国民族合奏乐的分类及其流行地域。江南丝竹流行于上海、江苏、浙江一带。广东音乐流行于广东省中南部的珠江三角洲一带。福建南音又叫南曲、南乐,流行于闽南地区。潮州弦诗俗称弦诗乐,流行于广东潮汕地区,是当地民间丝弦、吹管、弹拨等乐器独奏、重奏、合奏等形式的总称。

25. A 【解析】本题考查管弦乐曲《培尔·金特》的旋律赏析。谱例出自挪威作曲家格里格创作的管弦乐曲《培尔·金特》中的《晨景》,描绘了主人翁培尔·金特流浪到摩洛哥时看到的日出景色。

26. A 【解析】本题考查约翰·凯奇的代表作品。约翰·凯奇是"偶然音乐"的代表人物,其代表作品有《4 分 33 秒》《变化的音乐》等。

27. B 【解析】本题考查交响诗套曲《我的祖国》包含的乐章。交响诗套曲《我的祖国》含有 6 首既独立又相互联系的交响诗:《维谢格拉德》《沃尔塔瓦河》《莎尔卡》《捷克的原野和森林》《塔波尔》《勃兰尼克》。

28. C 【解析】本题考查印度的代表性乐器。印度具有代表性的乐器有维纳琴、西塔尔、木丹加鼓、萨朗吉等。

29. D 【解析】本题考查哼鸣练习的具体训练方法。选项 A,"半声"练习即用半分力量的发声方法,不用强烈的气息,而用非常轻声、自然的方法来歌唱,通常采用"u"元音的喉头位置来练习。选项 B,"打得得"练习也叫舌颤音练习,是利用舌头的轻松弹动来带动喉内声带振动发声。选项 C,"打嘟嘟"练习也叫唇颤音练习,是利用嘴唇的轻松弹动来带动喉内声带振动发声。选项 D,哼鸣练习的具体训练方法要求嘴唇轻闭,软腭提起,下颚放松,是把声音"逼"向鼻腔通道并产生共鸣;哼鸣练唱方法正确时,鼻梁处有轻微振动的感觉。题干中叙述的是哼鸣练习,应选 D。

30. C 【解析】本题考查意大利的歌舞形式。塔兰泰拉是意大利南部以对舞为基础的民间集体舞。

二、填空题

31. 江南丝竹
32. 三连音
33. 大三;增三
34. 基本要素
35. 蒙古族;马头琴;齐·宝力高
36. 刘天华;二胡;《二泉映月》;《听松》;《寒春风曲》
37. 《风》
38. 《费加罗的婚礼》
39. 钢琴;德;门德尔松
40. 朝鲜;爱尔兰

三、写作题

41. 【参考答案】

E 旋律大调上下行音阶

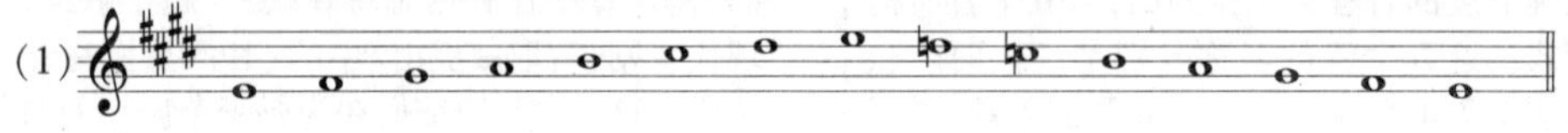

D 雅乐角调式下行音阶

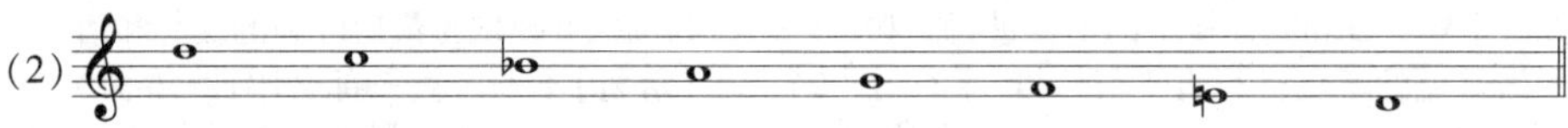

42. 【参考答案】

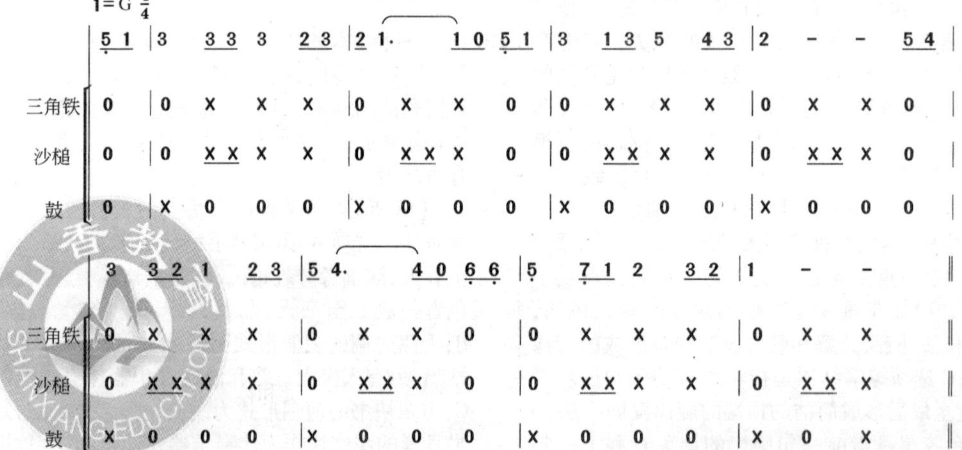

四、分析题

43.【参考答案】(1)F 和声大调

【解析】观察谱例可知,谱例中所有的 B 音都降低了半音,因此初步判断其为 F 调调号。F 大调首调视唱该旋律,开头以 F 大调的 Ⅴ - Ⅰ 进行奠定了西洋大调的风格基调。旋律中还出现了一个^{b}D 音,符合 F 和声大调降Ⅵ级音的特征,因此判断该旋律为 F 和声大调。

(2)E 五声徵调式转 B 五声徵调式

【解析】前 6 小节为一个调式,出现了 A、$^{\#}$F、E、B、$^{\#}$C 五个音,A ~ $^{\#}$C 构成了唯一的大三度,所以 A 为宫,音落在 E 上,E 为徵,所以为 E 五声徵调式。后 6 小节转入另一个调式,出现了$^{\#}$G、$^{\#}$F、E、B、$^{\#}$C 五个音,E ~ $^{\#}$G 构成了唯一的大三度,所以 E 为宫,音落在 B 上,B 为徵,所以为 B 五声徵调式。综上,该旋律的调式调性为 E 五声徵调式转 B 五声徵调式。。

44.【参考答案】(1)两首歌曲分别是《蓝花花》《茉莉花》;《蓝花花》属于 D 五声羽调式,《茉莉花》属于 A 五声徵调式。

(2)《蓝花花》流传于陕北地区,《茉莉花》流传于江苏地区。

(3)①陕北民歌是随着陕北人民的劳动生活和陕北的历史以及民俗活动而诞生并流传至今的。20 世纪 30 年代以前,陕北民歌是陕北人民依照自己的生活与习俗,在耕地、赶脚、过节等生活场景里,触物生情,即兴编唱出来的,逐步形成了高亢、豪放、粗犷、悠扬的风格,主要分为劳动号子、信天游、小调三类。这些民歌寄口头传唱而流行,靠集体编创而繁盛,从不同侧面反映了陕北人民的生活、历史沿革和社会变迁。

②江苏民歌是江苏省的地方民间歌曲。江苏自古繁华,且山清水秀,人们安居乐业。因此,江苏民歌欢快、活泼,以歌唱美好生活为主题的歌曲比较多,体现了江南地区的地方文化特色。

五、简答题

45. 简述课外音乐活动的意义。

【参考答案】课外音乐活动的意义:(1)提高学生的音乐素质,培养学生对音乐的感受能力和表现能力,满足学生对学习音乐的需求,发展学生的个性和特长;(2)陶冶学生的审美情操,进行生动有效的思想品德教育,培养集体主义观念;(3)丰富学生的课余文化生活,活跃学校气氛,促进学生身心健康发展;(4)增长音乐知识,扩大音乐视野,积累实践经验,巩固课堂音乐教学中所学的知识和技能。

46. 简述合唱伴奏的特点,并从声部、声部组合、音色特征方面阐述合唱的形式。

【参考答案】(1)合唱伴奏的特点:从伴奏形式上分为无伴奏合唱和有伴奏合唱两种形式。

①无伴奏合唱:没有任何器乐伴奏的合唱形式。无伴奏合唱是一种纯人声的艺术形式,靠的是声部间的对比、补充、衬托、伴奏等手法而获得整体的协调。没有了器乐伴奏的帮助,在演唱中要特别注意音准的把握和情绪的表现。无伴奏合唱形式在同声合唱和混声合唱中都可以见到,尤以混声合唱和男声合唱多见。②有伴奏合唱:有器乐(含键盘乐器)伴奏的合唱。器乐能为合唱的音准,以及烘托、对比作品提供诸多的方便和帮助,所以,大多数合唱作品多采用有伴奏的艺术形式。值得注意的是,伴奏与合唱是不可分割的整体,无论是和声、调式、力度、速度,还是风格、情绪、表现,都要按照要求统一到整体作品中。

(2)合唱的形式:从声部、声部组合和音色特征上来区分,合唱分为同声合唱和混声合唱两种。同声合唱常见的有同声二部合唱和同声三部合唱,同声四部合唱较为少见。混声合唱常见的形式有混声二部合唱、混声三部合唱、混声四部合唱。

47. 简述歌剧及歌剧音乐的一般特点。

【参考答案】歌剧是一种用音乐来表现剧情的戏剧,是融合了音乐、文学、戏剧、美术、舞蹈等多种形式的综合艺术,其发源于 16 世纪末的意大利佛罗伦萨,后流行于其他国家。

歌剧的特点:主要是以演员的歌唱来表现剧情。歌词的语言应是诗的语言,既要有节奏韵律,富有音乐性,又要深刻地表达人物的思想感情。歌剧中的独白和对话,往往是在演员歌唱之间,在音乐的伴奏之下,用插话的形式或吟咏的调子进行的,剧中的许多主要情节都通过它们贯穿起来。

歌剧又有正歌剧、喜歌剧、大歌剧、轻歌剧、乐剧等类型。通常由咏叹调、宣叙调以及说白、重唱、合唱、序曲、间奏曲、舞曲等组成。

六、教学设计题

48.【参考设计】

《踏雪寻梅》

一、教材分析

《踏雪寻梅》是一首由刘雪庵作词、黄自作曲的我国近现代歌曲。^{b}E 大调,$\frac{2}{4}$拍。歌曲旋律流畅,歌词纯朴,表达了人们欢快乐观的情绪和热爱大自然、热爱生活的态度。

二、教学目标

1. 情感态度与价值观目标:通过学唱歌曲,感受人们热爱生活、热爱大自然的积极乐观的态度;通过学唱歌曲的两声部,感受合唱的和谐之美。

2. 过程与方法目标:在学唱歌曲的过程中,学生能够积极感受和体验歌曲所表达的情感,在合唱过程中感受合作的重要性,增强集体意识;

结合歌曲的演唱,能够对歌曲进行简单的分析。

3. 知识与技能目标:学会二声部歌曲,体会合唱声音的和谐统一及歌曲音乐要素的特点;能够用轻快活泼的声音自信地演唱歌曲;了解作曲家黄自。

三、教学重难点

1. 教学重点:有感情地演唱歌曲。

2. 教学难点:学会二声部合唱。

四、教学过程

(一)导入

教师展示各种花的图片,提问:这些花都是在一年中的什么时候开放?请欣赏一首声乐作品《踏雪寻梅》,思考:这首歌曲的演唱形式是什么?歌曲呈现出一幅怎样的画面?

(二)学唱歌曲

1. 气息练习。

(1)模仿一口气吹灭生日蜡烛,感受气息下沉的位置,练习2~3遍。

(2)嘴唇放松使之震动,发“du”的声音,练习气息的持续保持。

2. 发声练习。

(1)1=C $\frac{2}{4}$

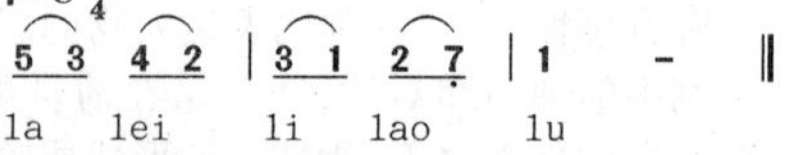

5 3 4 2 | 3 1 2 7 | 1 - ‖

la lei li lao lu

(2)1=C $\frac{2}{4}$

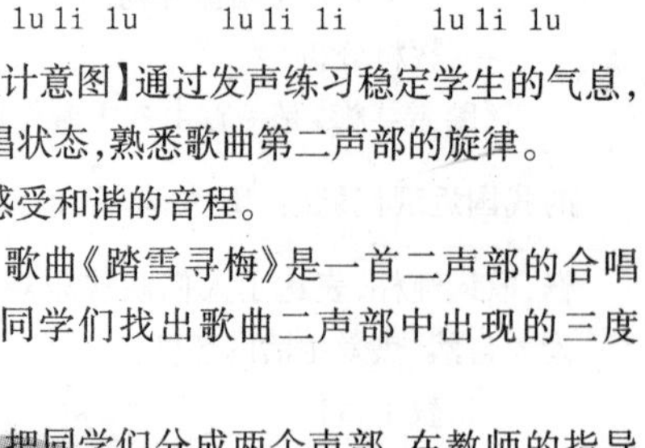

1 1 1 1 7 | 1 0 | 1 1 1 1 7 |

lu li lu li li lu lu li lu li li

1 0 1 3 | 3. 2 | 1 1 5 0 |

lu li li lu li lu li lu

5 5 5. 5 | 5. 0 | 1 3 3 0 |

lu li lu li lu lu li li

2 2 2 | 1 3 3 0 | 1 1 1 ‖

lu li lu lu li li lu li lu

【设计意图】通过发声练习稳定学生的气息,调整歌唱状态,熟悉歌曲第二声部的旋律。

3. 感受和谐的音程。

(1)歌曲《踏雪寻梅》是一首二声部的合唱歌曲,请同学们找出歌曲二声部中出现的三度音程。

(2)把同学们分成两个声部,在教师的指导下,模唱三度的音程关系,注意互相倾听,体会和谐的音程效果。还可用柯达伊教学法来训练学生们的音准及歌曲中出现的音程关系。

4. 分段学唱歌曲。

(1)学唱歌曲A段。

①歌曲的两个声部的节奏完全相同,请同学们把歌曲第一部分的节奏读出来,要求手拍稳定拍,嘴上念节奏。

②将学生分为两个声部,分别手打稳定拍,口念自己声部的节奏,注意歌曲中的休止符与弱起节奏。

③分声部加入歌曲的旋律,注意每句的换气,时值要唱满。一声部手拍稳定节拍,跟琴唱乐谱,二声部手拍节奏;二声部手拍稳定节拍,跟琴唱乐谱,一声部手拍节奏(提示声部之间的配合,节拍要稳定)。

④加入歌词演唱。二声部合唱,注意声部间的倾听与合作。

(2)学唱歌曲B段。

①按照刚才的步骤学唱B段:先解决节奏问题,然后是音准问题,最后加入歌词。

②教师讲解难点:这部分出现了全曲的最高音,而且是一个八度大跳,体现在一声部的旋律上。演唱八度大跳时,气息在下沉的同时加下压力量,嘴巴要张开。请同学们演唱这小节的旋律。另外,前三小节的最后一个音都为一个八分休止符,演唱时要记得换气、时值要唱满。

【设计意图】分段学唱歌曲,解决歌曲中的音准及体会音高变化需要气息支撑的不同。

5. 完整演唱歌曲。

(1)跟伴奏,教师指挥。提示学生注意坐姿、气息,把歌曲的欢快情绪演唱出来。

(2)教师弹伴奏,学生演唱。

【设计意图】通过对音程的感受及歌曲的学唱激发学生对合唱的热爱,培养合作能力。

6. 课堂检查。

在两个声部中分别找出几名同学来演唱各自声部,其他同学捻指为他们伴奏。

【设计意图】通过课堂小互动,一方面检查学生的学习情况,另一方面培养学生的配合能力。

(三)拓展

教师介绍作曲家黄自。

(四)课堂小结

同学们,今天我们学唱了轻快活泼的二声部歌曲《踏雪寻梅》,体会了合唱歌曲的和谐之美,感受了歌曲向我们传递的对生活、对大自然的热爱。歌曲的优美旋律给我们留下了深刻的印象。这首歌曲是描写冬天景色的,其实描写冬季的音乐作品还有很多,比如舒伯特的《冬之旅》,柴可夫斯基的《十一月·雪橇》等,我们下节课继续来感受美妙的冬季吧。